魏晋门阀

潘彦明·著

上

中国出版集团　现代出版社

图书在版编目(CIP)数据

魏晋门阀 / 潘彦明著. -- 北京 ： 现代出版社,2024.6

ISBN 978-7-5231-0860-4

Ⅰ.①魏… Ⅱ.①潘… Ⅲ.①中国历史－魏晋南北朝时代－通俗读物

Ⅳ.①K235.09

中国国家版本馆CIP数据核字(2024)第097850号

魏晋门阀

作　　者	潘彦明	
责任编辑	姚冬霞	

出 版 人	乔先彪	
出版发行	现代出版社	
地　　址	北京市安定门外安华里504号	
邮政编码	100011	
电　　话	010-64267325	
传　　真	010-64245264	
网　　址	www.1980xd.com	
印　　刷	北京飞帆印刷有限公司	
开　　本	710 mm×1000 mm　1/16	
印　　张	50.5	
字　　数	765千	
版　　次	2024年6月第1版　2024年6月第1次印刷	
书　　号	ISBN 978-7-5231-0860-4	
定　　价	98.00元（全二册）	

前　言

2012 年，我辞去繁重的工作，从云南到西藏徒步旅行了三个多月。一路上我遇到形形色色的人，每个人都有属于他们自己的故事。或许这些故事在外人听来平淡无奇，但他们讲得绘声绘色。我试着融入他们的内心世界，然后，我真切地意识到，每个人的故事都极不平凡。

每个人都是不平凡的。

回到家没多久，一天深夜，我开始动笔写这本书。到早上七点的时候，我已经写完了序章。虽然当时写的序章后来全部删掉（事实上，我之后又删掉了几十万字的内容，我相信人生就是在做减法），但那天深夜，确实可以算作这本书的开始。

起初，我认为历史很遥远，历史人物离我们同样遥远。

又写了些日子，我发现我错了。

我总是有意无意地观察身边人，越来越觉得这些人某时某刻的心态恰如我笔下的某个历史人物。那人像诸葛诞，那人像钟会，那人像王导……

是的。历史人物离我们很近，几乎就是我们身边的人。

我记得我上中学时玩过很多"三国游戏"，当时我想：哇，这人真牛，这人的武力能横扫千军，那人的智力全国拔尖。但后来，看的书越来越多，我也越来越发现，曾经崇拜的人并不是神，他们和我们一样是有血有肉的人：他们有勇气，也有懦弱；有坚持，也有放弃；有顺境，也有无奈……他们在利益和道义之间挣扎，在捍卫理想和委曲求全之间纠结。

翻看史书，总不免为成功者的深谋远虑由衷赞叹，为失败者的昏着扼腕叹息（或是解气）。可是，揭开表层，看到很多深谋远虑其实只是顺势而为，或是时运使然，如果我们不做事后诸葛亮，也会发现有些昏着其实已经是那些失败者当时所能做出的最佳选择。

本书横贯三国（主要是魏国）、西晋、东晋三朝历史。即便是大家比较熟悉的三国部分，本书也会从另一个侧面来描写那些我们耳熟能详的故事（其实有很多是被我们忽略的故事），以及那些历史人物复杂的内心世界。

另外，本人是个电影"发烧友"，所以书中有很多章节标题取自电影名字，以向那些伟大的电影作品致敬，有兴趣的朋友不妨找找看。

魏晋堪称中国历史上最乱的时代，尤其是东晋，更被后世称为门阀政治——皇权旁落，世家豪族掌握军政大权。本书正是以当时几大家族为主线，贯穿魏、西晋、东晋三朝。

魏晋两百年间，那些士大夫以及他们的整个家族，为争取权力、利益、自由、生存进行着坚持不懈的奋斗。书中涉及多起政治黑幕，并力求探寻幕后的真相。

这是一本描写谋略、抉择、人性、血与泪、拼搏与隐忍的书。

这是一本描写人创造历史，以及时间改变人心的书。

潘彦明

目录

引子：重臣的故事

永昌是东晋开国皇帝司马睿在位期间最后一个年号，因为永昌元年闰十一月初十（323 年 1 月 3 日），司马睿驾崩了。

就在几个月前，司马睿刚刚跟帝国最强权臣王敦打了场仗，这是一场令他颜面尽失的败仗。不光他自己，整个皇室都跟着蒙羞，皇权彻底被臣权压垮。不过，司马睿虽被打败，但王敦到底有所顾忌，并没直接把他废掉，而是让他继续充当傀儡皇帝。

战后这几个月，司马睿整日都在悲愤中度过。今天，他是满怀着屈辱咽气的。

第二天，司马睿的长子——时年二十四岁的司马绍迎着凛冽的寒风坐上了曾经属于他父亲的皇位。

继位大典办得有模有样，华丽又不失庄重。然而，司马绍觉得过于冗长。他被搞得身心俱疲，渴望马上能回到后宫休息。

总算快结束了。

这是最后一个环节。朝堂里群臣跪拜于地，恭贺新帝登基的祝词此起彼伏，可这些奉承话在司马绍听来没那么悦耳。他知道，此刻，权臣王敦依旧手握重兵，虎视眈眈，而那些对自己歌功颂德的臣子大半都迫于王敦的威慑力，随时可能掉转枪头帮王敦灭了自己。司马绍很清楚父亲因何而死，更清楚自己当前的处境。

我只要稍有不慎，就会被王敦废掉。晋王朝难道要亡在我的手里吗？

担惊受怕的情绪把司马绍搅得异常疲惫。他挥了挥手宣布散朝，然后拖着沉重的步伐回到后宫，一屁股坐到了御床上。在他身旁，除了几个内宫太监，还站着一个年过半百、面目和蔼的老者，这人名叫王导，官拜司空兼扬州刺史，乃朝廷首屈一指的重臣。

王导身份极复杂，他是东晋王朝的开国功臣，也是王敦的堂弟，不过，他的性格乃至政治立场都跟王敦迥然不同。王敦性格嚣张强硬，王导则宽厚柔和。在之前那场皇帝和权臣的战争中，王导名义上是站在皇帝一边的，不可否认，他为了身家利益免不了首尾两端，暗通自家兄弟，但不管怎么说，以他的为人，还干不出公然与皇室为敌，甚至谋朝篡位的事来。

另外，王敦、王导所属的家族——史上著名的琅邪王氏，在整个东晋时期，论及家族声望和政治影响力，均无能出其右者。即便是那些不爽王敦飞扬跋扈的臣子，对王导依旧要礼敬三分。

由此，纵然王敦已经到了跟皇室开战的地步，无论是司马睿还是司马绍，都必须好吃好喝供着王导，希望他能从中斡旋，尽量稳住王敦。

司马绍抬眼看了看王导："王公，您怎么还不回去啊？"

"臣挂念陛下，想问问陛下还有什么吩咐。"

"朕没什么事了……"司马绍回答得有气无力。他一见王导那张脸，总是不由自主地想起王敦。琅邪王氏，个个都长得那么恶心！说实话，王导长得慈眉善目，脸庞清秀，举止风流倜傥。可所有那些琅邪王氏族人的相貌特征都让司马绍作呕。他很想把王导打发走，但这话最终没说出口。

必须稳住王导！

缓了一会儿，他对王导言道："王公，您博古通今，朕想听您讲讲，朕的列祖列宗是如何赢得天下的。"

司马绍自是希望能从先辈的事迹中寻求智慧，以期摆脱目前的困境，而王导则有另一番想法。如果堂兄王敦谋朝篡位不可避免，现在自己能做的，正是通过司马家先祖的事迹让这位皇帝明白天命的道理。

——天命在臣不在君。

王导想了很久，点点头："既然陛下想听，臣就把臣知道的事给您讲讲吧……"

序章

距今一千八百多年的东汉建宁元年，即公元 168 年，10 月 25 日黎明，大汉国都洛阳的百姓大多开始了一天的生活，在深邃的皇宫内，时年十二岁的当朝天子——后世称为汉灵帝的刘宏，像往常一样，刚起床就骑上驴，牵着狗，在一群宦官和宫女的嬉笑簇拥中迎来了新的一天。

皇帝优哉游哉的生活与险恶的朝廷局势形成鲜明的反差。

洛阳皇宫主分南北两宫，总面积超过二百万平方米，从空中俯视呈一个巨大的"吕"字形。北宫多为皇帝寝殿，南宫主要供皇帝和群臣议政。北宫南面的朱雀门（及两个侧门）各自对应南宫北面的宣武门（及两个侧门），其间与并列的三条长约七里的通道相连。中间的通道最宽，是专供皇帝通行的御道，群臣只能从两旁的侧道行走。

此时，就在其中一条侧道的北端，也就是北宫朱雀门旁的侧门内外，分别驻扎着两拨军队，兵士个个剑拔弩张，遍布血丝的双眼透出杀气，全都恶狠狠地瞪视着对方。

守在宫门外的，是由大将军窦武（外戚）率领的数千名皇城禁军；守在宫门内的，则是由黄门常侍王甫（宦官）率领的千余名皇城禁军。

东汉自第三代皇帝汉章帝开始，外戚（皇帝的母族、妻族）的权力就越来越大，到建宁元年这一百年中，有多个外戚把持朝政。然而，外戚只要一上位，最后总难逃被宦官灭掉的命运，权力很快又传到宦官手里。宦官因为生理缺陷和背景低微，即便权力到手也不具备传承性，等这茬宦官死绝，下一代外戚又会冒出来掌权，如此周而复始。就这样，外戚与宦官轮流坐庄几乎成了笼罩在东汉王朝头顶上的噩兆。

汉灵帝时，窦武成为外戚首领，他与宦官的权力斗争历经数年，现在终于不可避免地爆发武力冲突。虽然窦武的兵力强过王甫，但王甫手里握着一个强力道具——指控窦武谋反的诏书。毋庸置疑，这封诏书是宦官伪造的，即为矫诏。可这内幕对于底层士兵来说实在太过深奥，他们当然无从辨别真假，脑子里只明白一个道理——诏书大过天。

借着诏书的威慑力，窦武军士气持续跌落，中午时分终于崩盘，全军一哄而散。另一边，王甫见自己掌握绝对优势，遂率军冲出宫门，将孤立无援的窦武团团包围。

窦武心知再无力扭转乾坤，当场拔剑自刎。窦武一死，其政治盟友——太傅陈蕃也被缉拿，当天晚上就被害死在狱中。当时，宦官集团被世人称为"浊流"，士大夫集团被称为"清流"。窦武和陈蕃正是两位最大的"清流"领袖。

二人一死，宦官马上发动攻势，处死了一百多名士大夫，又罢黜了六七百名士大夫的官位。这起事件，史称"党锢之祸"。

究竟什么人能称为士？士这个阶层最早可追溯到商周时代，他们多受过良好教育，相当于高等公民。到了战国时代，越来越多的士人开始涉足政治，被称为士大夫，而累世为官的士大夫家族，则被称为士族（也称为世家）。

与士大夫、士族相对应的，则是庶民、寒门。不过，即便是庶民，通过努力读书和良好的品行也能晋身士人，若逢时运得济踏上仕途，历经两三代后，其家族也就自然而然地脱离寒门，正式跨入士族行列了。

东汉末年，由于接连爆发"党锢之祸"，本应在政坛占据主导地位的士大夫迫于严酷的现实，不得不向强权宦官低头，再度进入蛰伏与沉寂的时代。

到了公元189年，大将军何进（新一届外戚）被宦官刺杀，何进的幕僚——出身名门士族的袁绍又发动政变将宦官屠杀殆尽。就在这场政变中，并州牧董卓乘乱入京夺权。董卓废掉汉少帝刘辩（汉灵帝刘宏的嫡长子），拥立刘辩弟弟刘协为帝，史称汉献帝。

自此，外戚和宦官轮流坐庄的政治格局被终结，然而，政治局势并没有因此变得更好。由于董卓奉行残酷暴政，朝廷对地方的控制力日趋弱化，各地诸侯（曹操、袁绍、刘备等人）纷纷举起讨伐董卓的旗帜，乱世降临。

此时的洛阳城，虽然不改往日之繁华，但任谁都能从街上行人急匆匆的步伐和忧虑的眼神看出大祸将至了。

洛阳城中有所宅子，门匾上写着"司马"两个大字。这里，正是司马氏宗主，官拜治书御史的司马防的宅院。透过层层院墙，可听到院落中此起彼伏的朗朗读书声。读书声清脆稚嫩，出自几位少年之口。几人中明显有个领读者，看上去高大英武，年纪不过十九岁，这人名叫司马朗，是司马防的长子。而其余跟读者则是他的弟弟。

读书声不绝于耳，厅房中突然传来一声呼唤。

"伯达（司马朗字伯达），伯达！"喊话者是司马防。司马朗听到父亲叫自己，赶忙放下书卷，朝厅房跑去。刚迈出两步，他忽觉身后读书声戛然而止，不禁回头一望，原来是弟弟们全都停下功课，正疑惑地盯着自己。

"不许停，继续读书！"身为大哥的司马朗严厉地训道，"无论什么时候，都不许懈怠了学业！"

看到弟弟们重新拿起书卷，他才急跑向父亲所在。

厅房内，司马朗见到司马防，欠身问道："父亲何事？"

"你坐下，我要跟你商量件事。"

"父亲请讲。"司马朗坐定。

"现在朝廷大乱，诸侯蜂起，全都剑指洛阳，万一洛阳城破，难免殃及池鱼，我想让你带着你的弟弟和其余族人逃出这个是非之地。"

司马朗定定神，言道："儿也早有此意，但您说让我带着家人离开，难道您不走吗？"

"为父是朝廷御史，不管朝廷要面临何种劫难，为父誓要与朝廷共存亡！"

司马朗沉默良久，想劝，却又无从开口，只得点点头。

"既如此，儿谨遵父命！但近来局势紧张，洛阳城进出都要严查，董卓律令任何官员及家眷均不得出城，咱们得想个办法。"

司马防从身后取出一卷竹简，展开一看，上面写满了人名。"拿着这个，上面所列的都是守卫城门的各级官吏名单。把家财都散给他们，这事我不方便出面，只能你亲自去办，勿要吝惜财物，全散掉！"

"明白！"

"记住！钱财可散，书不能丢！"司马防平生嗜书如命，尤其喜欢《汉书》，以至对其中的章句能倒背如流。他接着叮嘱道："等出了洛阳城，你们回温县老家去，务必督促你那几个弟弟勤于学业。司马家的未来，全靠你们了……"

院落中，朗朗读书声犹未停止，似与外界的喧嚣躁动格格不入。

在这纷乱的时代，士大夫即将面临更加严酷的挑战。当然，风险总是伴随着机会同时到来的。

第一章　暗流

颠沛流离

东汉国都洛阳属于司隶州河南郡，河南郡的北界是黄河，北跨过黄河就到了河内郡，在河内郡有座小县，名为温县。

我们的故事便从河内温县开始了。

温县距洛阳仅十公里，虽然相隔黄河，但因为临近政治中心，这里还是要比其他县繁华很多。然而，公元 190 年，董卓为躲避关东联军（指函谷关东，以袁绍、曹操等人发起的讨董联军）的锐锋，把朝廷西迁到了长安（今陕西省西安市），临行前，他放了把火将洛阳城烧成一片瓦砾废墟，附近的温县也闹得人心惶惶。

这天，几个乡人慌慌张张地跑到县中宿老的住处。

"不好了！大事不好了！"他们因为跑得太急，全都上气不接下气。

"慌什么？慢慢说。"

"一大票人马正朝咱们而来，离得太远，看不清是什么人。很可能是军队！"

宿老一听，心里不禁咯噔一下。

"走，出去看看。"

众人来到县城门口，果然见远处一支队伍浩浩荡荡正向温县而来。大家都捏着把汗，眼下局势纷乱，如果是军队，肯定会把温县搅得鸡犬不宁。等这伙人走得近些，才依稀看出他们衣着装扮基本都是平民，队伍中男女老幼皆有。

"看来不是军队。"乡人纷纷松了口气。

"等等，你们看走在最前头的那个青年……"一个乡人伸手遥指队伍前列，"长得人高马大，那身材瞅着眼熟……那、那不是司马家的伯达（司马朗）吗？"

这伙人有上百号之多，他们正是温县豪族司马氏。这时候，治书御史司马防已经身不由己被董卓胁迫着搬去长安了。司马防无法摆脱董卓的魔掌，但幸运的是，在洛阳焚毁前，他的长子——时年二十岁的司马朗，历经周折，带领全族人从洛阳逃回了温县。

眼见快走到县城门口，乡人终于看得真切。"果然是伯达！快，快去迎接。"

老乡见老乡，分外亲热，全都拥上前抱作一团。

乡人们欢呼雀跃，纷纷道："听说洛阳遭难，咱那叫一个担心，没想到你们都能逃回来。"

"以后就留在温县，哪儿都别去了，躲过乱局再说吧！"

司马朗表情严肃，不像其他人那般兴奋。"我们不能在这里久留。只是回家收拾下行囊。"

此言一出，不仅乡人们愣住了，就连司马家的人也是目瞪口呆。

"好不容易到家了，怎么还要走？去哪儿？"

司马朗道："临行前，家父叫咱们回温县老家避难，但我一路上都在想，关东联军正朝洛阳逼近，战祸必殃及河内郡，到时候温县免不了一场浩劫。我想继续北逃，去冀州黎阳避难。黎阳营的守将跟咱们有交情，肯定会出面保护咱们。"

司马朗年纪虽轻，但由于是家族宗主的长子，又成功带领全族人逃过洛阳劫难，故深得族众信任。几个司马氏叔伯思忖片刻，附和道："全族老小能平安回家全靠伯达，往后，伯达说怎么办咱们就怎么办！"

司马朗点点头，又恳求乡里宿老："请几位长辈劝劝乡亲们，跟我们同去冀州避难吧。"

宿老闻言，眉头紧锁，半晌才道："咱们祖祖辈辈生活在这里，可不能单凭你一句话就背井离乡。再说这兵荒马乱，哪儿都不安全，咱们还是留在温县吧。"

只要不是死到临头就没勇气迈向未知的前途，这是寻常百姓根深蒂固的想法。司马朗苦劝无果，只好吩咐族人回家收拾行装再度起程。

此时，在司马朗身边，一个孩子拉着他的手，满脸不解地问道："大哥，他们怎么就是不信你？"这孩子时年十一岁，正是司马朗的二弟司马懿。

"唉！他们不是不信。"司马朗悲伤地叹了口气，又仿佛自言自语，"世道太残酷了，大部分人都不敢面对……"

司马懿似懂非懂，眼神中掠过一丝失落，随后，他使劲拽着大哥的手，头也不回地向冀州而去。

数月后，果如司马朗预料的那样，灾难降临温县。由众多诸侯率领的关东联军军纪涣散，沿途劫掠百姓，致使当地超过半数人死于非命。司马家族则因司马朗有先见之明躲过兵劫。

俗话说，树挪死，人挪活。东汉末年乱世，类似的事比比皆是，譬如豫州颍川名族荀氏，在荀彧（xún yù）的带领下逃到冀州，又辗转兖州投奔曹操；同属颍川名族的陈群逃到徐州，后来也归附曹操；出身徐州琅邪名族的诸葛亮则南下荆州，诸葛亮后来受刘备三顾茅庐之礼加入其麾下；诸葛亮的哥哥诸葛瑾独自流落江东，后加入孙权麾下。说实在的，这些士人动辄举家迁移，颠沛流离，并不一定就能找到安全的归宿，但是，正因为对时局敏锐的嗅觉以及敢于迈向未知新天地的魄力，他们比那些故步自封者拥有更广阔的生存空间和更多的成功机会。

稳健投资

司马朗带领族众离开温县三年后，洛阳一带的战火渐渐平息，司马氏终得重归故里。就在这段时间，曹操横扫中原，挟天子以令诸侯，司马朗遂投奔曹操成为其幕僚。司马家族人口众多，单是司马防就有八个儿子，因为这兄弟八人的字中都带个"达"，所以，他们被合称为"司马八达"。

顺带一提，自东汉末年至魏晋时代，士人之间彼此标榜、相互起名号是社会风气，这对他们名声迅速传播非常有利，而名声正是他们安身立命乃至捞取政治资本的重要基础。另外，士人很喜欢打包推销自己，无论是同族兄弟还是志同道合者，通常都会起个诸如什么"三君""四友""七子""八达"之类的名号。时值天下大乱，政治环境险象丛生，这种捆绑关系也将士人的心更牢固地拴在一起。

曹操早听说过"司马八达"的名号，到公元 201 年，他又想聘刚刚成年的司马懿做幕僚，可司马懿很有个性，愣是谎称有腿疾直接给曹操撅了回去。

司马懿为什么要规避仕途？《晋书·宣帝纪》给出了一个冠冕堂皇的理由——汉室已穷途末路，故司马懿不愿屈节于曹氏。如果这么看，司马懿似乎像个大忠大义的青年。但若从司马懿一生所作所为来分析，就知道这绝不是他的真实想法。

当时，中原霸主曹操和黄河以北的霸主袁绍势均力敌，双方正准备在官渡展开决战，鹿死谁手犹未可知。司马懿自是考虑到大哥已经出仕曹操，如若曹操被袁绍打败，自己选择静观其变也能给家族谋条退路。还有一个原因，司马懿的至交好友——名士胡昭，以隐居遁世闻名，这或多或少也影响了司马懿。不过话说回来，胡昭确是淡泊名利不假，他直到八十九岁去世时始终未曾涉足官场，但司马懿肯定跟淡泊名利沾不上边儿，他大概是想靠清高的姿态邀名射利，为将来的仕途积累政治资本。

就这样，司马懿整整装了七年病。直到公元 208 年，曹操将袁绍势力彻底歼灭，成为天下最强霸主，司马懿判断再无政治风险才接受曹操延揽，加入其幕府。

公元 213 年，曹操被汉帝刘协册封为魏公，魏国的国都定在黄河以北的冀州邺城。通常情况下，东汉藩王的藩国仅有一个郡，但魏国的国土面积大得惊人，足足占了冀州十个郡。公元 216 年，曹操晋爵魏王，成为东汉迄今为止唯一合法的非刘氏藩王。曹操家大业大，他两个最出色的儿子——曹丕和曹植，也开始觊觎起世子（诸侯的继承人称世子，皇帝的继承人称太子）的地位，二人明争暗斗不断。毋庸置疑，谁能当上世子，谁就能继承魏国。

司马懿再度思考自己的政治前程。曹操麾下猛将如云、谋臣如雨，这票人都是大半辈子跟着曹老板创业打天下的老臣，他要跟这票创业老臣拼仕途，不知要等到何年何月了。

司马懿意识到，自己只要死抱住曹操的继承人，等曹操一死，仕途肯定无忧。那么，曹丕和曹植到底谁能坐上世子之位呢？

这天，司马懿对司马孚说道："三弟，我想举荐你出仕。"

"二哥想让我加入魏王幕府？"

司马懿摇了摇头："现在加入魏王幕府没什么前途，我想让你成为魏王儿子的幕僚。我想了很久，仕途的未来应该牢系下一任魏王。"

"魏王的儿子……"司马孚低声道，"我看二哥近日来跟曹丕的亲信——吴质、朱铄称兄道弟，又多次以子弟之礼拜谒深受曹丕信任的重臣陈群，难不成二哥要帮助曹丕争夺世子之位？"

"我的确看好曹丕……"司马懿答道，"不过，魏王似乎更加宠爱曹植，他久久不立世子，想必也是犹豫不决。我现在觉得，曹丕和曹植的胜算半斤八两。"

"如此说来，二哥希望拉我一起帮助曹丕？"

"不。我已经把自己的前途都押在了曹丕身上，但我不能搭上咱司马家一起赌。所以……"司马懿注视着弟弟，"我希望你加入曹植幕府。"

司马孚缓缓地点了点头："我明白了……无论谁赢，总会给司马家一条活路。"

"没那么简单，等到了快见分晓的时候，务须随机应变。"

"好！二哥帮曹丕，我帮曹植。"

"还有大哥……"司马懿沉沉地道，"他官任兖州刺史（州最高行政长官），不在朝中，咱司马家可称得上狡兔三窟了……"

就这样，司马懿押宝曹丕，他和曹丕越走越近，不出几年就成了曹丕的死党。司马孚则押宝曹植，成了曹植的亲信幕僚。

公元217年，曹丕设计把曹植灌了个酩酊大醉。曹植耍起酒疯，竟私自打开皇宫城门，更在专供皇帝行走的御道上驾马车。他这次不规矩的行为，把曹操惹毛了。曹植由此失宠，曹丕赢面越来越大。

身为曹植幕僚的司马孚处境堪忧。他向司马懿抱怨道："我曾屡次苦劝曹植，但他生性放荡不羁，总把我的话当成耳旁风。"

这些年，司马兄弟虽说是为了家族前途各自押宝，却都是使出浑身解数，尽心竭力地辅佐曹氏兄弟，可如今，眼看司马孚就要落败了。

司马懿对弟弟说道："我帮曹丕出谋划策从不敢张扬，而你敢公然劝谏曹植，经常在大庭广众之下让曹植下不来台。这事不光我知道，朝廷公卿哪个不知？"

司马孚落寞地叹息道："我性子直，有什么想说的总是憋不住。可事到如今，我如何是好？"

司马懿淡淡地道："我从没劝阻过你，因为我知道你走的路注定跟我不一样。三弟，你给自己塑造了一个不明世故的直臣形象。你走的，乃是直臣之路啊！"

是啊……我是个直臣！司马孚暗暗思索着二哥对自己的评价。猛然间，他仿佛从这句话里找到了自己一生的人设。

司马懿拍了拍弟弟的肩膀："既是直臣，你尽可放心，我要保住咱司马家，当然也要保住你！"

次日，司马懿来到曹丕府邸，并未像往常一样以宾客之礼拜见，而是扑通一声跪倒，额头紧触地面："我三弟做临淄侯（曹植）幕僚，被逼无奈，他看临淄侯一百个不顺眼，常跟我抱怨要辞官。"

曹丕心领神会："你弟弟这事，我心里有数。"

曹丕与曹植之间的斗争长达十几年，二人耍尽权谋，也耗尽了兄弟情分，最后以曹丕胜出告终。毫无疑问，这意味着曹丕将来会成为魏国国君。很快，司马孚就因为有先前的铺垫，顺利跟曹植提出辞职，转做了曹丕幕僚。

"司马八达"这几个亲兄弟感情笃深，可遗憾的是，就在曹丕确立世子之位的同年，大哥司马朗因为给饱受瘟疫之苦的将士治病被传染，不幸去世。老二司马懿和老三司马孚更加精诚团结，在未来，他们将携手共创一片天下。

再说曹植，由于他的落败，其追随者即将大难临头了。果不其然，曹操为了帮曹丕扫清障碍，果断将曹植的亲信杨修处死。补充一句，杨修属于著名的弘农杨氏家族，势力庞大，杨修被杀致使杨氏家道中落，不过半个世纪后，弘农杨氏会再度崛起，并把西晋朝廷搅得天翻地覆，此处留个伏笔。其他曹植的铁杆亲信大多在曹丕继位后被满门抄斩。

一步之遥

曹操是中国历史上公认的篡国权臣，但极具讽刺意义的是，他不懈努力，的确让早该寿终正寝的汉王朝苟延残喘了几十年。即便皇帝形同虚设，曹操也没有取而代之，他把改朝换代这项壮举留给继承人来完成，直至公元 220 年 3 月死的时候，依旧披着汉朝臣子的外衣，算作他以儒家价值观告慰内心的方式。

公元 220 年 5 月，马上就要进入盛夏了。这天午后，新任魏王曹丕正斜躺在冀州邺城王宫后花园的王椅上打着盹儿。王宫中的陈设跟一个月前相比没什么不同，但或许是因为曹操离去，这里少了几分霸气。

曹丕做了一个美梦，梦到曹操刚死时的情景。当时，他心里别提有多畅快了，这意味着他再无须担心被父亲废黜世子地位，从此结束提心吊胆的生涯。不过连日来，他也因为给父亲服丧，不得不把表面功夫做足，为此，他哭得死去活来，嗓子都喊哑了，限于礼法约束，他更是连酒肉都不能沾。现在，所有煎熬都已过去，往后，等待他的将是无忧无虑的生活。至少，是他认为的无忧无虑。

一股和煦的暖风吹过，曹丕半睁开双眼，舒服地伸了个懒腰。他迷迷糊糊地看着满园春色，还没有完全清醒过来。

"真想去那儿。"他抬起胳膊，往前方随手指了指。

候在一旁的侍妾听了，赶忙把曹丕搀扶起来。"魏王想去前面的浮桥？"

"不，那边……"曹丕嘴里咕哝，手依旧指着前方。

侍妾有些茫然："魏王是想去湖边？"

"不！"曹丕猛地甩开侍妾。他的情绪一下变得烦躁，因为他意识到，这几个侍妾根本就没法带他去自己想去的地方。他手指的方向，乃是距离冀州邺城西南二百四十公里之遥的汉朝旧都——洛阳。

当年，洛阳被董卓烧毁后，曹操把汉都迁到临近的许昌。现在，洛阳皇宫虽早已重建完毕，但皇帝刘协和朝廷并没有搬回洛阳。硕大又空旷的洛阳皇宫仿佛正翘首盼望着一位新的皇帝。

魏王曹丕的爵位是王，官位是丞相，所以名义上，他是大汉的藩王，是大汉的臣子。他的下一步，无疑是要问鼎大汉皇帝的宝座。

曹丕为何这么想当皇帝？这貌似是个很无聊的问题。但凡站在权力的金字塔上，无论是谁都会忍不住往上爬，对于曹丕来说，他已经处于一人之下万人之上的地位，距顶峰仅一步之遥，这种诱惑力是任何人都无法抵挡的。排除虚荣心的因素，我们从更现实的角度来分析曹丕所处的境况。

玩过"三国志"游戏的朋友大概都知道，在公元220年这个时候，魏、蜀、吴三国鼎立的局面已然形成，倘若按照游戏中的设定，包括黄河流域的中原以及黄河以北的广大区域均该纳入魏国，也就是曹丕的势力范围，只要轻点鼠标，就能随心所欲地在北方每个城市治理国政、调兵遣将。但遗憾的是，那只是游戏中的设定，而我们眼前这位更趋向于真实的曹丕，能直接控制的地方实则仅限于自己的藩国——冀州的十个郡，但中原和黄河以北还有十几个州，这十几个州，包括治下无数郡县名义上仍是汉室领土。再说曹丕能呼来喝去的官员，也只有魏国的直属官员，其他地方官包括汉朝国都许昌的朝臣，名义上仍是汉室臣子。显然，曹丕没法通过简单地点击鼠标折腾那些属于汉室的地和人，只能依靠政治手腕间接施加影响。

只要当上皇帝就没这么麻烦了。曹丕心里暗暗抱怨，如果老头子死前称了帝该多好。

早在曹操还活着的时候，就有无数公卿撺掇他称帝，以曹操的威望，要迈出这一步自然是水到渠成的事，但他受限于儒家礼教观，至死都没答应。而今，曹丕全无这方面的顾虑，那些当初困扰他老子的哲学理念无法对他造成半分束缚，可他的威望与曹操相去甚远，所以，他想称帝，还必须付出更多更多……

路得一步一步地走，曹丕很清楚自己要达成这一愿望必须赢得足够多的支持。

陈群的理想

"请尚书陈群来。"曹丕下令。

陈群出身颍川士族。前些年，当曹丕和曹植激烈争夺世子之位时，他果断地站到曹丕一边，与司马懿、吴质、朱铄合称曹丕的"四友"，曾是一位铁杆太子党。而且，他的妻子是汉末名臣荀彧的女儿。陈家、荀家俱属颍川郡名门望族，本就彼此扶持，这一联姻，更让颍川派影响力骤增。不料想，就在数年前，荀彧遭到曹操忌惮，备受压迫，郁郁而终（有一种传说系自杀）。荀彧死后，陈群因为跟曹丕交情深厚，逐渐成为颍川派士族的顶梁柱。

须臾，陈群匆匆而至。

"下臣拜见魏王。"陈群口称下臣，而非臣，自是因为他时任汉朝官职，所以严格讲，他与曹丕属于同僚。而"魏王"这个称呼更让曹丕心头又涌出一丝遗憾——如果是"陛下"就好了。

曹丕的内心世界不会在脸上表现出来。他笑意盎然地对陈群说道："长文（陈群字长文），我想再听你讲讲你前两天那个提案。"

就在几天前，陈群提出一项新的官吏选拔制度，这里面大有文章，当时曹丕觉得有风险，暂时压了下来。现在，曹丕意识到，这项提案或许正是能帮他登上九五之尊的门票。

陈群早料到曹丕会松口，定了定神，将自己的提案娓娓道来。

"想当年，先王（曹操）推行唯才是举，不管对方出身多低微、品行多差，只要有一技之长，哪怕是鸡鸣狗盗之辈都会毫不犹豫授以官职。不可否认，唯才是举确是平定乱世的法宝。可时过境迁，如今中原和北方日趋安定，无论是庶民还是士人，均难有机会直接在魏王面前展露才华。再者，纵横于乱世中的狡诈之徒往往德行欠缺，也不适宜治理国家。所以，下臣认为，选拔官吏的制度应该规范起来……"曹操推行"唯才是举"是基于乱世重人才的现实，但这严重伤害了士族利益，把从政当作唯一出路的士大夫不可避免地要跟庶民竞争有限的官位。

都是些废话！曹丕暗暗鄙斥，但他仍装出饶有兴致的模样。

"嗯，你接着说。"

"魏王应该知道二十年前许子将（许劭字子将）著名的'月旦评'吧？"

曹丕点点头。他很清楚许子将的"月旦评"是怎么回事。自东汉时代，士人之间通过相互标榜提高名气和社会地位，倘若有幸得到名家赞誉，更等于拿到通往仕途的敲门砖。许子将每月初一都会品评士人，"月旦评"由此得名，就像今天的选秀节目一样，只要得到许子将佳评的士人无不身价飙升。那时节，在朝者和在野者均对许子将趋之若鹜，曹操早年为求得许子将的评语更是踏破铁鞋。最后，许子将甩了句"治世之能臣，乱世之奸雄"让曹操声名鹊起，从此赢得闯荡世间的重要资本。许子将堪称当时的金牌品评师，是这一领域的绝对权威。

陈群接着说道："不过，许子将品评士人的行为并非由官方发起。而下臣提出的这项官吏选拔制度，其实是将'月旦评'官方化、系统化。简要言之，即在各州、郡设置中正官。中正官根据士人的德行、才学、家世（父祖辈的官爵名望）三项指标作为依据，定期品评本地士人。品评结果分为九个品级。朝廷选拔官吏，根据士人的定品成绩择优录取。"

"那么，中正官又由什么人来做呢？"曹丕一句话问到了重点，无须多言，倘如陈群所言，各州郡中正官无疑掌握官吏选拔的命脉。

"下臣认为，中正官的人选务必是各州郡名望最高又兼具才德之人。"

什么"名望最高又兼具才德之人"，曹丕心知肚明，陈群所指无一例外都是地方豪门世家。说白了，这项官吏选拔制度乃是给像陈群这样的大家族谋取利益。

曹丕闭目沉思，半晌没有说话。

陈群也闭上了嘴，他知道这时候需要给曹丕留出思考的空间。过了片刻，他清楚地看到曹丕的胡须微微颤了一下。他意识到，自己接下来要说的话必须直击曹丕内心，突破曹丕最后的心理防线。

"天下的士大夫无不翘首盼望为魏王……哦不，是为陛下效力……"

这句话是压倒骆驼的最后一根稻草。

曹丕缓缓睁开眼，死死盯着陈群："长文，你说，我有没有天命？"

"魏王自然有天命。"

曹丕追问："士大夫都明白天命的道理吗？"

"士大夫都明白，只是庶民在这方面感觉就相对迟钝了些。"陈群这么说也无可厚非，庶民能混口饱饭吃已属不易，更别提读书学习了，士大夫则凭借知识牢牢控制着社会舆论，而曹丕口中的天命，其实便是社会舆论的导向。

曹丕仔细琢磨陈群的话。假如通过这项法案，放给士族足够的权益，士大夫肯定会全力支持自己登上皇位，可等自己登上皇位之后呢？士族的力量也会变得空前壮大，这无疑会削弱皇权。曹丕不傻，他知道这是一笔危险的买卖。盘算了许久，终于，他想出了一系列既能赢得士族支持，又能在未来强化皇权的对策……

"长文，我同意了。明天，你就在朝堂上把这项法案正式提出来吧！"

陈群辞别曹丕，迈着稳健的步伐走出邺城王宫，他想起很多年前，他还小，他的爷爷颍川名士陈寔（shí）边摸着他的头边说："你这孩子日后必兴旺我陈家。"

是的，我要兴旺陈家，更要兴旺天下士族！

陈群的官吏选拔制度改革，于公元 220 年正式实施，史称"九品中正制"，又称"九品官人法"，从此，魏国彻底推翻了曹操早年奉行的"唯才是举"，改由士族垄断官吏选拔权。刚开始，中正官评定士人尚依据德行、才学、家世三项考量，久而久之，士大夫为了维护自家利益，将家世这项指标的重要度定得越来越高，最终发展到"上品无寒门，下品无士族"的局面。

此时此刻，陈群当然不会想到，他这一番作为竟给全天下士族带来长达四百年的巨大利益，而他自己更成为左右历史进程的关键性人物。

曹丕拿九品中正制取悦士族，以陈群为首的颍川陈氏当然成为最大受益者，其他诸如河内司马氏等世家豪门也跟着捡了时代的红利，作为利益交换，士大夫频频向皇帝刘协施压。

公元 220 年 12 月，刘协终于扛不住压力宣布退位，将皇帝宝座拱手让给曹丕。延续四百多年的汉朝就这样被取代。之后，刘协受封山阳公，养老于河内郡山阳县。曹丕终于如愿以偿从邺城搬到洛阳，从此，他开创了一个新的朝代——魏朝。

接下来，曹丕即将做出一系列大动作，其所作所为只为一个目的——稳固皇权、压制臣权。

曹丕的布局

士大夫经历了东汉外戚和宦官轮流执政，以及东汉末年群雄混战的战火屠戮，现在终于借由陈群的九品中正制越来越多地掌握政治话语权，算是重新崛起。在朝廷里，他们代表臣权势力，与之相对的，则是曹丕的皇权。曹丕是个强势皇帝，自然不会坐视臣权壮大不闻不问，他早想好了对策。

朝堂上，曹丕面向群臣朗声下令："昔汉朝初年，丞相独揽大权，朝廷安危系于一相之手，因此，到汉武帝时取消丞相，改设三公以分权。汉末临时设丞相仅是为应付战乱的权宜之计，如今天下日趋安定，我大魏将依照汉武帝旧制，恢复三公，不设丞相。"

三公是太尉、司徒、司空三个至高官位的统称，原本就是为了分散丞相权力。但由于东汉最后一位丞相曹操强势，三公沦为毫无实权的荣誉顾问。曹丕取消丞相制，抬出三公制，另外再加上荣誉仅次于三公且同样没什么实权的九卿，皆是为了让那些比他父亲资历还老的重臣舒舒服服躺在床上养老。

可朝廷不能都吃白饭，总要有真正干活的人，只要干活就会有实权。

东汉时，具体执行政务的部门名为尚书台。颍川名门荀氏大佬荀彧作为东汉末年最牛的尚书令（尚书台首席统领），一度令曹操忌惮三分。

于是，曹丕任命他昔日的铁杆太子党陈群担任尚书令。不仅如此，陈群还手握皇宫禁卫军兵权，可谓赚得盆满钵满，成了曹丕称帝的最大受益者。这不单因为他是曹丕亲信，更因为他创立九品中正制，得到全国士大夫拥戴。

再说曾死抱曹丕大腿的司马懿，他在曹丕称帝后同样官位猛蹿，很快，他被授予录尚书事的职权。按照正常程序，皇帝别说插手尚书台政务，就连尚书台的门槛都不能随便迈，可担任录尚书事的官员能直接进入尚书台参与政务决策，他们相当于皇帝插手尚书台政务的中间人。

那么，尚书令和录尚书事这两个官职到底孰高孰低？二者又有什么区别呢？简单讲就是，尚书令是领导、指挥尚书台干活的人；录尚书事则是给尚书台提意见并监督尚书台干活的人。

由此，录尚书事司马懿的权势逐渐向尚书令陈群逼近，二人之间不可避免地产生制约关系。不过，曹丕明白一个道理，由于人对权力的执着本性，那些原本深受皇恩的近臣一旦掌了权也就变了心，他们会越来越独立，最后难以控制。

所以，单凭录尚书事并不够，他还要再进一步分割尚书台的权力。曹丕使出了撒手锏。他创建了一个足以跟尚书台分庭抗礼的新机构——中书省。中书省相当于皇帝自己的秘书部门，主要负责撰写、颁布诏书，用以分割尚书台权力。这样，尚书台再不能凡事自己说了算。

中书省有两个最高统领，分别是中书监和中书令。至于魏国初建时中书监和中书令由何人担任，这里先卖个关子，在很久以后的一次大事件中，这两位中书省大员将直接扭转魏国的命运。

再补充一句，无论是中书监、中书令，还是尚书令，他们的品阶都不高，比起年俸一万石的三公和年俸二千石的九卿，尚书令仅年俸一千石，中书监和中书令更低，仅六百石。可三公九卿基本没什么权力，尚书台和中书省却是权力核心，也即是说，低级官员掌权，高级官员养尊，这是古代官僚系统一个相当普遍的格局，目的同样是平衡。

就这样，曹丕一方面把那些老资格的旧臣高高挂起，另一方面提拔亲信陈群担任尚书令，又提拔另一个亲信司马懿担任录尚书事，用以克制陈群，同时，还创建中书省全面制约尚书台。魏朝的政治架构看起来越来越稳了。

公元 221 年 8 月的一天，天空出现日食。司法官员上疏，按汉朝旧例，有日食就要罢免三公。

这是什么奇怪逻辑？我们解释一下，皇帝之所以称为天子，是因为皇帝代表天，日食便是老天爷对皇帝的警告——你干得有问题。

西汉初期，一旦出现日食，皇帝不仅要大赦天下，更须下罪己诏主动认错。实际上，这是臣子为压制皇权要的一个小把戏。到西汉中后期，皇帝逐渐咂摸过味儿来。朝政掌握在三公手里，天怒人怨凭什么让朕一个人扛？于是皇帝便把三公捎了进去。皇帝不能辞职，无非写篇自我检讨，但三公可就没那么简单了——直接罢免。由此，臣子这套日食理论在打压皇权的同时，也害苦了自己。

不过，从另一个角度看，这恰恰证明汉朝臣权的强大，三公既然能因为日食被罢免，就说明三公和皇帝一样代表老天爷，颇有虽罪犹荣的意味。

此时，曹丕听罢司法的上奏，转了转眼珠，接着说出一句相当够水准的话。

"日食是上天给我看的，跟三公无关。以后再有日食，就别弹劾三公了。"

曹丕一边卖给三公面子，一边垄断了自己与老天爷通话的权力，不过，政治出了问题还是要追究臣属的责任，反正曹丕够强势，罪己诏是不用下的。从此，因日食罢免三公的制度也就取消了。

强大的皇室

讲完魏国初建时的政治架构，再看看魏国所面临的国际环境，借此讲一下魏国的军事布局。

三国时代，魏国占据长江以北的广大区域，它的两个敌国分别是占据长江以南的吴国和占据巴蜀的蜀国。

魏吴交界处有两大主要战区：东战区——扬州（今安徽淮南、合肥一带），南战区——荆州（今湖北荆州一带）。

魏蜀交界处是西战区——雍州和凉州（今陕西、甘肃一带）。

东战区（扬州）、南战区（荆州）、西战区（雍凉）是魏国最重要的三处门户。出于安全考虑，镇守这三大主战区的最高军事统帅——藩镇重臣，无一例外都是深得曹氏信任的人。而曹氏最信任的人，除了本家同族，首推夏侯氏。

夏侯氏和曹氏同乡，两家交情极深，世间甚至盛传曹操的老爸曹嵩原本就属于夏侯氏一族，是被夏侯氏过继给大宦官曹腾的，按照这个推论，曹操与夏侯氏大佬夏侯惇（跟曹操关系最铁的创业伙伴）当为同族兄弟，这说法最早源于吴国人撰写的小说《曹瞒传》，但必须说，其可信度接近为零。

首先，曹氏和夏侯氏两族频繁通婚，曹操的女儿嫁给夏侯楙（夏侯惇的儿子），曹操的妹妹嫁给夏侯渊（夏侯惇的族弟），以曹操对儒家礼教观的重视程度看，若是同族，必定不会做出这般违背人伦之事。还有件事可以视作曹操并非夏侯氏后人的佐证。曹丕刚继王位不久，恰逢夏侯氏大佬夏侯惇病故。就在夏侯惇出殡那天，曹丕率领群臣在城东门口吊唁。按照礼法规定，皇帝为同族发丧理应到宗庙而非城门口，这证明曹丕也没把夏侯氏认作自己同族。有人猜测曹丕是欲盖弥彰，故意隐瞒自己和夏侯氏之间的关系，但这显然没必要，因为夏侯氏属于一个历史悠久的名门世家（西汉开国功臣夏侯婴的后代），曹嵩过继给宦官当养子又世人皆知，倘若曹嵩真是出自夏侯氏，就算认了也不丢人。

那么，曹嵩原本的姓氏究竟是什么呢？

我们基本可以断言，他过继给大宦官曹腾应该只是曹氏同族内部的过继，这在古代实属家常便饭，见怪不怪。所以，诸如刘备、袁绍这些曹操的死敌，他们一提起曹操，总把"宦官孽子"挂在嘴头，却从没说他跟夏侯氏有什么瓜葛，直至小说《曹瞒传》问世才有了这一说法。

但话又说回来，因为夏侯氏对曹氏政权的鼎力支持、两族之间的深厚情谊，再加上频繁通婚，夏侯氏的确获得了和曹氏皇族近乎同等的待遇和信任，成为魏国"准宗室"成员。于是，由夏侯氏和曹氏担当东、南、西这三大战区最高军事统帅也就成了魏国很长一段时间的惯例。

当东战区和南战区统帅夏侯惇死后，这两大战区一并划归宗室重臣曹仁（曹操堂弟）管辖。不过，夏侯惇、曹仁两个老家伙都算曹丕长辈，曹丕对叔伯们总要礼敬三分，指使起来也不那么得心应手。幸运的是，曹仁没让曹丕等太久，他于曹丕继位的第三年病逝，如此一来，曹丕终于有机会提拔自己的亲信了。

曹丕经历过刻骨铭心的世子之争，自然不可能对自己的亲兄弟有一丝一毫的信任。不过，他对同族旁支和夏侯氏还是相当信任的。

在无数曹氏和夏侯氏族人中，有三个陪着曹丕从小玩到大的发小，他们分别是曹休、曹真、夏侯尚（夏侯惇的侄子）。三人年轻时跟曹操南征北战，在曹操刻意培养下才略出众，这是曹操留给儿子最宝贵的一笔财富。

曹丕任命曹休为东战区（扬州）最高统帅，夏侯尚为南战区（荆州）最高统帅，曹真为西战区（雍凉）最高统帅。

魏吴边境多纷争，可魏蜀边境因蜀国南蛮叛乱自顾不暇静得像潭死水。曹丕为了不让西战区统帅曹真就此没落，没多久又把曹真召回朝廷，任都督中外军事。都督中外军事是个后文会频繁提到的重要官职，"中外"指皇宫周围的整个京畿地区，顾名思义，即是朝廷中央军最高统帅。

由此，魏国中央军和三大主战区的军权都被牢牢控制在曹丕最信任的同辈宗室亲信手里，这是魏国皇室最强大的时代。很多年后，这三大主战区的格局将会发生微妙的改变，并像镜子般映射出魏国的命运。

司马懿的眼泪

曹丕登基短短两年间，司马懿已从区区一介世子幕僚蹿升到朝廷举足轻重的重臣，这是他成功投资曹丕的回报。

公元 222 年春夏之交，曹丕率领群臣离开魏都洛阳外出巡查。

一路上他本来心情大好，可当他走到位于荆州北部南阳郡的宛城县时，却因为一桩小事败了兴致。原来，宛城商贩听说曹丕要来，都怕惹麻烦，纷纷躲在家里不出来营业，导致集市异常萧条。

曹丕心里觉得不爽，嘟囔了一句："宛城县属于南阳郡，南阳太守是杨俊啊……"

想到这个名字，曹丕怨气冲天。他牙根咬得咯咯作响，心道：一定要趁这机会把杨俊搞死。这其中的原委还要牵扯曹丕和曹植间的世子之争。许多年前，曹操曾就世子人选向杨俊征询意见，杨俊很谨慎，立场不偏不倚。遗憾的是，因为杨俊没刻意帮曹丕说好话，他从此遭到曹丕嫉恨。今天，曹丕总算抓到了杨俊的把柄。

返回洛阳后，曹丕开始追究宛城事件。

"宛城集市冷冷清清，究竟是怎么治理的？"旋即，他向廷尉吼道，"把宛城县令和南阳太守都抓起来！"廷尉相当于今最高检察院，负责审理全国大案要案。

处理宛城县令也就罢了，这么点儿鸡毛蒜皮的小事牵连南阳太守杨俊却说不过去。

廷尉小心翼翼地试探道："陛下打算怎么处置杨俊？"

曹丕没正面回答，阴着脸反问："你可记得，当年汉明帝杀过几个二千石的官员？"汉明帝是东汉光武帝刘秀之子刘庄，他以对臣子严苛著称。而杨俊的年俸正是二千石。这话的意思再明白不过，曹丕想置杨俊于死地。

公卿听罢，一片哗然。因为县集市不热闹就要处死所属郡的太守，这未免太小题大做了。然而，曹丕是个强势皇帝，他的话等同于法律。一些跟杨俊私交深厚的公卿纷纷求情，在这批人中，就有杨俊的挚友司马懿。

"陛下三思！"司马懿扑通跪倒在曹丕的面前。他与杨俊是同乡，二人颇有渊源。早年间，杨俊身为河内名士，曾给过司马懿极高评价，令其声名大噪。前文讲过东汉末年金牌品评师许子将的"月旦评"。杨俊与许子将是同道中人，他虽不如许子将那么出名，但经他称赞之人，日后仕途基本不用发愁。所以说，杨俊对司马懿有知遇之恩。

司马懿当然明白曹丕是公报私仇，他心里想说：杨俊不算曹植党羽。可这话没法说出口，否则就太不给曹丕面子了。他只能反复哀求："陛下开恩，饶了杨俊吧！"不消片刻，司马懿的额头就磕得通红。

纵然司马懿和曹丕交情不错，但曹丕全没打算卖司马懿面子。

"我不想再谈这事了。"说罢，曹丕起身往后宫走。

司马懿踉跄爬到曹丕脚下，一把扯住曹丕的衣角："请陛下再考虑考虑！"

曹丕怒视司马懿道："仲达（司马懿字仲达），我知道你跟杨俊的交情，但这事由不得你。今天有他没我，有我没他！"话说到这份儿上就算绝了。

司马懿抬起头，眼前一片模糊，泪水流过他的脸颊，滴在地上。他悲愤地望着曹丕。我想让你死，让杨俊活！这话，他只敢在心里想。

几天后，杨俊在牢里被逼自杀。

杨俊惨死已有些日子，可这事始终像块巨石堵在司马懿的心头，憋得他喘不过气来。这天，司马懿向曹丕请了个短假。

他即将动身启程，临行前，他把长子司马师叫到跟前。

"为父要离开京城几天。"

司马师才十四岁，眼神中透露着同龄人罕见的睿智。

"万一旁人问及，我该怎么回答？"

"我要去探望一位老朋友，但这事绝不能告诉别人，唯有你知我知。如果旁人问，你就说我回温县打理老家的家务事了。"

"明白。"

司马懿离开京城返回河内郡。他没有去温县，而是悄悄来到临近的获嘉县，这里正是杨俊的故乡。不多时，他便顺着乡人的指引走到一处坟墓前。这是一个年俸二千石官员的坟墓，但看上去与旁边的平民坟毫无二致。遵循曹操提倡的简葬风俗，这里没有修建墓室，只是刨了个坑把棺材草草埋上了事。地面微微隆起一个小土包，坟头前也没有高大的石碑，仅有一块小石牌，上书"大魏南阳太守杨君讳俊字季才之墓"。

"杨君，我来看你了。"司马懿坐在杨俊坟前，轻轻拂去石牌上的尘土，喃喃低语。不知不觉间，泪水模糊了他的双眼，他依稀看到石牌上杨俊的名字变成了自己的。司马懿吓了一跳，揉了揉眼睛，墓牌又变回杨俊的名字。他内心突然被一股巨大的恐惧感笼罩。

或许有一天，我也会步杨俊后尘吧？司马懿曾仰仗和曹丕的关系获得今天的地位，甚至，他一度认为自己能一直这样安枕无忧，然而今天，他醒悟了，只要踏上仕途，就永远不可能安枕无忧。他无法预测自己未来的路究竟能走多远，但以他的个性，只要确定了方向，就一定会义无反顾地走下去。

司马懿缓缓站起身，抹干了泪水，转身向魏都洛阳而去。

四年后，司马懿与时任南战区统帅夏侯尚联姻——其长子司马师迎娶夏侯尚的女儿夏侯徽为妻。夏侯徽的身份极尊贵，身为魏国"准宗室"夏侯氏一族，还是西战区兼中央军统帅曹真的侄女（夏侯徽的母亲是曹真的妹妹）。由此，司马懿不仅跟夏侯氏攀上了亲戚，更跟曹氏皇族拉近了距离。

刻骨铭心的恨

曹丕自登上皇位至今已有六年，这六年里，他虽定都洛阳，却仿佛是为重温脚踩汉献帝刘协的荣耀感，频频搬去许昌刘协的故宫。洛阳和许昌两地相隔甚近，但皇帝搬家是个大工程，整个朝廷都要跟着搬，大费周章。

公元 226 年 2 月，曹丕又一次下达移驾许昌的诏令。散朝后，群臣交头接耳，内心叫苦不迭，只是无人敢提出反对意见。

几天后，大队人马浩浩荡荡前往许昌，许昌城依稀可见，突然有臣属上奏："启禀陛下，昨日许昌城南门无故崩塌，臣认为是不吉之兆，不宜入住，望陛下详思！"

曹丕听罢，心头升腾起说不出的别扭："算了，返回洛阳！"

曹丕回眸望了许昌一眼，这是一座曾令他魂牵梦萦的大都城。不知为何，他觉得这是自己最后一次看到许昌了。几个月后，曹丕得了重病。

左右侍臣安慰道："陛下无须忧虑，您记不记得很多年前，相术大师朱建平给您看过相，他说您到四十岁会有小灾，还说您能活到八十高寿呢。"

曹丕当然记得，这年，他刚好四十岁。可侍臣的话没能重燃曹丕的希望，他觉得自己可能挺不过这关了。

他嘀咕道："朱建平不敢明说，所以才用这话敷衍我。"

侍臣还想再说些什么，却被曹丕挥手打断。

"人说四十不惑，五十知天命，我不知道天命，却知道有件重要的事不能再拖了……让中书省马上颁布诏书，立嫡长子曹叡为皇太子！"

曹丕共有九个儿子，嫡长子曹叡被立为太子本该是顺理成章的事，但曹叡的生母甄氏早年失宠被赐死，因此曹丕才迟迟没立曹叡。而今，病入膏肓的曹丕顾不上这些了。

6月29日，曹丕虚弱地躺在崇华殿的御床上。床边，刚刚当上皇太子的曹叡大气都不敢出一声，生怕错过父皇的临终遗言。

"我死之后，你就是大魏国的皇帝了，你得小心……小心哪……"

曹叡现年二十一岁，生性聪慧。"儿臣一定会小心谨慎的。"他一边说，一边脑子飞转。小心谁？小心权臣，还是小心敌国？

曹丕闭着眼，却像能洞穿儿子的心思，摇了摇头："你不懂！你最大的敌人，是为父的弟弟们……还有……你的弟弟们……"

曹丕共有二十几个弟弟，这些人包括曹植在内，大多晋爵为王，拥有自己的藩国，他们分散在魏国全境，是魏国的藩王。藩王名头响亮，但说真的，曹氏藩王混得着实不怎么样。

由于早年那场令曹丕身心俱疲的世子之争，又因为曹氏以藩王的身份篡取汉室江山，这些都让曹丕对亲兄弟心存极深的芥蒂。原本，皇帝、各派臣子以及藩王之间维系着微妙的平衡，可曹丕对藩王势力最为警惕。他颁布了一道道禁令限制藩王权力，例如藩王之间不得沟通交流，未经允许不得进京，不得拥有军队，不得干预政事，又在各藩国安插官吏严密监视藩王的一举一动。其中，曹操所有儿子中最具武略的曹彰在曹丕登基第四年暴毙，世人盛传他就是被曹丕毒死的。

曹叡低头屏息，不知道说什么才好。

曹丕猛地睁开眼，紧紧握住儿子的手。"那些藩王个个嘴上挂着骨肉亲情，其实心里头都在觊觎你的皇位！你听好，为父现在要定下遗训——藩王永远，永远都不准入京参政！"

曹叡的手居然被虚弱的曹丕攥得生疼，他深深体会到了父亲对兄弟的恨，这恨，是十多年里为争夺世子之位留下的伤疤。

"儿臣谨记！"

曹丕长出了口气，缓了缓神，又道："还有件事……我死后，别忘了为父的谥号，谥'文'。"许多年前，曹操还活着时，曾多次向曹丕暗示自己想像周文王那样，为儿子打下基业，然后以前朝臣子和新朝奠基人的身份离世，也像周文王一样谥号"文"。然而，曹丕并没有实现曹操的愿望，他最终追谥曹操为"武"，却把"文"留给了自己。要知道，周文王姬昌是周武王姬发的父亲，曹丕居然把这给颠倒过来，这多少有报复的意味。老头子生前偏爱曹植，害我过了十几年心惊肉跳的生活，现在，老头子死了，什么都要听我的。他只能当"武"，我要当"文"！

"儿臣记住了，谥父皇为'文'。"

成功的报复让曹丕心头生出一股满足感。他睡了片刻，恢复了些气力，随后宣召重臣，准备托孤。

"传曹休、曹真、陈群、司马懿进来。"

这四人即是曹丕临终之际属意的托孤重臣。其中，东战区统帅曹休这两天才刚从驻地赶回朝廷。另外，若不是南战区统帅夏侯尚于一年前病死，他一定也会出现在这个托孤班子里。

再说这四位托孤重臣，曹休和曹真是宗室成员，陈群帮曹丕称帝立下了汗马功劳，又是魏国士族的领袖。司马懿也跻身其中，除了因为他曾支持曹丕争夺太子位，还因为他一年前运作的那笔极成功的政治联姻。早在夏侯尚过世前，司马懿就为长子司马师迎娶了夏侯尚的女儿夏侯徽。

曹休、曹真、陈群、司马懿一直寸步不离地候在崇华殿外，听到宣召，疾步入殿，跪拜在曹丕床前。

曹丕口齿含糊地向四位重臣安排后事，竭力让自己的思绪保持清晰，每说几句都要重复叮嘱一句话："拜托你们好好辅佐太子。"

最后，他又对曹叡言道："你要永远信任这四位大人。"说罢，他瞟向四位托孤重臣。这话，与其说是给曹叡听的，毋宁说是给曹休、曹真、陈群、司马懿听的。

片刻后，曹丕停止了心跳。崇华殿响起震天般的哭声。

曹丕在位七年驾崩，谥号"魏文帝"。必须说曹丕极富政治谋略和才干，他重新调整了权力架构，其本意无一不是为了社稷稳定，可他永远不会看到这些举措引发的后果了。

士族派系

公元 226 年 6 月 29 日，魏国迎来了第二代皇帝——时年二十一岁的曹叡。

没过两个月，魏国南战区传来军情——荆州襄阳郡遭到吴国重臣诸葛瑾（蜀国丞相诸葛亮的大哥）的围攻。

此时，初登皇位的曹叡被左一封右一封军情信搞得紧张万分。适逢南战区统帅夏侯尚刚死，其职权尚且空置，曹叡不放心襄阳守备，遂决定从父亲留给他的四位托孤重臣中择一人驰援前线。考虑到曹休和曹真各自负责东西两大战区，陈群已是全国士族领袖，不宜再授予军权，于是，他调派司马懿指挥襄阳驻军抵御吴军进犯。

吴王孙权选择这个时候攻伐襄阳无非想趁曹丕驾崩之际趁火打劫，但说实话，诸葛瑾虽有政才，却并不太会打仗。

司马懿不负所托，不费吹灰之力击退诸葛瑾，成功刷了一波军功，随后凯旋。

乘着这场胜仗的余热，曹叡将四位托孤重臣的职权重新做了一番调整。

曹休原本官拜扬州牧，现改为扬州都督，并荣升大司马。

这里要着重说明一下，一个州可以有三种最高官员，分别是州刺史——掌管一州行政；州都督——掌管一州军事；州牧——兼管一州行政和军事。

东汉末年至魏朝初年，有很多藩镇重臣任州牧。然而，州牧的权力实在太大了。由此，曹叡决定取消州牧制。于是，他将曹休的州牧改为都督，剥夺了对方的行政权。不过，曹休依旧是东战区最高军事统帅。再说大司马，乃是武官中最高的官位，曹叡等于打了曹休一棒子，又赏了一个甜枣。

曹真维持原先雍凉都督、都督中外军事不变，并荣升大将军。也就是说，曹真依旧是西战区和中央军最高统帅，只是他大将军的位阶比大司马稍低一等。这样一来，两位宗室重臣的职权更加平衡。

陈群官拜司空（三公之一）、兼录尚书事，但被剥夺了原先中领军一职。中领军掌管皇宫禁卫军。可想而知，曹叡整天看着身边都是唯陈群马首是瞻的禁军侍卫，肯定浑身不自在，所以，他对陈群也是打一棒子赏个甜枣。

司马懿官拜骠骑将军（位阶仅次于大司马、大将军），同样兼录尚书事。如此，两位外姓重臣的职权基本持平。司马懿和陈群这两个录尚书事将来免不了有龃龉。

总而言之，四人的官衔都有了大幅提升（几乎算升到了头），职权则达到前所未有的平衡。看得出来，曹叡很有一套。

转年开春，这天，司空陈群入宫觐见。

"陛下，近来臣心里始终挂着件事放不下。"

"哦？陈公请讲。"曹叡对陈群毕恭毕敬，脸上乐和，毕竟这是当年支持他父亲登上皇位的股肱功臣，可心底他已打定主意：若要跟我重提执掌禁军兵权的旧事，那就想都别想！

不过，陈群并未如曹叡所料提到禁军兵权。他言道："我大魏与吴国边境有两大战区。东部，大司马、扬州都督曹休坚如磐石。但南部，自荆州牧夏侯尚死后一直无人接替。臣心系社稷，故想举荐一位重臣担任荆州都督。"

"说得也是……"曹叡颔首，几个月前吴国趁魏国国丧期进犯荆州襄阳的战事历历在目。"陈公想举荐何人？"

"臣要举荐的人，正是骠骑将军司马懿。他跟夏侯尚是儿女亲家，又在半年前救援荆州大获全胜，实乃镇守荆州的不二人选。"

曹叡嘴角微翘，竟没忍住笑意。他清楚陈群举荐司马懿的真正意图——把司马懿赶出朝廷，他自己好独揽尚书台政务。

陈群和司马懿的斗争，除了因二人同为录尚书事，还掺杂着地缘派系因素。

陈群祖籍豫州颍川郡，位于黄河以南，以他的地位，绝对称得上是（黄河）南派士族的精神领袖，另外，自九品中正制施行后，越来越多的士族吃到这个政策的甜头，使陈群的影响力快速辐射到黄河以北。司马懿祖籍司隶州河内郡，位于黄河以北，由于官位拔到与陈群比肩的程度，他也顺理成章变成北派士族的精神领袖。但论及政治影响力，司马懿跟陈群仍有不小的差距。

曹叡对此心知肚明，但陈群所说的南战区统帅空缺问题的确存在，而他举荐司马懿的理由同样无懈可击。

此时曹真在旁。曹叡转头问曹真道："大将军也说说陈公所言是否妥当。"

曹真是皇室重臣，在他看来，陈群和司马懿无非南北两派士族争权夺利，而无论是士族内斗，还是尚书台政务，都跟他无半点关系，他自己正乐得作壁上观，看个热闹。

"臣也觉得陈公所言在理，不过这事还须在朝廷上共议，看看群臣的态度。"

翌日，朝臣正式上疏举荐司马懿任荆州都督。陈群自然不会直接出面。

有人支持，有人反对。司马懿则保持沉默，谨慎观察着局势。朝堂上就这么吵吵嚷嚷了好一会儿，陈群终于决定从幕后走向台前。

"臣也觉得司马公才堪大任，若说司马公做不了荆州都督，恐怕这重任也没第二个人能担当得了。"话音落地，局面开始呈现一边倒的趋势，越来越多的同僚向陈群靠拢。

眼下，魏国的士族（包括司马家族在内）十有八九都是九品中正制的受益者，陈群是当之无愧的士大夫领袖。司马懿就算再不爽也不敢跟陈群公开翻脸。他知道自己是无论如何都拗不过了。

恰在这时，侍中辛毗突然说道："昔日，故大司马曹仁任荆豫扬三州都督，豫州夹在荆州和扬州中间，也是我大魏国南境的重要屏障。一旦有战事，荆豫二州更能相互策应。如今，豫州军力薄弱，臣建议，陛下不妨拜司马公为荆豫二州都督，如此可保万无一失。"

这位辛毗也是魏国老臣，跟司马懿私交甚笃。他说出这番谏言，自是因为看出司马懿出任外州都督不可避免，故想为好友尽量争取更多的筹码。

司马懿感激地望向辛毗。

然而，陈群听毕，心里却是一惊。豫州是陈群的故乡，若让司马懿担任自己祖籍所在州的最高军事统帅，显然会对自家不利。

陈群恶狠狠地瞪了辛毗一眼，暗想：纵是受他排挤的司马懿都不敢说半句顶撞的话，这人怎么敢跟我作对？他驳斥道："曹仁乃大魏元勋，自曹仁之后，没有谁的战功能超越他。现在，纵然司马公英武非常，可担任两个州的都督也有些不妥吧？"

陈群自是想扼制司马懿，可没承想，他这句话无意中触动了曹真的神经。要知道，曹真担任都督中外军事（中央军最高统帅）的同时，兼任雍凉二州都督。

曹真厌恶地咳嗽了一声，恨声道："陈公，您这么乱讲话可不太合适……"

此言一出，朝堂顿时鸦雀无声，群臣谨慎地观望着几位首辅重臣的对峙。

皇座上的曹叡洞若观火。他左思右想：照目前的局面看，陈群的权势显然是压过司马懿的，倘若顺着辛毗和曹真的话头，让司马懿任荆豫二州都督，无疑能更好地克制陈群。思忖了一番，曹叡先是安抚曹真道："大将军不必动怒。"他又看向辛毗和司马懿："朕也觉得辛毗所言在理，决意拜司马公为荆豫都督。"

司马懿明白，这已经是最好的结局了。他缓缓颔首，平静地说了一句："臣责无旁贷。"

临行前的那天夜里，司马懿结束了与宗族亲眷的酒宴后，单独留下三弟司马孚。兄弟二人借着昏暗的烛光窃窃私语。

"二哥这一走，咱司马家在朝中的权势恐怕要削弱了……"司马孚若有所思地说着。

"怎么，你也不想留在朝中？"司马懿抬眼看着弟弟，揶揄道，"要不要跟我去荆州？"

司马孚淡然一笑："二哥这说的是什么话？"他想起昔日和司马懿各自押宝曹丕和曹植的往事，"我若也跟着二哥去荆州，朝中有个大事小事，还有谁能照应？"

司马懿欣然大笑："说得对，况且，咱司马家向来是狡兔三窟啊！"

司马孚听闻此言，突然变作一副大义凛然的表情，仿佛这副表情才是他原本的面目："二哥别忘了，愚弟我是个直臣，自古直臣不惧佞臣！"说罢，他向半空中揖了揖手，让自己的形象更加光辉夺目，几乎盖过了司马懿的光芒，他朗声说道，"若有佞臣做出不利于陛下，不利于我大魏之事，我司马孚誓与之抗争到底！"

司马懿重重地点了点头。是的，我最信任的弟弟，我相信，若有政敌做出不利于我司马家之事，你必与之抗争到底。

公元 227 年 7 月，司马懿卸去录尚书事职权，转任荆豫二州都督。就这样，他从一个朝中重臣变成了南战区军事统帅。他虽然一万个舍不得尚书台，但是他并没有意识到，担任荆豫都督不仅是他仕途的一个新起点，更成为魏国历史上一个至关重要的拐点。自魏国初建以来，一直由曹氏、夏侯氏担任三大主战区统帅的传统，到今日终于打破了。

兵贵神速

公元 228 年春天，荆州西北部，新城郡上庸城内一片骚乱。

魏国新城太守孟达正加紧部署城防。准确地说，他已经不属于魏国，而是归顺了蜀国。

八年前，孟达从蜀国叛逃到魏国，后官拜魏国新城太守，现在又暗通蜀国发起叛乱，全因他在魏国实在混不下去。近两年，一直罩着他的前上司夏侯尚病故，赏识他的魏文帝曹丕又驾崩，他仅有的两大靠山全没了。如今，和他无半点交情的司马懿成了他新的顶头上司。

最终让孟达下定决心反叛的原因，则是他与蜀国丞相诸葛亮联络的信使刚刚被魏国人截获。事情败露，箭在弦上，不得不发。

但孟达并不太担心。他算准了日期，胸有成竹。

他在给诸葛亮的信中写道："司马懿的驻地宛城离洛阳有八百里，离上庸城一千二百里，若获悉我反叛，自当上奏朝廷，奏表往返要三十天时间，等宛城军开到上庸的时候，城防早已修建完成。何况上庸地势险峻，司马懿必不敢亲至，若派遣偏将到此，我也没什么好怕的。"

给诸葛亮的信刚发出，孟达就接到了司马懿寄来的信："将军对国家的忠心天地可鉴。近日，有传闻说将军串通蜀国，料想这肯定是诸葛亮拙劣的离间计，我若信了，岂非让天下人笑掉大牙！"

孟达笑了，司马懿仍被蒙在鼓里，自己至少有三十天时间筹备。

仅仅过了八天，孟达就笑不出来了。他站在上庸城头，望见了远处铺天盖地而来的魏军。不多时，魏军开到近前，鲜明的旗帜已清晰可见。旗帜上写着大大的"司马"二字。

司马懿亲自来了，而且来得这么快。此时，司马懿正心中暗骂：我若不信，才会让天下人笑掉大牙！显然，他在上奏朝廷后并没有愚蠢地等待朝廷下达诏书，而立即开始千里疾行。

上庸城防离完成还早得很，城外只搭建了一圈单薄的木栅栏。

"冲过木栅，全军攻城！"司马懿火速下令。

孟达只能据城死守，他唯一的希望就是拖延时日，等待蜀国援军的到来。

来不及了。他发去向蜀国求援的信晚了时日。他更不知道的是，蜀国丞相诸葛亮出于地理因素等诸多考虑，早将战略方向定在北部雍州，而非东部荆州，即便派出援军，也只有小股部队，于事无补。

基本上，孟达算是被诸葛亮彻底放弃了。

"加紧攻城！"魏军在司马懿的指挥下，向上庸城连番发起猛烈的攻势，夜以继日，丝毫没有停歇。

第十六天，上庸城宣告攻破，孟达被斩首。

司马懿盯着面前孟达的首级。他仍向往繁华的京都，仍向往权力核心尚书台。但现在，他意识到：通往成功的路并非只有一条。

"把首级献给朝廷。"

顺便，也让陈群看看。

太和浮华案

自司马懿出任荆豫都督后，司空陈群便拥有了朝政最高话语权。

转眼间，曹叡继位已有几年。这几年他过得不太顺心。公卿朝臣总是抱着团跟他作对，但他对臣子的控制力相当有限。毕竟，任免官吏完全靠定品成绩作为依据，而定品成绩则由各地中正官说了算。再者，曹叡发现，随便拎出一个小官吏都可能是某位重臣的亲戚，朝臣和地方官是一家子，上级和下级是一家子，还都是声名显赫、势力雄厚的大家族，惹一个就是惹一片。曹叡谁都惹不起。

魏国太和二年（228），曹叡忍无可忍发了封诏书："尊崇学问是士人的本分，可现在有太多官吏不堪其任。现敕命各州、郡推举士人务必以学问优先！"

用脚后跟都能想到，根本没人搭理曹叡。

又过了一年，到太和四年（230），一件出乎曹叡意料的事发生了。

这天，司徒董昭突然上疏："臣认为，士人应推崇忠信，摒弃虚伪。臣见当今一些年轻官吏不以学问为本，反而热衷于交际。他们结党连群、相互吹捧，实在有碍教化！"

这位董昭乃是跟随曹操创业的旧臣，也是一个政坛老狐狸。

曹叡正为官僚抱团一筹莫展，听到董昭的话，不禁喜上眉梢，急切盼望董昭能接着往下说："说得好！董公不妨直言，想要弹劾谁？"

"臣弹劾散骑常侍夏侯玄、尚书诸葛诞、中书郎邓飏等十二人。他们在京城邀名射利，号称'四聪八达'。再有，中书监刘放之子刘熙、中书令孙资之子孙密、尚书仆射卫臻之子卫烈三人，仗着父辈的权势也结为一党，号称'三豫'（豫，指排在'四聪八达'之后的小跟班）。这十五人都是浮华党徒，请务必严惩，以正朝廷风气！"

董昭弹劾的"四聪八达"和"三豫"共计十五人，但史书中只记载了夏侯玄、诸葛诞、邓飏、刘熙、孙密、卫烈这六人的名字。剩下几位究竟姓甚名谁，不要着急，后文中会进行分析。现在先来介绍这六位明确记录在案者的背景。

先说排在"四聪八达"之首的夏侯玄，他是已故夏侯尚的儿子，不仅是夏侯氏年轻一辈中屈指可数的才俊，更是当时的大名士。董昭既然敢弹劾跟皇室关系铁瓷的夏侯氏，自是有恃无恐，因为他知道夏侯玄并不太招曹叡待见。

前不久，曹叡设宴款待众公卿，作陪的有毛皇后一家人。

毛皇后的父亲原本是卑贱的车工，因女儿得宠，毛氏全家都被封侯，一夜暴富。在酒席宴上，毛皇后的兄弟毛曾喝得醉醺醺，忘乎所以地喊道："我也成侯爷啦！我也成侯爷啦！"

毛曾失态的举止引得同僚暗暗讥笑，只是大家顾及曹叡的面子不敢表露，唯有夏侯玄紧皱眉头，满脸都是鄙夷。曹叡观察到夏侯玄的表情，心里别扭，从此对他渐渐疏远。

接着说诸葛诞和邓飏，二人也都是大名士。顺带提一句，诸葛诞属于徐州琅邪诸葛氏一族，与吴国重臣诸葛瑾、蜀国丞相诸葛亮是同族兄弟。

再说排在"四聪八达"后面的"三豫"。"三豫"本人倒无关紧要，值得注意的是他们的父亲。其中，刘熙的父亲刘放和孙密的父亲孙资，自曹丕创建中书省至今，一直稳稳坐在中书监和中书令的宝座上，是的，他们正是中书省两大最高统领。卫烈的父亲卫臻则官任尚书右仆射（尚书令副手），也是尚书台里的实权派。

由此，这批年纪轻轻的"官二代"凭借权势熏天的父亲，官运亨通。

曹叡听完董昭这番云山雾罩的弹劾状，没想太多，只是觉得终于有人肯出头帮自己打击官僚的歪风邪气了。

"董公所言极是。诏令，将以上诸人全部交付廷尉审查。"

最后，除夏侯玄只做降职处分外，其余十四人一律罢免官位（毕竟还是给了夏侯氏一个面子）。这事在魏国历史上相当有名，因发生在太和年间，故称"太和浮华案"。

董昭可谓摸准了曹叡的心思，他弹劾的众人中，唯一跟皇室关系比较近的夏侯玄也是不招曹叡待见的人，但谁也想不到"太和浮华案"乃是董昭与陈群暗中勾联的结果。要知道，中书省与尚书台正是两个彼此制约的机构，身负录尚书事职权的陈群借罢免刘熙和孙密，狠狠敲打了中书监刘放和中书令孙资。而诸如尚书诸葛诞等人，充其量只算一群不服陈群管的"文青"加"愤青"。

前面说"四聪八达"和"三豫"共计十五人，以上六人记录在案，另有九人没记载姓名，下面，我们将从史书中搜寻蛛丝马迹，尽可能填补这份空缺的名单。

《三国志》记载有四个人和夏侯玄等人来往密切，且在太和年间遭弹劾罢免。这四人分别名叫何晏、李胜、丁谧、毕轨。《魏略》中更直言李胜是"四聪八达"之一。所以，他们极可能就在"浮华党"名单里。另外，还有一人嫌疑极大，他便是司马懿的长子司马师。《晋书》明确写道，司马师年轻时与夏侯玄、何晏齐名（别忘了，司马师娶夏侯徽为妻，是夏侯玄的妹夫）。再者，《晋书》记载司马师首次获得官职是离此八年后，也就是他三十岁的时候。对比众多重臣子弟二十多岁便踏上仕途，这实在晚得不可思议。由此推断，司马师很可能也被牵连进"太和浮华案"遭禁锢不能出仕，史官讳笔，故没有明言罢了。

这十五位被弹劾罢免的"官二代"（基本都是大名士）中，排除史书明确记载的六人，以及推断出的五人外，其余四人的身份实在无从查证了。这里要补一句，在很多年后，这帮"太和浮华党"还会重返政坛，他们中的大多数，除了司马师之外，都成了维护曹氏社稷的中流砥柱，这绝对是曹叡始料未及的。

总之，陈群把司马懿排挤出朝廷后，又借着"太和浮华案"搞掉了司马懿的长子司马师。而曹叡完全没搞清楚内幕，就被董昭着着实实忽悠了，反倒是帮陈群敲打了年轻士人，到头来也没给自己捞到什么实惠。

曹叡渐渐醒过味来，不甘心，又对吏部尚书卢毓提议："录用官吏不能过分看重名声，名声就像画在地上的饼，没法吃。"曹叡所说的名声，指的就是中正官给士人的定品成绩。

卢毓是东汉名儒卢植的儿子，这位魏国老牌士大夫不仅担任朝廷的人事部长，还兼任自己祖籍所在地幽州的中正官。按说皇帝交代给你的事（其实是婉转建议），干没干好是能力问题，想不想干是态度问题。卢毓能力很强，但态度很差，他直接就把曹叡呛了回来："名声虽然不能鉴别那些隐姓埋名的奇人高士，但对于一般人还是有很大参考价值的，愚臣没有识别那些奇人高士的本事（言外之意，我态度没问题，但能力有限）。再说录用官员的标准从来都是靠名声，也不宜改变。臣倒是建议应该把关注重点放在政绩考核上。"

这也不失为一个办法。但搞政绩考核就该由尚书台吏部挑头，卢毓却没了下文，显而易见，卢毓只是在搪塞曹叡。

曹叡很较真儿，见卢毓光说不练，居然让自己的直属近臣——散骑常侍刘邵搞出了一套《考课法》。老板要定业绩考核，员工自然有抵触情绪，在全体公卿的一致反对下，这套《考课法》最终没能推行下去。

至此，曹叡终于看明白了，一切让他憋屈的根源都来自陈群的九品中正制。

颍川陈家

在九品中正制施行初期，中正官还是比较收敛的，品评士人基本兼顾家世、德行、才学三方面。但搞着搞着，中正官的品评依据就不由自主向家世这方面倾斜了。这是因为中正官自己就是世家高门，谁都想把自家人推向锦绣前程。所以，既然有法律保障士族利益，其结果自然是有背景的豪门子弟更容易获得佳评，而家世单薄的寒门子弟再难有出头之日。再者，士族与士族之间频繁通婚，中正官一人得道，全郡甚至全州的士族都跟着鸡犬升天。

各地中正官，也就是那些豪门望族垄断了起用士人的通道，促使臣权越来越强，足以跟皇权分庭抗礼。而且，自曹叡继位以来，陈群更是屡屡冲在第一线，动不动就指摘皇帝的毛病。

曹叡简直恨透了陈群。

可陈群恰恰认为自己给魏国带来了健康的政治体制，皇权与臣权相对平衡，士族的利益也得到了保障。在陈群的心里，无论是曾经的主子——汉朝刘氏，还是现在的主子——魏朝曹氏，都不重要，他骨子里的士族精神，或者称之为士族利益，才是根本。陈群在儒家道义和士族利益之间寻求着微妙的平衡点。这正是绝大部分士人所信奉的处世准则和价值观。

基于这样的价值观，陈群的所作所为很容易理解。

就在"太和浮华案"发生后没多久，幽并二州都督吴质（曹丕"四友"之一）被召回朝廷做了侍中。按照惯例，藩镇重臣年岁大了回京任闲职养老并不奇怪，但此时吴质才五十三岁，正处于事业上升期，离退休还早得很，不用说，朝廷里的掌权派让他提前卸任了。

吴质很郁闷，不过连日来，他也敏锐地嗅出了些风头。

其一，他从曹叡话里话外明显听出对陈群的抱怨；其二，他接到了老朋友——荆豫都督司马懿寄来的书信，信中暗示他被召回朝廷乃是因陈群做了手脚。毋庸置疑，二人都把矛头指向陈群，且都希望吴质能替他们出头。

那么，曹叡和司马懿为什么敢把这副重担交给吴质？吴质又凭什么有胆子跟陈群作对？原来，吴质虽位高权重，却因品行卑劣又出身寒门，始终没被祖籍所在地的中正官授予士人的身份。换句话说，吴质正是九品中正制的受害者。而且，吴质生性嚣张狂妄，从不把任何人放在眼里。眼下，假手吴质打击陈群绝对算找准人了。

果不其然，吴质正为自己被贬恨得咬牙切齿，又有曹叡和司马懿两大后台撑腰，马上就开始疯狂弹劾陈群，罪名无非不勤于政、无所事事、挂羊头卖狗肉之类。同时，他还不忘大肆称赞司马懿，并请朝廷召司马懿回京取代陈群辅政。

曹叡正想整治陈群，遂借着吴质的话头向陈群开骂。

陈群也不辩解，只顾低头认错。可他内心并不害怕，因为他知道自己背后有着比皇帝还要强大的靠山。不出所料，陈群受辱激起了全国士大夫的愤怒，公卿大臣纷纷力挺陈群，抨击吴质。

没过两个月，吴质就被公卿的口水淹死了。这还不算完，他死后被公卿强烈要求追谥为"丑侯"，这就是一个恶谥，以示对那些胆敢挑衅士族权威者的威慑。

而司马懿，最终还是没能如愿回京。

这事让曹叡彻底见识到了士族领袖拥有的巨大能量。

宗室的支柱

公元 228 年，大司马、扬州都督曹休挥师南下伐吴，不料，他孤军深入至石亭，被吴国名将陆逊打得溃不成军，没多久便在羞愧中病死。再说荆豫都督司马懿，本应与曹休协同作战，但他对曹休落难袖手旁观。当时曹叡继位才两年，他父亲曹丕留下的四位托孤重臣中，地位最高的一位宗室便撒手人寰了。

魏都洛阳最庞大的建筑群非皇宫莫属，除皇宫外，最豪华、最壮丽的一栋宅邸便是属于大将军曹真的。

曹休死后一年多，曹真接替曹休坐到了大司马的高位上。他府门外的牌匾也由大将军府换成了大司马府。此刻，曹真正独自一人待在府邸内厅发着呆。

一名仆役进来禀报："大人，府门外的牌匾已经换完了，您要不要出去看看？"

"不用了。你下去，把门关上。"曹真挥挥手，将仆役打发走。他很想一个人静静。

在这间内厅的中央有一张台案，台案上并排供奉着两个牌位。

左边的牌位上写着：显养考（已故的养父）曹公讳操字孟德武皇帝之灵位。

右边的牌位上写着：显考（已故的生父）秦公讳邵字伯南之灵位。

原来，曹真本不姓曹，他的生父名叫秦邵。秦邵是曹操的至交好友。三十多年前，秦邵救助落难的曹操牺牲了自己的性命。曹操感念秦邵救命之恩，遂将他的遗孤秦真收为养子悉心栽培。后来，秦真改作曹真。

这些年，曹真一边管着中央军，一边兼顾西线战事，在他的指挥下，雍州驻军两次粉碎了蜀国诸葛亮的进攻。不过，纵使曹真厥功至伟，他也明白，自己本是外姓，在皇室中的分量和地位永远不可能超越曹休。要不是因为曹休死了，他也绝当不上大司马。曹真看上去没有外人想象的那么兴奋，他心里翻江倒海，五味杂陈。

亡父秦邵用自己的命换来养父曹操的命，这让曹真对魏国夹杂了太多特殊的感情，他坚信这个国家承载着亡父的精神。而他自己，本来跟曹氏毫无血缘关系，如今却成了皇室重臣，这种优越感让曹真很愿意把身家性命与国家利益绑在一起。原先，曹真为自己手握中央军和雍凉二州军权而意气风发，但眼下，曹休死了，名将满宠接任扬州都督，再加上荆豫都督司马懿，魏国三个最重要的前线军区有两个都落入外姓重臣之手，这意味着什么呢？

曹真隐约有种感觉，魏国变得和以前不太一样了。

同时，曹真也意识到，自己已是举国上下地位最高的宗室重臣。这真是讽刺，曹氏和夏侯氏两大家族成员不计其数，自己一个曹氏养子竟成了宗室中的代表，更是曹叡唯一能指望的亲戚。他想到这里，忍不住苦笑。自尊心告诉他，整个宗室都在看着自己，对自己寄予厚望。但事实上，或许别人并没想那么多。

曹真身材肥胖，坐了大半天，不觉腿都有些发麻。"不行，我得做点儿什么。"他艰难地支撑着身子，颤颤巍巍地站了起来，然后垂下头向生父秦邵和养父曹操的牌位拜了拜，转身推开了内厅的房门。时近黄昏，夕阳的余晖洒在庭院中，照在曹真的脸上，晃得他有些睁不开眼。

曹真揉揉眼，又捶捶发麻的双腿，高声传令下去："备车，我要入宫觐见！"

子午谷的雨

公元 230 年夏天，大司马、都督中外军事、雍凉都督曹真为巩固自己在宗室中的地位，同时也为提升宗室在朝廷的分量，上奏疏请求伐蜀。

"蜀寇连年进犯雍州，臣这次想主动出击，经由斜谷直取汉中，汉中若攻陷，蜀国必亡！"汉中盆地位于巴蜀最北部，是蜀国最重要的防线。汉中有三条路连通雍州，分别是子午谷、斜谷和骆谷。这三条路都是崎岖狭窄的谷道，但凡大军通过，势必被拉成一条长蛇，首尾不能兼顾。

曹叡并不认为伐蜀有十足把握。自从曹休死后，宗室的分量明显削弱，他怕再出闪失，可又不愿因为这个问题跟曹真产生正面冲突，于是，他把皮球踢给了陈群。

"你跟陈群商量商量吧。"曹叡知道陈群肯定不支持伐蜀。这下，就算曹真要怨，也是去怨陈群了。

如曹叡所料，陈群苦劝曹真道："当年太祖武皇帝（曹操）攻打汉中，在旁边的阳平关囤积大量军粮，即便如此，粮食依然告急。现在阳平关被蜀国占据，运粮只能经由斜谷，斜谷道路艰险，进退不便，易被蜀军偷袭，还望大司马三思。"

曹真执拗地回道："那还可以选择子午谷这条路。"

"子午谷同样难走，实话实说，在下认为现在并不是伐蜀的最佳时机。"

但曹真很执着，别说一个陈群，十头牛也拉不回来。

公元 230 年秋，曹真打理好朝廷里的事务，便准备启程前往雍州关中地区整军备战。

出发当日，曹叡带着一众公卿把他送出洛阳城西门外又走出好远，这把曹真弄得有些不好意思。

"陛下别再送了，请回宫吧。"

劝了好几番，曹叡总算停住了脚步，依依不舍地握着曹真的手，一个劲儿地叮嘱："切记要慎之再慎！"曹叡如此不放心，自是因为曹休死得突然，他所能仰仗的两大宗室支柱如今只剩曹真一人。

曹真双手被曹叡攥着，甚至连行揖手礼都不能，他觉得很是尴尬，遂想说两句宽慰的话："陛下放心，臣一定不会重蹈曹休覆辙。"

这不提曹休还好，一提反倒让曹叡更揪心了："快别说这么不吉利的话！"

"臣失言，陛下勿怪。"

"这回，我让荆豫都督司马懿协助你，他从荆州出发，沿汉江走水路，在汉中跟你会师。"

曹真心里嘀咕：上次曹休战败时也有司马懿协同作战，可司马懿根本没起什么作用，更没伸手援救曹休。不过，考虑到曹叡用心良苦，曹真的鼻子不觉有些酸楚，他向曹叡拜了拜："臣定能凯旋！望陛下珍重！"随后，他毅然往关中而去。

要说曹真，其人军事才略出众，且品行极佳，重情重义，然而这一次，他因为自尊心的驱使，走上了一条多灾多难的道路。

几天后，曹真抵达关中，集结雍州驻军。9月，曹真兵分两路，分别进入子午谷和斜谷。与此同时，刚刚升任大将军的司马懿也从荆州出发，他沿汉江溯流而上。两军齐头并进，逼向汉中。

子午谷和斜谷本就难走，不巧的是，曹真大军刚刚开拔，天空便渐渐沥沥地下起了雨。这下，两条谷道瞬间变成了泥坑。

"走背运！"曹真低声嘟囔着。阴沉的天气让他心情相当不爽，多年的军事常识更让他明白，雨会直接导致军队战斗力下降。曹真竭力鼓舞着士气："明天雨就能停了，大家不要放慢速度！"

然而，曹真的话并没兑现。第二天雨依旧在下，第三天、第四天、第五天……雨时大时小，有时带给曹真一些希望，更多时候则把曹真的心情打落至谷底。比曹真心情更糟糕的自然是那些魏军士卒，他们的皮质甲胄被雨水浸泡缩得紧巴巴，连抬手迈腿都很不自在。抱怨声在军中逐渐蔓延，还没有临敌，士气就低得一塌糊涂了。

正当曹真大军深一脚浅一脚在泥泞中艰难挪动的时候，另一路司马懿大军正行驶在汉江上。此刻，司马懿端坐船头，满脸惊诧地听完了曹真信使的叙述。

子午谷和斜谷居然连日降雨……司马懿有种不祥的预感。当即，他派出一支偏师，扫荡了蜀国的朐忍县和新丰县。这两个县位于巴东郡，也就是司马懿大军的南方，可是，司马懿的首要目标是去西北的汉中跟曹真会合，他这么干似乎有点不务正业，事实上，他已经确信汉中攻不下来，自己只要别无功而返就是最好的结果了。

半个多月里，子午谷的雨时断时续，曹真的军队就这么一直穿着湿漉漉的衣服在谷中艰难行进。终于，前锋夏侯霸（魏国初代名将夏侯渊的儿子）第一个走出子午谷。但他还没来得及集结兵力就遭到汉中蜀军迎头痛击，再度被打回谷中。

整整一个月过去了，子午谷的雨仍下个没完没了。曹真的主力军始终没能走出子午谷。

当司马懿大军快到汉中的时候，他也遇到了大雨。

"驻军，等雨停了再走。"司马懿在等，他等的不是雨停，而是朝廷诏书。按他的判断，不出几天，朝廷下令撤军的诏书就要传来了。

果不其然，朝廷得知子午谷连日下雨的消息，当即下诏曹真和司马懿撤军。声势浩大的伐蜀战役就这样惨淡收场。

这场雨把曹真浇出了一场大病，更令他一世英名尽毁。他万万没想到，自己居然真的步了曹休的后尘。几个月后，曹真郁郁而终。

短短两年时间，曹休和曹真相继亡故，魏国再也没有能提得起来的宗室将领。公元231年春，诸葛亮第四次北伐雍州，曹叡不得不派司马懿转任雍凉都督，那么，司马懿原先的职务荆豫都督又由谁来接替呢？曹叡左挑右拣，好不容易拣出一个打过两场仗的夏侯儒，这才勉强补上南战区的缺口。

敌与友

公元231年3月，大将军司马懿从荆豫都督转任雍凉都督。他是临危受命，因为此时，诸葛亮已经率蜀军侵入了雍州西部的祁山。

司马懿火速整军备战。很快，他意识到这场仗绝不会像三年前打孟达那般简单。因为他不仅要面对蜀军，还要面对来自内部的巨大压力。

他能清楚地察觉出雍州诸将对自己的不信任，尤其是当地最强的实力派将领——车骑将军张郃看他时，眼神中是毫不掩饰的不屑。

一个太子党，彻头彻尾的投机者，凭着跟先帝的关系跃居成了托孤重臣。没错，在张郃心里，司马懿的形象就是这样的。

张郃看不起司马懿并不奇怪。

论品阶，车骑将军张郃仅比大将军司马懿低一级，但论军界的资历，他要比司马懿早出道三十年。这还是往保守了说，事实上，早在公元200年官渡之战张郃归顺曹操前，他就在战场上摸爬滚打不知多少年了。

而且，自公元211年开始，张郃便长期活跃于雍州战场，公元228年到公元229年，他又接连两次协同曹真击退诸葛亮的入侵。要说在雍州军界的威望，绝对没人能比得过他。

此时，张郃年逾七十，在他眼里，五十多岁的司马懿只算个后生晚辈。

仗怎么打，还是让老夫来教你吧！张郃向司马懿提出兵分三路的策略。

处在司马懿的立场，他能否在雍州立足，取决于他能否压得住张郃。司马懿当即否决。

随后，张郃又提议派出一支军队救援被困在祁山的魏军，司马懿再度否决，坚持将大军集合在一起。

从张郃两番提议分兵可以看出，他希望脱离司马懿的掌控，各打各的，谁也别管谁。司马懿坚持合兵则处于相反的考虑，自己初来乍到，毫无根基，雍州诸将又都唯张郃马首是瞻，把他们聚在自己眼皮底下尚且难以控制，倘若再分兵，自己的控制权将所剩无几。

于是，魏军始终集结在一起，并在祁山卤城与蜀军展开了对峙。

6月，司马懿命令张郃率偏军进攻蜀军侧翼，他亲率主力攻打诸葛亮主军。

张郃怒了。多年来，他早已习惯在战场上当主角，从来都是他指派诸将，今天居然要帮司马懿牵制侧翼。然而，无论张郃再怎么不忿，司马懿毕竟是朝廷委派的雍州最高统帅，他必须遵从号令。

张郃气冲冲地出发了。半天后，铩羽而归。张郃侧翼失利，导致司马懿的主力军也被诸葛亮击败。他确信张郃未尽全力。

原本，司马懿打算以持久战拖垮蜀军，输一两场仗无关大碍，只要能坚守，蜀军必定撤退。可战事持续了三个月，终于，最让司马懿担心的事发生了。魏军军粮告急。

司马懿一筹莫展之际，军吏来报："启禀大将军，雍州刺史郭淮运来了军粮！"

"啊？"

雍州已无存粮，郭淮到底从哪儿搞到的粮食？司马懿快步跑出营帐，果然见大队运粮车络绎不绝地开进营中。

"郭刺史，这……"司马懿看向郭淮，惊得目瞪口呆。

这位郭淮，自曹丕登基时便任雍州刺史，迄今已有十年，在当地极有威望。他面对司马懿的疑问，只是轻描淡写地答道："在下跟附近羌、氐那些部族酋长有点交情，听闻大军断粮，所以让他们支援了些。"

刺史掌管一州之行政，显然，郭淮主动向司马懿这个新上任的州都督抛出了橄榄枝。此时此刻，司马懿内心的感激无以言表，他清晰地意识到：这人会成为自己的朋友。

魏军有了粮食，总算撑过难关。

8月，蜀军断粮，诸葛亮从祁山向汉中撤退。

颇具戏剧性的是，在这场战役中，双方主帅几乎都遇到了同样的内耗。司马懿和张郃内斗，导致魏军凝聚力不高。而诸葛亮之所以断粮，则是因为负责粮食运输的人，他最强大的政敌蜀国重臣李严背后下了黑手。事后，李严即遭罢免。

司马懿望着退去的蜀军，心头感慨万千。战争持续了四个多月，在这四个多月里，他认清了敌人，也结识了朋友。

郭淮提议："蜀军败退，下臣请求追击。"

司马懿按住他的肩膀："你不行，你担不起这重任啊……"

郭淮略感诧异，却也察觉到司马懿按在自己肩膀的手和他的眼神一样温暖。他不再坚持。

继而，司马懿转头盯向张郃："张将军久经战阵，经验丰富，还是请张将军去追击蜀军吧！"

张郃听罢，紧皱眉头道："兵法讲归军勿追。何况诸葛亮生性谨慎，每次撤军都不留破绽，老夫认为不该追击。"

"张将军。"司马懿表情瞬间变得异常严峻，没等张郃反驳便直接扔出了军令，"我认为应该追击蜀军！"

张郃这辈子从未像今天这般屈辱过。四个多月里，他处处受到司马懿的压制，更没立下半分战功。想到自己年过古稀，也不知道今后还有没有机会再率军作战，遂赌气迈步走出营帐，飞身上马。

既然要追击，必须大获全胜，一雪前耻！

以张郃的地位，他本该坐镇最安全的中军指挥战斗，可今天，他仿佛又回到了年轻时身先士卒的年代，他要把这场追击视为此生最后一战。

张郃策马狂奔，不知不觉竟跑到了队伍的前列。

两旁的树林中早埋伏着诸葛亮布下的弓弩手。待张郃跑进伏击圈，箭矢飞射，张郃右膝中箭，跌落马下……他脑海中浮现出自己年轻时的光辉岁月，那时候他也是这样在泥土中翻滚，并凭着矫健的体魄躲过无数次白刃攻势。可现在，他已经老了，而且身居高位，敌兵当然不会忽视他的存在，相反，他成了这场伏击战中最耀眼的目标……

不多时，败讯传回司马懿主营。

"启禀大将军，追兵几乎全军覆没，张将军临阵战死！"

司马懿平静地点了点头。

是的，他在雍州最大的敌人没了。他又看了一眼郭淮。可朋友还在。

现在，司马懿再也不会为当初被赶出尚书台感到遗憾。他知道，自己或许永远都回不到尚书台了。他不需要回去了，因为他成了魏国实力最强的藩镇重臣。

士族领袖

魏都洛阳，朝廷接到来自雍州的捷报——蜀军被雍凉都督司马懿击退。捷报也伴随着噩耗。魏国资格最老且功勋卓著的名将张郃，在这场战争中阵亡了。

曹叡为西境安定欣喜之余，不免惋惜："蜀寇还没彻底扫平，张将军却不幸身殒，这可如何是好？"

司空陈群附和着叹息道："张将军不愧为名将，确是国家的依靠啊……"

陈群只是顺着曹叡的话头随口说几句无关痛痒的话。此言一出，朝堂上顿时传来阵阵唏嘘之声，仿佛叹气叹得声音越响，就能跟皇帝和首辅重臣靠得越近。虽然，这君臣二人实在不算同一个阵营。

这时，曾经帮司马懿争取到荆豫二州都督的侍中辛毗突然开口，说出一句令陈群下不来台的话："陈公，您这话可说得不太合时宜啊！当年，世人都觉得天下不能没有武皇帝（曹操），后来文皇帝（曹丕）继位，国家照样安泰。世人又觉得不能没有文皇帝，现在陛下临朝，国运更加兴隆。少一个张郃，不损我大魏一丝一毫！"

辛毗驳斥陈群，旨在振奋朝廷士气。

陈群却是诧异。这人居然再次跟自己唱反调。

他脑细胞飞速运转，只在一瞬间就敏锐地找出对方话里的一个破绽——辛毗拿张郃一个武将跟曹叡的父亲和祖父两代国君相提并论，绝对有大不敬之嫌。陈群刚要对辛毗展开猛攻，却见曹叡毫不介意，反而笑盈盈地看着辛毗。这一笑，让陈群说了半截的话又咽了回去。

苗头不对。

辛毗不紧不慢又补了一句："况且，雍州不是还有司马公镇守吗？这正展现了我大魏人才连绵不绝。"

更让陈群惊讶的事发生了。众公卿听闻此话，一改先前态度，连声附和。

陈群明白了。同僚不是在挺辛毗，而是在挺司马懿……他曾认为把司马懿挤出朝廷，自己就可以独霸首辅之位。万没料到，司马懿在边境屡立战功，经过这些年，其影响力不声不响地超过了自己，直接动摇了自己士族领袖的地位。

陈群知趣地垂下头，以惯有的低调态度说了一句："如此说来，辛君所言也有道理啊！"

曹叡当然明白司马家和陈家的竞争关系，正是想借着抬高司马懿来压制陈群。见陈群示弱，他又不冷不热地揶揄道："陈公怎么像根墙头草，真是善变。"

这要搁在往昔，早有无数同僚站出来帮陈群说话，但这回谁都没出声，更有几个人偷偷冷笑。

陈群什么话都没说。他能清楚地察觉到曹叡此刻的愉悦。可他也清楚地知道，赢的不是曹叡，而是司马懿。

正如陈群所想的那样，曹叡没能高兴多久。

遗诏的枷锁

次日，司马懿的三弟，时任度支尚书（后勤部长）的司马孚在朝堂上朗声读着一封奏疏。

"……雍州守备薄弱，蜀寇每次进犯总得靠朝廷派兵支援，朝廷中央军疲于奔命不说，更是贻误战机。臣建议从朝廷调派两万军队长期驻扎在雍州。"

曹叡听罢，浑身哆嗦了一下。他是气的，也是吓的。把朕的中央军拨给司马懿？这老狐狸可真会调度军资。

曹叡正自愠怒，却听司马孚接着说道："另外，雍州连年饱受战祸，军粮储备不足，臣建议从冀州调遣五千户百姓去雍州务农。"前文讲过，早在汉朝时，汉献帝刘协册封曹操为魏公，将冀州十个郡划入魏国，冀州乃是魏朝的发源地，冀州重镇邺城更是魏国五都（洛阳、许昌、邺城、长安、谯郡）之一。总而言之，司马孚这番上奏，说白了就是一句话——帮二哥挖皇帝的墙脚。

近些年，司马懿在外打仗，司马孚在内周旋。哥儿俩在政治上默契配合，相互提携，又因为有九品中正制的保障，司马家族的势力得以迅速崛起，早跻身魏国第一等豪族的梯队。

曹叡憋着一肚子火，几次都想跳起来指着司马孚的鼻子骂，可他最终忍住了，因为他发现，公卿全都在力挺司马孚，而陈群则一言不发。

"朕要好好想想。"

"臣一心为社稷考虑，望陛下三思！"

曹叡听他父亲说过，当年司马孚也是这样自诩曹植忠臣，而司马孚这副大义凛然的表情几乎成了他的金字招牌。曹叡强压怒气，咬着牙道："调中央军长期驻扎雍州，万万不可！从冀州调遣农户……准了！"

曹叡一直把陈群当成头号敌手，但这个时候，他隐约有所察觉，司马家族的声势正赶超陈家，屡立战功的司马懿更成为魏国最不可替代的实力派藩镇。这种不可替代性对曹叡而言相当危险，这正是造就权臣的土壤。

司马懿这是要取代陈群啊……

按理说，遍布魏国全境的藩王正可以起到制约权臣的作用，可如今，藩王都成了被软禁的囚犯，要平衡臣子的权力根本是痴心妄想。这完全是曹丕酿成的恶果，曹丕临死前还特别下过遗诏，叮嘱后代，既定藩王政策万年不变。

多年来，曹叡始终牢记曹丕临终前的警示。

"那些藩王个个嘴上挂着骨肉亲情，其实心里头都在觊觎你的皇位！"每当曹叡想起这话，总能感觉到曹丕把自己的手攥得生疼。魏国藩王的藩国多选在地少人稀的贫瘠之处，即便如此，他们还是屡次被强制迁徙，这是为了避免他们在一个地方待得太久形成稳固势力。譬如曹植，从曹丕登基始总共被迁徙过六次封地，食邑也从一万户逐渐削减到三千五百户。

曹叡恪守着曹丕的遗训，但渐渐地不免心生疑问：这么压制藩王究竟对不对？自己年纪轻轻，就要独自面对成批混迹官场数十年的老狐狸，倘若有藩王介入，自己面临的压力会不会有所缓解？眼下，藩王的实力越来越弱，而魏国的士族被九品中正制养得越来越肥。

此刻，曹叡幡然醒悟，压制藩王根本就是个天大的错误。

是该做出些改变了！

公元231年9月，曹叡出其不意下了封诏书："先帝曾说不准藩王进京，但朕与藩王理应彼此仰仗。想来朕也有十二年没见过诸位藩王了，毕竟血浓于水，朕打算让所有藩王遣送嫡子入朝。"此举，一是为了更好地控制藩王，二是希望从这些藩王的儿子中寻找忠诚可造之才。

这只是第一步。

没过半年，曹叡又下诏："册封藩王是为了拱卫京都，藩王对皇室意义重大。大魏自建国以后，藩王政策只是仓促间草草制定，绝非一成不变。即日起，藩国的行政级别由县提升为郡。"

这封诏书立刻激起群臣的反对。在朝堂上，无论是陈群，还是司马孚、辛毗，他们几乎都站到了同一阵线，力驳曹叡。

曹叡心里跟明镜似的，这帮公卿拿先帝遗诏当幌子，实则是怕藩王实力增强，与臣权抗衡。他毅然说道："这事我已经定了，希望诸位顾念皇室骨肉之情，别再阻挠。"

诏书下达后，共有十六位藩王提升了藩国的规模。

藩王被压制了这么多年，曹叡想仰仗他们，绝非一朝一夕之功。为此，他必须做好充足的准备。

最伟大的推销员

我们先把郁闷的曹叡放到一边，来看看三国中那个偏据西隅的国家——蜀国的局势。

自公元 220 年蜀国的荆州为吴国所夺（关羽大意失荆州），那些祖籍荆州、客居巴蜀的蜀臣就像断了线的风筝，夺回荆州的呼声甚嚣尘上。刘备迫于压力，只能倾其所有向吴国开战，结果被吴国名将陆逊打得惨败。最后，刘备退守白帝城，凄惨地死去。

刘备死后，他的儿子刘禅继承皇位。自此，蜀国军政大权集中在丞相诸葛亮手中，蜀国也成了当时唯一名副其实的丞相制国家。蜀国最弱，却同时跟魏、吴为敌，这么搞下去，灭亡是迟早的事。诸葛亮必须给国家找一条出路，于是，他不再纠缠荆州问题，而是主持蜀、吴重新结盟。但这又引发了一个新的问题。客居巴蜀的荆州人，心知再无希望夺回故乡，便真的把巴蜀当成了自己家，他们和本地人的矛盾愈演愈烈。

这么搞还是个死。诸葛亮决定给蜀国灌输一个新的信仰——北伐魏国，复兴汉王朝。这是一个转移内部矛盾，一致对外的信仰，同时也是一个听上去伟大却遥不可及的梦想。而且，像全世界最杰出的推销员和传教士一样，诸葛亮要想把这个信仰推销出去，首先他自己得对此坚信不疑，从这点来说，他做得很到位。诸葛亮开始对北伐抱有一种常人难以理解的执着和热情。

公元 227 年的春天，诸葛亮给皇帝刘禅上了一篇言辞恳切，后来流芳千古的《出师表》。现代人自可以怀着对诸葛亮的崇敬之情来看待《出师表》，但在一千八百多年前刘禅的心里想来，不是这样。

这篇七百多字的上表中，提到"先帝"竟有十三处之多。在刘禅听来，其大意无非如此：你爸当初如何，我当初如何，你爸对我如何，我对你爸如何，你爸都跟我说过什么，我跟你爸又都说过什么，我现在不辞辛劳是图的什么？是为了你爸和你啊……《出师表》不仅是为教育刘禅，还有很深的政治目的。诸葛亮即将长期驻扎汉中，筹备北伐事宜，在他远离成都的日子，必须告诫刘禅该听谁的话，当然，是要听诸葛亮的嫡系亲信——蒋琬、费祎这些荆州派重臣的话。

必须说《出师表》写得感人肺腑，可当诸葛亮沉浸在对刘备的怀念之时，刘禅听得如坐针毡。他脑中只有一个想法——怎么丞相的权力竟大到此种地步？

诸葛亮安顿好成都的事，毅然带着大军和幕僚团前往北境战略要地——汉中。从此，蜀国的军事政治中心也连同诸葛亮一起搬到了汉中。

一直到公元234年，诸葛亮已在汉中驻扎了七年，其间总共发起过四次北伐魏国的战争，却次次无功而返。必须说，靠北伐化解国内矛盾的手段相当成功，经过这些年，荆州人和巴蜀人早已逐渐融合。可是，新的矛盾也慢慢产生。蜀国臣民迫于诸葛亮的个人魅力和权威，只能把反战情绪深埋在心底。而诸葛亮对北伐如此锲而不舍，大概是由于长期自我洗脑，错把手段当成了目的。先前，出于理性制定的基本国策，变得越来越非理性了。

公元234年的初春，诸葛亮即将开始第五次北伐。

临出征前，他把八岁的儿子诸葛瞻唤到身边："再给为父背诵一遍《论诸子》吧……"《论诸子》是诸葛亮流传后世的众多文章之一，内容是评论古代先贤的优劣秉性。

诸葛瞻乖巧地背诵起来："老子长于养性，不可以临危难；商鞅长于理法，不可以从教化；苏张（苏秦、张仪）长于驰辞，不可以结盟誓；白起长于攻取，不可以广众；子胥（伍子胥）长于图敌，不可以谋身；尾生长于守信，不可以应变；王嘉长于遇明君，不可以事暗主；许子将……许子将……"

"怎么又忘了，许子将长于明臧否，不可以养人物。此任长之术者也。"诸葛亮平静地补充道。他心头陡然闪过一丝困惑：不知道百年之后，世人将会如何评价我呢？

智者对峙

公元234年4月，蜀军从汉中出发进入斜谷，十几天后来到魏国雍州境内的郿县。诸葛亮的目的并非占领郿县，只是路过。

很快，魏国获知诸葛亮到达郿县的消息。

有人担心诸葛亮会直取东部关中，遂向雍凉都督司马懿提议："诸葛亮声势浩大，我们不如退到渭河北岸避开蜀军锐锋，然后以渭河为屏障和蜀军作战。"

司马懿摇头道："绝不能把渭河以南拱手让人。诸葛亮谨小慎微，他肯定没胆量深入关中，我料他会去西边的五丈原安营。传令诸军，在渭河南岸迎敌！"

诸葛亮在郿县短暂停歇，他面临一个选择：向西，还是向东？东边是雍州最重要的关中地区，若能拿下，足以撼动魏国半壁江山，但也会让自己陷入魏军的包围。西边是雍州偏远地区，就算攻下来也对魏国造不成太大损伤，但稳扎稳打不会有什么风险。

蜀国汉中都督魏延强烈建议诸葛亮："咱们只要派出一支偏军从子午谷疾进，不出几天就能兵临长安城下！"

这位魏延，乃是蜀国首屈一指的名将，自刘备时代便担任汉中最高军事统帅。他利用地理优势，在三条谷道与汉中盆地接口处修建了不计其数的防御堡垒，其策略是将敌军堵在狭长的谷道中，令敌军无法进入汉中盆地集结。这套防御体系使汉中成为蜀国北境的铜墙铁壁。昔日曹真伐蜀即败于魏延之手。

魏延极富军事才略这点毋庸置疑，但其性格张扬跋扈且好大喜功。

诸葛亮向东眺望着，他的目光径直越过司马懿的大军，甚至越过长安，仿佛能看到洛阳，看到了故乡徐州琅邪。然后，他毅然掉转了马头。

"全军向西，屯兵五丈原！在那里准备和魏军决一死战。"诸葛亮拒绝了魏延的建议，他的战略部署和司马懿预测的分毫不差。

在这片开阔的平原上，诸葛亮扎下了营寨，司马懿则驻扎在五丈原东边不远处，两军皆以渭河保护自己的侧翼，双方的军阵皆布置得毫无破绽，谁都不想贸然出击。诸葛亮派出一支偏师渡到渭河北岸，打算伺机攻略雍州北部，打破僵局，但被雍州刺史郭淮挡了回去。

随后，诸葛亮开始在渭河南岸屯田耕种，摆出一副要打持久战的姿态。

魏军众将按捺不住，纷纷请缨出战。司马懿不想耗损兵力，又不好直接违背众将的意愿，便推托道："坚守避战是朝廷定下的策略，诸位不要急，容我向朝廷禀明情况。"

于是，他装模作样地呈上一封奏疏，请曹叡准许出战。

想当初，司马懿初任荆豫都督时，只因截获了一封孟达有可能谋反的情报，便不等朝廷答复，果断率军出征。而今，两军对垒之际，他却要等朝廷准许才出战，这让麾下众将甚感无奈。

半个月后，侍中辛毗带着曹叡的答复赶赴雍州。司马懿一见辛毗，心里便踏实了大半，他和辛毗私交甚好，曹叡委派这个人来传话，必是要力挺自己。

果不其然，辛毗当着众将，朗声言道："诸将听旨！陛下禁止出战，只能坚壁据守，等过些日子蜀军就会因军粮耗尽退兵。"

司马懿偷偷朝辛毗会心一笑。他正是想借曹叡之口来压制诸将的请战意愿。

然而，魏军诸将一片哗然。

辛毗并不慌张，朝身旁的侍从招了招手："呈上来！"

侍从毕恭毕敬地端过来一个托盘。辛毗缓缓地揭开托盘上的盖布，将其中的物件高举过头顶。

这物件由纯金打造，长约八尺，最上部装饰着黄色旄羽，名叫节钺，正是代表皇帝权力的信物。见节钺如见皇帝。

辛毗这架势，官方称作使持节，乃是极高权力。使持节重臣无须上报可自行对两千石以下官员处以死刑。我们在看历史题材的电影、电视剧时，经常会见到这样一幕，将领随随便便对违反军令的下属喊道："来人哪，给我拖出去斩了。"这让我们形成了一种错觉，似乎古代草菅人命是常事。其实不然，即使在战争时期，获得使持节的重臣也屈指可数，而普通将领根本没有生杀大权。使持节还有其他称呼——持节、假节、假节钺、假黄钺等，魏朝时，这些称呼都是一个意思，到了晋朝才又细分出三六九等。

辛毗亮出节钺不怒自威，谁再敢嚷嚷，项上人头不保。群情激奋的魏军眨眼间鸦雀无声。

在不远处的蜀军大营中，蜀将姜维获悉魏军的情况，失望地说："辛毗持节而来，这下魏军更不可能出战了。"姜维原是魏国官吏，在诸葛亮第一次北伐时归降蜀国，并在历次北伐中屡建战功。

诸葛亮苦笑了几声："司马懿本来就没想出战，高调请战只为安抚众将。将在外，君命有所不受，如果他真要打，还用得着上奏朝廷吗？"

秋天的流星

诸葛亮和司马懿谁都不想主动出击，全都静待对方露出破绽。就这么一晃，两军不知不觉僵持了近半年。

这天，全副戎装的司马懿偷偷爬上一座山头，向蜀军大营处眺望，只见在大营中央，有个人独坐在白色的木轮车里，不仅没戴头盔，甚至连士大夫常备的头冠都没有，只在发髻上包了一块葛巾，手拿羽扇，气定神闲地下达着军令。

"那人想必就是诸葛亮吧……"

这段来自《世说新语》中的描写，塑造了诸葛亮的经典形象。当时在野隐士崇尚纯洁的白色，喜好飘逸的服饰，这体现了他们对自由的追求。在长达二十七年的军政生涯中，诸葛亮被迫做过很多自己不情愿却又不得不做的事，然而他内心最深处，依然保留着当初隐居时的那份自由和纯洁。

诸葛亮潇洒的气质让司马懿看得如痴如醉，他忍不住感叹道："诸葛君真不愧有名士风采啊！"

而诸葛亮，全没注意到远方的敌军统帅正满怀仰慕地欣赏着自己。他一心只想北伐曹魏，更不知道自己为司马懿贡献了多少仕途的铺路石。

当诸葛亮进驻五丈原的时候，地上的青草才刚刚冒出头，时下已变得枯黄了。一阵秋风吹过，诸葛亮打了个寒战。

他感慨良多，遂提笔，先是给吴国重臣陆逊写了一封信，以稳固吴、蜀两国情谊，接着又给兄长诸葛瑾写了一封情深意切的家书。

写毕，诸葛亮开始怀念自己在荆州隆中草庐时结识的至交好友——孟建、石韬、徐庶。曹操攻略荆州时，诸葛亮追随刘备逃难，三个好友则出仕曹操。三人依然健在，都在魏国仕官。于是，诸葛亮派出一名使者前往司马懿的军营询问三位故交的近况。

"我家丞相近日越发思念故人，特差在下来此询问孟建、石韬、徐庶三位大人的情况。"

"哦？诸葛君什么时候变得这么多愁善感啦？"司马懿淡然一笑，随后将所知道的毫无保留地据实相告，"孟建官拜征东将军，石韬官任郡太守，徐庶官任御史中丞，三位大人身体都还安好……"

猛然间，司马懿好像想起了什么，向使者问道："两国交战已半年，想必诸葛君一定很操劳吧？"

使者不假思索地答道："我家丞相早起晚睡，即便杖罚二十这样的小事都会亲自批阅，每天吃饭不过几升米。司马大人，若没有其他事，在下就告辞了。"

司马懿点了点头。一个念头从他脑海中闪现：我常听人说，人越是临近死亡，就会越发怀念往事故交，诸葛亮又如此操劳，怕是要不久于人世了吧？

在蜀军大营中，诸葛亮听着使者的回禀，不禁沉浸于往事的回忆中。当年在荆州时，孟建总想返回中原故土，诸葛亮劝他说："士大夫当四海遨游，何必一定要扎根故乡呢？"不想此时，他自己无比怀念在徐州琅邪度过的童年时光。

真想再回家乡看一眼啊……

又是一阵秋风吹过，诸葛亮感到一阵头晕目眩。

"快来人！丞相昏过去了！"蜀军大营顿时嘈杂起来。

诸葛亮终因长期操劳病倒了。

9月，一颗流星从诸葛亮的营寨上空划过。

诸葛亮在病榻上躺了近一个月，病情依旧没有好转的迹象。他预感到自己即将离开这个世界了。

名相的遗言

远在成都的刘禅得知诸葛亮病重的消息，赶忙派遣使者李福前往五丈原探望。

"你见到丞相后，一定要向他咨询朝政得失，回来后详细转告于我。"算起来，刘禅和诸葛亮阔别已整整七年。在刘禅心里，诸葛亮的形象早就模糊不清，他只是知道，在遥远的北方，有个老人一直在为自己打仗。如今，他有种强烈的预感，自己再无缘见到这个老人了。

李福见到诸葛亮后，事无巨细地讨教，并把每一句都记在纸上方才告辞离去。可他回程的路上总觉得心里不安稳，想了又想，终于记起漏了一件最重要的事没问。旋即，他掉转马头，又折回五丈原。

"我猜到你会回来……"

李福刚要说话，却被诸葛亮打断了。

"你是来跟我诀别的吧？而且，你还有个很重要的问题……"诸葛亮顿了顿，"你要问的这个人是蒋琬。"

李福愕然道："丞相，我还没说话，您怎么就知道啦？"他想问的正是诸葛亮死后该由谁来接掌蜀国政权。

"蒋琬为政崇尚无为而治，以安民为本，绝不会做出劳民伤财的事。他是最合适的后继人选。"七年来，物是人非，很多事都发生了改变。连年北伐的确转移了国内矛盾，荆州人不再整天嚷嚷着要夺回荆州，巴蜀人也懒得再抱怨被荆州人压在头上。可是，一个新的国内矛盾产生了，即蜀国臣民的反战情绪和北伐大战略的冲突。

此刻，诸葛亮也意识到自己在北伐道路上越走越远了，他决意把权力移交给反战派重臣蒋琬，借此扭转局面。

李福认真做了笔记，又问道："那么，蒋琬之后由谁继任？"

"费祎。他擅长协调同僚，和吴国关系又好……"诸葛亮知道，费祎也是最反对北伐的人。

"容我再问，那费祎之后呢？"李福继续追问。

"费祎之后，就不是我所能预料的了。"

蒋琬和费祎这两个和诸葛亮政治理念截然不同的人，被诸葛亮选为执掌政权的后继者，他晚年纠结的心态尽显无遗。

诸葛亮躺了好久，总算积攒了一丝残存的气力："叫费祎、杨仪、姜维过来。"

费祎和杨仪都是荆州人，姜维出身雍州豪族。三人进了大帐，静听吩咐。

"我死后，你们三个协调各军撤回成都，让魏延殿后，如果魏延不服从军令，你们就自己回成都去，不要管他。"诸葛亮深知魏延个性张扬，热衷于战争。他绝不能把军权交给魏延，否则北伐战争势必会延续下去。出于这番考虑，他才把军权交给杨仪，只盼蜀军能平安回国。不过，魏延与杨仪私交极差，可谓水火不容。如果魏延不听杨仪的军令，可以让他独自留守汉中。诸葛亮确信，魏延的忠心不容置疑，不管出什么事，他都不会叛变到魏国去。

接下来，诸葛亮给刘禅上了最后一封奏疏："臣禀性拙笨，出师北伐未获全功，无奈命在旦夕。愿陛下能清心寡欲，爱护百姓，尊崇孝道，施以仁政，纳贤良，远奸佞。臣在成都城外还有八百棵桑树和十五顷薄田，这已足够臣的后代生活。这些年臣一直在汉中，没什么特别花销，日常衣食也仰赖朝廷供应，臣不喜欢经营产业，自不愿死后留余财，辜负陛下的信任……"

公元 234 年 10 月 8 日，蜀国丞相诸葛亮停止了呼吸，享年五十四岁。朝廷追谥他为"忠武侯"。遵循其遗愿，诸葛亮的遗体并没有送回成都，而是直接埋葬在汉中定军山，继续守护着蜀国。

自刘备死后，诸葛亮执掌蜀国政权整整十二年，这十二年来，朝廷从未进行过改元和大赦。改元大多只为图个吉利，以往有什么不顺心的事，改元后意味着重新开始。改元会对国民的生计平添诸多麻烦，劳民伤财。再有，改元通常会伴随大赦，在押犯人无论犯过什么罪全部赦免，这是一种非常不利于法治建设的政策。

早在东汉末年，流亡中的刘备曾拜访过陈纪（陈群的父亲），请教治政之道。陈纪谈到大赦时说："大赦是导致社会不安定的罪魁祸首。"刘备谨记，最终将这一理念传给了诸葛亮。

二狂士

遵照诸葛亮的安排，杨仪、费祎等人着手准备撤军事宜。

"该怎么跟魏延讲呢？"杨仪抓耳挠腮，很是发怵。

想了半天，他决定让费祎出面协调："文伟（费祎字文伟），就你能跟魏延说得上话，你去告诉他撤军的事吧。"

费祎应承下来，亲自前往魏延的营帐。"丞相遗令撤军，希望你能为大军殿后。"他尽量避免提及让杨仪统领全军的事。

"你把话说清楚，谁统领全军？"魏延揪住不放，问道。

"这……"费祎支支吾吾，"丞相让杨仪暂时代理统帅之职……"

"什么！难道让我帮杨仪殿后？"魏延的怒火一下子被燎了起来。他官拜前军师、征西大将军，杨仪则只是丞相府的幕僚，官位上差好几个档次。何况，他仍然想继续跟魏军作战。

"丞相虽死，但我还在，你们带着丞相灵柩回去安葬，我要继续率诸军北伐！"

"你别胡闹，丞相有遗令！"

"遗令我没见过！费祎，你别走，你就在这里替丞相再写一封军令，说让我统领全军。"

费祎闻言，毫毛倒竖，他知道魏延已经失去理智，眼看就要闯出大祸了。他急于脱身，佯装镇定道："其实……杨仪只是个文吏，根本就不懂军事。我也觉得应该让你统领全军。不如这样吧，我回去劝劝他们。"言讫，他不等魏延反应过来，飞身上马，逃回杨仪的营寨。

费祎打心眼里反感北伐，而魏延对北伐的狂热让他极度不满，再加上魏延意图挟持他伪造军令，迫使他选择站到了杨仪一边。

"传令全军，即刻拔营返回成都，别管魏延了。"当日，蜀军便在杨仪的率领下从五丈原退入斜谷。

魏延获悉消息，当即做了一个出乎所有人意料的决定。"拔营！抢在杨仪前头赶回成都！"他的思维简单且直接。只要先到成都，就能先发制人，弹劾杨仪。于是，他也向成都撤军，并在斜谷这条路上超过了杨仪。

杨仪不甘落后，两拨蜀军仿佛赛跑一般向成都狂奔。魏延军稍稍领先，他在跑过蜀山栈道后将栈道一把火烧成了灰。杨仪死咬不放，一边修缮栈道，一边步步紧追。同时，二人相继往成都发出奏疏状告对方谋反。

同一天里，刘禅接到了魏延和杨仪的两封奏疏。

"臣魏延上疏状告杨仪谋反，他烧毁蜀山栈道，企图叛逃魏国！"

"臣杨仪上疏状告魏延谋反，他烧毁蜀山栈道，阻止臣返回成都！"

当然，这两个人谁都没有谋反。

刘禅向蒋琬和董允询问道："到底该信谁的？"说实话，魏延和杨仪的人缘都不怎么样，但相比起来，魏延更具破坏力。蒋琬、董允均倾向于相信杨仪。

刘禅仍心存疑窦："没这么简单吧？魏延骁勇善战，以他的能力足以打败杨仪，他既谋反，不去投靠魏军，反掉头往南跑，又焚烧栈道，图的什么？"他自然不知道魏延做出这么出格的举动完全是因为赌气。

魏延走出斜谷后，停住了脚步，决定和杨仪做个了断。

"全军列阵！准备突击杨仪！"

杨仪派王平迎战魏延，两军对垒之际，王平带着部下高声呐喊："魏延叛国！魏延叛国！"

魏延军自知理亏，这一喊，顷刻间士气崩溃，四下逃散。魏延被临阵斩首，他的全族也一同被夷灭了。

一生为蜀国立下汗马功劳的魏延最终被冠以谋反的罪名。尽管谁都清楚魏延并没有谋反，但是，像费祎、王平这些人，既然一开始选择站到杨仪一边，也只能一条路走到黑了。

十几年前，刘备授命魏延任汉中都督的时候，魏延曾说过这样的话："若曹操举天下而来，臣为大王拒之；若只是偏将率十万之众，臣为大王吞之。"如今，这气贯山河的话仍久久回荡在汉中。汉中得益于他创建的防守策略和防御工事，一直坚挺地守卫了蜀国数十年之久，魏延死后，继任的汉中都督未对这套完善的防御体系做出任何改变。这种局面一直持续到姜维掌权。姜维试图更改汉中防御体系，可他很快就尝到了恶果，这些都是后面的故事了。

此时，成都城里的蒋琬放心不下，遂亲率中央军出城北进几十里，以备不测。两天后，他接到魏延的死讯。蒋琬脑子里有和刘禅同样的疑问。

"不对啊……魏延是走出斜谷后被杀的？他若叛国，理应北投魏国，为什么要越过杨仪往南跑？"

没多久，蒋琬便将魏延"谋反"案调查得水落石出，但他没法给魏延平反。这事缘于杨仪和魏延之间的私怨，最后却在杨仪的导演下变成魏延谋反的冤案，而蜀国众多将领也被牵扯了进去，他们出于各自的理由不约而同地站到杨仪一边，甚至因剿灭魏延获得了功劳和利益。倘若将真相告白于天下，那么像王平这些杀死魏延的"功臣"该怎么处理？他自己当初力保杨仪又怎么解释？费祎怎么办？蜀国政坛很可能引发轩然大波。

蒋琬心有戚戚地回到了成都，只能昧着良心奏道："魏延谋反确凿，已被斩首，全族俱被杨仪夷灭。"

"全族都被灭啦……"刘禅也听说了背后的隐情，心里颇觉得过意不去，可他也明白这事没法翻案，"事已至此，再说什么都没用了。魏延毕竟立过大功，赐棺椁将他厚葬了吧！"

"陛下，至于杨仪……要不要封赏？"

刘禅闷哼了一声："等他把大军带回成都再说吧！"

几天后，杨仪率领大军开进成都。"陛下，臣把全军安然带回，并在途中诛杀了逆贼魏延！"

"安然？"刘禅听得来气，"蒋琬，你说该给杨仪什么官职？"

蒋琬想了想，言道："臣觉得，让杨仪担任中军师比较合适。"中军师既不掌兵，也不执政，仅算个军事顾问，相当于闲职。

"好！就任命杨仪为中军师。"

杨仪傻眼了。退朝后，他满腹牢骚，抱怨朝廷待之不公，可没人愿意搭理他。他实在咽不下这口气，又找到费祎抱怨："朝廷赏罚不公啊！当初如果我举大军投降魏国，岂能落到今天这步田地？"

费祎心头一震："杨仪……你这可是真心话？"

"是又怎样？"杨仪全没意识到这话的危险性，仍是一副须发怒张的表情。

起初，费祎因反感魏延好战，又因为有诸葛亮的遗令迫不得已站到杨仪一边，但他也不赞成杨仪以极端手段置魏延于死地，没想到杨仪竟会流露出叛国的想法。

费祎不动声色，好言安抚道："没事，没事，回头我去跟蒋琬说说。"他的确去找蒋琬说了，但不是为杨仪求情，而是把杨仪的话一五一十转告了蒋琬。

蒋琬裁定，将杨仪贬为平民。

杨仪仍是不依不饶，上疏争辩。

蒋琬决定彻底铲除这个祸害，遂勒令杨仪自裁。

魏延死后第三个月，杨仪自杀了。尽管到最后，还是没有一个人站出来还魏延一个清白。

魏延和杨仪的事件表面上是两个政敌私斗，内里却夹杂着主战派与主和派之间的冲突。现在诸葛亮死了，蜀国将何去何从？刘禅考虑这事已不是一天两天。丞相的权势实在超出可控范围，一个健康的政体不应该依托于某个人的道德操守。他决心要改变蜀国的政治格局。

于是，刘禅参考了诸葛亮的遗愿，却没有完全遵从。他让蒋琬担任大司马，同时让费祎担任尚书令，实行军政分权。蒋琬死后，费祎晋升大将军，董允任尚书令，军政权力依旧是分开的。而无论是蒋琬还是费祎，都始终没有官拜丞相。刘禅彻底废除了丞相制。诸葛亮成为蜀国第一个也是最后一个丞相，在他死后，蜀国便再没有谁能拥有如此之大的权势了。

隐　忍

大将军司马懿在坐镇雍凉的这些年，总听到有人背后嘀咕："司马懿是在养寇自重。"

不管司马懿承不承认，诸葛亮的存在确实起到这样的作用，他凭借两次击退蜀军积累了丰功伟绩。曹休、曹真死后，司马懿的地位越发稳固。他在军界的威望早已盖过扬州都督满宠，而被曹叡硬扶上墙的荆豫都督夏侯儒更是连给他提鞋都不够格。

公元234年12月的一个夜晚，魏都洛阳地动山摇，曹叡从睡梦中惊醒。"护驾！护驾！"左右近臣慌忙把皇帝搀扶到寝宫外，只见整个皇宫都在晃，瓦砾尘土纷纷落下，地底传出轰隆隆的巨响。地震的级别不高，却足以令整个京城谈之色变。

翌日，曹叡和公卿仍惊魂未定。

"昨夜突然地震，是不是上天有所谕示？"

朝臣议论纷纷，这时，一位老臣站出来言道："地震是某些臣子势力过强导致的，上天以此警示陛下，不可不提防。"说话者名叫高堂隆。他曾当过曹叡的老师，和曹叡感情笃深。当魏国的士大夫因利益驱使越来越靠近司马家族的时候，高堂隆始终坚定地站在曹叡一边。

高堂隆的话分明指向雍凉都督司马懿。朝堂上鸦雀无声，曹叡不动声色，也没再说什么。散朝后，曹叡召高堂隆入宫觐见，君臣二人秘密筹划了一个月。

而后，曹叡突然颁布诏书："朕本打算拜司马懿为大司马，不过考虑到在司马姓氏前加大司马有些不妥。经慎重考虑，还是决定拜司马懿为太尉（三公之一）。这是出于对司马公的尊敬。另，司马公依旧保有雍凉都督之职。"

曹叡在名义上迫使司马懿由武官转任文官，他这么干的目的也很明显，作为逐步收回司马懿兵权的预演和缓冲。

一时间朝野哗然。

不过，司马懿继续以三公的身份留守魏国西战区，只是不能随意征调军队。一方面，曹叡不敢冒着激起雍凉军界震荡的风险强召司马懿入朝；另一方面，倘若召司马懿入朝，他也找不出第二个靠谱的人选坐镇雍凉，防御蜀国。

诸葛亮死后，公元 235 年的春天，累建功勋的司马懿荣登三公之位，同时失去了兵权。

大体搞定司马懿让曹叡心里舒坦了很多，可是，还有另一块巨石压在他的头顶，那就是曹丕当年定下的遗令——藩王不得参政。

高堂隆常对曹叡说："藩王身为皇族，理应起到护卫皇室的作用，如今却都被软禁在藩国，无兵无权，又不能参政，这对社稷稳固一点好处都没有。"

近些年，曹叡已经开始着手修复和藩王的关系，他曾接连颁布两封诏书提升藩王地位，现在是到彻底变革的时候了。曹叡顶着来自公卿朝臣的巨大压力，宣召燕王曹宇入朝参政。曹宇是曹操幼子，论辈分是曹叡的叔叔，年龄则跟曹叡相仿，二人打小关系很好。

曹宇进了京，参政却很不顺利。他每天都要承受以陈群、司马孚为首的两派朝臣的舆论谴责，动不动就被弹劾。他不知道自己在这样的逆境下能坚持多久。

曹叡竭力稳固皇权，身在雍州的司马懿也愈加谨小慎微，他一方面要体现自己的价值，另一方面则要避免功高震主。

公元 235 年秋，饥荒席卷关东。这天，曹叡和满朝公卿目瞪口呆地望着一队运粮车浩浩荡荡从洛阳西门鱼贯而入，横穿过城，又从东门开了出去，原来是司马懿主动从自己的辖区雍州征调了五百万斛粮食运往关东赈灾。

来年，司马懿又给曹叡送去一匹白鹿做礼物。曹叡很无奈，不冷不热地给司马懿回了一封信："从前周公姬旦辅佐周成王时，献雉鸡以显忠心，今天您给我献白鹿，同样是忠臣！"随后，他特准司马懿的长子司马师携带自己的回信前往雍州探望司马懿。

在雍州司马懿的府邸，老父亲终于见到了阔别已久的儿子。父子二人感情至深，但他们的话题，很快便从离别之情聊到了朝廷局势。

"你都二十七了，仍没个一官半职，每次想到这个，为父就替你操心。"司马懿眼神中流露着惋惜。在他的众多儿子中，长子司马师的性格最是谨慎沉稳，深得自己的真传，然而，由于受到几年前"太和浮华案"的牵连，司马师至今仍是一介白身。

司马师宽慰回道："自那起风波后，儿子便不再与那帮京城名士来往，每日都安分守己，只顾埋头读书。风波早晚会过去。再说，朝廷里还有三叔他们左右斡旋，料想儿子很快就能迎来出头之日了。"

司马懿点点头，一想到他最信任的三弟司马孚，心里便觉得踏实了许多。"哦，对了，"他接着说道："饥荒总会伴随着瘟疫，我听说关东地区已经有了瘟疫的苗头，咱家里人都还好吧？"

"劳烦父亲惦记，家里人多还好，只是……"司马师顿了一下，"只是儿子的内人夏侯徽近来有些咳嗽，身染小恙。现在正让医师详加调理。"

夏侯徽，正是当年荆州都督夏侯尚的女儿，也是前任雍凉都督曹真的侄女。早年间，夏侯氏实力最强的时候，司马懿为司马师迎娶了夏侯尚的女儿夏侯徽。但如今，司马家族的权势早已压过夏侯氏，这段政治联姻也就过了气。不仅如此，手握重兵的司马懿更激起了曹氏和夏侯氏两族的警觉。

司马懿沉思良久，轻声叹息："为父这些年在外征战，屡立功勋，曹氏、夏侯氏却日渐没落，那两家怕是早把咱司马家视为眼中钉、肉中刺了……"说罢，他紧盯着儿子的眼睛，"咱家里人但凡有个小偏小错，难保不会被那两大家族抓住把柄啊……"

司马师闻言一惊，顿时明白了父亲的意思——担心自己的妻子夏侯徽跟娘家人口风不严，说出不该说的事。

"儿子自会看好内人，不让她与夏侯家有过多来往。"

"哼！"司马懿轻哼了一声，"你看得住吗？况且，你愿意自己后半辈子都日夜提防着枕边人吗？"

司马师沉默了，他清楚地察觉到父亲的心思，颤颤地回道："儿子……儿子回去后，便会终止对夏侯徽的治疗。"

司马懿依旧死死盯着儿子的双眼，"我听说夏侯徽身体一贯硬实，料想这点小病，她自己就能康复了……"他轻叹了一口气，道，"可这样一来，却是害苦了你，往后，你得在她身上花多少心思……"

司马师浑身一震，使劲咬着嘴唇，直至感到一阵轻微的疼痛，这疼痛的程度，远不及父亲的权势重要，更不及司马全族的未来重要。想了许久，他狠狠地言道："儿子此番回京，会亲自医治夏侯徽，亲手给她调药……"

司马懿这才缓缓地点了点头，他知道，儿子从未让他失望过。

一个月后，夏侯徽染不治之症身亡。适逢大疫，几乎所有人都认为夏侯徽死于疫情，可有一个人对此感到怀疑，这人便是夏侯徽的哥哥夏侯玄。在葬礼上，夏侯玄悲恸欲绝，他隐隐觉得妹妹死得蹊跷，却没办法查明真相。

过了段时间，司马懿为司马师迎娶了吴质的女儿。可吴质死后，吴家势力渐渐衰败，失去价值的吴氏没多久便被司马师休掉。司马师的第三任夫人是羊衜（dào）的女儿羊徽瑜。羊氏九代均活跃于政界，早在汉朝便是闻名天下的望族，因祖籍泰山，故称为泰山羊氏。羊衜的夫人是"建安七子"（活跃于汉末建安年间的七位著名文士）之首孔融的女儿。原配死后，羊衜续弦汉末名儒蔡邕的女儿（蔡文姬的妹妹）。仅通过这两段婚姻即可看出羊氏在当时的社会地位。

司马师总算盼来了一场门当户对的婚姻。往后，泰山羊氏将成为司马家族的坚实后盾。

这天，司马懿像往常一样巡视军营，他步履悠闲，任谁都看不出他内心复杂的思绪。忽然，身后一名将校叫住了他："司马公，有事禀报！"

司马懿回头看去。他身躯只是微转，脖子却极灵活地扭转近一百八十度，脸直接朝向将校。司马懿这副姿态相当奇特，军营中的熟人大多见怪不怪，但这名将校大概是新来的，两眼直勾勾地望着司马懿，惊愕得忘了要说什么。

早先，曾有相面者告诫司马懿："你这是狼顾之相，拥有狼顾相的人野心大，会激起主君忌惮。"多年来，司马懿刻意改变自己的习惯姿势，但偶尔会在不经意间显露出来。

瞬间，司马懿意识到自己这副样子引起了对方的注意。他迅速扭转身躯，以便看上去显得正常。将校慌忙定了定神。司马懿偷偷咬了一下舌头，心底暗暗立誓：今后再不能让人看到自己的狼顾之相了。

魏室的老臣

魏国就这样度过了平静的两年。公元 237 年初，司空陈群到了弥留之际。

晚年的陈群内心一直很矛盾，他看到一股不可阻挡的大势，不仅盖过颍川陈氏，更是直逼皇室。他能隐约觉察到自己给魏国带来了什么。他当然不希望自己成为葬送曹氏社稷的初因，甚至，他始终以忠臣自诩。他代表臣权和皇权的抗争，从维护权力平衡这方面讲无可厚非，说到底，他没什么非分之想。

然而，在很多人眼里，陈群的确为士族做得太多了，这建立在牺牲皇权的基础之上。

此时此刻，陈群的床边跪着两个人，一个是他的儿子陈泰，另一个是他的妻弟（小舅子）荀颛（yǐ）。

这位荀颛乃是汉末名臣，同时也是曹操麾下首席谋臣荀彧最小的儿子。

前文提到过，陈群是荀彧的女婿。当荀彧死时，荀颛年纪尚幼，陈群遂担负起养育荀颛的责任。荀颛自是对陈群感情笃深。

此时，陈泰哭哭啼啼："儿子一定尽忠社稷，绝不会辱没陈家的名声。"

他这话本是让陈群放心，可陈群听罢，却觉得如鲠在喉。他深知儿子性格耿直忠贞，可现在，他不知道该怎么跟儿子解释。想了半天，他攥着陈泰的手叮嘱道："你舅舅比你有见识，往后有什么想不通的，一定要听他的建议。"陈泰在史书中评价颇高，荀颛则评价极低，晚年更是尸位素餐，他究竟哪方面比陈泰出众？恐怕就只有他和司马家族的亲密关系吧。荀颛打小跟司马家族走得很近，无形中也成为司马家和陈家沟通斡旋的桥梁。陈群清楚地意识到，司马懿取代自己成为士族领袖的趋势不可避免，而自己现在唯一能做的，就是寄希望于荀颛跟司马懿的交情，希望他将来能更多地照顾陈家，保住儿子。

荀颛听罢，当即立誓言道："姐夫，您放心，我一定会像当初您照顾我一样照顾好陈泰的。"

听荀颛这么说，陈群才安心地点了点头。

很多年后，荀颛实现了自己的诺言，几乎可以说挽救了陈家，只是实现的方式并不那么美好。

魏国初年的名门望族以颍川荀家、陈家等为首。但随着荀彧、陈群这些老一辈人物相继故去，荀家、陈家也过了鼎盛时期，他们的后代和当时众多士族一样，为了保障自家利益都跟司马家越走越近。性格耿直、一心尽忠社稷的陈泰，将来会跟司马家维持一种相当微妙的关系，他们之间还会发生很多故事。

陈群死了，曹叡时代的四位托孤辅政重臣，如今只剩下司马懿一人。

在皇权与臣权的较量中，喜欢直言进谏的陈群成了曹叡火力的焦点，司马懿则一门心思在边疆建功立业，他的弟弟司马孚在朝中表面一副直臣模样，暗地里却不断帮二哥谋求政治利益。等曹叡注意到司马懿的时候，他已经强大到谁都撼动不了了。

这年夏天，曹叡召司徒陈矫入宫。陈矫是魏朝老臣，与陈群并非同族。他刚刚官拜三公，得知曹叡要见自己，心里头七上八下。

儿子陈骞（qiān）问道："父亲怎么心神不宁？"

"你是不知道。前阵子刘晔背地里说我坏话，陛下要听信了，肯定少不了一顿责罚。"刘晔也是魏朝元老，素以智谋著称，但极爱搬弄是非。

陈骞笑笑："就算最坏的情况，无非就是当不成三公。况且，陛下是个明白人，我猜他肯定不会听刘晔的蛊惑。"

"好，好……有你这么说，我就踏实了。"

陈骞自幼聪慧。陈矫听了儿子的话，这才敢入宫觐见。

曹叡见了陈矫，满脸堆笑："陈公请入座，不必拘礼。我就是想跟您叙叙旧。"

陈矫心神稍稍落地。接着，这君臣二人从曹操创业的逸事聊到当今朝政得失，半天的光景一晃就过去了。

气氛缓和，曹叡话锋一转："最近，朕可听到一些不利于您的流言蜚语……"

陈矫浑身一颤，只觉得脑子嗡嗡的，竟不知道该如何回答。

曹叡看陈矫这副可怜相，赶紧补了一句："不过，朕知道是刘晔背后诬蔑，那都是些谣言，您不必理会。"他一扬手，宦官端出一盘金器，"这些，请陈公笑纳。"

陈矫还没缓过神，哪里敢收，连连推辞："老臣愧不敢当……愧不敢当……"

曹叡含笑道："您理解朕的心意，可您家里人恐怕还不放心呢！朕没别的意思，就是希望用这些礼物换您家人一个踏实。"

陈矫听毕，百感交集，不由得老泪纵横。对驾驭臣子这方面，曹叡不愧得其祖父曹操与父亲曹丕的真传，他间或以情利，间或以权威，掌控娴熟。曹叡见时机成熟，微微正了正身子，总算说到了正题。

"陈公，有件事困扰我很久了。"

"陛下请讲。"

"公卿都说司马懿忠心正直，可朕想听您说说，司马懿到底是不是辅佐我曹氏的社稷之臣？"言罢，曹叡咄咄逼人地盯着陈矫的双眼，仿佛能洞穿对方内心最深处。

陈矫身躯僵直，半天无法动弹。面对这个问题该如何回答？一个刘晔尚且把自己搞得狼狈不堪，更不用提权倾天下的司马懿了，但曹叡恩威并施又让他难以抗拒。

须臾，他颤颤巍巍地答道："臣只知道司马公是朝廷众望所归，至于说到社稷，臣就不知道了……"他抛出了一句明显有所保留的话，似没明说，又似说得很明。而后，君臣二人之间的空气像是凝固了一般，半晌再无声息。

这天，陈矫像丢了魂似的走出皇宫，他心力交瘁，几近虚脱，一到家便突发重病，这场病最终要了他的命。

一个月后，陈矫的病情依然没有任何好转，他知道自己快不行了。前番和曹叡谈话的情景，时不时在他脑海中回映。"陛下……陛下……"陈矫病得晕晕乎乎，自言自语地念叨，"臣能力低微，但臣一生对魏室忠心可鉴，即使在九泉之下也无愧面见先帝，之前那句话，就当是臣最后一次为社稷尽忠吧。"

陈矫从昏迷中醒来，扭头望着床边侍候的陈骞，心里顿觉安稳了许多。为父的路是为父的，你的路是你自己的，今后好自为之。几十年后，陈骞成为晋朝最重要的开国功臣之一，后文还会讲到。

陈矫这家人，基本代表了当时魏国绝大部分臣子的心态，老一辈在司马氏和曹氏之间纠结徘徊，到了他们子孙后辈，则义无反顾地抛弃曹氏，将自家利益和司马氏牢牢地捆绑在一起。

阙上喜鹊

近些年，曹叡痴迷于一项劳民伤财的娱乐活动——扩建皇宫。这天，曹叡向负责督造的官员问道："陵霄阙建得怎样啦？"

"还算顺利，只是近日有好多喜鹊在梁上筑巢，给工匠添了点儿麻烦。"

"哦？"曹叡抬头观望，只见在刚刚搭建的房梁上果然有鸟窝，几只喜鹊飞进飞出。"有意思……"他并未放在心上。

这个时候，身旁的侍中高堂隆悠悠地说道："喜鹊霸占皇室居所，难道不正预示着外姓权臣掣肘魏室吗？这是上天对陛下的警示啊……"

两年前，曹叡正是在高堂隆的提议下征召燕王曹宇入朝参政，以增强皇室力量。这位老臣，可谓是对曹叡最具忠心之人。

曹叡看了看高堂隆，若有所思地点了点头。他知道对方所指何人。

可不幸的是，就在曹叡苦思对策之际，这位屡次向曹叡进谏忠言的老臣竟一病不起了。

高堂隆躺在床上喊道："取笔墨纸砚，我要上疏！"

家人哭劝："您连握笔的力气都没有了，还怎么写字啊……"

"我口述，你们代笔。"

继而，高堂隆挣扎着用尽最后的气力，口述他要上奏的内容："……请陛下严防鹰扬之臣祸起萧墙，应该准许心系皇室的藩王在藩国建立军队，让他们星罗棋布，拱卫京畿的安全，只有这样，皇室才能长治久安……"这番建议属于极敏感话题。要知道，朝臣私通藩王属于重罪。所以，朝臣为了避嫌，对藩王唯恐避之不及，更别提帮藩王讲话了。

即便是高堂隆，常提醒曹叡提防权臣，但让藩王掌兵这种话也是不敢随便说出口的。而今，他即将离开这个世界，再没任何顾虑，总算把压在心头多年的话讲了出来。

几天后，高堂隆病逝。曹叡得知此噩耗，备受打击。近一年多，公卿对曹宇入朝参政的口诛笔伐从未停止。高堂隆是屈指可数支持曹叡和曹宇的臣子，他这一死，曹叡和曹宇都扛不住了。

果不其然，曹宇迫于压力向曹叡提出辞呈："臣辜负了陛下，臣想回藩国去。"

曹叡挽留不住。但他要是让曹宇就这么灰溜溜地回藩国，两年的努力将付诸东流。他考虑再三，提议道："要不，你搬去邺城住吧。"邺城是魏国五都之一，虽然不是朝廷，但也算个颇具政治影响力的都市。曹叡希望曹宇在邺城积累些政治资望，以后再找机会让他回来。

曹宇走了。曹叡更郁闷了。他回想高堂隆临终前的话，连让曹宇参政都没法实现，让藩王掌兵又谈何容易？

曹叡心力交瘁，只觉身体状况越来越差，他祈祷别再出现战争，别再给司马懿建功立业的机会。可最终，他的希望还是落空了。

不可或缺的权臣

就在高堂隆和陈矫去世的同年秋天，辽东太守公孙渊举起反旗，自称燕王。

公孙家族的崛起可追溯到东汉末年，当时董卓秉政，任命公孙度为辽东太守。后来整个天下乱成一锅粥，但公孙度两耳不闻窗外事，踏踏实实窝在辽东当起土皇帝。三国时，魏国对辽东公孙家族一直采取怀柔政策，只要别造反，爱怎么折腾都行。可到公孙度的孙子公孙渊，一上位便接连搞出越轨举动，时不时还跟吴国皇帝孙权勾勾搭搭。公孙渊也明白魏国对自己的容忍是有限的，索性自立为王。

这么一来，魏国被东、南、西、北四条战线包围起来，而有实力的军事统帅，当时就只剩扬州都督满宠和雍凉都督司马懿二人了。

在魏国初期，几大主战区的统帅均由曹氏和夏侯氏担任，后来逐渐替换成外姓重臣，到了今天，甚至连外姓重臣都补不上缺漏。

该派谁去讨伐公孙渊？曹叡只能从满宠和司马懿二人中择其一。现实情况是，和吴国接壤的东部边境远比西部边境吃紧，满宠是无论如何不能调离扬州的。反观西部，自诸葛亮死后，相对平静。因此，所谓人选其实只有司马懿一人而已。

司马懿沉寂三年多，重新崛起的机会终于等到了。

几天后，他被曹叡宣召入朝。君臣二人虚情假意地寒暄过后，曹叡转入正题。

"朕希望能尽快结束辽东战事，您估计公孙渊会采取什么策略？"

司马懿脱口而答："对公孙渊而言，他放弃辽东逃往北方是上计；凭借辽河（今辽宁省浑河）地利阻挡我军是中计；龟缩在辽东襄平城（今辽宁省辽阳市）死守是下计。想来公孙渊这人贪婪至极，以他的秉性，断不会采取上计。臣料定他会先据守辽河天险，兵败后退守襄平城，最后必被臣擒获。"

"好！那么战事会持续多久？"曹叡问话间突然咳喘不止。

司马懿注意到了曹叡的病态，他有些惊讶，不过还是迅速将思绪转移到曹叡的问题上："去一百天，战事持续一百天，回程再一百天，中间预留六十天休养，这么算来，一年足矣。"

公元 238 年 2 月，曹叡下诏，命司马懿带着胡遵等雍州宿将，率总计四万人的大军征讨辽东。就在曹叡下诏后，散骑常侍何曾上奏道："自古率军出征者必须设置监军，一方面作为主帅的辅佐，另一方面也为防备主帅出现变故（意指主帅举兵谋反）。如今太尉统率数万劲旅却没有监军，麾下将领皆是他多年的僚属。人心非金石，这实在太危险了。"

所谓监军，顾名思义，专门负责监视将领，以防止其率军叛变的军职官员。

何曾的奏疏让我们发现一个重要的细节，司马懿的军队中居然没有监军，这极不正常。曹叡当然不是因为信任司马懿才这么做，他对司马懿的忌惮无以复加。

然而，他放眼朝廷，找不出一个能有效防范、制衡司马懿的亲信重臣。处在这样的窘境下，如果还在司马懿的军队中设立监军，不仅于事无补，反而会让司马懿心存芥蒂。最快速度解决公孙渊才是当务之急。

曹叡沉思片刻，言道："朕与司马公之间的信任天地可鉴！监军一事，何卿就别再多言了。"接着，他又下令，"命何曾即刻出任河内郡太守。"

曹叡为讨好司马懿，居然把何曾赶出了朝廷。这事很耐人寻味。要知道，司马懿的老家正在河内温县，曹叡虽然没法儿给司马懿设监军，但他知道何曾是一心一意对自己尽忠，所以才让何曾去管理河内郡，也算拐弯抹角起到了制约司马懿的作用。

但处在何曾的立场看，他偷偷跟曹叡递句话自是没什么成本，可因此就被曹叡从朝廷赶到地方，虽说是赋予重任，却也严重影响了自己的政治前途。更重要的是，他通过这件事明白了一个道理——谁都惹不起司马懿。在很多年后，何曾还会重返朝廷，不过，他再也不会干出类似的傻事了。

曹叡为安抚司马懿费尽了心思，他起用司马懿的长子司马师为散骑常侍。此时司马师已三十岁，他因牵涉"太和浮华案"遭禁锢，至今已度过八年无所事事的光阴。

就在司马懿出征那天，曹叡亲率群臣送别。眼看快走到西明门了，曹叡刻意放缓脚步，慢慢落到了司马懿的身后，突然，他放声喊了一句："司马公！"

这突如其来的叫声，让司马懿身体微微一颤，他本能地想转头，可在这一瞬间，他觉得舌头被牙咬得生疼。旋即，他自然地转过身子，面向曹叡，垂头揖手："陛下。"

曹叡早先听说过司马懿有狼顾之相，打算试探，但见司马懿体态正常，心里才略感踏实："朕就送到这里了。望司马公早日凯旋！"

随后，曹叡特准司马孚、司马师继续把司马懿送到河内温县，让这一大家子衣锦归乡，风光一番。

在河内温县，司马懿接到了曹叡给他准备的又一份厚礼——朝廷恩赐的牛酒（古代馈赠、犒劳、祭祀的物品）。

司马懿在家乡大摆宴席，可谓风光无限。此刻，他不禁回忆起早早过世的大哥司马朗。当年，司马朗为躲避权臣董卓，带着全家逃出洛阳。如今，司马家族举手跺脚皆能震撼天下，再也不用畏惧权臣，因为他自己已经成了魏国最大的权臣。不对，司马懿还是怕一个人，他怕皇帝曹叡。

宴席上，司马懿心潮澎湃，站起身，面对家乡父老引吭高歌：

> 天地开辟，日月重光。
> 遭遇际会，毕力遐方。
> 将扫群秽，还过故乡。
> 肃清万里，总齐八荒。
> 告成归老，待罪舞阳。

这首诗前几句豪气万丈，可最后一句"告成归老，待罪舞阳"颇值得回味。司马懿为何要"待罪"？想必是曹叡的忌惮令他心存恐惧。历史上那些功高震主的权臣，结局大多不美好。自己或许也将以戴罪之身终结仕途甚至生命吧？司马懿想到这里，不禁有些惆怅，不过，他并不是个甘于束手待毙的人。

在家乡的最后一晚，司马懿醒了酒意，屏退左右侍卫，只留下弟弟司马孚和长子司马师。

"散骑常侍可是陛下近臣。"司马懿看着司马师言道，"为父远征在外，你要做什么，不用我多嘱咐了吧？"

"父亲放心，我自会坚守本分，陛下的一举一动都会随时向您禀报。"

司马懿若有所思，道："陛下的病情似乎越来越重了。"他能有今天的权势，很大原因是他在曹丕临死时成为托孤重臣，他有些担心，若自己远离京都时曹叡病故，托孤重任很可能会被其他人截获。

司马孚明白司马懿的意思，遂低声应道："倘若陛下病危，我一定会通知二哥……"多年来，司马懿笼络了大批如郭淮、胡遵这样的地方将领，朝中关系则靠司马孚打理，兄弟二人配合得天衣无缝，司马家族的势力也因此越发强大。

司马懿默默地点了点头。

武　略

公元 238 年春，司马懿意气风发地行进在前往辽东的路上，他虽年逾六十，身体却异常硬朗。

"看，那是司马公！"道路两旁的百姓纷纷拜揖。三年前中原闹饥荒，司马懿调集雍州军粮赈灾。从那时起，他的大名便响彻中原。

司马懿频频向百姓点头致意，他似乎继承了亡兄司马朗爱民如子的美名，但实际上，司马懿对百姓的感情并非像司马朗那样发自真心。这些支持他的百姓，只是加重他权势的砝码。

"到哪儿啦？"司马懿询问军导。

"启禀大人，已到孤竹，往前是碣石，再之后，就到辽河了。"

三十年前，曹操北征乌桓时途经此地，在碣石诗兴大发，写了一首《观沧海》，至今广为流传。正是在那次远征途中，曹操麾下以智谋闻名于世的军师郭嘉因水土不服而死。想到这里，司马懿随手抄起一件衣服披在身上。在他脑海中，曹丕、夏侯尚、曹休、曹真、诸葛亮……这些人的相貌一一浮现了出来。都死了，他们都在比现在的自己还要年轻的时候就死了，或许连曹叡也会死在自己的前头吧？

司马懿欣慰地笑着。一阵凉风袭来，他打了个寒战，又将身上的衣服裹得更严实了。能活到最后的才是胜利者。

当晚，司马懿算了算日程，唤来一名下属，低声吩咐："你带几个亲信先赶赴辽东，乔装成平民，混进襄平城里……"

半个月后，襄平城接连出了几件怪事。在公孙渊家中，一只狗穿着人的衣服、戴着人的冠帽在屋顶狂吠；有人在厨房的锅里发现一个被蒸死的婴儿；城北的地里挖出一块奇怪的肉，似是活物，却没有手足（这大概是民间俗称的太岁，现今时有发现，是一种类似真菌的原生物）。往后的几天，襄平城中的算卦占卜者不约而同地传播这样一句话："有形不成，有体无声，其国灭亡。"显然，司马懿派去的间谍成功完成了使命，魏军还未到，襄平城中就闹得人心惶惶、士气涣散了。

6 月，魏军逼近辽河。

在辽河对岸，公孙渊的将领卑衍早已扎下营寨，并在岸边挖了几十里的壕沟，打算借此将魏军挡在辽河西岸。部署停当，卑衍趁魏军刚刚抵达西岸，立足不稳的时候发起突袭。但是，纵然卑衍准备充分，却从未经历过真正的战争洗礼。而他的对手，魏军前锋胡遵，则在雍州多次与蜀军对阵，经验丰富。一战下来，卑衍被胡遵击败，退回辽河东岸，再也不敢主动出击了。

辽东军和魏军展开了对峙。

坚守避战正是当年司马懿对诸葛亮惯用的战术，这方面，司马懿比卑衍不知要老练多少倍，他很清楚，坚守避战的一方最怕的是什么。

"鸣鼓！全军开拔！"司马懿不再理会对岸的辽东军，而是沿着辽河西岸向南行进。是的，坚守避战最怕的就是对方采取移动战术。

卑衍惊觉："莫非司马懿要从南边绕过辽河？"他只能拔营尾随魏军。于是，在南北流向的辽河两岸，两支军队彼此顾望着向南行进，除了司马懿之外，再没第二个人知晓何处才是目的地。

就这样走了几天，一个深夜，司马懿突然下令："将旗帜插在岸边，五百人留守这里虚张声势，其余人掉头向北疾行，敢有喧哗者，立斩！"魏军主力悄无声息地沿路返回，对岸的辽东军全然没有察觉。随后，魏军主力将早就准备好的木筏推下水，以迅雷不及掩耳之势到了辽河东岸。

翌日清晨，卑衍才获悉魏军的真实动向，他所仰仗的辽河屏障已荡然无存。

司马懿渡过辽河后，并没有向卑衍发起攻击，他一面修筑防御工事，一面做出打算进军襄平城的姿态，借此引诱卑衍主动出击。

如此一来，局势瞬间逆转。司马懿变成守势，卑衍不得不转守为攻。他向魏军接连发起三轮攻击，均以失败告终，最后仓皇溃逃进襄平城中。

紧随卑衍之后，司马懿也进驻襄平城下。迄今为止，公孙渊的每一步战略部署无不正中司马懿下怀。

这个时候，司马懿唯一担心的就是公孙渊弃城逃跑，他开始紧锣密鼓地部署襄平包围圈。然而，天降暴雨，襄平城下一片泥泞，有的地方水位高达数尺，给驻军带来诸多不便，士气也随之动摇。

有人提议把营寨转移到高处，可这样一来，襄平包围圈势必出现缺口。

司马懿下令："谁再敢提议移营，立斩不赦！"他清楚地看到己方士气日渐低落，但他深知敌军士气同样如此。不怕士气下降，只要下降的速度比敌军慢，扛到最后就能赢。

没过两天，魏将张静就把司马懿的话当成了耳旁风，再次提议转移营寨。

司马懿不由分说，将张静斩首示众。这下，多日来怨声载道的魏军总算安静下来，大家头顶暴雨，脚踩泥水，再不敢有怨言。

如果公孙渊得知司马懿为了把自己困在襄平城中要承受如此巨大的压力，一定会佩服得五体投地，可此时此刻，他却在城楼上望着魏军泡在雨水中的惨状偷笑。倘若他乘机突围出城，或有一条生路，可是，这场暴雨影响了公孙渊的判断。他心存侥幸：过不了几天，司马懿就该退兵了吧？就这样，雨水冲走了公孙渊最后的逃生机会。

襄平一带暴雨一连下了半个多月，仍没有转晴的迹象，公孙渊每天都满怀期待魏军会撤走，可魏军迫于司马懿的高压威慑，依旧默默地泡在雨中。

司马懿稳住了军队，但他也意识到，朝廷得知襄平连降暴雨的消息一定会对战况失去信心，十之八九会责令撤军，如果那样，所有的努力将付诸东流。

不过，他还是安心的。

因为他知道，在朝廷里，有他最信任的弟弟司马孚，而且，除了司马孚，他还有两个超重量级的秘密盟友。

辽东京观

就在司马懿冒雨围困襄平城的同时，远在魏都洛阳，公卿果然对辽东战况持悲观态度，纷纷上疏言道："当年曹真伐蜀就遭遇连日降雨导致士气崩溃。如今辽东局势比曹真那会儿更加不妙。请务必召司马懿撤军！"

司马孚则力排众议，朗声奏道："公孙渊困守襄平城，司马懿唯一担心的只是他弃城逃跑。正好襄平下大雨，司马懿故意让军队显露疲态，迷惑公孙渊。公孙渊误认为局势会有转机，已经打消了逃跑的念头，平定辽东指日可待。"

纵然有司马孚打包票，曹叡还是有些拿不定主意。散朝后，他宣召中书监刘放和中书令孙资觐见。

前文讲过，曹丕为制约尚书台的权力特别设置了中书省，时至今日，中书省的权力早已压过尚书台。中书监刘放和中书令孙资，自中书省创建至今十几年，一直稳坐中书省首席大员的宝座，其权势之大可想而知。

刘放、孙资对曹叡详细分析局势，二人侃侃而谈，仿佛亲临战阵，力劝曹叡不要干涉司马懿的战略。刘放和孙资坐镇中书省，本是皇帝借以平衡尚书台的砝码，但这些年，他们二人早已嗅出风向，转而成为司马家族的秘密政治盟友。

曹叡听完二人的分析，一颗悬着的心总算落了地。

翌日，曹叡对满朝公卿信心满满地言道："司马懿临危制变，不日即可擒获公孙渊，大家坐等捷报吧！"

众人面面相觑，不知曹叡为何如此笃定。

曹叡既对平定辽东有了信心，接下来，他要为司马懿凯旋做准备了。

"宣召燕王曹宇入京参政！"

曹宇是曹叡强化皇室力量的重要棋子。三年前，他奉诏入京参政，一年前不堪压力请辞，这才刚走一年，又被拉回朝廷。不用想也知道，曹叡是顶着满朝公卿的口诛笔伐强行为之，曹宇则心不甘情不愿地来了走，走了又来。

让我们把曹叡和曹宇放到一边，再回到辽东战场上。这段时间，暴雨连续下了一个多月，辽河河水暴涨，水位最高的时候，船甚至都能开到襄平城下。公孙渊始终没有选择逃跑，他一直寄希望于魏军会主动撤退。

但是，魏军还是苦撑了过来。

8月，天终于转晴，襄平城外再次露出土地。

"围城！"随着司马懿一声号令，魏军迅速完成合围，并对襄平城展开猛烈的攻势。

公孙渊终于要面对现实了，他错过了最佳逃亡时机，现在再想出城已不可能，而城中的粮食也几乎吃尽。大批人饿死，人吃人的惨剧每天都在上演。叛逃者越来越多。

这天深夜，一颗硕大的流星划过天际。辽东军和魏军抬头仰视，同样的景象在每个人心中生出截然相反的感觉。

"天象谕示要败亡了！"辽东军无比恐惧，士气完全崩溃。

"天象谕示要胜利了！"魏军依旧穿着湿漉漉的衣服，士气却万分高涨。

9月初，绝望的公孙渊从襄平城东南突围，于乱军中被杀。

公孙渊一死，襄平城即被攻破，统治辽东近五十年的公孙家族至此灭亡。

这半个世纪以来，辽东人只认识他们头顶上的公孙家族，全不在乎有没有魏国。司马懿决定采用极端手段，让辽东人牢牢铭记支持公孙家族的下场。

司马懿攻进襄平城后，处死了辽东两千多名官吏，事还没完，紧跟着，他又下令将襄平城中十五岁以上的男子全部斩首。于是，七千名平民被杀。随后，司马懿将这些尸体筑成了"京观"。所谓"京观"，即是古代战争中将敌军尸体堆砌，用土封筑而成的高冢。

辽东人吓得魂飞魄散。

司马懿在辽东花了大半个月处理善后事宜，10月班师回京。

11月，他途经河北蓟县时，遇到曹叡派来慰劳军队的使者。魏军将士都获得了丰厚的赏赐，可是，司马懿的官位已没有再晋升的空间，除了往昔几位曹氏亲贵能坐到大司马之位，那些外姓重臣，位列三公基本算仕途的顶点了。顺便提一句，辽东之战结束后，中书监刘放和中书令孙资也因谏言的功劳被封侯，这二人即将做出一件震惊天下的大事。

梦

司马懿盘膝坐在一片虚无缥缈的幻境中，恍惚间，他感觉有人枕在自己的腿上。低头一看，居然是曹叡。

曹叡就这么仰视着司马懿，过了一会儿，开口道："爱卿，仔细看看朕的脸。"

司马懿感到背后飕飕地冒着冷风，吓得一动都不敢动，只能顺从地盯着曹叡看。曹叡的表情渐渐变得狰狞恐怖，他诡异地笑了。

"陛下，您的脸……怎么……"司马懿发现曹叡的脸上居然裂开了一道口子，继而，脸上的肉竟开始腐烂，一块接一块地碎掉，而曹叡的双眼始终直勾勾地瞪着自己……

"曹叡，你！"司马懿浑身一个激灵猛然惊醒。原来是一场梦。瞬间，他意识到自己刚刚脱口而出的梦话。旁边有没有侍者？有没有听到自己直呼曹叡名讳？他以常人难以企及的反应速度同时闪现出这两个念头，根本来不及左顾右盼，遂在一瞬间改口："陛下……"说罢，他才转头扫视周遭，所幸，什么人都没有。司马懿长长地吁了一口气，呆卧好一会儿，才发觉周身早已被汗水浸湿。

司马懿做了一个奇怪的噩梦，连日来，梦境无时无刻不在他脑海中萦绕，挥之不去。司马懿的梦被记载在《晋书·宣帝纪》中，我们可以尝试通过现代心理学的分析，窥探他的内心世界。

毋庸置疑，司马懿清楚地知道曹叡对自己有所忌惮，相比魏国其他臣子，他有更多跟皇帝谈判的筹码，但再怎么说，他的前途命运乃至身家性命依然牢牢攥在曹叡手里。司马懿是惧怕曹叡的。

另外，在现实中，臣子绝无可能居高临下地俯视皇帝，司马懿却梦到这样一个情景。大概在他的潜意识里，是认为自己本该跃居曹氏之上吧。

再有，司马懿很期待曹叡死掉，这不奇怪，任何功高震主的臣子都是皇帝的眼中钉，他们会各自在心里诅咒对方千百次。不过，司马懿又不希望在自己出征时发生这样的意外，他之所以能获得今天的地位，皆因他在曹丕临死时位列托孤重臣。若曹叡暴毙，托孤重任能否再次落到他头上？这有一个重要的先决条件，那就是曹叡临终之际，自己能否守在曹叡身边。

公元239年1月下旬，司马懿在从辽东返回洛阳的途中收到了三弟司马孚发来的密函。

"陛下突然病重，望兄速速返京。"

莫非梦境成真？司马懿加快了行军速度。

两天后，他再次收到司马孚的密函："陛下册立郭夫人为皇后，并拜燕王曹宇为大将军，局势发展恐怕对咱们不利。"几个月前，曹宇二度入京参政，短短数月，官位便跃居司马懿之上。郭夫人又被仓促立为皇后，莫非曹叡打算让曹宇辅佐新帝登基，郭皇后垂帘听政？如此说来，曹叡果真生命垂危。司马懿不由自主地焦躁起来，他不断催促军队加快返程速度。

第二天，司马懿接到曹叡发来的诏书："西部边境战事频仍，司马公不必来洛阳，直接回关中即可。"

司马懿惊得险些从马上跌落下来，曹叡明令禁止自己进京，其意图不言自明。不过，纵然去关中也要途经洛阳，他抓住了这个破绽，丝毫没有放缓脚步，继续向着洛阳的方向疾行。

又过了三天，司马懿第三次收到司马孚的密函："曹宇被罢免，曹爽（曹真之子）继任大将军。二哥千万别停，望速返京。"这短短几天，洛阳政局可谓瞬息万变。曹宇只当了四天大将军就被罢免了。这到底是怎么回事？

托孤燕王

让我们回到魏都洛阳的皇宫中，看看发生了什么，就从几天前曹叡病重说起。

在洛阳皇宫的嘉福殿内，传来阵阵咳喘声。适逢寒冬，寝宫内的炉火烧得很旺，但曹叡还是冻得浑身哆嗦，随着一阵猛烈的咳嗽，一大口鲜血喷到御床上。他知道自己再也好不起来了。

"芳儿，过来。"曹叡虚弱地伸手召唤，一个幼童忙走到他触手可及的地方。

曹叡抚摩着幼童的脸："可记得，你是谁的儿子？"

"是父皇的儿子！"这幼童以坚定的语气答道。他名叫曹芳，但其实，他并不是曹叡的儿子。

多年来，曹叡总共育有五个孩子，但其中四个都夭折，只有一个女孩儿活了下来。为了不致后继无人，他被迫从某个藩王家秘密挑选了两个孩子作为自己的养子，一个叫曹芳，另一个叫曹询。这件事内宫办得非常隐秘，没有任何人知道两个孩子究竟是哪个藩王所生。

考证曹芳的年龄，应该是公元231年至232年出生，但是这两年完全找不到任何曹氏藩王生子的记录。在《魏氏春秋》中记载了一个传闻，说曹芳是任城王曹楷之子。如果此传言属实，那么曹楷一定会受到格外的恩宠，但在三年前，曹楷还因犯法受到削减食邑二千户的处罚。再者，曹楷乃是被曹丕逼死（或毒杀）的曹彰之子，曹叡又怎么可能从一个对自己亡父怀有刻骨仇恨的宗室成员中挑选继承人？这种说法应该只是为凸显戏剧效果的演绎罢了。

曹叡望着曹芳，嘴角浮现一丝微笑："从今天起，你就是皇太子了。"曹芳，无论你的生父是谁，你要记住，你的身份是我曹叡之子，也是我大魏国的皇储。

不过，曹芳时年八岁，尚不能亲自执政。曹叡遂把曹芳托付给了郭夫人。

公元 239 年 1 月 16 日，曹叡下诏册封郭夫人为皇后，这意味着曹叡死后，郭皇后将晋升为皇太后，垂帘听政辅佐曹芳。

郭皇后哭得泪眼婆娑，心里怦怦直跳，她一边为自己成功晋级欣喜若狂，一边又对将来要面临的状况而忧心。此时，她只是一个年方二十的女子，后来，她垂帘听政二十余年，牵涉多起政治黑幕，而她与司马家族的关系，更是令人侧目。

同日，曹叡传燕王曹宇、领军将军夏侯献、屯骑校尉曹肇、武卫将军曹爽、骁骑将军秦朗入宫。夏侯献身份今天已不可考，相传是夏侯渊的孙子。曹肇是曹休的儿子，口碑不错。曹爽是曹真的儿子。秦朗是曹氏三代宠臣，乳名阿稣，总被曹叡"阿稣""阿稣"地呼来唤去。

五人听到宣召，即刻觐见。

"曹宇，朕拜你为大将军，朕死后，你就和夏侯献、曹肇、曹爽、阿稣一起辅政吧！"燕王曹宇一跃成为权位最高的重臣。于是，四位皇室亲族（包括夏侯献），加上一位外姓宠臣，组成了曹叡的托孤班子。这五人当中，曹宇总揽军政大权，其余四人则执掌皇宫禁军，成为曹宇的助力。

夏侯献和曹肇向曹叡献策："司马懿位高权重，手握重兵，切不能让他进京，陛下可以让他回雍州去。"

曹叡采纳了，马上给司马懿下了一封诏令："西部边境战事频仍，司马公不必来洛阳，直接回关中即可。"这就是曹叡禁止司马懿进京的始末。

曹宇等人放心地离开了。可他们没注意到，这时候有两个人正贼头贼脑地守在嘉福殿外。二人正是中书省首席大员——中书监刘放与中书令孙资。中书省作为皇帝的秘书部门坐落于皇宫内，中书监和中书令能自由出入皇宫，这是中书省与其他政府机构最显著的区别之一。

中书省大员

"曹宇出宫了,这是千载难逢的机会!孙资,马上跟我去面见陛下!"刘放不由分说,拽着孙资要闯嘉福殿。

孙资踌躇不决:"太危险了,别轻举妄动!"

刘放一听这话,脸色骤变:"倘若错失良机,恐怕我们以后都要面临灭族之祸,你到底明不明白?千钧一发之际,还有什么不能干的?"刘放如此紧张,是因为他二人跟夏侯献、曹肇关系恶劣。一旦曹叡驾崩,夏侯献、曹肇上位,刘放和孙资必受迫害。

说罢,他拉着孙资闯进了嘉福殿。二人跪在曹叡床前号啕大哭:"陛下身体这么虚弱,若有不测,今后谁来辅政?"

曹叡病痛难忍,不耐烦地答道:"你们没听说朕让曹宇、曹肇等人辅政吗?"

"陛下,您难道忘了先帝遗诏?藩王不能辅政!"

曹叡心头腾地涌出一股无名怒火。这份先帝遗诏已经让他尝够了苦头。

"出去,让我睡会儿!"他语气烦躁,很想将二人打发走。

刘放和孙资并未起身,继续奏道:"臣进宫时见曹肇、夏侯献、秦朗在外面和宫女嬉戏调情,曹宇又阻挠臣等觐见陛下,他们分明跟古代的奸臣竖刁、赵高没两样!"

"你们说什么?"曹叡有所警觉,愠怒地追问。

"陛下若不信,可以召见群臣询问。"二人哆哆嗦嗦地回道。

连日来,曹叡早已习惯公卿对曹宇没完没了的弹劾,他甚至能猜到,这些弹劾状就是出自司马孚的指使。所谓"召见群臣询问",其结果想来也不会有什么意料之外的惊喜。然而,曹宇在朝中的人望,的确让曹叡忧心忡忡。

"好了好了,我会亲自召曹宇来问个明白,你们先出去。"

刘放、孙资不得不暂时告退。

须臾,曹叡召曹宇入宫觐见。

曹叡仍然躺在御床上,虚弱地问曹宇道:"曹宇,这两天你可勤于政务?"

曹宇听闻此言，心里忐忑不安。别说是勤于政务，就算他想稍稍过问政务，都会遭到各级官员百般阻挠。

曹宇支支吾吾地回道："臣……臣有勤于政务。"

曹叡轻拍了拍床沿，语重心长地道："曹宇，你要跟同僚搞好关系，赢得他们的支持……"

曹宇听到这话，内心更加翻腾憋屈。这两天，时不时会有人对他旁敲侧击——"您在朝廷里一点威信都没有，却位极人臣，这可不是明哲保身的路子"，"您忘了先帝是如何压迫藩王的吗"。是啊，我真的有资格做辅政重臣吗？爬得越高，摔得越狠呢……

曹宇本就没什么政治野心，又回想起当年曹丕对藩王的种种压迫，更让他生出消极的念头。踌躇良久，他突然哭诉道："臣……臣不才，不堪辅政重任，臣请求辞去大将军重任。"他一直神经高度紧绷，可当他说出这个决定后，瞬间觉得无比轻松。曹氏社稷？先帝早不把藩王当亲人对待了。如今到了朝纲不振、皇权旁落的时候才想起藩王吗？这种想法让曹宇稍稍减少了对曹叡的愧疚感。

"什么？！"曹叡惊了。这人居然要打退堂鼓。他当然不能切身体会曹宇受到的高压，此刻，他内心只有失望。"唉……朕再考虑考虑吧。你也再好好想想。"他挥挥手，将曹宇打发出去。内心和肉体上的痛苦都让曹叡有些吃不消了。

曹宇走出嘉福殿，把曹叡甩在身后，头也不回地阔步迈出皇宫大门。曹宇的退缩对曹氏社稷而言绝对是一次毁灭性打击，可对曹宇个人而言很可能是件幸事。日后，曹宇成为魏国藩王中食邑最高者并得以善终。二十年后，曹宇的家族还会发生一件颇出人意料的事。

翌日，刘放和孙资再度来到嘉福殿觐见曹叡。此时，原本五位托孤重臣中的曹爽正侍候在曹叡身边。

二人一见到病榻上的曹叡就开始哭天抹泪："陛下，当今太子年幼，社稷危如累卵，臣心痛啊！"

哭对于皇帝是个很灵的招儿，尤其是对于病重的皇帝。你想想，他本来就难受，旁边还有人要死要活，哭得比驴叫还难听，烦都能烦死。曹叡的神志越来越不清晰，病情减弱了他的判断力，再加上五位托孤重臣的核心人物曹宇主动要求退出，他实在没法勉强了。

"那你们说谁能辅政？"

"太尉司马懿！"二人异口同声地道。

御床旁边，曹爽一直屏息观察着局势的变化。当他听到刘放、孙资提出让司马懿辅政时，正犹豫要不要反驳，突然听到曹叡发问。

"那谁能平衡司马懿的权力？"

刘放侧目看了看曹爽，随即应道："曹爽可以！"

曹爽浑身一震。他和曹宇、曹肇等人同为皇室宗亲，本是一派，可关键时刻，他的思想经过激烈的斗争，最终个人利益战胜了集体利益。"臣……以死奉社稷！"曹爽声音发颤地应承下来，这么一来，他等于把其他同伴彻底甩了。

曹叡见曹爽和刘放、孙资站在同一阵营，无话可说。

"你们先退下。容朕再想想。"曹叡继续昏睡过去。

刘放和孙资暂时离开。

曹肇得知此消息，立刻入宫，将昏睡中的曹叡叫醒，恳求道："请陛下千万不要答应刘放和孙资！"

"你们说什么就是什么……"半昏迷状态的曹叡同样答应了曹肇。

刘放、孙资得知曹肇劝谏曹叡，第三度冲进嘉福殿。他们不能允许再出变故。

曹叡刚刚睡着，忽听耳边又响起一阵撕心裂肺的号哭声。

"你们怎么又来啦？"

二人哭得死去活来，直到把曹叡哭烦了："请陛下马上颁布诏书，罢免曹宇、夏侯献、曹肇、秦朗四人，拜曹爽为大将军，宣召司马懿入京。"

或许是仅存的一点神志在支撑着这位濒死的皇帝。他死死抱着玉玺，言道："朕想睡觉，朕不下诏！"

刘放听罢，当即做出了一个惊人的举动，他爬到曹叡的床边，抓起曹叡的手在已经拟好的诏书上加盖玺印。随后，刘放就在宫外大声宣读："陛下有诏，罢免曹宇、夏侯献、曹肇、秦朗四人官位，不得继续滞留宫中。曹爽官拜大将军，诏太尉司马懿入京，辅政！"

《汉晋春秋》中描写刘放强执曹叡的手来写诏书。这则夸张的记载或许是为了烘托戏剧效果，实际上，中书省的职能便是撰写诏书，按惯例刘放和孙资根本不需要强迫曹叡亲自写。不过，他们趁曹叡不省人事之际私盖玉玺的确是可能的。

之后，刘放又相继写了五道诏书让曹叡盖上印玺，内容都是急召司马懿入京。那一刻，可怜的曹叡唯希望早点儿死掉，不要再受这份折磨了。

就这样，从1月16日到19日短短四天里，魏国政局瞬息万变，最后来了一个大逆转，原本五位托孤大臣中的四位遭到罢免，曹真的儿子曹爽成为新任大将军，与司马懿共同辅政。刘放和孙资的骇人之举，不仅挽救了司马懿的政治生涯，也埋葬了曹氏皇族的未来。

嘉福殿内的叹息

再回到司马懿这边，此时，他正马不停蹄地向洛阳行进。他坚信，事情不到最后一刻，都会有逆转的可能。

两天后，司马懿抵达距洛阳仅四百里之遥的河内郡汲县，在这里，他一连收到五封诏书，其内容和之前那封大相径庭。

"盼公速至，入京后直接见朕。"这五封简明扼要、像电报一样的诏书将司马懿迅速拽向洛阳。我们不知道这是曹叡的意思还是刘放的意思，无论如何，这根本不重要了，因为司马懿入京辅政已是既成事实。

"准备追锋车！"追锋车堪称古代的超级跑车，以速度迅捷著称，皇帝常会以此作为厚礼赏赐给重臣。司马懿这个六十岁的老头子，果断舍弃了大军，在坑坑洼洼的土路上坐着木轮车，以每小时二十公里的速度连夜狂奔，如此拼命皆是为了保住手中的权力。

拂晓时分，司马懿看到了洛阳城。再快点儿！千万不能晚！他内心忍不住呐喊，乞求上苍的庇佑。终于，他冲进都城，踩着晨曦向皇宫疾奔而去。

这个时候，曹叡正安静地躺在嘉福殿的御床上，他剩下的时间几乎可以用分秒来计算。在他旁边，是陪侍多时的曹爽。

"曹爽，朕拜你为大将军、假节钺、都督中外军事（中央军最高统帅）、录尚书事（监管尚书台政务），望你今后好自为之……"该做的我都做了，这样，你总能跟司马懿抗衡了吧？曹叡赋予曹爽足够压倒司马懿的权力。

曹爽痛哭流涕："臣必不负重托！"

曹叡听到这话，恍惚间想起了曹真。当初曹真执意伐蜀，出征前也是这么保证的……曹叡闭上双眼，尽量不去想这些伤感的往事。然后，他默默等待司马懿的到来。

外面传来一阵急促的脚步声。司马懿带着一股冷风奔进嘉福殿，扑通一声跪倒在曹叡的床前。

"陛下，恕臣来迟了！"

曹爽斜眼偷瞄司马懿，这是他第一次这么近距离观察这位魏国最具权势的三朝老臣。司马懿胡须花白，脸上皱纹罗织，虽然老迈沧桑，但双目炯炯有神。曹爽想到了鹰眼，不，又不太像，这似乎更像一双狼的眼睛。

司马懿与曹爽并肩跪拜，曹爽只感到一股强大的气场压迫着自己，令自己几乎喘不上气。这股气场，是司马懿数十年浸淫险恶政坛，以及在更加残酷的军界摸爬滚打中历练出来的。

先前，曹爽还在为曹叡赋予自己最高职权欣喜不已，但此刻，他突然意识到，司马懿拥有自己无法比拟的能量。曹爽低垂着头，一句话都不敢说。

曹叡毕竟有足够的职业素养，他无法阻止司马懿进宫，唯有想好最后的话该怎么说。

"司马公，您可算赶到了。"曹叡一边说，一边伸出枯瘦如柴的手牢牢握住司马懿，好像握着天下最亲的人一般，"朕今天才知道，人哪……心里若是有放不下的事，就连死都能忍住。朕忍着没死，就是为见您一面，现在终于见到了，朕也能死得安心了。"

接着，曹叡又指了指一旁的曹芳："司马公，您好好看看他，就是这孩子，朕把他托付给您和曹爽，请一定悉心辅佐。"

曹芳走到司马懿身边，依照事先编排好的剧本，死死抱着司马懿的脖子不放。

司马懿已泣不成声："陛下您可曾记得，当初先帝也是这样把您托付给臣！"

多希望当初先帝没把我托付给你！曹叡无力地看着司马懿，又望向曹爽。我只能做到这一步了。最后，他看了一眼曹芳，心里想着：以后再不会有人知道你的亲生父亲是谁了。当皇帝可以玩命盖房子，可说起来，也着实是一份苦差事。

公元 239 年 1 月 22 日，深陷在遗憾和不安中的曹叡在嘉福殿驾崩，卒年三十六岁，谥号"魏明帝"。

十九年前，曹丕为避免尚书台权力过大设立中书省。十九年后，被他提拔的中书监刘放和中书令孙资却一脚把曹氏的社稷踢向了火坑。又是十九年前，曹丕竭力打压他的兄弟以避免皇权被藩王篡夺。十九年后，因为藩王软弱，最终权臣把持朝政。曹丕所做的一切皆是希望他的血脉能流传下去，他万万没料到曹叡居然不得不将皇位传给他某个兄弟的后代，由此，魏国皇帝也就不是曹丕的后人了。

"事与愿违"这个词，在曹丕身上体现得淋漓尽致。

正始年：序幕

公元 239 年 1 月，时年八岁的曹芳继位。

年轻的郭皇后晋级为郭太后垂帘听政，她虽有后宫斗争的经验，但从今天开始，她将面对大批混迹政坛几十年的老狐狸。该何去何从？郭太后完全没有思路，她只能小心谨慎地观察，夹在皇帝和权臣以及各派官员之间寻觅生存的空间。

根据《春秋》中的礼法规定，皇帝驾崩后必须等到第二年才能改元。于是，在公元 240 年 2 月 8 日，正值立春，魏朝宣布改年号为正始。随着正始年的开始，司马懿与曹爽两派间的斗争也拉开了序幕。正始年会持续十年之久，这十年将成为魏国历史上一个至关重要的转折点。

此时，大将军曹爽都督中外军事、录尚书事；太尉司马懿既得了托孤重任，也就顺理成章留在朝廷，不用再回雍州了，他名义上的官位比曹爽低，但拥有强大的隐性权力。多年以来，数不清的世家豪门跟司马氏建立起了千丝万缕的利益关系，南战区和西战区的军界又遍布司马懿的老部下。反观曹爽，他的老爸曹真死得早，人走茶凉，他显然不具备这些优势。

有两件小事可以看出公卿对司马懿和曹爽截然不同的态度。

每当司马懿见到同乡长辈常林，总是一揖到地，口中自称"晚生"。要知道，司马懿位居三公，常林仅是九卿，官位上差了几个档次。司马懿谦卑的姿态登时赢得所有人的好感。

曹爽当然也希望争取公卿支持，但他处处碰壁。他打算跟四朝元老重臣卫臻结成亲家，结果被卫臻断然回绝。他不甘心，又百般讨好地推举卫臻担任尚书令，卫臻不仅推辞不受，反而主动提出让司马孚担任尚书令。

曹爽无论干什么都会遭到莫名其妙的抵制，他空有录尚书事的名头，但整个尚书台根本没人买他的账，全听尚书令司马孚的。曹爽觉得有一堵巨大的不可逾越的高墙耸立在自己的面前。他也不是没有亲信党羽，可他的党羽多是新锐官员，他们很难跟那些老牌士族抗争，这让曹爽甚感憋屈。

那么，郭太后和皇帝曹芳又处于什么角色呢？

郭太后干的事很简单，她整天待在曹芳身边，静静地观赏着朝堂上激烈的争吵，然后看哪方人数多就支持哪方。曹芳干的事更简单，郭太后恩准了，曹芳便有模有样地跟一句："准奏！"仅此而已。

曹芳即位后这几天，朝廷里的吵架声就没停过。每天吵架的内容都不一样，但吵架的形式都差不多，基本是一票公卿跟曹爽作对，曹爽争得脸红脖子粗，司马懿则躲在旁边一句话都不说。他总是表现得很低调，反正不用他开口，就会有无数同僚主动冲在前头替他跟曹爽干仗。

这天，大批公卿突然联名上奏，请朝廷授予司马懿录尚书事的职权。当时司马懿的三弟司马孚已经官居尚书令，倘若再让司马懿担任录尚书事，等于把整个尚书台都塞进司马家的口袋。

曹爽不答应，奏道："录尚书事甚是辛劳，臣挂念太尉的身体，认为这不是优待太尉的办法……"

司马懿的党羽继续力争，并讥讽曹爽贪恋权力。再看看旁边的司马懿，依旧是沉着一张死脸默然无语，好像这事跟他全无关系。

曹爽迫于舆论压力，决定主动后退一步，又奏道："臣建议将太尉晋升为太傅、大司马。一来昭明陛下举贤任能，二来彰显司马公文武韬略，三来让臣免受贪图权力的讥讽……"太傅是比三公还要高的荣誉官位，此前只有魏国初代名臣钟繇

（颍川名族钟氏大佬）坐过这个位置，大司马则是最高武官，比大将军还要高一级。这几句话，真实道出了曹爽的无奈。

言毕，他目视旁边的散骑常侍丁谧（mì）。丁谧是曹爽亲信，他瞬间明白了曹爽的意思，即希望通过抬高司马懿的官位，来换取对方放弃录尚书事。

丁谧附和道："大将军提议拜太尉为太傅、大司马，已足见其诚意。考虑到司马孚已是尚书令，再由太尉兼录尚书事的确不太妥当。臣认为，录尚书事之职还是应该遵循先帝临终前的安排。"

他转了转眼珠，想继续帮曹爽挽回一些损失，又道："当年，先帝也曾想过拜太尉为大司马，但因避讳司马姓氏方才作罢。况且，历届大司马都死在任上，也不大吉利，臣建议还是拜太尉为太傅更佳。"

丁谧这理由比当初曹叡的理由还要牵强，历届大司马死在任上不假，但钟繇还死在太傅任上呢。不过，丁谧把先帝曹叡抬了出来，其他人也不好再说什么。

郭太后见朝堂议论渐渐平息，遂点了点头："准奏。"

曹芳像往日一样，扯开喉咙紧随其后喊道："准奏！"

就这样，司马懿没做成大司马，也没能任录尚书事，只是荣升太傅了事。

丁谧在这起事件中主动帮腔曹爽，正因为此，在曹爽的亲信中，他是最被司马懿痛恨的一个。

史书中对曹爽一党的诋毁比比皆是，基本都将曹爽定性为一个沉溺于物欲的腐败官僚。可是，倘若真如史书中的记载，曹爽又何必那么在意舆论？他的为政理念到底跟司马懿及众公卿有什么冲突？我们从《三国志·夏侯玄传》中大约能找到一些线索。

夏侯玄是曹爽姑姑的儿子，二人之间有这样一层亲缘关系。多年以前，夏侯玄身陷"太和浮华案"而致仕途惨淡。随着曹爽执政，夏侯玄总算迎来了曙光，他历任散骑常侍、中护军（执掌皇宫禁卫军），官位一路飙升。

毫无疑问，夏侯玄是曹爽坚定的政治盟友，他的政治理念也在很大程度上代表着曹爽。

沉寂已久的夏侯玄怀揣满腔抱负，与司马懿针对时政展开过一番讨论。夏侯玄提出三项改革措施。

其一，自九品中正制建立以来，各地中正官一手包揽本地士人的选拔权，造成地方世家豪门势力膨胀，建议削弱中正官权力，将士人选拔交由尚书台执行。

其二，郡太守权势过重，建议取消郡制，只保留州和县，这样不仅能提高行政效率，还能限制地方豪强势力的发展。

其三，改革服饰车舆制度，严格限定级别，禁止奢华逾制，改善社会风气。

夏侯玄这篇议论原文甚长，名为"时事议"。《时事议》中的三项改革，其主旨无不是强化中央权力，矛头更直指士族。不用想也能猜到，夏侯玄的满腔热血根本得不到支持。不过，我们有理由相信，夏侯玄正是曹爽的喉舌。若曹爽只顾沉溺于物欲，夏侯玄又怎会说出禁止奢华的话呢？

正始年：樊城解围

魏国在曹爽和司马懿共同执政下度过了两年，表面上的平静突然被吴国打破。

正始二年（241）夏，吴帝孙权派出四路大军分别进攻魏国扬州和荆州。

第一路，全琮攻打扬州淮南郡；第二路，诸葛恪攻打扬州庐江郡；第三路，诸葛瑾、步骘（zhì）攻打荆州襄阳郡以南；第四路，朱然攻打荆州襄阳郡以北。

首先说第一路，全琮进军至淮南郡的芍陂（今安徽省淮南市以南四十公里处）。这个时候魏国的扬州都督名叫王凌，他没用几天就把全琮击退，结束了芍陂之战。顺带一提，这位王凌正是几十年前刺杀董卓的汉末名臣王允的侄子。王氏家族是个极其庞大的家族，称为太原王氏，这一家族包括王凌，会在后面的故事里占据重要分量。而芍陂之战在多年后更会牵扯进一场惨烈的吴国政坛倾轧，在此先留下伏笔。

全琮败退后，另外两路——诸葛瑾和步骘也都无功而返，唯一对魏国造成威胁的只剩下吴国名将朱然这支军队。

时下，朱然已经成功包围了襄阳郡重镇樊城。

魏国南战区统帅——荆豫都督夏侯儒，并不在樊城驻扎，他收到樊城军情告急，火速出兵救援，但进军至樊城七里远的地方，停住了脚步。

"驻军！鸣鼓示威！"

樊城守军见到远处夏侯儒的大军，顿时士气高涨。但他们很快发现，夏侯儒根本没打算跟吴军开战，只是摇旗呐喊而已。

鸣了大半天鼓，夏侯儒撤离战场，樊城守军傻眼了。第二天，夏侯儒又这样敲锣打鼓地来，敲锣打鼓地去。一连数日，到最后，无论是魏军还是吴军，都不再搭理夏侯儒，他们已经习惯了这支随风而来又随风而去的"啦啦队"。

樊城战事进入胶着状态。

远在洛阳的朝廷不能这么干等。公卿展开讨论：到底该不该派中央军救援？

不消说，这又是司马懿与曹爽两派的争吵。

曹爽暗思：首先自己不会打仗，其次朝中也没有哪个军界将领是自己的嫡系，而夏侯儒好歹跟曹氏关系非比寻常。所以，这件事还是应该给夏侯儒一个机会，如果老天开眼，说不准夏侯儒就能建立威名，帮助自己抗衡司马懿。出于这样的考量，他不建议出动朝廷中央军，以免抢了夏侯儒的风头。

然而，司马懿跟曹爽的想法完全相反，他在军界摸爬滚打多年，打仗早就是家常便饭，岂能放过一个让自己积累战功的机会？于是，他驳斥曹爽道："边境军心不稳，朝廷不能袖手旁观，臣决定亲自率军救援樊城！"

原先，曹爽把司马懿抬到太傅位子上，是想把他高高地供起来养老，可没料到司马懿的进取心谁也挡不住，做了文官还要出征。

或许曹爽的判断没错，但很遗憾，他没有机会去验证了。几天后，司马懿率中央军援助樊城。

司马懿抵达樊城后，朱然连夜撤军。司马懿对吴军展开掩杀，取得巨大战果。因为此项战功，他受朝廷赐封五千户食邑，加上之前的食邑，总计高达一万户。另外，司马家族子弟十一人都被封侯。

这里大概介绍一下食邑与俸禄的区别。俸禄即薪水，与官位挂钩，做什么官拿多少俸禄，有严格规定，不能乱改。食邑则是官员立功后得到的额外奖励，即一块地区老百姓的税租，这相当于分到了国家的原始股，永久享受股份红利。一万户食邑到底是个什么概念呢？我们列举一下几位魏国重臣的食邑数量，就会清楚了。

在王凌之前的扬州都督名叫满宠，他是四朝老臣，镇守扬州淮南郡十余年，一生战功累累，死前食邑九千六百户，这个数额曾是魏国所有功臣中拔尖的。以机智变通著称，在雍州多次成功抵御诸葛亮的名将张郃，死前食邑四千三百户，远远超越与他齐名的张辽、徐晃、乐进、于禁，也算是魏国的中型股东。

再来说那些宗室重臣，曾手握扬、豫、荆三州兵权的曹仁（曹操堂弟）死时食邑三千五百户，在同族重臣中拔得头筹；曹丕临终时托孤的四位辅政重臣里，曹真死前食邑二千九百户；曹休死前食邑二千五百户；陈群更少，他在曹叡即位时一千三百户，后来直到死都没再增加过，这完全是因为他处处跟曹叡作对。

最后不得不提那些可怜的曹氏藩王。其中命运最跌宕起伏，最受曹叡信任，又主动弃权的燕王曹宇，在往后几十年中累次追加食邑，死时达到五千五百户，位列藩王之冠。其他藩王基本维持在两三千户的水平。

由此得知，司马懿这一万户食邑不仅超过当时所有顶尖的功臣名将，更远远超越所有曹氏藩王，绝对算得上是魏国的大股东。而樊城一场胜仗就给司马懿带来了五千户的食邑，相比其他功臣毕生才积累几千户（事实上，司马懿之前打过无数胜仗，也只有五千户食邑），这实在太不正常了。究其原因，只能说朝廷里有一大票人在挺他。

正始年：等价交易

樊城解围令司马懿的声势空前高涨，他决定趁热打铁，把碍眼的夏侯儒从荆州连根拔除。几天后，铺天盖地的谴责纷纷指向夏侯儒。夏侯儒是无论如何都无法继续坐镇荆州了，很快他就被调回朝廷充任闲职。

那么继夏侯儒之后，荆豫二州都督由谁来担任？司马懿不失时机地提拔了一位重要的政治盟友——王昶（chǎng）。

这并不是司马懿第一次帮王昶的仕途铺路。早在五年前，曹叡下过一封《求贤令》，那时司马懿就举荐过王昶。司马懿与王昶的交情可以追溯到曹丕还是世子的时代，二人都当过曹丕的幕僚，关系处得相当不错。如今，司马懿凭借救援樊城的功勋，掌握了优先话语权，顺利让王昶当上荆豫都督。这是一个意义非凡的时刻，从此，魏国三个重要军区之一被司马懿的亲信掌控了。

王昶上任后干劲十足，一改前任龟缩在荆州北部的传统，将驻军地点南迁以离前线更近，同时厉兵秣马，几年下来成绩斐然。补充一句，扬州都督王淩和荆豫都督王昶乃是同族兄弟，均属于太原王氏。一个家族控制了魏国半壁江山，不能不令人刮目相看。同时，这也意味着河内司马氏与太原王氏的政治伙伴关系牢固。然而，世事难料，很多年后，太原王氏两兄弟走上了截然相反的两条路……

从夏侯儒倒台到王昶上任，这难道是司马懿预谋好的吗？很难讲，或许一切都只是顺势而为吧。

总而言之，司马家族的势力就像魏国内部的一个恶性肿瘤，悄无声息地吞噬着曹氏势力。曹爽越发不安，明显察觉到危险的苗头。

"这么下去可不是个办法……"洛阳令李胜向曹爽提议，"大将军也得建立军功，否则很难打开局面。"

这位李胜，正是当年"太和浮华案"中遭到罢免的"四聪八达"之一，正始年间，他经曹爽提拔才得以重返政坛。

建军功说起来简单，真做起来困难重重。曹爽没打过仗，在军界一点根基没有，可是，他要用兵就必须跟地方军事统帅配合。曹爽把魏国三大主战区的统帅捋了个遍。

东战区，扬州都督王淩，年逾七十，魏国四朝元老。

南战区，荆豫都督王昶，刚刚上任，干得顺风顺水，且跟司马懿关系铁瓷。

西战区，雍凉都督赵俨，年逾七十，魏国四朝老臣。

这三位，无论是谁，他都支使不动。曹爽蔫了。

李胜早有对策。

"那些都督不配合，大将军可以考虑换掉……"

"换掉？换谁？"

李胜分析道："王淩刚刚在芍陂大败全琮，风头正盛，肯定换不了。王昶是司马懿提拔的嫡系，一时间也换不了。唯有赵俨可以考虑。这几年西线风平浪静，而且我听说赵俨有心逊位。索性顺势召他回朝做三公吧。"

"嗯……那赵俨之后让谁担任雍凉都督合适？"

"太初（夏侯玄字太初）可以。"

李胜提议让夏侯玄出任雍凉都督，一来是因为他和夏侯玄私交好，二来也是因为夏侯玄官任中护军，掌管皇宫禁卫军，在曹爽为数不多的亲信里，这是唯一能跟军事沾点儿边的。

几天后，赵俨官拜司空，回京养老，雍凉都督空了出来。下一步，就是如何把夏侯玄抬到这个位子上了。

当时，州的最高行政长官为州刺史，最高军事长官为州都督。无疑，军权可要比行政权吃香，所以，魏国有个不成文的惯例，干得好的州刺史最后都会晋升为该州都督。按照这个逻辑，自该由雍州刺史郭淮升任雍凉都督。夏侯玄是京官，直接空降到雍州掌管兵权实在说不过去，再加上司马懿肯定从中作梗，这事要想办成也不简单。

不给司马家点儿好处，夏侯玄怕是做不成雍凉都督啊……

曹爽苦思冥想，最终决定与司马懿进行一笔交易。他要把夏侯玄现在的官位——中护军让给司马师，可谓下足了血本。

夏侯玄成功当上了雍凉都督，司马师则得到中护军的官位。这起人事变动为将来的一系列变故埋下了隐患，但曹爽没别的办法。一来，在藩镇重臣的配比上，他必须与司马懿持平；二来，他要为自己下一步的计划铺平道路。

随后不久，中领军一职又空了出来。曹爽趁机让弟弟曹羲获得了这个炙手可热的位子，以此平衡中护军司马师。

这里讲一下中领军和中护军这两个后文频繁提到且权势极重的武官官职。

中领军和中护军都手握皇宫禁卫军兵权，中领军负责驻守皇宫内，中护军负责驻守皇宫外围。毋庸置疑，他们跟皇帝最近，又都担负着皇帝的安全，算得上是京城最炙手可热的官职。以往，只有最得皇帝信任的人才能担任中领军和中护军，如今却沦为权臣进行政治交易的筹码。

我们来总结一下。司马懿的嫡系王昶任职荆豫都督（南战区统帅），曹爽的嫡系夏侯玄任职雍凉都督（西战区统帅）。曹爽的弟弟曹羲任职中领军，司马懿的长子司马师任职中护军。双方在军界就这样你争我夺地角逐着。

正始年：背后的阴刀

按理说，讨伐敌国的最好时机是等敌国出现破绽，可李胜、曹爽的思路反其道而行之——因为只有西战区统帅赵俨能被夏侯玄替换，也只有夏侯玄会支持曹爽，所以只能讨伐蜀国，进而必须讨伐蜀国。

根据这个逆向思维的逻辑，公元244年（正始五年）2月，曹爽上疏伐蜀。

不用问，两派又开始激烈争吵。司马懿持反对态度。李胜等人则鼎力支持。

最后，伐蜀计划还是敲定了。曹爽要率军出征，但他一想到司马懿坐镇朝廷心里就不踏实，于是，他给司马懿次子司马昭挂了个征蜀将军的名头，命司马昭随军同行，算作提醒司马懿安守本分的人质。

3月，曹爽率中央军进驻关中长安城，雍凉都督夏侯玄积极配合，调集了七万名雍州驻军，统一归曹爽指挥。

在三个国家中，最弱小的蜀国能矗立不倒，重要原因就在于占据地理优势。从关中连通汉中只有斜谷、子午谷、骆谷三条路。当年曹真伐蜀兵分两路，经子午谷和斜谷攻向汉中，不期遇上瓢泼大雨致使无功而返。这次，曹爽大概是想避开斜谷和子午谷这两条晦气的道路，故决定从骆谷走。

进攻路线选定后，夏侯玄亲自率领司马昭及雍州诸将开进骆谷。曹爽则以总帅的身份坐镇长安城，担任夏侯玄的后盾。

此时，驻守汉中的诸将听说魏军势大，纷纷提议把军队收缩到临近盆地中央的汉城和乐城，等待蒋琬、费祎的中央援军赶到后再发起反攻。

汉中都督王平摇晃着脑袋。他是个没文化的粗人，却天生对战争有股敏锐的直觉。"不妥，如果退守汉城、乐城，等于主动放弃地理优势。我觉得应该按照以往战术，把魏军堵在骆谷里。他们人再多，只要挤在谷里就无胜算。"王平秉承的正是初代汉中都督魏延定下的战略部署。随后，他将军队部署到临近骆谷出口的兴势（今陕西省洋县东北），并在附近竖起连绵百里的旗帜以迷惑魏军。

夏侯玄在骆谷中缓慢行进。连日来，他愁眉不展。他已经察觉到，自己虽然挂着雍凉都督的名号，但雍州诸将根本不把自己当回事。

走在魏军最前头的前锋将领正是雍州刺史郭淮。这位半生历经战阵的名将一路上腹诽：夏侯玄一个黄口孺子，凭借曹爽的关系居然空降成为自己的顶头上司，这口气如何咽得下？郭淮敌视夏侯玄有两个原因。首先，早在诸葛亮北伐时代，他和司马懿就有过多次默契配合，并顺理成章转变为司马懿的坚定支持者。其次，依照魏国传统，郭淮早应从雍州刺史升任雍凉都督，夏侯玄无疑是挡了他的官路。

郭淮纵然有千百个不愿意，仍不可避免地走出了骆谷。

"不知道那位'名士大人'可有破敌良策？"

夏侯玄的确是位大名士，他可以和司马懿侃侃而谈，针砭时政，却在军事上没什么良策，他唯有全权委托郭淮负责。可他没想到，郭淮的良策竟是撤军。

郭淮当然不打算拼命。拼命干什么？难道给夏侯玄作嫁衣？于是，他在骆谷口刚一露头就又撤回谷中。这场战争在《三国志·郭淮传》中有简略描写："淮度势不利，辄拔军出，故不大败。"当年曹真伐蜀失败的原因是下雨，但这次可没下雨。再怎么说魏军的人数也是蜀军的两倍，郭淮连打都没打就得出了一个所谓"势不利"的结论撤退了。

夏侯玄完全指挥不动郭淮，更何况，郭淮的情况绝非个例。诸葛亮北伐时，雍州诸将都是跟司马懿一起在战场上摸爬滚打过来的，而夏侯玄在《时事议》中公然提出削弱地方势力，他与地方将领的矛盾有多深，可想而知。

和郭淮一样使劲打退堂鼓的还有随军人质司马昭，他劝夏侯玄道："蜀国援军已抵达汉中，形势不利，建议赶紧撤军。"

直到今天，夏侯玄才明白，指挥皇宫禁军跟指挥那些真正混在刀口上吃饭的前线军是不一样的。战争远非他想象的那般简单。

坐镇长安的大将军曹爽一点不比夏侯玄轻松。他正对是否往前线继续追加兵力迟疑不决。

参军杨伟苦劝："现在撤军还来得及，否则肯定会导致更大的失败！"

李胜、邓飏（"太和浮华党"之一，曹爽亲信）怒叱杨伟，坚持要把这场仗打完。

曹爽陷入两难境地。

与此同时，远在洛阳的朝廷获知前线颓势。公卿纷纷建议下诏责令曹爽撤军。

司马懿给夏侯玄写了一封言辞犀利甚至带有恐吓色彩的信："当初太祖武皇帝（曹操）打汉中时就险些溃败（指曹操攻伐汉中张鲁之役），这你是知道的。如今，地势险要的兴势已被蜀军占据，我军败迹连连，你打算怎么承担战败的责任？"

散骑常侍钟毓也给曹爽写了一封类似的信："知难而退乃自古常理，希望大将军详加斟酌。"

钟毓是魏国初代元老重臣钟繇的儿子。早在东汉末年，钟繇曾在曹操麾下做过第一任关中都督，魏朝建立后官拜太傅（位阶高于三公），成为魏国最高荣誉重臣，其人更是史上极负盛名的书法巨匠。钟氏和颍川名门荀氏、陈氏乃是世交。颍川派没落后，钟毓成为司马懿坚定的政治伙伴。

曹爽愤怒地将钟毓的信撕得粉碎。然而，即便他再不甘心，却也明白，这场战争真的只剩撤退一途了。

"让夏侯玄撤回关中。"

骆谷之战彻底以失败告终，曹爽声望跌落谷底。可是，前锋统帅郭淮因主张撤军受到朝廷的嘉奖，获赐假节钺。

曹爽看透了，他最大的敌人并不是蜀军，而是以司马懿为首的庞大势力。自然，战败之责曹爽难辞其咎，但我们也和曹爽本人一样确信，他结结实实地让人从背后捅了一刀。

公元 244 年（正始五年）9 月，曹爽满怀沮丧和愤怒，踏着沉重的步伐从长安返回洛阳。

至此，正始年间曹爽和司马懿的第一回合较量就这样告一段落。曾经，曹爽在意同僚的舆论和眼光，甚至不惜与司马懿进行政治交易。今天，那些令他追悔莫及的往事，终于迫使他成长为一个勇猛的斗士。从此以后，再没有任何人、任何事能阻止他对司马懿展开疯狂反攻了。

南鲁党争：挑唆者

曹爽与司马懿的斗争会持续很久，现在，让我们先把这对政敌放到一边，视线转移到吴国。公元 244 年，曹爽举军伐蜀失败的同年，吴国政坛暗藏刀光剑影，即将有数位重量级大员毙命，陆逊、步骘等重臣全部身陷其中。

孙权于十五年前正式称帝，由于其长子和次子相继早夭，三子孙和顺理成章继任吴国太子。然而，孙和自当上太子后，却惶惶不可终日，因为种种迹象表明，他的父亲孙权似乎越来越讨厌他。不用说，这是有人在背后挑唆这对父子的关系。

挑唆者竟是孙权的女儿孙鲁班。一边是自己的父亲，一边是自己的兄弟，她这样做究竟是图什么？

有两个原因。其一，孙鲁班的生母步夫人（与吴国重臣步骘同族）虽然现在已经身故，但一直还占着吴国皇后的位子，这让她自己——这个皇后的女儿相当吃得开。然而，孙和的生母王夫人尚健在，若不干掉孙和，王夫人早晚会取代步夫人成为新任皇后。其二，孙鲁班的夫家——吴国重臣全琮很早就把宝押到了孙权另一个儿子鲁王孙霸身上。显然，夫家押错了宝，孙鲁班打算扳回一局。

她向孙权进谗言："孙和不孝，当上了太子，这会儿正心急火燎盼着您死呢！"

孙权听了孙鲁班的话，脸色不觉变得阴沉起来："他都干什么啦？"

"前阵子您生病，孙和假装去宗庙祈福，但我亲眼看见他鬼鬼祟祟去了张休家，熬了个通宵，肯定是图谋不轨。"张休是已故重臣张昭的儿子，张昭素以脾气倔著称，曾屡次触怒孙权。

孙鲁班看孙权沉思不语，自顾自数落："孙和经常跟重臣勾勾搭搭，那个王夫人也不是好东西，她一听说您病了就欢天喜地，盼着自己能早点儿母仪天下。"

孙权皱起眉头，无暇再听这些后宫恩怨，他的注意力完全被孙和与重臣的关系吸引住了："除了张休，他还跟谁勾搭啦？"

"姓陆的，姓顾的，姓朱的……江东豪族有谁不上赶着跟孙和打好关系？"

江东吴郡有四大豪族，世称"吴郡四姓"，分别是张氏（大佬张温）、朱氏（大佬朱据）、陆氏（大佬陆逊）、顾氏（大佬顾雍）。南朝笔记小说《世说新语》这样描述四姓的家风：张文，朱武，陆忠，顾厚。

早年间，奠定吴国基业的孙策（孙权的哥哥）在刚刚占据江东时就杀过不少反对他的江东士人，陆逊的祖父陆康即死于其手。不过后来，随着孙氏政权越来越稳固，包括陆氏在内的"吴郡四姓"为了让家族得以延续，必须做出妥协。时过境迁，"吴郡四姓"逐渐成了孙氏政权的中流砥柱。吴国上任丞相即是顾氏大佬顾雍，顾雍死后，陆氏大佬陆逊又继任丞相。他们在吴国的地位，与魏国早年以荀、陈为首的颍川派和后来居上的河内司马氏几无二致。

孙权要依靠"吴郡四姓"，又少不了忌惮。

数年前，孙权拿"吴郡四姓"中的张氏代表人物张温开刀，将他贬为平民，但是其余三姓——朱氏、陆氏、顾氏还是尾大不掉。孙权遂不遗余力地提拔诸葛瑾、步骘这些从江北流亡而来的士人，希望凭借其力压制江东本土士族。这也正是诸葛瑾本不擅长军事，却总被孙权委以军事重任，更官拜吴国大将军的原因。但遗憾的是，诸葛瑾已于前两年病故。

此刻，孙鲁班很清楚，只要太子孙和跟江东豪族尤其是跟"吴郡四姓"扯上关系，也就离垮台不远了。

孙权板着脸反问："江东豪族都亲近孙和，那你夫家呢？不也是江东豪族？"

孙鲁班的丈夫全琮确是江东豪族，但全氏的名望根本没法与"吴郡四姓"相提并论，只是在近些年才稍稍得势。

"我夫家哪有资格跟'吴郡四姓'相提并论？再说，我夫家也不会跟孙和勾搭。"孙鲁班撇了撇嘴，"要我看，还是鲁王孝顺。"鲁王是太子孙和的异母弟孙霸，与全琮家族走得很近。

孙权听了孙鲁班一席话，心里很是别扭。原本太子已经定了下来，可经过孙鲁班没完没了地搬弄是非，太子的人选再次出现不确定性。随后，他对孙和日渐冷落，对孙霸愈加宠爱。

"难不成陛下想让孙霸取代孙和当太子？"孙权的举动招致举国上下的揣摩。这可害苦了群臣。

就如同曹操时代，魏国群臣在曹丕和曹植二人之间站队一样，如今，吴国群臣也面临着同样的难题。要么支持孙和，要么支持孙霸。吴国政坛的震动远比当年魏国要剧烈，史书中用这样一句话形容这场政治风波——"将军大臣举国中分"，也就是说，吴国半数的臣子成为太子（孙和）党，而另一半则成为鲁王（孙霸）党，根本没人能保持中立。这场党争便是三国时代著名的"南鲁党争"。客观地讲，虽然太子党和鲁王党均有政治投机的成分存在，但是，孙和继续当太子意味着社稷安定和谐，孙霸争位会引发政治动荡，再加上孙和本身就比孙霸贤德，因此可以这样判断，太子党处于正义的立场，鲁王党则反之。

下面简要列举几位吴国重臣在两派当中的归属。

太子党：以丞相陆逊（"吴郡四姓"）为首，还有顾谭、顾承兄弟（"吴郡四姓"，已故重臣顾雍的孙子），朱据（"吴郡四姓"），张休（徐州人，已故重臣张昭次子），诸葛恪（徐州人，已故重臣诸葛瑾的儿子），滕胤（青州人），朱然、朱绩父子（江东丹阳人，与"吴郡四姓"中的朱氏非同族），吾粲（江东吴郡人）等人。

鲁王党：以步骘（徐州人）、全琮（江东吴郡人）为首，还有吕岱（徐州人）、吕据（豫州人）、孙弘（江东会稽人）、杨竺（徐州人）等人。

从以上重臣的出身背景可以看出，"吴郡四姓"基本都是太子党，其余江东士族以及江北士族，既有太子党，又有鲁王党，乱得一塌糊涂。

孙权费力地整理着杂乱的思绪。

陡然间，他从这错综复杂的派系划分中摸出了一条重要线索——江东"吴郡四姓"中的三家（张温家族在孙权的压迫下早已没落）和当初吴国辈分最高的重臣张昭（并非张温家族，曾屡次直言触怒孙权）的子嗣全都抱成了一团。

陆氏、顾氏、朱氏、张氏……这帮人都聚在孙和周围，盼着我死呢！等我一死，这吴国到底是姓孙的，还是姓陆的，姓顾的？

绝不能让这几大家族借孙和继续膨胀下去了。太子之争会引起吴国动荡不假，但这也是一个难得的机会，甚至将"吴郡四姓"一网打尽都说不定。为此，即使牺牲自己儿子也在所不惜。孙权下定了决心。他本就是个薄情寡恩之人，随着年龄变长，越发残暴，"南鲁党争"就此揭开序幕。恐怕连孙鲁班都没有想到，最初她出于忌妒心和私怨挑起的后宫争端竟不断升级，最终演变成一场长达近十年的政治大清洗。

南鲁党争：孙权的大网

孙权盯着面前一个臣子，阴声问道："孙弘，我让你查办的事有结果了吗？"

"启禀陛下，都已经查实了。"

孙权点点头，他期待已久的政治清洗终于要开始了。

翌日，孙弘和全琮，这两位鲁王党的干将联名上疏弹劾太子党成员张休（张昭之子）和顾承（顾雍之孙）在三年前的芍陂之战——公元241年，全琮攻入淮南，后被魏国扬州都督王凌击败的那场战争——中虚报军功。毋庸置疑，这罪名是在孙权的授意下捏造的。

"虚报军功……哼！居然都瞒了三年了。"孙权心想：我对你们，也忍了大半辈子啦！

当即，张休和顾承被缉拿下狱。

孙权还不满足，他又责问顾谭（顾承的哥哥）道："顾谭，有没有这回事？你认个罪，我就考虑开恩赦免你们。"

顾谭义愤填膺："陛下，这都是谗言哪！"

孙权勃然大怒，不由分说将顾谭也拿下了。几天后，张休、顾谭、顾承三人全被流放交州。交州就是今天的广西、越南一带，当时还是不毛之地。

孙弘打算置张休于死地，又对孙权说："张休非但没感谢您的不杀之恩，反而口出怨言，比他父亲张昭还过分！"

昔日，脾气执拗的张昭经常仗着辈分高顶撞孙权。

"居然比张昭还要过分……"孙权冷哼一声道，"既然这么不识好歹，就让他自裁吧！"

由此，张休被赐死，顾谭、顾承兄弟也在流放交州两年后病死。这件事发生在张昭死后八年，顾雍死后一年，两位吴国重臣的后代均遭到残酷迫害。有个值得关注的细节，顾谭、顾承兄弟还有另一个身份——陆逊的外甥。由此，孙权剪除了陆逊的重要羽翼——以厚重著称的顾氏家族。

接着，孙权对鲁王孙霸的态度是愈加宠爱，对太子孙和的态度则是愈加恶劣。实际上，他并不关心谁当太子，他最关心的仅是借着党争干掉"吴郡四姓"。就这样，倒霉的孙和成了父亲的弃子。

这段时间，丞相陆逊并不在吴都建业，而是率军驻守于吴国西部的武昌城。他通过太子太傅吾粲（孙和的首席教师）和侄子陆胤的密报得知孙权果真有废掉孙和的想法后，义愤填膺，遂向孙权连番上疏："太子是正统皇储，应该稳如磐石，鲁王只是藩王，恩宠当有高下之别，唯有如此，国家才能安泰。"

这里要补充一句，吴国的丞相官位仅仅算作荣誉官位，并无丞相实权，这是孙权的强势性格所致。而陆逊，名义上是丞相，实则算是藩镇重臣。因此，陆逊犯了一个致命的错误。藩镇外臣别说是干预宫廷内的事，就算只是知道什么宫廷内的逸闻，都有可能被扣上内外串通的谋反罪名。

果不其然，几天后，杨竺（鲁王党）上疏弹劾吾粲、陆胤等朝臣暗中勾结陆逊。

吾粲被处死。陆胤被缉拿下狱。

陆逊就像一条被孙权盯上的大鱼，只因孙权忌惮陆逊的实力，不便直接下手。如今，随着顾氏兄弟、吾粲、陆胤等太子党一个个被捏，孙权终于准备收网了。

"吴郡四姓"，哼，继张氏、顾氏之后，也该轮到你陆氏了！

孙权向杨竺问道："交代你的事，办得怎么样啦？"

"臣列举了陆逊二十条罪状，都写得清清楚楚。"杨竺递上一篇弹劾状，这上面所列的罪名都是些欲加之罪何患无辞的说法。

"好！"孙权看毕，满意地点了点头。他心里盘算着：当陆逊看到这些罪状后会做何反应？若换作别人，自知死路一条，大概会举兵谋反都说不定，可陆逊断然不会，陆氏家大业大，族人多在吴都建业，对陆逊来说，家族安危远比他自己的命更加重要。

想到这里，孙权唤来一名使臣，吩咐道："你拿着这封罪状书，去武昌找陆逊问个明白，让他自己看着办吧！"这样的手段在中国历史上屡见不鲜，君主给臣子下罪状书，结果无非两种——要么逼死，要么逼反。孙权正是料定陆逊不会反，才敢使出这样的手段。

使臣来到武昌后，使尽浑身解数责难陆逊，然后回建业复命。

"陆逊有什么反应？"孙权询问。

"他什么都没说。"

"再去质问他！"

就这样，孙权几次三番派出使者前往武昌责备陆逊。

陆逊心里拔凉拔凉的，他已六十三岁，忍受不了这样的屈辱，没几天便气病了。陆逊病得越来越重，事实上，他心底早已放弃了活下去的念头，盼望能马上病死，因为对他来说，这已算是最体面的死法——至少没让孙权直接下手，也没落到自杀的地步。

五十年前，陆逊的族祖父陆康在孙策的围攻下城破身亡，诸多陆氏族人也死于此役。陆氏对孙氏的仇恨是实实在在的。

"比起陆氏的繁盛，仇恨又算得了什么呢？"这是陆康临死前对年幼的陆逊说的最后一句话。

此时此刻，陆逊不知是在梦里见到了陆康，还是在诉说临终遗言。

"比起陆氏的繁盛，仇恨又算得了什么呢？"他闭着眼睛，反复念叨着。

"陆氏的繁盛……"

陆逊的儿子陆抗伏在父亲的床边，痛苦地点着头。

公元 245 年的春天，江东最大豪族陆氏的大佬，就这样以莫须有的罪名被孙权逼死了。

陆逊死后，孙权又拿出这封罪状书质问陆抗。陆抗强压怒火，不卑不亢，逐条辩驳。《世说新语》中描述江东"吴郡四姓"中的陆氏以忠著称，可是，没有人能真正理解陆氏背负的"忠"有多么沉重。

孙权听完陆抗的辩驳，佯装懊悔："我起初听信谗言，辜负你父亲的忠义，今天，我把这罪状书烧掉，以后再不想看到了。"说罢，他强挤出几滴眼泪。

陆抗垂着头，面无表情。他知道孙权的眼泪根本廉价得一文不值。所有屈辱和仇恨自己都必须忍下，因为只有这样才能换来陆氏的安泰。多年后，陆抗成为吴国末期的名将，后面还会讲到他的故事。

这个时候，陆逊的侄子陆胤仍被关在监牢中，饱受严刑拷打。

"说，你从谁那里听到鲁王要当太子的？"

当初，正是太子孙和亲口拜托陆胤请求陆氏援助的。然而，陆胤咬紧牙关，誓死没有出卖孙和。最后，他实在忍受不住折磨，大声喊道："我招供，是杨竺告诉我的，全都是杨竺说的！"

杨竺是鲁王党，也是害死陆逊的罪魁祸首，陆胤决意到死也拉个垫背的。

孙权不问青红皂白，将杨竺下狱。杨竺被屈打成招并处以死刑。

陆逊之死，标志着"南鲁党争"第一回合结束。陆逊死后第二年，孙权拜步骘为丞相、升吕岱为上大将军、升全琮为右大司马，以上三人全是支持鲁王孙霸的重臣。貌似局势已经了然，孙权是有意拿太子党开刀，力挺鲁王党。但先别忙下结论，继续往下看，身为太子党中流砥柱的诸葛恪（诸葛瑾的儿子）升任大将军，驻军武昌，接替陆逊镇守荆州，而同是太子党的朱然也升任左大司马。

孙权内心到底是偏向太子党还是鲁王党？吴国群臣被搞得云里雾里。我们对这几位获得升迁的重臣身世稍加分析即可一窥究竟。

诸葛恪，徐州琅邪人；步骘，徐州淮阴人；吕岱，徐州广陵人；朱然，祖籍江北，后过继给丹阳朱治当养子。显然，孙权在大力提拔江北士族。

唯有全琮是江东吴郡实打实的豪族，他排在孙权提拔的名单里，一是因为他非陆逊一党，二是因为他妻子孙鲁班的关系。由此可以看出孙鲁班在"南鲁党争"背后的巨大能量。至此，吴国一些明眼人总算恍然大悟，原来孙权并非在太子党和鲁王党之间画线，而是一门心思要整垮以陆逊为首的"吴郡四姓"，同时力挺那些非江东籍重臣。

往后的几年里，"南鲁党争"依然会继续下去，孙权也没有停止他的杀戮，我们会在后面继续探究这场吴国政治浩劫的始末。不过现在，我们还是把目光转移回魏国，因为那里正在酝酿着一场更加夸张，而且是天翻地覆的巨变。

正始年：曹爽亮剑

曹爽伐蜀失败后，怀着满腔怒火回到朝廷，他与司马懿的暗斗日趋升温，终于不可避免地到了白热化阶段。曹爽不再顾及舆论，将采取一系列极强硬的手段把那些阻挡他的人踢出局。在这场对抗中，不存在正义与邪恶之分，两派都有奸佞小人，也都有品行高洁之士，所有人无不为了自己的政治利益奋斗。当然也有人仅仅出于个人好恶或是学术流派等原因被卷了进去。现在，让我们来看看魏朝司马懿和曹爽两大派系的权力架构对比，顺便，也让双方的重要角色露露脸。

	司马懿派	vs	曹爽派
尚书令（尚书台首席）	司马孚		
吏部尚书（人事部长）	卢毓		
河南尹（京畿郡行政官）	王观		
洛阳令（京都县行政官）			李胜
中护军（皇宫外禁军统领）	司马师		
中领军（皇宫内禁军统领）			曹羲（曹爽弟）
武卫将军（中层禁军统领）			曹训（曹爽弟）
散骑常侍（皇帝近臣）	司马昭、钟毓		曹彦（曹爽弟）、丁谧
藩镇统帅	王昶（荆、豫二州）		夏侯玄（雍、凉二州）

由此可见，双方势均力敌，不过这只是表面上的，在司马懿的背后，有强大的士族集团作为后盾，但曹爽背后只有少数被他拉拢的政坛新锐（大多是"太和浮华党"成员）。不言而喻，曹爽派系的政治资望远逊于那些老牌士族。曹爽看得很明白，因此，他没有将矛头直接指向司马懿，而是采取迂回策略将司马懿的政治盟友逐一肃清，这类似孙权对付陆逊的方式。

曹爽首先盯上了朝廷最大的行政机构——尚书台。不过，他为了避免和司马懿的冲突过早激化，并没有碰尚书令司马孚，而是将目标锁定在吏部尚书这个重要职位。吏部尚书相当于今天的人事部长，负责官员考核、升降、调动，只要能控制吏部，就等于控制了魏国官吏。当时担任吏部尚书的正是卢毓。可卢毓是魏国老牌士族，早年在官吏任免问题上敢跟曹叡公然叫板，又跟司马懿沆瀣一气劝曹爽退兵，曹爽自然支使不动。

这天，曹爽奏请朝廷，提议让卢毓晋升尚书仆射。尚书仆射是尚书台二把手，反正曹爽动不了尚书令，索性把卢毓和司马孚归到一堆。而且从吏部尚书到尚书仆射算升迁，这样卢毓和司马懿自然说不出什么话。可这么一来，吏部尚书就空了出来。接着，曹爽举荐何晏继任吏部尚书。这才是他的真正目的。

这位何晏大有来头，他是汉末遭宦官刺杀的大将军何进的孙子。何晏父亲早亡，母亲尹氏后来被曹操纳为夫人，他便自幼跟在曹操身边。

曹操很喜欢何晏，一次曹操问他："我想收你为养子，你改姓曹，好不好啊？"

时年七岁的何晏听罢，什么都没说，只是蹲在地上画了个圈，然后默默地站在圈里。

曹操不解："你这什么意思？"

"这是我何氏之庐！"何晏一本正经地答道。

"真是个不忘本的孩子啊！"曹操对何晏更加喜爱，让何晏改姓也没再提。

何晏成年后，娶了曹操的女儿金乡公主为妻，成为皇族的女婿。十几年前，他卷入"太和浮华案"遭罢黜，而后依附曹爽东山再起。可能一些人对何晏有所了解，无论是在《三国志》还是在《晋书》中，都有关于他卑劣、龌龊的言行的记载。不过在下面的故事里，让我们先把那些对何晏的固有观念暂时忘记，尽可能挖掘历史的真相，还原一个全新的、更加真实的何晏。

何晏任吏部尚书后，削弱中正官（负责品评士人的地方豪强士族）的权力，扩大吏部职能，这正是此前夏侯玄在《时事议》中倡导的，也是当年魏明帝曹叡和卢毓争论的焦点。何晏一边打压老牌士族，一边尽其可能提拔新锐士人。自九品中正制建立以来，魏国士族在九品中正制的滋养下已经变成一只巨兽，而曹爽、何晏则希望变革官吏任免制度，将这只巨兽再度束缚起来。如今，士族的权力首次被成功压制。

曹爽通过何晏掌控官吏任免权，得以起用新人、打压旧臣。

其中，曹爽亲信丁谧、李胜、邓飏、毕轨相继被安插进尚书台做了尚书，以此跟尚书令司马孚相抗衡。顺便补一句，这四位中，除丁谧、毕轨不确定外，李胜和邓飏确凿无疑就在"太和浮华党"名单里。按说曹爽应该不算个"文青"，为什么他能笼络到大批"太和浮华党"成员？想必，这要归功于他的两个亲戚——著名文化人曹羲和大名士夏侯玄。

有了这些亲信控制尚书台实权，尚书令司马孚被彻底架空。由此，曹爽得以大刀阔斧地布下他的棋局，开始向整个京畿地区扩张势力。

魏国总共有十几个州，这些州的最高军事统帅是州都督，最高行政长官则是州刺史（州牧已被取消）。不过，在这十几个州里有一个特例，那就是京都洛阳所在的司隶州。司隶州的最高行政长官不叫刺史，而叫司隶校尉。司隶校尉与其他州刺史有明显区别，手握一千二百人的武装力量，主要职责是纠察、弹劾、逮捕京官。司隶州治下的河南郡，因为囊括了洛阳在内的京畿地区，其最高行政长官也不叫河南太守，而叫河南尹。无论是司隶校尉还是河南尹，都堪称全天下权势最大的地方行政官。

曹爽要想控制京畿政权，自然不能放过司隶校尉和河南尹这两个职位。

此时，尚书台已经被曹爽牢牢控制，他顺利将尚书毕轨调任司隶校尉。

毕轨一上台即疯狂弹劾尚书仆射卢毓、散骑常侍钟毓、河南尹王观等朝臣。随后，卢毓被调离尚书台，转任廷尉、光禄勋，钟毓被直接轰出朝廷任魏郡太守，王观转任少府、太仆。由此，这几个跟司马懿一条心的老牌重臣被踢出权力核心。

接下来，曹爽又让李胜当上河南尹。李胜摒弃旧法，倡导新法，将河南郡七百余名官吏中的一大半全部裁撤替换。

经过这一轮角逐，曹爽完全控制了官吏任免权和京畿行政权，那些魏国旧臣大多像皮球一样被曹爽踢来踢去。司马懿逐渐陷于被动。

曹爽没有停止脚步，他的目标又瞄向魏国最大的几个军事重镇。

正始七年（246）夏，跟曹爽从小玩到大的铁哥儿们——幽州刺史毌（guàn）丘俭远征辽东半岛，大破高句丽部族领袖王位宫（人名）。顺便提一句，中原人的足迹也随这次远征延伸到了今俄罗斯滨海地区。

毌丘俭打了大胜仗，让曹爽相当振奋。曹爽敏锐抓住这个契机，举荐毌丘俭任豫州刺史兼豫州都督。原本，刺史管政务，都督管军务，不该一人身兼二职，可曹爽打破了这一惯例。刺史加都督，完全等同于州牧了。

另外不得不讲，曹爽把豫州拨给毌丘俭可谓冒了极大风险，别忘了，豫州原属司马懿的嫡系亲信——荆豫都督王昶掌控。曹爽这么干，等于将王昶管辖的一半领地生生剥夺。为避免王昶造反，曹爽先行征召王昶的儿子做了自己的幕僚，由此才握住王昶的命门。

从此，魏国南战区被分拆为南（荆州）和东南（豫州）两个战区。四个军事重镇统帅中，雍凉都督夏侯玄、豫州都督毌丘俭均属曹爽派系；荆州都督王昶属司马懿派系。而立场莫测的扬州都督王淩则官拜司空，失去了兵权。但因为王淩在淮南根基稳固，暂时没被召回朝廷，继续以三公的身份镇守边境。

曹爽虽暂时动不了王凌，但还是把手插进了扬州。曾被王凌弹劾罢免的庐江太守文钦，因为跟曹氏同乡（祖籍兖州谯郡）受到曹爽保护，重新当回了庐江太守，另一名"太和浮华党"成员诸葛诞则被曹爽任命为扬州刺史。根据刺史多会升迁到都督这个惯例，曹爽显然准备让诸葛诞将来接替王凌做扬州都督。

总之，在藩镇重臣的配比上，曹爽压过司马懿。而毌丘俭、文钦、诸葛诞这三个被曹爽竭力提拔的人，在很多年后也的确不负曹爽所望，成了与司马家族抗衡的重要力量。

到这时，早年"太和浮华案"中的涉案者——夏侯玄、诸葛诞、邓飏、李胜，以及疑似涉案者——何晏、丁谧、毕轨诸人，除司马师外，全部投奔至曹爽门下，且个个官运亨通。司马师又做何感想呢？他曾单纯地认为大家同是士大夫（虽然"单纯"这个词用在司马师身上有些不太合适，但谁没有过年轻的时候呢），应该秉承相同的理念，直到今天，他终于看清，"浮华友"因为各种各样的理由全成了自己家族的政敌。司马师心里只有说不出的恨。

曾经，何晏说过一句话："深不可测，能通达天下至理者唯有夏侯玄；细致入微，能把握天下事务者唯有司马师。"当时，夏侯玄是当之无愧的名士楷模，何晏拿司马师与夏侯玄相提并论，可谓推崇备至。

然而，司马师再也不会在意那如同浮云一般的虚名了。那些年，和他一起名声响彻京师，一起遭到罢黜的"浮华友"，从此以后，他与他们势不两立！

司马师独自游走于洛阳的市井，看起来仿佛漫无目的，但事实上，他是一个目的性极强的人。几年来，他不吝金钱，靠财力和权力扶助了很多走投无路的人。有些人感恩戴德，成为他门下的食客。在这些食客中，又有一部分人，或因知遇之恩，或因救命之恩，即便为他牺牲性命也在所不惜。

这样的人称为死士。

正始年：老臣的立场

就在曹爽不遗余力排挤旧臣、起用新人的时候，司马懿则把那些被曹爽踢飞的同僚一一笼络到自己身边。

在曹爽的众多幕僚中，孙礼地位很特殊，他是曹氏三朝老臣，曾受曹叡之托辅佐曹爽，可他与曹爽处得并不融洽。

孙礼经常在曹爽面前说司马懿的好话，更劝曹爽与司马懿和睦相处。

若不是顾及当初曹叡亲口跟自己说过"孙礼为人耿直坦诚，只是说话不太招人爱听，你得多担待"这样的话，曹爽简直怀疑孙礼是司马懿派过来的奸细。

孙礼不会说话的毛病让他的仕途颇多坎坷，无论在哪个位子都坐不稳。早在正始初年，他被曹爽外派任扬州刺史。当时正值芍陂之战，孙礼与扬州都督王凌共同抵御吴将全琮。而后，孙礼被召回朝廷担任少府，没多久，他离开朝廷出任荆州刺史，紧接着，又转任冀州刺史。

正当孙礼准备前往冀州赴任之际，司马懿好意叮嘱："冀州境内的清河郡和平原郡因为地界纠纷已争执了八年，之前历经两届刺史都不能解决，这回可要看你的本事了。"

孙礼早有准备，回答："清河郡拿祖坟的位置说事，平原郡又抬出当地宿老反驳，但我认为那些都不足以成为地界划分的依据。当年先帝（曹叡）年幼时被封为平原王，正好有一幅地图明确划出平原郡的地界，这才是最准确的官方证据。"

司马懿欣然称赞。

旋即，孙礼埋头钻进府库翻箱倒柜，找到了这幅有些年头的地图。他拂去厚厚的尘土，果然见平原郡的地界清晰地标注在地图上。孙礼得到了答案——"有争议的地方应归属平原郡"。争执八年的地界纠纷眼看就要彻底了断，他心里无比畅快。然而，曹爽先前倾向把有争议的地方划给清河郡，孙礼的裁定结果与曹爽相悖，这事把曹爽惹得很不高兴。

一根筋的孙礼根本不理会曹爽，他拿着地图前往冀州裁定二郡疆界。不难想象，他遭到了清河郡官员的集体抵制。

"大将军许诺过，这块地应该属清河郡！"

孙礼发现自己的政令根本推行不下去，便犯起牛脾气，上奏朝廷道："我用官方地图作为证据裁定郡界，地方官员都敢抗命，我还有什么脸再拿朝廷俸禄？"随后，他也不等朝廷答复，直接辞官卸任。

曹爽见孙礼这么不给面子，索性判处孙礼禁锢五年不得为官。孙礼的仕途戛然而止。

不过，孙礼不用苦等五年。刚过一年，他就被朝廷起用为城门校尉。

孙礼很诧异：自己明明被判五年不能做官，这到底是怎么回事？

原来，是司马懿拼命求情才让孙礼的禁锢提前结束。过了没多久，司马懿又举荐孙礼当上了并州刺史。孙礼总算咸鱼翻生。

孙礼即将远赴并州，临行前，他来向司马懿辞行。他本该为重返仕途高兴，但他见到司马懿后满脸怨气。

"孙礼，你本来被判禁锢五年，现在这么快当上并州刺史，还不知足吗？"

"我再不济，也不是计较官位之人！我只是替太傅感到羞愧！"

"哦？"

"我原以为您能匡扶社稷，没想到您眼睁睁看着朝廷乱作一团，不闻不问！"

"唉！你的意思我明白，但现在咱们只能忍……"

"忍？还要忍到什么时候？"孙礼气鼓鼓地离开了洛阳。

司马懿望着孙礼远去的背影，深切地意识到，士大夫对曹爽的怨恨已经越积越深了。

谯郡的豪族很多，除曹氏、夏侯氏外，最负盛名的当属桓氏。大司农（九卿）桓范即出自这一家族。

早在魏明帝曹叡时代，桓范就历任中领军、青徐都督、兖州刺史、冀州刺史，是个名副其实的权贵重臣。不过，他因为跟同僚闹纠纷，屡次遭到罢免。

正始年间，曹爽想起赋闲在家的桓范，便把他召进朝廷做了大司农。曹爽对这位同乡长辈毕恭毕敬的态度让桓范感激涕零。

桓范任大司农期间写了本书，名为"世要论"。在一次群臣集会的酒宴中，他兴冲冲地把《世要论》递给同僚传阅，观者无不称赞。眼看这本书就要传到太尉蒋济手里了，桓范的心怦怦直跳，他越来越激动。要知道，蒋济乃是四朝元老，资历甚至比司马懿还高，倘若得到蒋济赞许，那对桓范来说可是莫大的荣耀。

《世要论》递到蒋济面前。蒋济非但没伸手接，更把脸扭向一旁。"懒得看！"他毫不客气地说道。

场面无比尴尬，桓范的脸色一阵青一阵白。

蒋济为何这么不给桓范面子？原来，他也是被曹爽一党得罪的人。曹芳登基时，蒋济官任中领军，可曹爽硬是拜蒋济为太尉，借机让弟弟曹羲顶替蒋济当上了中领军。很多年前，蒋济和曹真是至交好友，如今，他被故交的儿子这么折腾，心里着实别扭。另外，他也看不惯曹爽搞的那套政治改革，渐渐地，他和司马懿越走越近。

蒋济不想搭理桓范，转身去跟王肃聊天。这位王肃和司马懿是儿女亲家。二人聊得甚是投缘。

王肃越说越来气，突然破口大骂："何晏那伙人全都是佞臣！"

此言一出，满座鸦雀无声。同僚纷纷告退。

几天后，王肃被罢免。

正始年：王学 vs 玄学

王肃的父亲王朗是汉魏时代儒学巨匠，王肃继承其才华，十八岁跟荆州名儒宋忠求学，之后，他相继给《尚书》《诗经》《论语》《三礼》《左传》等典籍作注解，文化底蕴深厚。十年前，司马懿正是看到王肃在学术领域的巨大影响力，便为次子司马昭迎娶王肃的女儿王元姬，两家结为亲家。

王肃对自己被罢免一事倒显得无所谓，这让他有闲暇把亡父王朗所著的《易传》整理成册。

司马懿看完这本书，赞不绝口："真是一部集众家所长的巨作，依我看，完全可以供普天之下的学者钻研学习。"

王肃毕生的夙愿，正是将自家的学术理论教授给天下学子。他听了司马懿的话，无比欣慰："若果真如此，那一定可以告慰亡父在天之灵了！"

翌日，司马懿上奏，将已故司徒王朗所著《易传》申报为太学院的官方教材。

这项提议得到通过。往后十余年，王肃越来越多的著作陆续进入太学院，其自成一家的学术流派被后世称为"王学"，王肃由此成为魏国经学界的官方领袖。

所谓经学，指的是以儒家为主，兼含道家、墨家、纵横家、法家、阴阳家等学派的统称。王肃倡导儒家，同时又推崇道家，其理论和政治联系密切。王肃认为道家提倡的无为而治是让社会安定的根本，如果社会过度追求利益只会让百姓生活更加艰辛，百姓为了生存不惜铤而走险，最终导致社会动荡。"王学"被司马懿大加称赞，除了因为王肃和司马懿有姻亲关系，更重要的原因是王肃提倡的无为而治和曹爽的政治改革论调格格不入。此后，"王学"逐渐成为魏国官方的主流学派。

何晏提醒曹爽道："司马懿打算把王肃的理论灌输给学者，从此，学者都将成为司马懿的党徒。况且，王学崇尚无为而治，这与政治改革也不合拍。"

曹爽点点头："说得没错。"想了想，他又问道，"对了，你那本《道论》写完没有？"《道论》是何晏的著作，论述玄学理论。

"刚刚写完。"

"好！从明天起，太学院定期开办讲经论坛，就由你组织讲授。"

何晏算是中国历史上相当著名的哲学家，他与夏侯玄一起开创了魏晋玄学的先河。从此，玄学与"王学"彼此竞争、针锋相对。而这两派学术观点的背后，则是曹爽和司马懿两大权臣。

王肃的学派到底与何晏、夏侯玄的玄学有什么区别呢？我们可以这么解释："王学"以儒家为主，道家为辅，跟政治结合紧密；何晏等人的玄学则以道家为主，追寻纯精神层面的哲学，探究宇宙和人性本源，基本跟政治不相干。

提起玄而又玄的"道"和"无"，绝大部分人都会觉得是一种虚头巴脑的无聊玩意儿，在这里，笔者只以个人粗浅的理解大致解说一下。何晏等人认为，宇宙的本源是一种超越人类认知的概念，称为"无"，这个"无"说起来很玄，它并不代表什么都没有，而是超越了"有"和"没有"的概念，因为实在没办法命名，姑且命名为"无"。而"道"，则是"无"的特性，代表这个世界万事万物的规律和法则。世间的一切，都是从"无"中衍生出来的。何晏的玄学流派，被后世总结为"贵无论"。

《易经》讲"太极生两仪，两仪生四象，四象生八卦"，可以这样理解，世界从太极（"无"）生出了两仪，所谓两仪，指阴阳、有无、正反、奇偶等概念，由两仪又生出世间万物。了解电脑程序的人都知道，无论是个小小的 TXT 文件，还是个庞大的网络游戏，每一段代码其根本都是由 0 和 1 构成，我们可以把 0 和 1 理解为两仪，正是这简单的 0 和 1，衍生出无比复杂的程序。

很多人会说，古人是不是闲得发疯，整天研究这些无聊的玩意儿。但实际上，人类对世界本源的探知从未停止过。伟大的物理学家爱因斯坦晚年致力于寻找一种统一理论来解释所有的物理现象，这被称作"大一统理论"，他的出发点，与何晏其实没什么本质区别，只是一个处于物理层面，一个处于哲学层面罢了。

说回正题。正始年间，政治环境异常险恶，只要做官就必须得在两派间站队。士大夫整天提心吊胆，于是，他们热衷于讨论纯哲学层面的玄学，以得到短暂的精神放松。其实，曹爽也知道自己得罪了大批官员，他推崇玄学，一来是挺何晏，二来也是给那些官员找个情绪出口罢了。

由此，"王学"开始占据魏国官方主导地位，玄学却成为一股地下文化，日渐兴盛起来。

正始年：阶段性战果

这时，司马懿和曹爽两大派系的权力架构再次发生改变，让我们来看一下。

	司马懿派　vs	曹爽派
尚书令（尚书台首席）	司马孚	
各部尚书		何晏、丁谧、邓飏
司隶校尉（京畿州行政官）		毕轨
河南尹（京畿郡行政官）		李胜
中护军（皇宫外禁军统领）	司马师	
中领军（皇宫内禁军统领）		曹羲（曹爽弟）
武卫将军（中层禁军统领）		曹训（曹爽弟）
散骑常侍（皇帝近臣）		曹彦（曹爽弟）

| 藩镇统帅 | 王昶（荆州） | 夏侯玄（雍凉）、毌丘俭（豫州） |

不难看出，曹爽占据绝对优势。王昶被削弱了一个州，司马昭更被彻底踢出权力核心，由散骑常侍降为议郎。司马孚虽依旧担任尚书令，但被何晏、丁谧、邓飏等人彻底架空，只能选择蛰伏，完全不敢跟何晏等人发生正面冲突。

司马孚过得很憋屈，但他唯有忍耐，因为他的二哥——司马懿也在忍耐着。

若说司马懿、司马孚等人无所作为，其实也不尽然。他们私底下笼络了大批被曹爽排挤的旧臣。这些旧臣要么削权，要么罢免，虽然大多失势，可他们背后拥有庞大的家族势力，足以影响朝野间的舆论导向。

不知从什么时候开始，朝廷里传出一句顺口溜："台中有三狗，二狗崖柴不可当，一狗凭默作疽囊。"三狗指的是何晏、丁谧、邓飏这三位尚书。这种读起来顺口且颇有韵律的话很容易传开，继而像广告语一般深入人心。事实上，纵然史书中对"台中三狗"损得一塌糊涂，但何晏和丁谧并没有什么出格的恶行。只有邓飏被记载收受过色情贿赂。于是，又有了一句专门损邓飏的顺口溜："以官易妇邓玄茂（邓飏字玄茂）。"

过了些天，又有一句新的顺口溜流传开来："何邓丁，乱京城。"何邓丁即指何晏、邓飏、丁谧，这比"台中有三狗"更加简明扼要，便于传播。司马懿在等待，他确信，压抑在士大夫内心的愤怒就要爆发出来了。

曹爽当然知道自己在士大夫眼里的形象，不过自伐蜀战役失败后，他再也不会做出讨好政敌这种无谓的举动了，他相信，只有强权能解决一切。

这天，曹爽突然宣布裁撤皇宫禁卫营中的中垒营和中坚营，然后将两个营的禁卫军全部划拨给他的弟弟——中领军曹羲统领。如此，曹爽凭借兵势，在朝中的实力骤然增强，这是曹爽又一次重大胜利，可他没有意识到背后潜在的风险。

自魏国建立至今，中垒营和中坚营的统领不是皇室贵胄就是外戚，这段时期究竟是谁被曹爽夺了兵权呢？

从史书只言片语的记载基本可以推测出，当时统领中坚营的是甄德，统领中垒营的是郭建。郭建正是当朝郭太后的堂弟。甄德则分量更重，背景更复杂。

甄德本来姓郭，他是郭建的哥哥，也和郭太后同族，早年间魏明帝曹叡因怀念亡母甄氏（传说中跟曹植有暧昧关系的美女），便让妻弟（小舅子）郭德过继给甄家，从此改叫甄德。故此，甄德身兼郭氏和甄氏两朝外戚，身份尊贵。

两位皇亲国戚就这样被曹爽剥夺了兵权。不消说，他们被踢到了司马懿阵营。很多年后，甄氏和郭氏两大外戚家族全成了司马氏对抗曹氏的利刃。

讲到这里，不得不提一句。外戚本来能作为一支强大的政治势力牵制外姓权臣和藩王。然而，魏国的外戚力量相当薄弱，这是有历史原因的。要说人类社会能不断进步（当然是缓慢进步，其间也不乏倒退），就在于人总能从前辈的经历中吸取经验和教训。东汉时宦官和外戚轮流掌权，而整个魏朝，没出现过一个强权宦官。再说外戚，曹叡当年有个妃子总结过一句话："曹氏好立贱。"这意思是说，姓曹的立皇后从来只挑寒门女。曹操的正室卞夫人出身歌伎。曹丕先后立过两个皇后，一个甄皇后本是袁绍的儿媳妇，算打仗抢来的战俘，另一个郭皇后（并非曹叡的郭皇后）打小父母双亡，更是连口饭都吃不上。曹叡的毛皇后车工出身，唯有郭皇后（现今的郭太后）勉强算个小贵族，但也是因家族卷入叛乱，战后以俘虏的身份被劫到宫里的。

如今到了曹芳时代，甄氏、郭氏这些前朝外戚才好不容易积累了一点实力，不想又被曹爽一脚踢飞了。毋庸置疑，曹爽把甄德和郭建的后台老板——垂帘听政的郭太后得罪不浅。

不多久，郭太后便被曹爽强行迁到永宁宫，失去垂帘听政的权力。

另外，宗室曹冏（曹操堂侄，曹爽堂叔）曾建议曹爽强化藩王实力，但曹爽并没有采纳。此时，他认为自己已经稳操胜券，再无须借助藩王的力量了。

曹爽如日中天的时候，中书省的两位大员——中书监刘放和中书令孙资不约而同递上辞呈，以实际行动向所有人表明自己非曹爽一派。

曹爽确实取得了巨大胜利，司马懿则陷入被动，至少表面上看是这样的。

深夜，在一片黑暗的太傅府中唯有一间密室点着蜡烛。烛光摇曳，司马懿与司马师父子正筹划着对付曹爽的策略。

司马懿悄声问道："算算，你养的死士有多少人啦？"

"一千来人。"司马师回道。

"还不够啊……"

"远远不够。"

司马懿看着儿子，沉声说道："明天，我要生病了。"

公元247年（正始八年）6月，司马懿称病不朝。不是请一两天病假，而是从此再也不上朝了。正始年间，曹爽和司马懿第二回合角逐，至此以曹爽全面胜出告一段落。但是，人永远无法预知未来会发生什么。曹爽正乐得屁颠屁颠，完全不会料到，这仅仅是一个阶段性胜利，而最终的结果远远超出他的想象。

竹林之乐

就在这年盛夏的某个深夜，在河南郡一所简陋的房屋中，一张大床上躺着两个人，其中一人睡得死沉，另一人却辗转反侧，他因克制不住狂乱跳跃的思绪而无法安眠。

终于，这个饱受失眠煎熬的人再也忍不住了，他用脚狂踹在一旁酣睡的同伴："快醒醒，醒醒！都什么时候了，你就知道睡觉！"

这人名叫山涛，任职河南郡从事，被他狂踹的同伴名叫石鉴。

石鉴从美梦中惊醒，勉强睁开困倦的双眼，一脸茫然地望向山涛。

"夜深人静的，吵什么吵？"

"你猜猜，太傅卧病不朝是什么意思？"山涛看着睡眼惺忪的石鉴，冷不防冒出这么一句。

石鉴很崩溃，没好气地答道："你发什么神经？太傅卧病，跟你一个小小的郡吏有什么关系？"

"唉，你就没听到战马的嘶鸣？你就没看到暗藏的刀光剑影？"

"莫名其妙！"石鉴倒头接着睡。

山涛觉得这一脚算是白踢了。

翌日清晨，彻夜未眠的山涛忙忙叨叨收拾起行囊。

"你要干什么？"石鉴问道。

山涛不假思索地回答："辞官！归隐！"

石鉴目瞪口呆。

几天后，山涛果真辞去郡中官职，返回故乡河内怀县开始了隐遁生涯。

怀县的西边邻接温县，也就是司马氏的故乡，北边则邻接山阳，东汉王朝最后一个皇帝刘协在禅让帝位后徙居于此，被封为山阳公。

去山阳走走吧，无所事事的山涛尽情呼吸着自由的空气。他来到山阳县后，不知不觉走进一片竹林中。

这真是一个幽静的地方。山涛陶醉在竹林中，觉得自己永远都不想再出去了。这时，他的耳畔传来一阵优美缥缈的琴音。山涛循着乐声寻觅。在竹林深处，一所草庐透过薄雾逐渐显露出来，草庐前小溪潺潺，旁边的空地上坐着一个人，他的手指正抚弄着琴弦，琴音正由此而来。这人约莫三十岁，相貌英俊，弹琴弹得浑然忘我。

山涛不敢打扰，径自找了一块大石安静坐下，不多时，他便完全沉浸在这美妙的音律之中。

曲终，山涛仍久久不能自拔："美啊！"

忘情的弹琴者听到赞美声，才注意到身旁多了个人。

"先生是？"

"在下山涛，字巨源，禁不住琴音的诱惑，冒昧打扰先生，还望见谅！"

"知音难觅！知音难觅！在下嵇康，字叔夜。"弹琴者话音爽朗。

"刚刚那首曲子中仿佛有拼杀之意，又激昂壮烈，能否告知曲名？"

嵇康连声称好，又言道："既是知音，我先给你讲讲这首曲子的来由！"

山涛坐定，静心倾听嵇康的故事。

几年前，嵇康在洛水西岸游览，夜宿华阳亭。他一边观赏着星空下的洛水，一边抚琴弹奏。

这时，一个仙风道骨的老人悄然来到嵇康身边，听了一会儿，开口："把琴借我弹弹？"

嵇康将琴递给老人。老人当场弹了一首他从未听过的曲子，曲风激昂、沁人肺腑。

"这是什么曲子？"

"这曲子名叫'广陵散'，描述的是战国时代刺客聂政的事迹，所以旋律中多有刀剑之音，曲风刚劲，又悲壮不幸……"

"能否传授给我？"

"教你不是不行，但你要保证绝不把这曲子再传给别人。"

"我发誓，绝不传给外人！"

旋即，老人将《广陵散》传给嵇康，随后飘然而去。

嵇康精通音律，除了擅长弹奏《广陵散》，还写有《长清》《短清》《长侧》《短侧》四首琴曲，史称"嵇氏四弄"，与汉末名儒蔡邕的"蔡氏五弄"合称"九弄"。另外，嵇康还著有《琴赋》《声无哀乐论》等论述音乐的文章。

嵇康曾官拜中散大夫，妻子乃是曹操的曾孙女长乐亭主，但他在曹爽、司马懿两派激烈斗争时选择辞官隐居。嵇康和山涛都放弃了仕途，同样的价值观让二人很快变成知己。

这天，山涛照旧坐在嵇康旁边，一边喝酒，一边听琴。忽然，远处响起一阵悦耳的口哨声，与嵇康的琴声此起彼伏，遥相呼应。在魏晋时代，口哨被称作啸，配有独特的乐谱，很多人擅长此技。

"巨源，你听，那阵啸音清脆嘹亮，响彻云霄。"嵇康兴奋起来，拨弄了几下琴弦，意在邀请吹啸者到来。

口哨声果然越来越近。须臾，一位风度翩翩的士人出现在嵇康和山涛面前。

"在下阮籍，能遇到二位高士，真是三生有幸。"

这位阮籍，乃是"建安七子"中阮瑀的儿子。他和嵇康一样谙熟音律，吹起口哨据说能传好几百米远。正始年间，阮籍被蒋济征召为尚书郎，后担任曹爽幕僚。但是和山涛、嵇康一样，他也在朝廷局势险恶之际辞官归隐。山涛、嵇康、阮籍三人均精通玄学，俱是何晏、夏侯玄的忠实信徒，他们在政治立场上也倾向于曹氏，但为何在曹爽如日中天的时候纷纷选择隐居遁世？这有很多原因。首先，他们向往自由，对激烈的政治斗争唯恐避之不及；其次，他们也感觉到，曹爽的手段过于强硬，一场腥风血雨即将到来。

自此，山涛、嵇康、阮籍结为挚友，三人整天在竹林中饮酒作乐，畅谈音乐和玄学。《世说新语》中记载的一段趣闻，描写了他们甚笃的私交。

山涛的夫人韩氏眼见丈夫和嵇康、阮籍整天混在一起，不免心生疑惑，问道："你们三个每天形影不离，可我还没见过嵇康和阮籍，他们究竟是什么样的人？"

山涛笑道："在这世上，能做我朋友的，唯有他们二位。"

韩氏好奇心起："我想见见他们！"

"好！好！我请他们来咱家。"

翌日，嵇康和阮籍来到山涛家中做客。见天色已晚，韩氏借机劝二人留宿。

"我们留宿不太方便吧？"

"没关系，我去隔壁空房睡便是了。"韩氏笑盈盈地端上丰盛的酒菜，然后静悄悄退入隔壁房间，不再打扰他们。

其实，韩氏早在隔壁墙上钻了个孔。深夜，她便隔着墙洞偷窥嵇康和阮籍二人的言谈举止。

次日天明，二人辞别后，山涛兴冲冲地问道："你看他们够不够格当我朋友？"

韩氏抿嘴一笑："要我看，你才思比他们差些，不过见识和气度还行。"

一千六百年后，荷兰籍汉学家高罗佩在《中国古代房内考》中提到这段故事，煞有介事地认为山涛、嵇康、阮籍三人乃是活脱脱的断袖关系。显然，高罗佩的论点受限于东西方文化隔阂。若仔细分析，便知这纯粹是无稽之谈。因为没有哪个女人会被同性恋男人吸引，倘若三人有这种倾向，韩氏何以能通宵达旦地偷窥，恐怕早将二人踢出门外，并从此严格约束山涛不许跟二人鬼混了。事实上，山涛和韩氏感情美满，总共生有六儿四女，嵇康也和长乐亭主生有一儿一女，这在后面会讲到。

一天，山涛提议："我有个朋友叫向秀，也是同道中人，我想邀请他来竹林。"嵇康和阮籍欣然接受。

随后，向秀应山涛之邀来到竹林，并和嵇康、阮籍结为挚友。而且，向秀和嵇康不约而同对打铁产生了浓厚兴趣。二人打铁的逸事也载于史册。嵇康负责敲锤，向秀负责鼓风，玩得其乐融融。

向秀同样热衷于玄学，且对《庄子》研究极深。一次，他把自己掖了很久的想法告诉嵇康："我想给《庄子》作注解。"

嵇康说："《庄子》玄妙精深，倘若注解，反而会弄得言辞僵滞，失去本意，不如不注。"

可向秀依然坚持，待写完后，他把书拿给嵇康看。

嵇康看毕，大为叹服："真乃庄周再世啊！我之前不让你写，算我说错了。"

渐渐地，竹林中又来了几个志同道合的人。

刘伶是阮籍的酒友，但他喝酒的心境和阮籍截然不同。阮籍心存远大政治抱负，却郁郁不得志，借酒抒发抑郁；刘伶喝酒则满是奔放与豪迈，喜欢"裸喝"。在家的时候，他常常脱个精光纵情狂饮，有时候客人来找他，正好撞见这不雅的场面，便讥讽刘伶行为放荡。

刘伶反唇相讥："我以天地为家，屋舍为衣裤，你随便钻进我裤裆里，还嫌我不雅？"

阮籍又把自己的侄子阮咸拉进了这个妙趣横生的小团体。阮咸和叔叔阮籍一样知名，号称"大小阮"，他也精通音律，尤其擅长弹琵琶，到了唐代，由西域传过来的乐器被命名为琵琶，而魏晋时代阮咸所弹奏的乐器就以他的名字命名为阮咸。这种乐器被后世简称为"阮"。

阮咸天生有交际障碍，不擅长与人沟通。而他放荡不羁的行为，则比他叔叔阮籍有过之而无不及。一次，阮咸和族人饮酒，他把普通的酒杯扔在一边，以大瓮盛酒，几个人就这么围坐一圈，抱着大瓮畅饮。这时，一群猪也寻味而来，把头伸到瓮中喝酒。阮咸毫不介意："你们也是好酒的同道啊！"他索性跟着猪群共饮起来。

最后一个走进竹林的是王戎，他比其他六人年龄都小，和嵇康是忘年交。与众人淡泊名利不同，王戎极贪财吝啬。他家有几棵品质极佳的李子树，他想把李子拿去卖，又担心别人得到树种，于是把每个李子的核都钻了孔。这故事未免夸张，但王戎的吝啬确实到了令人咋舌的程度。

王戎走进竹林的时候，遭到阮籍的调侃："俗人来败兴喽！"

王戎揶揄道："你们能受俗人影响，可见不过如此嘛！"

像王戎这样的市侩人为何也能融入竹林团体？这是因为他们有诸多共同点。比如，他们均对玄学钻研极深，多年以后，嵇康、阮籍、向秀更是接替何晏与夏侯玄成为魏晋玄学领袖；他们都在当时杀机四伏的政治环境中采取避世的态度；而最重要的是，他们都对自由有着强烈的渴望。

嵇康、阮籍、山涛、向秀、刘伶、阮咸、王戎，一共七人，被后世称为"竹林七贤"。这七位名士，身处竹林之中，与外界的刀光剑影形如隔世，他们整天喝酒打铁、吟诗作赋、讲经论道，充满了欢声笑语。可是，这神仙一般的生活没能维持多久。没过几年，"竹林七贤"不得不再次卷入纷乱的尘世，并迎来迥然不同的命运。

正始八年（247），山涛的一个远方亲戚去世了。他这位亲戚身份极尊贵，乃是太傅司马懿的正室，也是司马师和司马昭的生母——张春华。

"巨源，你怎么不去吊唁？"众人的撺掇让山涛颇有些尴尬。

"亡者是我父亲同族姑姑的女儿，血缘很远，平素尚且没有来往，现在去吊唁，难道要外人指责我贪恋权势吗？"山涛不耐烦地解释道。

"那么多不着边际的人尚且挤破头去，你竟不去？"

"就是啊，你这有血缘的晚辈去吊唁，于情于理都是应该的吧？"

山涛犹豫再三，最后还是去了洛阳。

这个时候，张春华的葬礼正轰动京城。

"太傅节哀。"前来吊唁的人摩肩接踵，几乎将司马懿府邸的门槛踩烂。其中大部分人司马懿从未见过。

这位张春华生前性格强硬、手腕狠辣。东汉末年，她还只有十几岁时就为帮司马懿装病躲避曹操延揽，手刃家中婢女，以封锁内情。然而，张春华年老色衰之后，渐渐失去了司马懿的宠爱。

有次司马懿生病，张春华好心探望，不想司马懿指着她骂道："你个又老又丑的东西，以后别在我跟前晃悠！"最近这段时间，司马懿的心思都花在了宠妾柏夫人身上。

张春华顿觉五内俱焚，从此不吃不喝。

司马师、司马昭、司马榦（gàn）三兄弟见母亲受苦，内心不满，他们不敢明着违拗司马懿，便只好陪着一起绝食。

司马懿这才向张春华低头道歉。事后，他愤愤言道："老东西死不足惜，我只担心害苦了那三个好儿子！"

在祭奠的厅堂，震天的哭声响彻云霄，仔细看去，却只有司马师、司马昭、司马榦是发自真心的悲痛。其他人，甚至连司马懿，都丝毫没有哀伤之情。

司马懿斜眼瞟了一眼灵堂，悻悻地道："老太婆终于归西了。"

不过，值得一提的是张春华的母族——势力庞大的山氏家族。尽管司马懿冷落张春华，但这并没有影响司马氏和山氏的亲密关系。魏晋时代，山氏乃是支撑司马氏政权的重要力量。

这一家族中的佼佼者——山涛，此时此刻，当然不会预料到将来发生的事。

正始年：老戏骨

正始九年（248），曹爽在政权上完全压倒了司马懿。司马懿称病不朝，至今已一年多了。

"听说司马懿身患重病，快死了。"

对于这样的传言，曹爽无从确认，很想知道司马懿躲在家里究竟搞什么名堂。

这年冬天，河南尹李胜转任荆州刺史。毫无疑问，曹爽开始为将来替换荆州都督王昶做准备了。

李胜临行前，曹爽叮嘱道："你去向司马懿辞行，趁机观察他的病情。"

李胜肩负重任，叩开了太傅府的大门。

府中仆役见来者是李胜，慌忙向司马懿禀报。

"请到我寝室来。"司马懿也打算充分利用这绝佳的良机。他对婢女低声吩咐了几句，随即解掉发髻，披头散发地躺到床上。

时隔一年半，李胜总算见到了司马懿。只见床上的司马懿满头乱发、目光呆滞，完全是一副病入膏肓的模样。

司马懿吃力地从床上半坐起来，并颤颤巍巍地朝李胜伸了伸手，示意对方安坐，同时口齿含糊地对婢女吩咐："更衣……更衣……"婢女帮他披上衣服，一不留神，衣服滑落到地上。

"唉，老了，不中用喽。"司马懿又指了指嘴，喉咙里发出嘶嘶沙哑的声音。

婢女会意，赶忙端过来一碗粥，一勺一勺地喂给司马懿。

"咳……咳！"随着一阵咳嗽声，粥从司马懿的嘴里喷出，顺着他的胡子流淌到胸前。

此番情境，就连李胜看了都不禁黯然伤感，他怎么也想不到当年那个意气风发的权臣，如今竟是这么一副可怜相。

"太傅，下官得蒙恩宠，受命回本州任职，特来向您辞行。"李胜原籍荆州，又出任荆州刺史，故说本州，他毕恭毕敬地坐在司马懿床边，不时偷偷抬眼观察司马懿的神情。

司马懿深深喘了几口气，嘴里嘟囔："我命在旦夕之间，只怕今后再无缘相见了。听说你要去并州，并州接近胡人领地，你得小心应付。"

"太傅大人，下官是去本州，不是并州。"

"我知道，我知道，你去了并州，一定要好自为之。"

李胜无奈，只好换了个说法："太傅大人，下官是去荆州，不是并州。"

"哦……"司马懿发了好半天呆，似乎才反应过来，显得有些不好意思，"我耳背了，脑子又糊涂，原来你要去荆州，一定努力建功立业。今天与君一别，后会无期，我把司马师、司马昭兄弟托付给你，还望你以后尽力提携他们。"说罢，他命侍女把儿子唤来。

司马师、司马昭兄弟进了父亲卧房，毕恭毕敬地向李胜施礼："拜见李大人。"
李胜赶忙扶起兄弟二人。

司马懿看着此情此景，不由得老泪纵横，却什么都说不出来，唯有呜呜哽咽。

"陛下年纪尚幼，天下还仰赖太傅，请您一定保重身体！"李胜叹惋，不过，他确信司马懿根本没听到自己说了什么。

随后，李胜怀着复杂的心情辞别了司马懿，他满怀悲凉，心想：纵是政敌，但眼见他沦落到这般惨状，昔日的矛盾也可以一笔勾销了。

待见到曹爽后，他将府中见闻尽数告知，说着说着，忍不住眼圈发红："亲眼看见太傅病成那样，着实令人怆然。"

此事之后，曹爽彻底放松了对司马懿的戒备。

从李胜伤感的情怀，隐约可将曹爽党羽的心态窥知一二。然而，李胜以己之心度他人之腹，遗憾的是，司马懿不是这样的人。四十年前，司马懿曾装病躲避曹操的征召。四十年后，司马懿再次装病，这次，他却是为了彻底剿灭曹氏宗族最后的力量。

正始年：忧虑的何晏

在寂寥的太傅府中，司马懿若有所思地对儿子们说了这样一句话："凡事都不可过满，盛极而衰正是道家忌讳的。"

与司马懿有同样想法的人是何晏，近来，他常常失神一样自言自语道："盛极而衰，道家所忌啊！"

这天，曹爽幕僚应璩所著的《百一诗》被同僚竞相传阅。这本诗集中多有对当今时政的讽刺。

"这是谤书，应该烧掉！"众人看毕，纷纷谴责。

唯有何晏无奈地表示："烧掉大可不必，我看写得蛮有道理嘛。"然而，面对曹爽强硬的做派，他也没法扭转了。

散朝后，何晏意兴阑珊地回到家里。他怔怔地望着妻子金乡公主，仿佛是要做诀别。

"你这几天怎么魂不守舍的？"金乡公主满脸不解地问道。

"倘若有一天我何家面临灭族之祸，你和孩子可怎么办才好？"

金乡公主瞪圆了双眼："你在胡说什么呢？"

何晏叹了一口气，左思右想，终于将藏在心里很久的计划向妻子和盘托出。

翌日，金乡公主抱着孩子离开何府，返回娘家，并当着下人的面在母亲跟前声泪俱下地埋怨何晏的种种不是。没几天，何晏与金乡公主感情不睦的事就在街头巷尾传得沸沸扬扬。

晋朝小说《魏末传》中说金乡公主是何晏的同母妹妹。若是这样，何晏无疑被扣上了乱伦的帽子。但《三国志》中则明确记载何晏的母亲是尹氏，金乡公主的母亲是杜氏（也被称作沛王太妃）。从这里不难看出，晋朝人对何晏的诋毁到了什么程度。

在何晏诸多流传下来的劣迹中，最言之凿凿的，便是关于他服食五石散的记载。自魏朝时，何晏疯狂迷恋五石散，从此带动名士对此药趋之若鹜，并一直流行了五六百年之久。五石散又叫寒食散，由东汉名医张仲景发明，最初功效是治疗风寒，可这味药副作用极大，服食后皮肤燥热，必须喝热酒、狂奔出汗散发药性，否则很容易猝死。倘若只是这样，当然不会赢得名士连续数百年的追捧青睐，据说，五石散服后不仅神清气爽，更能增强性能力。何晏将自己的肉体和精神寄托在五石散的药性上，大约要归结于他承受的巨大心理压力。

连日来，何晏饱受失眠和多梦的困扰，对五石散的依赖也越来越强烈。

"五石散！快，给我拿来！"

仆役赶忙将五石散递给何晏。

嗑药后，何晏总算觉得舒服多了。可药性并没有持续很久，过了两天，比上一次更加剧烈的消极、悲观、厌世的情绪重新涌现出来。

明天会发生什么？后天又会发生什么？何晏陷入极度的恐惧和抑郁之中。

公元249年1月28日（正始九年十二月丙戌日），何晏把当时最著名的命理学大师管辂请到府里，满腹忧虑地问道："我最近总梦到很多青色苍蝇聚集在鼻头，怎么轰都轰不走，这有什么预兆吗？"

"物极必反，盛极必衰。青蝇聚在鼻子上乃是大凶之兆。"管辂直言不讳。

旁边的邓飏听得不爽："无稽之谈！"

"唉，勿对先生失礼。"何晏打断了邓飏，接着，他又跟管辂探讨了些命理学问题，试图缓解尴尬的气氛。

管辂被邓飏奚落得有些不爽，没聊几句即起身告辞。

何晏恭送管辂出府："再过几天就开春了，来年一定再向先生请教。"

"好，好，在下告辞。"管辂随口应承下来，但他心知再没机会与何晏相见了。

正始年：政变前夕

就在何晏向管辂寻求解答的同时，在太傅府里，尚书令司马孚、中护军司马师、议郎司马昭、司徒高柔（三公之一）、太仆王观这五人正与司马懿筹划一件惊天大事。五人中，太仆王观前文提到过，他曾受司马懿举荐担任河南尹，后来像皮球一样被曹爽踢来踢去。而司徒高柔则是初次提到，他是魏国四朝老臣，魏文帝曹丕时代，他官任廷尉（最高司法机构），曾因曹丕擅自诛杀大臣跟曹丕吵过一架。曹爽秉政后，他转任太常（掌管宗庙礼仪），掌握了几十年的司法大权遂被剥夺，后又官拜三公。

"过两天，陛下拜祭高平陵，曹爽、曹羲、曹训兄弟全部随同。"高柔说道。

"确定了吗？"

"确定了，先前大司农桓范还屡次告诫曹爽不能带着自家兄弟一起离开京城，曹爽开始还听，但自从李胜探望过太傅病情后，他就把这茬儿忘得一干二净了。"

"好。"

司马懿又转头问司马师道："你准备得怎么样？"

"总计三千名死士，全部蛰伏在洛阳城市井，只等号令一下，半天内即可集结完毕。"司马师此言一出，听者无不暗暗心惊。这件事，别说是高柔、王观，就连司马孚、司马昭也毫不知情。

"嗯！"

司马懿又目视司马孚，问道："奏表拟好了吗？"

"已经拟好了，请二哥过目。"司马孚掏出一封奏表。

这是一封针对曹爽的弹劾状。大意如下："臣昔日从辽东赶回京都，先帝（曹叡）在床前拉着臣的手，嘱咐以托孤重任。臣答应先帝：'武皇帝和文皇帝也曾把后事托付给臣，臣也从未辜负圣意，答应二祖以死奉诏。'（在这里，司马懿明显说了谎话，曹操临死前并未授命司马懿托孤辅政）如今大将军曹爽背弃顾命遗诏，败坏国事，僭越礼法，作威作福，擅自破坏诸营（指废中垒营和中坚营一事），将禁军据为己有，朝中要职皆安置亲信，结党营私，离间二宫骨肉（指将郭太后迁至永宁宫，和曹芳分离一事），导致天下动荡不安。臣受命讨伐逆贼，尚书令司马孚等人认为曹爽目无君上，其兄弟执掌皇宫禁军甚为不妥。因此，臣已奏明永宁宫郭太后（当然此时还并未奏明郭太后）。郭太后敕命臣率军废黜曹爽、曹羲、曹训兄弟兵权，将之罢免归家。"

司马懿看了一遍，眼睛盯在一句话上久久不动："……尚书令司马孚等人认为曹爽目无君上……"

"有什么问题吗？"

"……尚书令司马孚等人……"司马懿总感觉有点不对劲，突然，他问道："陛下祭拜高平陵那天，太尉蒋济去不去？"

"蒋济留在朝中，不会随行。"司马孚答道。

"好，那就在你的名字前加上太尉蒋济！"这份奏表不能有司马氏讨伐曹氏的意味，有了四朝重臣蒋济挑头，将会把己方置于正义的立场。

"可是，蒋济没参与咱们这事啊？"

"你放心，到时候蒋济根本没有回旋的余地。"

"谨遵兄命！"

旋即，司马懿对高柔和王观躬身而拜："高大人、王大人，明日可要仰仗了。"

高柔、王观颔首还礼："太傅尽管安心。"

司马懿、司马孚、司马师、司马昭、高柔、王观六人，便是即将到来的高平陵政变的核心策划者。

转眼到了曹芳拜祭高平陵的头天，司马懿一切准备就绪："子元（司马师字子元）、子上（司马昭字子上），早点儿回去休息，养足精神，明天就要迎来一场巨变了。"

这天夜里，司马懿穿过层层庭院，溜达到儿子的住处。他隔着司马昭房屋的窗户，看到屋里的蜡烛一会儿熄灭，一会儿点燃，他知道，这肯定是司马昭因过度紧张睡不着觉。他又走向司马师的屋子，还没到近前，只听屋里鼾声如雷。司马懿欣慰地笑了笑，不禁由衷赞叹司马师沉稳。他回想起四十年前，司马师刚刚出生的那天，自己曾立下宏愿，誓要将司马家族发展得无比壮大。

子元，为父绝不会食言的。

正始年：兵变高平陵

正始十年正月初六（公元249年2月5日）拂晓时分，曹芳带着大批朝臣浩浩荡荡地出了洛阳城南门，前往高平陵祭拜，曹爽、曹羲、曹训兄弟悉数跟从。

高平陵位于洛阳城外南边的大石山，魏明帝曹叡长眠于此。

上午，司马孚、高柔、王观悄悄来到司马懿的府邸。

"时机已到，十年的隐忍终于到头了！"司马懿犹如蜷缩的飞龙，即将直冲云霄。

随着司马师一声号令，蛰伏在洛阳城市井中的三千名死士，仅仅一个上午便集结于司马懿的府邸。

"大哥，这……"司马昭惊愕得一句话都说不出来。

在中领军曹羲、武卫将军曹训离开洛阳后，中护军司马师率领本部千余名亲信禁军，再加上他暗养的三千名死士，迅速形成洛阳城中一股庞大势力，这支军队以司马懿为首，声势浩大地往皇宫方向而去。很快，他们将要路过蒋济府邸。

"前头不远就是太尉府了。"司马师向司马懿附耳说道。

"好！全军列阵在太尉府门外。"司马懿坐在车里发出了号令。

数千人齐刷刷站住，府内的蒋济早已听到门外震耳欲聋的步伐声。

兵变？他明白了。是针对我吗？应该不是……

这位官阶仅次于太傅和大将军的魏朝元老重臣，此时浑身颤抖，几次伸手欲开门，却又不由自主地缩了回来。

他知道，无论来者何意，自己必须面对。终于，蒋济缓缓打开府门，只见大批军队摆出随时准备进攻的架势，在大军前头的，正是自己多年的同僚司马懿。有那么一瞬间，蒋济仿佛忘记了司马懿的容貌，他看到那张皱巴巴又略带笑意的脸充满杀气，竟变得完全像陌生人一般。

蒋济竭力让自己的语气显得平静："原来是太傅大人，怎么闹出这么大动静？"实际上，他的心都快要跳到嗓子眼了。

司马懿表情冷漠："子通（蒋济字子通），你我历经四朝，半生相互提携，今天我要奉诏讨伐朝中逆臣，特来邀请你随我进宫面见太后。"说罢，他从车里站了起来，向蒋济伸出右手，示意请蒋济上车，然后又转过头瞟了一眼身后的军队。这眼神分明是提醒蒋济已无退路。

蒋济一动不动："敢问谁是朝中逆臣？"

"曹爽！篡逆意图败露无遗！"司马懿仍然伸着右手，双眼直勾勾地盯着蒋济，静得宛如一尊雕像。

蒋济愣住了。昔日，曹爽排挤自己的往事，以及曹爽的父亲曹真跟自己大半辈子的深厚情谊全部浮现在脑海中。

他缓缓开口："请问太傅，事后打算如何处置曹爽。"

司马懿想了片刻，答道："罢免其官职，驱逐出朝廷，让他回家养老，保他后半生衣食无忧！"

蒋济缓缓吁了口气，心中暗思：子丹（曹真字子丹），倘若你在天有灵，可知我绝没有害你后代之意，我今天身不由己，但我发誓保你儿子平安，不会让你家绝了后。

"太傅一言九鼎。"他咬了咬牙，向司马懿伸出了手。

司马懿一把握住，把蒋济拉到自己车上。一直走出很远，他还牢牢地攥着蒋济，手心不知不觉早被汗水浸湿，不知是忘记松开还是不敢松开。

这一行人，官位最高的是太傅司马懿，和他同乘一辆车的是三公之首——太尉蒋济，后面还有一辆车，同样是位列三公的司徒高柔，再后面，是尚书令司马孚和太仆王观并马齐行，队伍的两旁，是中护军司马师和议郎司马昭两兄弟。大队人马引得道路两旁的百姓一阵骚动，少数人认得这几位重臣的面孔，震惊得不知所措。

"走在最前的不是太傅和太尉二位大人吗？后面还有司徒大人。"

"尚书令、太仆和太傅的二位公子也在啊？他们打算干什么？"

天下要大变了！

司马懿等人并没有去皇宫正南门，那里守卫最森严。他们从皇宫外一路向东北方而去。他们的目标，即是位于洛阳城东北角，存放武器装备的军事要地——武库。

去武库的路上不可避免要途经曹爽府邸。

这时候，曹爽的夫人留在府中，已获悉洛阳兵变的消息，坐立不安地问帐下督道："司马懿趁大将军不在发动兵变，如何是好？如何是好？"

"夫人勿忧！下官即刻将其射杀！"帐下督说罢，奔出厅房，径直登上府邸的门楼。他抄起弩，搭上箭矢，瞄准了正从府门外经过的司马懿。

在一旁的偏将孙谦见状，赶忙拽住帐下督的胳膊："你可别莽撞啊！"

"有何不可？"帐下督怒斥道，重新瞄向司马懿。

"天下大势，你还看不透吗？"孙谦一再拉扯，几次三番阻止帐下督射出箭矢。

帐下督动摇了："天下大势……要变了……"他沉吟着，缓缓放下紧握的弩。

司马懿抬眼看着曹爽府中高高的门楼，向孙谦和帐下督点了下头，一挥手，大军继续向武库而去。

不多时，武库被司马懿控制了，三千名死士换上皇宫禁军的甲胄和武器。

司马懿率军从洛阳城东北角的武库，就近来到皇宫北部的司马门。

"三弟、子元。"司马懿把司马孚和司马师叫到跟前，"你们率一千五百人守卫司马门，除了我们的人，谁都不准通过，否则立斩不赦！"

接着，司马懿与其他人继续往郭太后居住的永宁宫行进，无人敢挡。

皇宫宦官惊慌失措地跪在大军前，试图拦下司马懿："敢问太傅要去哪里？"

"觐见太后，奉诏讨伐朝中逆臣！"司马懿随口应道，却未因此停住步伐，军队眼看要从宦官身上碾压过去。宦官见阻拦不住，只得闪身避开，然后慌不择路地奔向永宁宫禀报。

俄顷，司马懿等人来到永宁宫外。

"子上，你率五百人守卫永宁宫，任何人不得出入，包括太后在内。"司马昭领命，率五百人将永宁宫围得水泄不通。

司马懿拉着蒋济，旁边跟着高柔、王观，这四人在几十名死士的簇拥下直接闯入永宁宫内面见郭太后。

"太傅，你……你要干什么？"郭太后的声音忍不住发颤。

"臣弹劾大将军曹爽，败坏国事，僭越礼法，心怀篡逆……"

郭太后几乎没听到司马懿说了些什么，只是隐约听到"曹爽"这个名字。看来不是要害我。郭太后只有这一个念头，她的心绪稍稍平复了下来。继而，她又看到了司马懿身后的太尉蒋济，有这位老臣在场，让她有了些许安全感。

"太傅要弹劾曹爽？"郭太后小心翼翼地询问。

"正是！"

在曹叡临死前才得宠的郭太后并不算个成熟的政治家，更何况，不久前她被曹爽强迁到永宁宫，失去了垂帘听政的权力。虽然此刻她的身份俨然是被武力胁迫的人质，但她的立场不知不觉向司马懿靠拢，脑海中浮现出和司马懿站在同一阵营痛击曹爽的局面。

"准奏。"她咽了一口唾沫，"不过，陛下跟曹爽在一起，太傅要对付曹爽可以，但须注意别伤了陛下。"

"臣领旨！还有一事。请太后任命司徒高柔代理大将军（取代曹爽的职权），太仆王观代理中领军（取代曹羲的职权）。"

"一切听凭太傅定夺。本宫这就传中书省下诏。"

"不必了。事态急迫，恕臣无礼，诏书已经拟好，只须太后恩准即可。"言讫，司马懿拿出事先写好的诏书呈献郭太后。

郭太后点点头，也没太仔细看，顺从地在诏书上盖了印玺。这份诏书便是司马氏将曹氏踩在脚下的许可证。

司马懿昂首阔步地走出永宁宫，随即，他根据诏书所写，让高柔代理大将军，王观代理中领军，分别稳住京都各营士兵。

二人领命而去。半个时辰内，驻守在皇宫内的禁军全部改旗易帜，成了王观的部下，留在京都的曹爽亲兵也纳入高柔之手。

这年，高柔已经七十五岁高龄，他的堂叔名叫高幹，乃是袁绍的外甥，在官渡之战后被曹操剿灭。高幹死后，高柔归顺曹操。起初曹操对高柔很不信任，甚至多次想找借口把他杀了，都因高柔忠勤职守而作罢。史书中的高柔，在归顺曹操后的四十多年，一直以魏国忠直正臣的形象出现，却在正始年间摇身一变，成了司马懿的亲密党羽，且亲身参与高平陵政变，不能不令人侧目。想来，这是因为他体内流淌着士族之血吧。在高柔心中，名门袁氏和高氏被曹操剿灭的情景仍历历在目，或许这四十多年里，他一直在等待着这一刻的到来。

至此，司马孚和司马师率一千五百人守卫皇宫司马门，司马昭率五百人包围郭太后的永宁宫，王观控制了整个皇宫内禁军，高柔接管了曹爽的兵营。这几位高平陵政变的主谋者均已占据京都最关键的要地，在拿下曹爽之前，就算天塌下来，他们也不会擅离半步。

司马懿则紧紧攥着蒋济的手，率军从皇宫正南门鱼贯而出，同时下令将洛阳十二座城门全部戒严。他靠着太后诏书、武力镇压以及太尉蒋济的影响力，将这场政变朝着合法化顺利过渡。

正始年：曹爽的忠臣

这个时候，部分忠于曹爽的官吏正想方设法逃出城，给曹爽通风报信。

"辛敞，快出来，跟我一起出城辅助大将军。"曹爽的幕僚鲁芝带着几名亲兵，在辛敞府门外招呼道。辛敞是魏国名臣辛毗的儿子。

辛敞没有立即回应鲁芝的邀请，他无比恐惧，慌忙向姐姐辛宪英求助："太傅全城戒严，似乎图谋不轨，怎么办？"

辛宪英虽是一介女流，却有着过人的智慧。几十年前，她还是二十来岁的时候，正逢曹丕被立为魏国世子。曹丕得知喜讯，兴奋地抱住辛毗欢呼雀跃。辛毗一回到家就把这事告诉了辛宪英。没想到辛宪英连声叹息："世子肩负治理国家的重任，理应心怀忧戚、谨慎小心，反而这么得意忘形，国运恐怕不能兴隆了！"

辛宪英可谓见解不凡。如今她已年近六十，见弟弟一脸慌张，只是平静地说道："太傅是想诛灭大将军。"

"那我到底要不要出城投奔大将军？"

"怎能不去？尽忠职守乃人之大义，即便看到陌路之人有难，也应该伸手援助，更何况你是大将军幕僚，抛弃主君、违背道义这种事不能干。不过，你并非大将军亲信，所以你只要随大溜，略尽职责也就够了。"辛宪英判断，司马懿剿灭曹爽后，第一要务肯定是收揽人心，必不会牵连无关紧要之人，更遑论辛家和司马家乃是世交，此举不至于让弟弟涉身险地，反而能成全弟弟忠义的名声。

"好，我听姐姐的！"辛敞相信姐姐的见识总是高人一等，二话不说就与鲁芝逃出城外。

与此同时，大司农桓范接到了一份诏令。

"大司农桓范，官拜中领军。"先前司马懿已经让王观行使中领军的职权接管曹羲兵营，他让桓范挂名中领军，乃是意图拉拢。

倘若接旨，应该会有一线生机，可这么干，道义何存？桓范思绪翻腾。

桓范的儿子劝道："陛下现在洛阳城郊外，您理应去投奔大将军，平定兵变！"

义士难做啊！桓范在儿子的劝说下艰难地做出了决定："备马，跟我出城！"

桓范带着儿子骑马飞奔至洛阳城南的平昌门前，却发现门口早已戒严。他勒住缰绳，对守城门候喊道："陛下有诏命我出城，速开城门！"

这名守城门候乃是桓范的故吏，他踌躇道："太后命令全城戒严，十二座城门皆不得放任何人通过。"所谓太后有令，自然是指司马懿的指令。

"混账东西，你难道忘了当年是我提拔的你吗？"

趁门候迟疑之时，桓范一把抢过门候手中的长戟，夺路奔出城外，往曹爽的方向而去。

"启禀太傅，大司农桓范从城南平昌门逃出！"

司马懿听罢一惊："智囊逃了！"桓范素多智谋，故而司马懿以"智囊"相称。

一旁，蒋济感慨了一句："驽马恋栈豆。"这话的意思是说曹爽顾恋洛阳的家人，肯定不会做出极端行为。他既反感曹爽，又顾念当初和曹真的交情，内心煞是纠结。

司马懿点了点头："是啊，纵使有桓范出谋划策，料想曹爽也难成事。"

在这场兵变中，除了被载入史册的桓范、鲁芝、辛敞，还有众多官吏也逃出洛阳，投奔到曹爽身边。

正始年：伊水之誓

曹爽驻军在洛阳南郊的伊水河畔，他已经从那些投奔自己的官吏口中得知京城兵变的消息。眼下，洛阳城内的皇宫禁军和受朝廷直接管辖的各中央军营无不被司马懿控制，曹爽只有征集驻扎在城外的屯田兵临时充当禁卫军。东汉末年，曹操创业伊始，在各州郡屯田，现今这些洛阳郊外的屯田兵成了曹爽仅有的依靠。随后，曹爽在伊水河岸边构筑起防御工事。他知道，司马懿很快就会跟自己兵戎相见。

之前，大司农桓范多次告诫曹爽道："曹氏兄弟万万不能同时离开京城。"可曹爽把这话当成了耳旁风，现在他只有后悔的份儿。

要是当初听进桓范的话就好了。曹爽正想着，只见远方尘土飞扬，两匹快马向自己这边飞驰而来。是桓范父子！

桓范跑到曹爽跟前，滚鞍下马，顾不得擦去脸上的汗水，急切言道："请大将军赶紧护送陛下移驾许昌，并召集各州郡将领勤王，剿灭司马懿！"许昌作为魏国第二都城，驻扎着大批可供调遣的军队。

曹羲在一旁听了，心想：这样干，势必会造成内战，况且，身在洛阳的家人如何是好？他狐疑道："这事非同小可。目前我们尚不知道司马懿到底要干什么，这么做，是不是太冒失啦？"他是个文化人，相当有学问，但在政治谋略上实在比曹爽还嫩。

桓范一听，急眼了："都到这个地步，你还看不出司马懿要干什么？曹家门户眼看就要崩塌了！去许昌是唯一的生路啊！"

曹爽的心思和曹羲差不多，他冲桓范摆了摆手："桓范，容我们再好好想想。"

"都被逼到绝路了，你们以为能全身而退？你们的书都白读了吗？就算是一介匹夫也不会自投死路，你们，你们简直连匹夫都不如！"桓范气得暴跳如雷。

除了桓范，之前和辛敞一起逃出洛阳的鲁芝也力劝曹爽："陛下在咱们这边，您奉皇命号令天下，谁敢不听从？不能束手待毙啊！"

该如何是好？也许桓范和鲁芝说得对。可这想法在曹爽脑中刚一闪现就熄灭了。不对，桓范和鲁芝一定是做出了错误的判断。

与其说这是曹爽的分析，莫如说是曹爽为放弃抵抗虚构出的理由。别看他在跟司马懿争权夺利时闹得鸡飞狗跳，但真到了临危之际，他还是暴露出了自己的本来面目——他本就不是一个能豁得出去的人。

与此同时，司马懿正苦口婆心地劝尚书陈泰、侍中许允、殿中校尉尹大目："拜托诸位一定要说服曹爽让他放弃抵抗，避免伤及陛下安危。"陈泰是陈群的儿子，许允是夏侯玄的挚友，尹大目是曹爽心腹。他们都是深受曹爽信任的人。

"太傅打算怎么处置曹爽？"陈泰等人问出了和蒋济一样的问题。虽然曹爽做过很多出格的事，但他毕竟是曹真的子嗣，是先帝留下的托孤重臣，无论如何都得留其一命，这是大部分魏国臣子心里的底线。

司马懿手指洛水，言道："我对洛水发誓，只罢免曹爽的官位，绝不会害他性命！"纵然后世人多会对赌咒发誓这种事不屑一顾，可对于当时人来说，司马懿此举无疑是把自己大半辈子积累的信用额度，连同数百年深受儒家文化熏陶、以信义作为价值观的社会风气都赌了进去。

接着，司马懿又跟三弟司马孚说："陛下风餐露宿，可别伤了身子，你赶紧准备帐幔和食物给陛下送过去。"

这番举动让陈泰等人误以为司马懿仍心系皇室，而且，他们自己的家族都被司马懿控制，此时也由不得他们反抗了。旋即，陈泰、许允、尹大目星夜赶赴曹爽营帐。

三人走后，司马懿又把蒋济请了出来："子通，麻烦你再给曹爽写封信劝他投降吧……"

少顷，陈泰、许允、尹大目来到了曹爽营中。

"请大将军以社稷为重，放弃抵抗！倘若魏国因此引发内乱，您怎么面对九泉之下的令尊和先帝啊！"陈泰和许允反复劝说。

尹大目也信誓旦旦："下官亲眼见太傅手指洛水发誓，绝不会害您性命……"

曹爽仍在两难间徘徊，但他心中的天平已逐渐倾斜。

须臾，侍卫禀报："太尉蒋济有书信送到。"

曹爽慌忙拆开信，只见上面写道："……太傅手指洛水为誓，只想罢免您的官位，绝无加害之意……"

在这场政变中，司马懿强行拉上蒋济入伙这着棋，走得相当漂亮。蒋济，这位魏国重量级的资深元老，自打上了司马懿的车，就身不由己地帮司马懿贡献出了不可估量的成功因素。现在，他这封劝降信对曹爽产生了巨大影响。而无论是蒋济，还是陈泰、许允、尹大目，也并非昧着良心说这番话，他们在得到司马懿的承诺后，确信曹爽放弃抵抗会是最好的选择。当然，他们或许有些吃不准，但在武力的胁迫下，也只能强迫自己相信司马懿了。

曹爽反复读着蒋济的信，内心也在劝说自己：眼前只有投降一条路可走了。可眼前明明有两条路？不！只有投降一条路！

2月6日凌晨4时左右，曹爽营帐内仍烛火通明。曹羲、曹训以及众多幕僚公卿仍在争论不休。

到底该怎么办？曹爽只觉得心绪凌乱，他有一种强烈的逃跑欲望。我想远离这一切……他的手摸到了腰间的佩剑，缓缓拔剑出鞘……

旁人见状，顿时鸦雀无声，齐刷刷盯着曹爽的举动。

曹爽抽出宝剑。

桓范等人期待着。举起来吧！只要振臂一呼，我等必誓死相随，不惜跟司马懿拼个鱼死网破！

然而，咣当一声，曹爽将宝剑扔到了地上："放弃抵抗！"

"大将军请三思啊！"

最无法接受的是桓范。他原本是司马懿笼络的对象，却为了道义，冒死前来投奔曹爽，如今竟被告知放弃抵抗。桓范万念俱灰，指着曹爽怒叱："我因为你，招来了灭族之祸啊！"

曹爽不敢直视桓范。他步履沉重地走进魏帝曹芳的帐中："请陛下免去臣大将军之位。"

"准……准奏！"曹芳十七岁，自继位以来，几乎没有机会说过一句"不准"。可此刻，即便如他这样稚嫩的头脑也隐约感到，对方的这个决定并不算明智。

司马懿得知曹爽放弃抵抗后，深深地松了一口气，他回忆起五十年前的往事。当时，司马朗苦劝家乡父老逃出河内，可乡人执意不肯，最终身陷兵劫。"世道太残酷了，大部分人都不敢面对啊！"司马朗这话深深烙在司马懿的记忆中。他冷笑了一声："曹爽与当年那些乡人一样，终归只是个凡庸匹夫罢了！"

而另一边，曹爽正宽慰着自己：只要能活下去就行，司马懿绝不会食言的。归根结底，他缺乏拼死一搏的魄力，强迫自己相信司马懿。这其实是大部分人的思维定式。

曹爽、曹羲等人回到洛阳后马上就被软禁起来。史书中记载，司马懿派了八百名民兵围住曹爽的府邸。为何是民兵，而非皇宫禁军？想必，这是因为皇宫禁军隶属曹爽多年，不被司马懿信任，而这些民兵，如果没猜错，正是司马师豢养的死士。八百名民兵在曹爽府邸外围修筑高楼，昼夜不停地监视着曹爽兄弟的一举一动。

"曹爽往东南墙去了！"

"曹爽回到厅堂了！"

无论曹爽干什么，高楼上的民兵都会高声呼喊。曹爽惶惶不可终日，急于想知道司马懿会如何处置自己。在巨大的心理压力下，他决定主动试探司马懿的意思。于是，他给司马懿写了一封言辞卑微的信："贱子曹爽诚惶诚恐，前几天家仆买粮至今未归，特向太傅借粮以解燃眉之急。"

曹爽的试探手段幼稚又缺乏骨气，甚至司马懿都觉得这实在有辱他亡父曹真的脸面。他当即派人给曹爽送去一百斛米。

米是有了，曹爽却没有命把米吃完。司马懿绝对要杀曹爽，然而，他毕竟当着那么多同僚的面指着伊水发过誓，要怎么做才能杀得名正言顺又不脏了自己的手呢？

正始年：冤案

曹爽被俘后，司马懿起用卢毓担任司隶校尉，钟毓担任廷尉。前面说过，司隶校尉负责监察弹劾京官，廷尉负责审理重大案件，眼下，魏国最大的案件便是如何裁定曹爽的罪名。卢毓和钟毓都饱受曹爽排挤，二人对曹爽恨之入骨。此刻，二人彼此心知肚明，向曹爽一党报仇的机会就摆在面前。

曹爽到底有什么罪？结党营私、擅权自重、收受贿赂，想来想去也就是这些了。姑且不用提几乎所有官员都会结党营私，即便这些罪名属实，说实在的，也不足以判处死罪，更何况之前司马懿还发誓说不会取曹爽性命。卢毓和钟毓暗中筹划了一番，最后，他们决定给曹爽及其党羽安上一个无论如何都没有活路的罪名——谋反。

魏国建国至今，最大的一桩冤案即将出现。

两天后，司隶校尉卢毓弹劾宦官张当贿赂曹爽，廷尉钟毓依法将张当缉拿，开始审理这桩贿赂案。

在廷尉大牢内，张当饱受酷刑拷打："我招供，我当年曾贿赂过曹爽，我全都招供了！"

"还有什么隐瞒的？"行刑者并不甘心。

"我贿赂过曹爽，除了这事之外，再无隐瞒。"

就这样拷打了许久，张当已经皮开肉绽，案情仍滞留在收受贿赂这个问题上。

"不对，曹爽、何晏他们企图谋反，你知不知情？"

张当吓傻了："从没听说过啊……"

"继续打！"

张当几度昏死过去，又几度被冷水泼醒，他痛苦难耐，最终屈打成招："我招供，曹爽是篡逆谋反，我全知道……"

"谋反定在什么时候？"

"我不知道啊……"张当实在无言以对。

"是不是定在三月？"

"是，是定在三月……"

"详细讲述，他在三月要干什么？"行刑者继续逼问。

"我不知道啊……"

"他要称帝！对不对？"

"对……曹爽密谋三月称帝。"张当痛苦得唯求一死。

"同谋者有谁？"拷问仍然没有结束。

你说有谁就有谁吧……张当再没有力气说出一句话了。

案情审理完毕，朝廷火速将曹爽及其亲信全部收监下狱。

钦差给桓范戴上枷锁，牵着他急匆匆地往廷尉走。

"不要推搡，我乃义士！"桓范大义凛然，内心却在哀叹：义士难做啊！

最终，廷尉正式公布此案定论——曹爽、曹羲、曹训兄弟，以及何晏、邓飏、丁谧、毕轨、李胜、桓范等人密谋三月谋反，证据确凿，按律夷灭三族。

所谓夷三族，根据东汉名儒郑玄的解释指父族、子族、孙族，也就是说，以上这些人再无后代留存于世了。不过，有一个例外，便是何晏五六岁的幼子。

早在高平陵政变发生前，金乡公主曾带着儿子亲自面见司马懿。

"我夫君为非作歹，我想把这孩子托付给太傅大人。"金乡公主哭哭啼啼地恳求。她与何晏感情不睦，早已传得尽人皆知。

有先见之明的，到底是这位金乡公主，还是何晏呢？司马懿揣测着，他不再深究，只是笑笑，接受了金乡公主的托付。

"看在沛王太妃和金乡公主的分儿上，就留这孩子一命吧。"司马懿最终放过了何晏的后代。

连日来，太尉蒋济一直为曹爽苦苦求情："曹真乃大魏元勋，不能让他绝后啊！"然而，司马懿没有搭理他。

2月9日，也就是曹爽向司马懿束手就擒的第三天，在魏都洛阳东市，号哭声、叫骂声响彻云霄。

"司马懿骗了我！"曹爽恨得咬牙切齿。

在曹爽旁边，何晏一言不发地跪在地上，他的目光沿着自己身体周围的地面画了一个圈。此是我何氏之庐……然后，他静静等待生命的结束。

这天，洛阳东市地上血流成河。魏国的权臣、改革者、曹氏社稷的支柱——曹爽，以及他的党羽——义士桓范、玄学领袖何晏等八族总计数千口人，无论老幼妇孺，皆被屠戮殆尽。

桓范的宗族——谯郡桓氏，因为跟曹氏、夏侯氏同乡，本属一等士族之列，但由于桓范牵扯进曹爽谋反案，这个庞大家族从桓范到他的子侄辈基本被杀光，只有极少数人逃脱。至此，谯郡桓氏走向没落。不过，在很久以后，我们仍会见到一位桓氏后人的惊天壮举。

以上，就是魏国高平陵政变的始末。在魏晋时代，这场政变也被称作"典午之变"。明朝学者胡应麟在《少室山房笔丛》中解释：典，意即司；午，十二地支中为午马，故此，典午隐指司马。

在这里，我们可以将曹爽、何晏等人做个总结了。

无论任何史书都把曹爽描绘成贪婪奢靡的腐朽势力。曹爽一党作为失败者，尤其是何晏，在史书中尽显小人丑态，他和邓飏、李胜等人都被冠以"结党营私"的恶名。客观来说，只要涉足政界就必然要结党，孑然一身根本无法立足，所谓"结党营私"，也就成了那些失败者的罪名。

回过头来说，曹爽的手段确实值得商榷，比如他对待郭太后、外戚甄德郭建、重臣蒋济、幕僚孙礼等人，因为他强硬的风格，这些本可以拉为盟友的人被他直接踢到对立阵营。说到底，从曹爽最后束手待毙可以看出，他只是一个心存远大政治抱负，充满干劲，却缺乏权谋的平庸者而已。

可能有人要问，曹爽是魏国权臣，甚至是曹氏社稷的支柱，这都不假，何以将他拔升到改革者的高度？曹爽究竟改革了什么？确切地讲，他改革的是官吏任免制度，也就是九品中正制。很多年前，曹丕和士族达成交易，以九品中正制作为筹码换取皇帝的宝座。从那时开始，魏国的豪门世家逐渐演变成一个个官吏加工厂，得益于此，士族的实力越发壮大，而司马家族则演变成士族中的巨擘。到了正始年间，曹爽要切断滋养士族的源泉，他在夏侯玄的倡导下推行激进的政治改革，并由吏部尚书何晏负责执行，将官吏任命权收归尚书台。可是，历史上的变法者大多结局很惨，比如著名的"商鞅变法"，商鞅最后被处以车裂酷刑，再如"王安石变法"，王安石被当时人骂成"乱臣贼子"，后遭罢免郁郁而终。这不奇怪，变法肯定要改变人们业已接受的习惯和规则，会让大批既得利益者蒙受损失，这肯定要招人恨。

鲁迅曾说过这样一句话："中国人向来喜欢中庸，如果你想要开窗户就得宣称拆屋顶，这时候中庸者才会冒出来同意开窗户。"那么曹爽干了什么呢？他真的要拆屋顶。因此，他遭到士族群起而攻之，最终导致败亡。

再说何晏，他任吏部尚书多年，执掌官吏任命大权，他在这个位置上的政绩，史书中有截然不同的两种评价。

黄门侍郎傅嘏（gǔ）贬损何晏说："何晏看上去沉稳，但内心躁动，热衷于逐利，不求务本，我看他一定会祸乱朝纲。"

傅氏一族是曹爽政敌。不用想，傅嘏对何晏恶语相向完全是由于双方政治派别不同。

《魏略》中写道，何晏选拔的官吏都是和他有私交的故人，也就是说，何晏任人唯亲。这成为当时的主流声音。可是，让我们继续在浩如烟海的史籍中搜寻何晏的行迹。《晋书》中记载，西晋直臣傅咸在一封奏疏中似乎不经意间提到何晏，他是这样说的："正始年间，何晏选拔的官吏，无论朝廷内外，都各得其才，被当时人交口称颂。"傅咸是傅嘏的侄子，傅氏一族与曹爽、何晏矛盾极深，倘若何晏没做出什么突出成绩，是绝不可能被政敌后代赞扬的。再者，这句话出自傅咸给皇帝的奏疏，可信度也颇高。所以，何晏这个吏部尚书应该做得很称职，曹爽推进的政治改革也成效颇丰。

正始年间在魏国历史上相当特殊，然而，史书中对这十年中的主要执政者——曹爽、何晏等人的描述可谓惜字如金，基本只有奢侈腐败、结党营私、嗑药等劣迹残留下来。

《三国志》的作者陈寿一方面迫于政治压力，另一方面，即便他想对曹爽、何晏等人有正面描写也无从下手，因为高平陵政变至《三国志》成书的这几十年里，有关曹爽、何晏等人的事迹早被付之一炬，追随其人化为灰烬了。不过，在《三国志·曹芳纪》中颇显突兀地收录了一段何晏写给魏帝曹芳的上疏。

这封上疏几乎成了肯定何晏人品的重要旁证，其大意是："善于治国者一定会先治身，治身的前提是学习世间正道，唯有身正，天下人才会跟从……因此，作为君王，同游者必选正人君子，阅览的书必为正理，远离淫邪之声和奸佞小人，如此心无邪念，方可弘扬正道……"这样一段话，很难想象是出自一个品行卑劣的小人之口。

清代史学家何焯认为："陈寿没办法给何晏平反，故特别收录这封上疏隐藏在曹芳传记中，让后人得以从其言中探知其行，以免何晏的形象在政敌口中被污蔑得无法翻身。"

正始年：落幕

正始年间，蒋济、卢毓、钟毓、孙礼、傅嘏等人或多或少都遭受过曹爽的打压。不过，在这场政变中，只有高柔、王观是政变的主要筹划者和执行者。这批人的心态不尽相同。

其中，卢毓、钟毓、傅嘏从此义无反顾地投身司马氏麾下。日后，钟毓仍担任廷尉，继续执掌魏国司法大权，卢毓在检举张当后取代何晏成了吏部尚书，手握官吏任免权。但与何晏不同的是，卢毓，这位吏部尚书同时兼任自己祖籍所在地幽州的中正官职务，因此，他自然会继续力挺九品中正制。傅嘏接替李胜成为新任河南尹，他摒弃李胜创立的新政，恢复正始以前的旧法。由此，曹爽、何晏等人历经数年经营的变革就在一夕之间付诸东流了。

卢毓、钟毓、傅嘏等人内心隐隐有种担忧："百年之后，世人会如何评论我呢？"事实证明，这种担忧未免多余。因为历史向来是由胜利者书写的，在史书中，这三人均以正臣和名臣的形象被载入史册，只有在只言片语中，才能模糊窥探其背后的隐情。

这里要讲几句。很多人认为所谓的正史虚假成分太多，更不乏偏激者认为全不可信。我们力求探究历史背后的隐情，但不能矫枉过正，凡事都需要谨慎甄别。通常情况下，政敌称赞政敌可信度较高，哥们儿称赞哥们儿基本可以无视。反之亦然。再有，若某人家族权势延续数代之久，那么他在史书中被记录下来的好事就得打个折扣，而要找出他干的坏事则需要花些心思。若某人官场失意，且子孙后代无权无势（更有甚者被灭族，譬如曹爽之流），那么，对于扣在他脑袋上的无数屎盆子就可以呵呵一笑了。要知道，政客一贯喜欢痛打落水狗，打死了都不忘踩上两脚。

再来说孙礼。他先前被司马懿举荐为并州刺史，曹爽死后被召回朝廷，接替卢毓成为司隶校尉。如今孙礼什么都明白了，他和曹爽之间的私怨被司马懿利用，可他也不敢公然反对司马懿，唯有把愤恨转嫁到卢毓身上，以此弥补内心深处的懊悔。

"是卢毓把曹爽置于死地的！"孙礼反复这样告诉自己。他和卢毓本是同乡，但相互仇视。未及一年，他便在忧愤中死去了。

当初，司马懿借助蒋济的资望赢得了政变，事后，他极力安抚蒋济的情绪，又连连上疏，请朝廷嘉奖蒋济："曹爽谋反伏诛，太尉蒋济立下大功，特晋爵都乡侯以示嘉奖。"

蒋济坚决推辞："曹爽伏诛，全赖太傅独断。若论谋划，我没有事先参与；若说战功，我也不曾统率诸军。无功不受禄。"这番话确实印证他没有深入参与高平陵政变，同时，他也希望能通过拒绝爵位让自己的良心好受些。

子丹，我失信了，九泉之下再无颜跟你相见。蒋济陷入对故友深深的愧疚中，两个月后郁郁而终。

魏国东战区统帅——扬州都督王凌，早在正始年间便已官拜司空，高平陵政变后，司马懿为笼络王凌，又让他接替已故的蒋济晋升太尉，并授予他假节钺的权力。王凌的待遇跟先前司马懿差不多，以三公的身份镇守边境。那些功勋卓著的藩镇重臣，尤其是东、南、西三大主战区的最高统帅，除个别突然死亡以外，到了老年被授予三公高位、解除兵权已成惯例，这是他们的必经之路。

西战区的雍凉都督夏侯玄就没王凌这么幸运了。他身为曹爽亲戚，更因为夏侯这个曾经给他带来无比荣耀的姓氏，而成为司马懿重点打击的目标。

几天后，朝廷敕使来到雍州，宣召夏侯玄回洛阳任京官，并让雍州刺史郭淮升任雍凉都督。郭淮终于实现了自己多年的夙愿，荣升西战区最高统帅。

郭淮上任后，自然引起当地部分亲曹爽的将领的恐慌。雍州将领夏侯霸是夏侯玄的叔父，他与郭淮关系不善，得知郭淮上台后越发不安，便企图拉侄子一起逃亡到蜀国。

"回京无异于自投罗网，不如跟我逃奔蜀国吧！"早年间，夏侯霸的父亲——魏国名将夏侯渊在与蜀国的战争中阵亡，蜀国对夏侯氏有着深仇大恨，可眼下，夏侯霸察觉到危机临近，也顾不得许多了。

夏侯玄回绝道："我绝不在敌国苟且偷生！"言讫，他从容坦荡地回到了魏都洛阳。要死要活，悉听尊便吧！

说实话，夏侯玄让司马懿相当为难。

到底杀不杀他？这人是朝野公认的"天下第一名士"，甚至连司马懿自己的众多亲信幕僚都是其"粉丝"，若草率处死他，不仅会激起夏侯氏的反弹，更会令世人不满。思来想去，司马懿最后只是收缴了夏侯玄的兵权，让他在朝中担任太常闲职（九卿），却没有害他性命。

夏侯玄离开雍州后，夏侯霸望着洛阳的方向，内心惆怅万分。司马氏早晚会成为篡国者，现在的魏国，我也没必要再有所留恋。想到这里，他抛弃了在魏国的一切——家人、官爵、回忆以及曾经的荣耀，只身南逃巴蜀，这全因他不想死在政敌手中。

就在魏蜀交界之地，夏侯霸一步一回头，恋恋不舍地望着雍州熟悉的一草一木。他缓缓地弯下腰，抓了一把魏国的泥土，举到鼻子前仔细地闻着。

"魏国的气味……"

闻了一会儿，他奋力将这泥土抛向身后："只有曹氏的魏国才是魏国，如今的魏国早已物是人非。"夏侯霸默默含着泪水。

半个月后，在蜀国北部阴平郡，一个衣衫褴褛的老乞丐蜷缩在路旁。他左顾右盼，期望能获得路人的帮助。

"请问，这是什么地方？哪条路通往成都？"夏侯霸迷失了方向，他饥困难耐，却无人回应。

就算爬也要爬到成都去，绝不能死在这穷乡僻壤。夏侯霸步履蹒跚，总算找到一处府衙："我乃魏国宗室重臣，要觐见大汉皇帝！"

官府不敢怠慢，很快验明夏侯霸的身份，将他送往成都。

魏国宗室重臣夏侯霸居然只身逃难到了巴蜀。刘禅和满朝文武大感惊诧之余，也立刻意识到，这是一桩值得大书特书的政治事件，正好可借此对魏国展开口诛笔伐的舆论攻击。

"你就是夏侯霸？"

夏侯霸落魄地点了点头。

刘禅起身相迎，亲切地搀扶起这位亡命之人，并言道："令尊（夏侯渊）当年并非被我父亲手刃，乃是在乱军中不幸遇害。"他试图排解夏侯霸心中的芥蒂。

接着，他又指着皇子对夏侯霸说："你看，他是你外甥啊！"

这是怎样一层关系？原来，五十年前，蜀国名将张飞无意间劫持了一名女子，一问之下才知这女子竟是夏侯霸的堂妹，张飞喜得名门之女，遂把这女子娶来做了妻子。后来，张飞和夏侯氏所生的女儿又嫁给刘禅做了皇后。

夏侯霸年六十有余，他的父亲夏侯渊死于跟蜀国的战争中，故国又沦为司马氏的囊中之物，内心凄凉不言而喻。这姓刘的皇子是夏侯氏外甥？夏侯霸暗自苦笑，曹氏和夏侯氏的时代都已经过去了，早晚有一天，蜀国的刘氏也会消逝，天下将尽收于司马氏之手。他对此深信不疑。

夏侯霸叛逃到蜀国后，他的儿子遭流放，亲戚为了避祸，也都和他断绝了关系，可有一个例外。夏侯霸的女婿羊祜（hù）没有因此休掉妻子，反而一如既往地恩爱。这位羊祜的姐姐羊徽瑜正是司马师的正室。故，有人赞叹羊祜重情守义，也有人揣测羊祜自恃与司马家族的关系才敢这么干。

除了以上这些重臣，那些在高平陵政变中站错了阵营的官吏基本没受到株连。司马懿法外开恩，将鲁芝、辛敞等曹爽故吏全部赦免。

不出辛宪英所料，辛敞等人未受到惩治。难道因为司马懿心存仁慈？当然不是。倘若他将曹爽一派的臣子尽数诛灭，恐怕魏国要处死一多半的官吏，司马懿权势再大，也不敢犯这样的众怒。

辛敞不由得感慨："我的见识的确远不如姐姐，险些就背负了不义之名。"得益于辛宪英的智慧，不仅辛氏受益，就连辛宪英的夫家——羊氏子嗣也在日后无比显赫，刚刚说的羊祜就是辛宪英的侄子。关于辛宪英的子侄辈，到了晋朝时还会有很多故事。

高平陵政变后，蜀国大将军费祎为此特别举办了一场别开生面的辩论大赛。

正方论点："曹爽兄弟都是凡庸之辈，骄奢淫逸、私树朋党、图谋社稷，司马懿将之剿灭，无愧于朝廷栋梁。"

反方论点："即便曹爽为政有不当的地方，也从未听说司马懿有过善意规劝，反而趁其不备将曹爽全族屠戮殆尽，这难道是恪守忠臣之道吗？倘若曹爽真要谋反，司马懿兵戎相向，就是毫不顾忌魏帝曹芳的安危。以此推论，曹爽绝非大奸大恶，可司马懿竟将他满门诛灭，致使魏国元勋曹真绝后，连身为曹操养子的大名士何晏也被杀害，的确有失世间公道。"

这场辩论终未有结果，公道也没有任何意义了。

公元 249 年（正始十年）2 月 18 日，朝廷派太常王肃（高平陵政变后，王肃重返政坛）携诏书，拜司马懿为丞相，赐食邑二万户。司马懿接受了食邑，但不接受丞相官位。随后，朝廷又要授予司马懿九锡之礼。九锡之礼是皇帝赐给功臣的最高荣誉，不过自从西汉权臣王莽、东汉权臣曹操接受九锡之礼后，这基本上已经成了篡逆权臣的标志。司马懿坚决推辞。他暗想：还不到时机，而且，这个时机恐怕自己有生之年都赶不上了。

当年，魏国臣子劝曹操称帝，曹操借用《论语》中的一句话加以回绝："施于有政，是亦为政。"意指施加政治的影响力就是执政，并非一定要有执政的名分。此刻，司马懿的心态也变得和曹操一般无二。既然有了执政的实权，要不要名分又有什么所谓？司马懿确信，虽然曹爽已死，但魏国还潜藏着无数支持曹氏的势力。短期内他不想再去刺激那些人的敏感神经。

曹爽一党被夷灭三族转眼过去了三个月，5 月，魏帝曹芳颁布改元诏令，持续了整整十年的正始年号宣告结束。在正始年间，魏国的政治环境发生了一系列巨变，正始年后，魏国再没谁能压过司马家族了。

南鲁党争：没有胜利者的战争

趁着魏国高平陵政变结束这段时间，让我们把注意力转到吴国，因为，已经持续数年的"南鲁党争"也即将步入尾声。

孙权在逼死丞相陆逊后，遂拜江北士人步骘为丞相。可步骘命不长久，仅在丞相位子上坐了一年就病死了。

步骘一死，无论是资历、名望，还是朝野舆论，都将下任丞相的人选指向朱据。这位朱据正是江东"吴郡四姓"中以"武"著称的朱氏家族大佬。而且，和已故的陆逊、顾谭、顾承等重臣一样，朱据也是太子党的中流砥柱。这种背景绝对不招孙权待见，但孙权迫于舆论，只能采取折中方案——让朱据代理丞相职权，但不正式拜朱据为丞相。

这对朱据来说不是好事。

公元 250 年夏，孙权突然颁布诏命，"幽禁孙和，让他闭门思过"。孙和究竟要静思什么错？恐怕就连孙权自己都说不清。他真正的目的，便是要引出太子党重臣——"吴郡四姓"中唯一幸免的朱据。可见，孙权借"南鲁党争"打压"吴郡四姓"，已经到了不计后果的地步。

果不其然，朱据等十几个大臣上疏求情："太子仁孝，没犯过错，不该无端遭受责罚！"

孙权当即打了朱据一百廷杖，并罢免其官位，其余跟在朱据屁股后头据理力争的大臣全部处死。

这事还不算完，紧接着，当年陷害张休、顾谭、顾承的中书令孙弘又跟孙权嘀咕朱据的坏话。

孙权责令朱据自杀。

这里要着重提一句，朱据的老婆正是孙鲁班的胞妹孙鲁育。按照常理，既然有这样一层关系，被孙权宠爱的孙鲁班理应保住妹夫一命。可情况没这么简单，前些年，孙鲁班曾想拉孙鲁育加入鲁王党，遭到妹妹断然拒绝。之后，孙鲁班便视妹妹一家为政敌。

孙权甚至不记得自己对江东豪族的刻骨仇恨源起于什么时候了。如今，江东"吴郡四姓"——以文著称的张氏、以武著称的朱氏、以忠著称的陆氏、以厚著称的顾氏，其家族大佬无一例外遭到孙权的残酷迫害。半个世纪后，顾雍的孙子顾荣（顾谭、顾承的堂弟）帮助琅邪王司马睿建立东晋，定都建邺，顾荣成为东晋开国功臣，顾氏家族在江东的声望空前壮大，而另外三姓——张、朱、陆则或多或少没落了。如此看来，文、武、忠、厚，还是厚重最有用，这难道不是反映人生哲学的至高智慧吗？

近些年，吴国老资格的重臣诸葛瑾、顾雍、陆逊、步骘、全琮、朱然相继亡故，诸葛恪一路蹿升，已经升到大将军高位。不过，诸葛恪在经历了这场旷日持久的"南鲁党争"后，越来越觉得孙和被废已成定局。

不能再死抱孙和不放了。他悄悄地抽身而退，另外，他的长子诸葛绰大概是得到了他的默许，名正言顺地投身鲁王孙霸门下。

孙和与孙霸之间只有一个胜利者，孙和败局已定，孙霸必成新任太子。包括诸葛恪在内的众多吴臣都对此深信不疑。

然而世事难料，所有人都猜错了。孙和与孙霸之间，并非一定要有人胜出。

父亲，父王，父皇。这么多年来，孙权在孩子口中的称谓不断升级，但同时，他和亲人的感情也在不知不觉中消弭殆尽。就在这年秋天，孙权决心将"南鲁党争"彻底做个了断。

"废除孙和的太子身份，流放故鄣！"吴国半数的臣子大惊失色，还没等他们回过神来，孙权紧跟着又下令："鲁王孙霸，赐死！"另一半臣子几乎昏死过去。孙和与孙霸都是孙权的亲生骨肉，既然废了孙和，为什么又要杀孙霸，孙权居然做出这么个荒谬的决定，吴国政坛登时掀起轩然大波。

几十个孙和、孙霸的死忠派臣子，或被诛杀，或被流放。当时，鲁王党中实力最强的全琮已死，他虽不属于"吴郡四姓"之列，但毕竟也是吴郡豪族，在"南鲁党争"的尾声中，孙权没有忘记全氏，捎带着将全琮的次子全寄处死了。这回，连孙鲁班也是两眼干着急，一点劲儿都使不上。

诸葛恪同样没能在这场动荡中全身而退。孙霸被处死后，孙权冷冰冰地甩给诸葛恪一句话："听说你儿子诸葛绰阿附孙霸，你自己看着办吧！"

诸葛恪闻言，汗流浃背。

他神情恍惚地回到家，把诸葛绰叫到身边。他耷拉着脑袋，甚至不敢抬眼看儿子，也不知如何开口，最后，他叹了口气道："陛下觉得你和鲁王走得太近了。"

诸葛绰瞅见父亲惨白的脸色，心下已经明白了一切。他什么都没说，只是静静等着诸葛恪的决定。

"眼看咱们家就要面临一场大祸……"诸葛恪颤颤言道。纵然千百个不忍，但他最终还是狠下心，说出了那句让他心如刀绞的话："为父希望你能以自己的性命，换来咱们全家的安全。今夜，咱们父子就一醉方休吧！"

父子之间摆着两樽酒。诸葛恪拿起其中一樽，痛苦地闭上了眼睛。诸葛绰泪流满面，颤抖着拿起了另外一樽，一饮而尽。

是夜，诸葛绰饮毒酒身亡。

孙权对诸葛恪的做法相当满意，没再为难诸葛恪。而诸葛恪在牺牲长子后，即将迈向他人生的巅峰。

持续近十年的"南鲁党争"总算是结束了，从时间线上讲，这场发生在吴国的浩劫几乎和魏国正始年间的派阀之争并行。不过，魏国的派阀之争最后以司马懿获胜而告终，但吴国的"南鲁党争"，可以说，这是一场没有胜利者的战争。孙鲁班因私心挑起了一场几乎毁灭吴国社稷和孙氏皇族的大动荡，却出乎意料地得到了孙权的支持。如果说最初孙权是为打击"吴郡四姓"勉强有点道理，但在最后孙权居然诛杀孙霸，又流放孙和，并将两派臣子尽数处以重刑，他究竟图的什么，没人能猜得透。后世有人分析说这是孙权获悉魏国高平陵政变的消息，担心吴国发生类似事件才对重臣痛下杀手，这种说法全然没有道理。因为陆逊、顾谭等重臣在高平陵政变四年前就被孙权整死，就算他要搞朱据，也没必要搭上自己的两个儿子。况且，他最后还把一直围着自己转的全氏和诸葛氏两家得罪不浅。

就在"南鲁党争"过去两个月后，孙权总算敲定了新的太子人选——最年幼的儿子，时年八岁的孙亮。倘若他将魏国高平陵政变引以为戒，就不会干掉年长的儿子，立一个幼童当太子。这实在是不可理喻，或许只能归咎孙权晚年日益严重的狂悖和昏聩。

总之，吴国政坛在历经十年腥风血雨的"南鲁党争"后，随着八岁的孙亮坐上太子位，总算暂时恢复了平静。

孙亮一成太子，孙鲁班便对孙权言道："父皇，我看全尚的女儿（全琮的孙女）聪明伶俐，美艳非凡，不如就许配给弟弟孙亮吧。"

这话的言外之意是，将来全氏家族能成为孙亮的靠山。孙权应允。这里先提一句，吴国孙氏皇族向来不重视婚姻伦理，论辈分，孙鲁班等于把孙女嫁给了弟弟。往后，我们还会多次讲到孙氏皇族内部乱七八糟的婚姻关系。

孙鲁班这一通折腾，把吴国政坛搅得天翻地覆，最后，她自认给夫家全氏（当然也是为她自己）运作了一笔一本万利的买卖。可她万万不会想到，这看似成功的政治投资将来会带给她怎样的后果。

第二章　盗亦有道

淮南一叛：出师不利

正如司马懿估计的那样，反抗的火焰并未随着曹爽的死而熄灭。

公元 249 年秋，高平陵政变过去了大半年，在魏国东战区的扬州淮南郡，一股反抗司马氏的火苗冉冉而生。

扬州都督、太尉王凌正和他的侄子、兖州刺史令狐愚密谋着一个大胆的计划。

"你的意思是希望我举兵攻伐司马懿？"王凌捋着自己雪白的胡须，颤声问道。他时已七十七岁高龄。

令狐愚坚定地点着头："大将军（曹爽）被老贼司马懿灭族，曹氏社稷危如累卵。是可忍，孰不可忍！"

令狐愚因受曹爽举荐才当上兖州刺史。王凌年轻时更受过曹操莫大的恩情。

五十多年前，汉末暴臣董卓被王允刺杀，很快，董卓余党又杀了王允。王凌即是王允的侄子。在那场浩劫中，太原王氏十几口被抄斩。唯有王凌、王昶几个兄弟侥幸逃脱。后来，王凌落败获罪。曹操得知，感念王允故人之情，特别赦免王凌罪行，并聘王凌为幕僚，从此，王凌仕途坦荡，扶摇直上。

王凌心里自然有杆秤，一边是对曹氏的感恩，另一边则是对司马懿的恐惧。

"要对付司马懿，谈何容易？"他忐忑地道。

"舅舅，您难道忘记了太祖武皇帝（曹操）的恩德吗？"

"不，我不会忘记……"王凌艰难地摇了摇头，"我只是……只是担心……"

"您的担心，外甥自然理解。但是，您身为大魏三公，眼见曹氏社稷陷于危难，岂能置之不理？更何况，雍凉都督郭淮是您的妹夫，荆州都督王昶是您的族弟，真到举义的时候，这两个人都有可能拉拢过来。如果一切顺利，您的扬州军，再加上我的兖州军、王昶的荆州军、郭淮的雍州军，四股大军包围京都，赢面还是很大的！"

西战区统帅郭淮和南战区统帅王昶确是王凌的亲属，但同时，他们也是司马家的嫡系亲信。王淩并不确定这两个人到时候会不会站在自己一边，或者说，站在曹氏一边。不过，想到曹操昔日对自己的恩情，还是让他胸中涌出一股热血。

王淩凝视着外甥。良久，他艰难地点了点头："好，那你说，我们要怎么做？"

令狐愚见说动了王淩，眼中闪烁光芒："外甥认为，当今陛下年幼，被司马懿牢牢控制在手里，无论如何都扶不起来。所以，为了曹氏社稷，我想拥立一位新皇帝！"

王淩惊叹外甥的魄力："你要立谁为帝？"

"楚王曹彪！"

楚王曹彪是曹操的儿子，时年五十多岁。曹丕压迫藩王，曹彪一生六次改易封地，最后被转封到楚，也就是淮南，他所在的藩国就在王淩辖区，联络方便。

王淩同意。

公元 249 年 10 月，令狐愚派亲信密会楚王曹彪，将自己和王淩的计划告知。

曹彪听毕，内心上下翻腾，渴望与恐惧复杂地交织在一起。他想起几十年前相术大师朱建平给自己算过命："您在五十七岁的时候恐有刀兵之灾，请一定要谨慎预防。"这一年，曹彪五十五岁，即将迎来五十七岁大劫。

可他转念一想：当年朱建平还说我兄长曹丕有八十高寿呢，却不想四十岁就死了……称帝这种事，纵然九死一生，也值得一试。

曹彪接受了。

随后，令狐愚不遗余力地给曹彪造势，兖州不断出现各式各样的奇闻怪事。

"听说昨晚白马河中跳出了一匹神马，在牧场狂奔，当地牧马全都跟着这匹神马跑，神马跑了几里，又跳回白马河里了。"楚王曹彪曾被封为白马王，此为附会之意。

没几天，又流传出这样一句童谣："白马素羁西南驰，其谁乘者朱虎骑（曹彪字朱虎）。"

这些造势方式，无异于天命神授之说，如昔日刘邦起义之初剑斩白蛇，如陈胜让人往鱼肚子里塞进一张字条，写着"陈胜王"，略无新意。令狐愚刻意散播这些奇闻自有目的，他们要干的事无异于蚂蚁撼大象，非人力所能及，大概只有通过神的帮助才能让他们成功。他们的神就是舆论，或者称为民心。

与此同时，王凌也给身在洛阳为官的长子王广写信告知此事，让儿子早早准备脱身。

"这是取祸之道啊！"王广大惊失色，回了一封言辞恳切的信，劝父亲打消这念头。

王凌踌躇不决。

是年12月，更让王凌堵心的事发生了，令狐愚突发重病去世。

王凌只好把计划暂且搁置下来。

淮南一叛：求生

公元251年初，吴国东线驻军堵塞涂河，洪水将魏国淮南很多地区淹没。

眼看东战区掀起波澜，王凌抓住契机上奏朝廷，请求出兵讨伐吴国。只要朝廷一答应，王凌立刻就能调动治下的扬州军。

司马懿本不信任王凌，自然不准他擅自用兵。

王凌提议被否，内心更加不安。自令狐愚死后，他那些曾参与其中的旧日幕僚早就各奔东西，谁知道会不会有人把谋反计划泄露出去？这事越拖延就越危险，还不如放手一搏。

于是，王凌怀着破釜沉舟的心态试图拉拢令狐愚的继任者——新任兖州刺史黄华。

黄华得知后，当即将此事密报太傅司马懿。司马懿大惊失色。

公元251年6月初，司马懿调集数万中央军，发兵淮南。他顺颍河走水路疾行，仅九天就走了一半路程，抵达豫州项城。司马懿这番行军可谓神速，他必须赶在王凌毫无防备且来不及串通雍凉都督郭淮和荆州都督王昶的情况下兵临淮南。

途中，司马懿命令随军出征的王广给王凌写一封劝降信。王广无奈从命。

几天里，王凌一直焦急地等待黄华的回音。就在这时，他接到了儿子的来信。

莫非京都有事发生？他狐疑地拆开信，瞬间吓得面如死灰。

儿子在信中写道："兖州刺史黄华密报您谋反，司马懿亲率数万大军不日将兵临淮南，朝廷已发出赦免诏书，声称若放弃抵抗，可保父亲性命无虞……"

王凌明白，一切都完了。他既没有争取到兖州刺史黄华的支持，又无法仓促调动扬州兵马。或许还有一线生机。他的目光停留在最后一句话上："……可保性命无虞。"这话听上去是那么耳熟，他不禁想起两年前司马懿对曹爽的许诺，可身陷绝境，加上赦免诏书，让王凌拼命想抓住这最后一根救命稻草。

是夜，王凌掌灯执笔，给司马懿写了一封言辞卑微的忏悔信：

"昔日，令狐愚妖言惑众，臣也曾责骂过他。但是，这大逆不道的事还是传了出去，臣无地自容。听闻太傅亲率大军将至，罪臣身陷穷途末路，纵使身首分离，也无以为恨。又听闻承蒙恩典赦免臣死罪，罪臣决定只身乘船相迎，期望能亲自面见太傅谢罪。"

王凌反复读了好几遍，最后，又在信的末尾加了一句："生我者父母，全我性命者太傅！"

这封信被记载于《魏略》中，王凌写毕，命人快马加鞭送交司马懿，然后他携带着印绶和节钺，乘船沿颍河溯流而上，亲自拜见司马懿谢罪。

淮南一叛：负卿不负国

几天后，颍河之上，一只单薄的孤舟迎着数十艘巨大的战船缓缓划去，孤舟上站着的正是王凌，他不住地向前眺望，试图找到司马懿的身影。愈加逼近的战船压迫得王凌几乎喘不上气。

"快，把我绑起来！"王凌对身边的随从吩咐，接着，他扑通一声跪倒在船头，向司马懿的方向叩拜，口中高呼："罪臣王凌来迟！"

"那人是王凌吧？"战船上的军士伸手指着不远处的小舟议论。

司马懿闻言，向船头踱了几步，冷冷瞟了一眼，道："把他接过来，解开他的绳索，好生安顿。"

一队军士驾船向王凌迎面驶去，领头的将领问道："来者可是王太尉？"

"正是罪臣。"王凌自缚着，跪在舟中。

"请上船。"将领把王凌客气地接到朝廷战船上，并解开他的绳索。

旋即，王凌掏出印绶和节钺递给禁军将领："劳烦将军交给太傅。"

将领略一迟疑，没有伸手去接："太傅没吩咐我索要您的印绶。"

莫非司马懿真打算宽恕我？将领不经意的话让王凌更加心存侥幸，他迫切地恳求道："快带我去见太傅，我要面见太傅谢罪！"他想：只要能亲眼见到司马懿，也就能明确知道自己的命运了。

然而，无人应答。

"太傅大人！太傅大人！"王凌左顾右盼地呼喊。终于，他瞧见司马懿的身影，遂向前趋步，企图离司马懿近些。

"罪臣王凌承蒙圣恩，前来谢罪！"王凌心里苦苦哀求：当初，我和你大哥司马朗是至交，盼你顾念旧日情分，饶我一命吧。

司马懿不屑地哼了一声："挡住王凌，我不想见他！"

数名侍卫竖起长戟，横架在王凌面前，将他拦在距司马懿十余丈开外。

司马懿还是没有原谅我……王凌恍惚间明白过来，可仍希望奇迹发生，他遥望着司马懿喊道："太傅，您只须一纸令下，我怎敢不听命，何必亲率大军到此！"

司马懿冷笑道："恐怕你不是召之即来的人吧？"

王凌总算清醒了，知道自己必死无疑："太傅负我啊！"

"我宁愿负卿，也不负国家！"所谓不负国家，指的分明是司马家族的权势。接着，司马懿命人押送王凌返回洛阳，自己继续往淮南收拾残局。

王凌独坐在船舱中，对死亡充满了恐惧，但还是心有不甘，打算最后再试探一下司马懿的意思。

王凌对看守他的侍卫说道："能否劳烦将军帮我给太傅传句话……就说……就说……罪臣想索要些钉棺材的钉子。"

侍卫听完，即去面见司马懿："太傅大人，王凌向您索要钉棺材的钉子。"

司马懿领会了王凌的意思，这让他回想起两年前曹爽被囚禁后向他乞求粮饷的情景："拿去给他。"

侍卫回到王凌所在的船舱，将钉子撒落到王凌的面前。

王凌万念俱灰，知道自己再无活路。他怅然望着船舱外颍河岸边的景色，喃喃念叨："这是什么地方？"

"豫州项城。"不远处一名负责看守王凌的朝廷官员应声而答。这人面色黝黑，长相奇丑，乃是王凌故交贾逵的儿子贾充。

王凌继续向颍河岸边眺望。一座祠堂赫然出现在他的视线之内。

那不正是贾逵的祠堂吗？贾逵生前官拜豫州刺史，他死后，豫州百姓追思怀念，遂在当地为他设立祠堂。

王凌遥望祠堂，心境沉浸在几十年前和贾逵、司马朗两位挚友欢声笑语的时光。突然，他对着贾逵祠堂放声高呼："贾梁道（贾逵字梁道），王凌乃大魏忠臣，唯你泉下有知，能明了我一片忠心哪！"

站在后面的贾充听闻，心底充满了对王凌的不屑。可笑可叹，我父早已故去二十余年，你对社稷的忠心，还是到九泉之下跟他老人家去诉说吧！

现在，王凌唯盼能保住儿子王广一命。他伸手入怀，掏出之前王广劝阻自己的信笺，递给贾充："请把这信转交给太傅。"

贾充接过信，点了下头。

当日深夜，王凌于船舱中服毒自杀。

王凌死后，他的长子王广被押送到司马懿面前。

司马懿已经看过那封信，道："听说你当初曾劝过你父亲，倘若他听了你的话，也不至于落得如此结局。我念你一片忠心，想赦免你的死罪。"

王广回答说："我当初之所以劝阻家父，皆因时机不成熟。家父是太傅口中的叛贼，实乃魏室忠臣；我是太傅口中的忠臣，实乃魏室叛贼。家父不幸事败身死，我也绝不苟且偷生。"言讫，王广拔剑自刎。王凌的另外几个儿子在不久后都被处以极刑。

淮南一叛：残局

王凌一门惨遭族灭，在王凌的众多亲眷中，有一人身份颇为特殊，这人是王凌的妹妹，同时也是雍凉都督郭淮的夫人。

王凌死后几天，远在雍州关中地区，负责收捕犯人的官吏将王凌的妹妹押解回京，等待她的无疑将是斩首。

　　在郭淮的府邸，他的五个儿子痛哭流涕，恳请父亲保住母亲。

　　"咱家数次协助太傅，现在，他怎能如此对待咱们？"

　　郭淮一生纵横沙场，从未怕过敌人，可此时此刻，他因惧怕司马懿的权势无法保护夫人："我何尝不想把你们母亲追回来啊！"

　　听他这样一说，五个儿子哭得更加悲切。

　　"您身为雍凉都督，手握重兵，一定能保全母亲性命！"

　　郭淮不由得潸然泪下，不过，哀伤的情绪并没有阻碍他的脑细胞飞速运转："想救人，单凭咱们还不行，你们去问问众将官和那些羌族族长的意思吧……"

　　雍凉将校和羌族部落都受过郭淮夫人的恩情，当他们得知这一消息，难掩悲愤，纷纷请求郭淮追回夫人。

　　"将军，不能任由他们把夫人押走！此一别，再无相见之日！"

　　"请将军派人追回夫人，我们愿一同上奏，请求朝廷开恩。"

　　事情闹得越来越大，最后，竟有数千人聚集到郭淮府邸周围请命，眼看着雍州即将发生一场不小的动荡。郭淮的儿子们见此情景，纷纷跪地叩头，以至额头血流如注："求您派人把母亲追回来吧！若母亲遭受不幸，我们也不活了！"

　　郭淮老泪纵横，对前来请愿的众人拱手施礼："我郭淮在此拜谢诸位了！"

　　言讫，他高声下令："追回夫人！"

　　闻听郭淮的军令，顷刻间，数千人翻身跃马疾驰而去。当天，众人就带着郭淮的夫人回来了。

　　夫人是平安归来了，但郭淮也犯下了抗命拒捕之罪，如何是好？他抱着不惜鱼死网破的态度给司马懿写了一封信。

　　"臣的五个孩子舍不得母亲，他们已决定随母同赴黄泉，若没有这五个孩子，也没有我郭淮！臣自知犯法，甘愿受罚！"郭淮传达给司马懿的意思是：夫人没了，就意味着自己家破人亡，倘若真被逼到这份儿上，自己身为雍凉都督，绝不会坐以待毙。

　　司马懿斟酌着信中的每一个字，同时，他也听说了雍州的民意。良久，他长叹了一口气，传令下去："将郭淮的夫人赦免吧……"

王凌的妹妹，成为王凌家眷中的唯一幸存者。

庞大的太原王氏中，王凌这一支算是彻底绝了，可另一支王昶依旧显赫。很显然，王昶完全没有参与族兄王凌的计划，日后王昶更是光大了太原王氏，他的子孙俱成为西晋重臣。

几天后，司马懿亲临寿春，稳定当地局势，并将王凌谋反事件中有牵连者一一处决。受刑者不仅仅局限于活人，还包括死人。令狐愚的坟墓被挖得乱七八糟，尸体被悬挂在寿春市集暴尸三天。除了这些人，此案中的另一位主角楚王曹彪颇令司马懿棘手。

"难道要审理藩王？"

"不如直接定他的罪，让他自裁吧。"

于是，这件事绕开了司法程序，未经由廷尉当面审理，而是由朝廷下诏直接勒令曹彪在藩国内自尽。临死前，曹彪又回想起当初相术大师朱建平对他说过的话："您在五十七岁的时候恐有刀兵之灾，请一定要谨慎防范。"这一年，曹彪刚好五十七岁。另外，曹彪藩国内的数百名幕僚属官也都被处死了。

曹彪一死，楚国即被削除，划归淮南郡。淮南郡北至平阿，中有寿春（魏国扬州都督的驻地），南至合肥（防御吴国的军事重镇），这里正是魏国历届扬州都督的管辖范围。王凌是第一个在淮南掀起叛乱的藩镇重臣，却不是最后一个。淮南，也注定成为魏国晚期一个传奇之地，在往后的故事里会多次出现。

现实主义者

公元 251 年 6 月，司马懿处理完王凌和曹彪，忽然感觉精力从自己身体里飞速流失，他从未这样疲惫过。司马懿病倒了。这一次，他是真的病了。

这天，太仆庾嶷奉朝廷之命来到司马懿的府邸。

开门迎接的是司马师："原来是庾大人，快快有请。"

"我带有朝廷诏书。"庾嶷含笑道。这位庾嶷出身颍川名门，颍川庾氏是魏朝时崛起的新锐士族，和司马家族关系亲密。到了晋朝，庾氏家族极其兴盛，庾氏子孙在晋朝时成为重要角色。

司马师听到这话，正了正衣冠："原来如此，家父仍卧病在床，您且稍候，我扶他老人家出来接旨。"

庾嶷慌忙拦住司马师："不要劳烦司马公，我们进去在他床边宣读诏书即可。"

旋即，他在司马师的引领下进了司马懿的寝室，大声宣读诏书。

"陛下念司马公匡扶社稷功勋卓著，故拜司马公为丞相，册封安平郡公。"自曹丕登基，魏朝迄今三十余年，从未有过丞相，而外姓功臣最高只能封侯，只有皇室成员才能册封为公和王。如今，朝廷要拜司马懿为丞相、册封公，这可是前所未有的事。

司马懿静静地躺在床上听旨，暗想：当年魏国的霸业就是从曹操官拜汉朝丞相、受封魏公开始的，想来朝廷已将自己定性为凶狠的权臣？但时机还不到，倘若他接受册封，必令天下群情激愤，自己时日无多，今后司马家族的后继者能否应付那种局面？

待庾嶷读完诏书，司马懿勉强撑起身子："请庾大人替我回绝了吧。"

"这……"庾嶷心里犯起嘀咕：无论司马懿接不接受官爵，他既已走上这条路，是无论如何都回不了头了。

"诏书恕我不能接受！万万不能接受！"司马懿坚决推辞。

"好吧，那我回去跟陛下说说。"

送走了庾嶷，司马懿小声嘀咕了一句："都是些招惹是非的虚名，要之何用！"

官爵是虚名，那什么是务实呢？司马懿强忍着病痛，给朝廷上了一封奏表："为防止今后再出现类似楚王曹彪这种事，臣恳请将所有魏室藩王安置在邺城，并派专人监察，如此方可保社稷安泰。"

邺城属于黄河以北的冀州，是魏国建国后的第一个都城，后成为魏国五都之一。原本，只有当年主动谢绝托孤重任的燕王曹宇住在邺城。这些天，曹宇看着多年未曾谋面的兄弟浩浩荡荡涌进城里，不觉百感交集。从这一刻起，邺城便成为囚禁曹氏藩王的奢华监狱，曹操的子孙后代从此再无力量反抗司马家族。

无悔无憾

几天后，疾病蔓延至司马懿的全身，他感到前所未有的痛苦，只能静候死期的到来。我已经做得太多了，这次，恐怕真是不行了……

司马懿一生两次装病。第一次，他欺骗曹操，躲过了充满变数的乱世；第二次，他欺骗曹爽，将曹氏社稷纳于掌中。

司马懿就这样静静地躺着，有时候，他仿佛能见到王凌的冤魂飘浮在自己眼前。滚开！他怒斥着，奋力伸手将这影像挥去。

王凌的影像随之散去，司马懿这才看清床前有无数双眼睛正凝视着自己。这里会集了他的八个儿子——司马师、司马昭、司马干、司马亮、司马伷、司马骏、司马彤、司马伦，还有以司马孚为首的几个弟弟，当然，还有弟弟们不计其数的儿子。

司马家族何其壮大啊！司马懿感到无比欣慰，忍不住开怀大笑起来。不过，这笑容在旁人看来，仅仅是脸部那干巴巴皮肤的一阵细微抽搐，以及喉咙中发出的痛苦的咯咯声。司马懿实在病得太重了。

"你们今后要好自为之……"他艰难地挤出这几个字后，不得不进行长时间的休息，勉强积攒了一点力气，他才又张开嘴，缓缓地说出了遗言，"我死后……司马家族的子孙，永远、永远不准拜谒我的陵墓……而且……而且……从今往后，我司马家族任何人，都不准拜谒先代陵墓……切记！切记！"几年前，司马懿正是趁着曹芳拜谒曹叡陵墓的机会，才得以成功发动政变，这件事令他刻骨铭心。后来，司马家族的子嗣一直恪守祖训，放弃了谒陵制度，这一传统延续到了西晋和东晋时代，即便司马家族登上九五之尊，皇帝也极少去拜谒皇陵。

司马懿说完这番话，再也张不开嘴了。他环视家人，最终，他的目光回落到长子司马师的脸上。

突然，司马懿使尽浑身的力气向司马师伸出了手，司马师慌忙握住。

给你了，接得住吗？司马懿说不出话了，却以目光和手部的颤抖传递着信息。

接得住！司马师也没有说话，他牢牢地握着父亲那枯瘦又温热的手，并将这信息以同样的方式回传给父亲。

司马懿平静了下来，缓缓地闭上了眼睛，心脏也随之停止跳动。

"仲达！仲达！"在一片漆黑之中，曹丕狰狞的面孔浮现在司马懿的眼前。

"先帝……"他曾无比惧怕这个人，此刻却敢昂首与之对视。

"你怎么如此狠毒，就不能手下留情吗？"曹丕痛苦地哀求着。

"先帝您难道忘了吗？当初您要处死杨俊的时候，臣也是这样向您苦苦哀求的……"司马懿不再搭理曹丕。

只一瞬间，他又回到了四十三年前的那天深夜，那时候，他刚刚出仕曹操幕僚，刚刚喜迎长子司马师的降生。他看到另一个年轻的自己站在哇哇啼哭的司马师床前，映着一轮明月，心中许下宏愿：誓要将司马氏一族发扬光大。

我此生无悔无憾！旋即，司马懿哈哈大笑。

公元251年9月7日，士族的领袖，魏国的权臣和掘墓人，晋朝的奠基人，非凡的谋略家——司马懿，于洛阳病故，享年七十三岁。他死的时候，食邑高达五万户，司马家族中共有十九人被封侯，其权势当之无愧地成为天下冠首。司马懿的尸体被埋在洛阳旁边北邙山的高原陵，不设高坟，不种树木，素服简葬。司马懿死后，朝廷追谥他为"文宣侯"。很多年后，他的孙子司马炎称帝建立晋朝，司马懿遂被追谥为"宣皇帝"，庙号"高祖"。

司马懿死后两个月，朝廷决定在曹氏宗庙祭奠已故功臣。对于那些已故功臣牌位的排列顺序，群臣异口同声："司马太傅厥功至伟，理应排在最高位！"

公卿面朝魏帝曹芳，眼神却惶恐谦恭地望向司马师。

一个良辰吉日，洛阳曹氏皇族的宗庙香火缭绕，在曹操的牌位之下便是司马懿的牌位。以司马师、司马孚为首的司马家族成员无不心潮澎湃。司马懿究竟何德何能，能荣登魏国最高功臣之位？想必是因为他诛杀曹爽、曹彪、王凌诸人，将曹氏扼于掌中吧！与其说公卿对曹操的牌位躬身拜礼，毋宁说他们拜的是司马懿，或是站在旁边活生生的司马师，抑或是自己的政治前途和家族兴隆。

公元252年1月，司马师晋升大将军、都督中外军事（中央军最高统帅）、录尚书事（监管尚书台政务），集魏国军政大权于一身。司马家族的权威并未随着司马懿的死而终结，却稳稳地落入司马师手里。

"江东"诸葛氏

正当魏国军政权力由司马懿向司马师过渡的这段时间，吴国也即将迎来一位超级权臣。在讲他的故事前，我们有必要了解一下吴国重量级的外来户——业已病故的诸葛瑾及其家族。

诸葛氏祖籍徐州琅邪，算是个大家族，但和颍川荀氏、河内司马氏这些真正的世家完全不可同日而语。直到诸葛亮、诸葛瑾这一代时，其家族的声望才直线飙升。编写《吴书》的韦昭评价道："三国时代，诸葛亮位居蜀国丞相，诸葛瑾位居吴国大将军，他的儿子诸葛恪手握吴国边境兵权，族弟诸葛诞也在魏国扬名立万，一个家族在三国显赫，世所罕见。"

这里，我们专门讲讲从徐州琅邪逃难到江东的诸葛瑾。他是吴国最具分量的重臣，而且他极具传奇色彩的政治生涯颇能体现孙氏政权的特色。

对诸葛瑾稍有了解的人会把他想象成一个文臣，实际上，诸葛瑾只是刚出道时在孙权手下做过几年幕僚，之后他一直过的是戎马生涯，是一位十足的武将。出现这种认识上的误差，说起来有点尴尬，因为他的军事履历完全拿不出手。

然而，诸葛瑾官位蹿升速度之快、地位之高，在吴国独一无二。公元 229 年孙权刚一称帝，诸葛瑾便官拜大将军，权势仅次于陆逊，成为孙权平衡江东士族的重要筹码，这是外因，而内因则是诸葛瑾凭借得天独厚的条件把自己的优势发挥到了极致。

诸葛瑾的优势到底是什么？在《三国志》诸葛瑾的传记里，几乎通篇都在讲他的一个特点——会做人。无论是江北士族还是江东士族，抑或孙氏皇族——包括孙权的堂兄弟以及孙权的儿子，无不对诸葛瑾推心置腹，以诚相待。孙权要拿诸葛瑾对付江东士族，但诸葛瑾反倒与江东士族保持良好的关系，这难道不是跟孙权的初衷背道而驰吗？可以用四个字来解释——仁者无敌。孙权正是看重诸葛瑾的好人缘，抬诸葛瑾以扼制江东士族，正好让江东士族说不出话来。

原先的江北难民诸葛瑾，以处处与人为善作为安身立命的根本，纵横吴国政坛数十年，并把诸葛氏经营成能与江东本土"吴郡四姓"平起平坐的外来豪族，属实不易。

接下来介绍诸葛瑾的两个儿子——长子诸葛恪和次子诸葛融。不知道是不是诸葛瑾失于家教，两个儿子的性格跟父亲相比，可谓大相径庭。

次子诸葛融是个十足的纨绔子弟，才略平庸，诸葛瑾死后，他接替父亲镇守南荆州重镇公安，没什么好说的。

着重要讲的是长子诸葛恪。他的性格跟诸葛瑾绝对属于两个极端。诸葛瑾从不得罪人，性格谨慎。诸葛恪则是性格张扬，天不怕地不怕，自他很小的时候，就敢拿吴国重臣张昭开涮。

有次，孙权非要劝张昭喝酒，张昭死活不喝，板着脸说："这是对老臣的不尊重。"张昭的倔脾气屡次得罪孙权。孙权顾忌张昭资历老不便发作，但心底忌恨。

诸葛恪在旁奚落道："当年吕尚九十岁率军出征，尚且不说自己老。如今要操心军务的时候让您躲在后面，喝酒的时候把您抬到前面，这还不算礼遇老臣吗？"

张昭不好意思跟一个小孩儿斗嘴，又心知有孙权撑腰，只得屈从。

关于诸葛恪跟人耍嘴皮子的事迹，在史书中有诸多记载，放到今天，他大概能当一个出色的"脱口秀"主持人。不过放到三国时期的吴国，他这种性格被孙权利用、纵容，成了孙权寻开心，打击张昭等重臣的利器。

早在公元 241 年（正始二年），诸葛瑾就病死了。他死得很不安心，临终前嘴里还不住念叨："元逊（诸葛恪字元逊）这孩子非但不会兴旺家族，反而会让家族走向灭亡啊！"

十思而后行

公元 252 年，远在江东的吴都建业，吴国皇帝孙权已病入膏肓。他预感自己将不久于人世，便让堂侄孙峻担任武卫将军（皇宫禁军将领），希望借此强化皇室的力量。最近，孙权心里总觉得不安，按说他已经把"吴郡四姓"压得喘不过气来，那么，他的不安又因何而起呢？

"这些日子群臣跟我提议让诸葛恪辅政，但我越来越觉得诸葛恪性格桀骜不驯，恐怕将来难控制……"自陆逊死后，诸葛恪官拜大将军，与上大将军吕岱协力驻守吴国的第二都城武昌。

孙权这话是说给孙峻的。他很想听听孙峻的想法。

然而，孙峻资历尚浅，可不敢一上台就跟诸葛恪站在对立面，反而决定死抱诸葛恪的大腿，遂劝道："诸葛恪器量恢宏，足可担当辅政重任！"

没骨气……

孙权略感失望，但通过孙峻的话，他也明白诸葛恪是众望所归，无论如何不能置之不理了。于是，他下诏宣诸葛恪入京，准备让诸葛恪辅佐太子登基。

诸葛恪一接到诏书，马上意识到属于自己的时代到来了："备马！进京！"

诸葛恪准备起程之时，远处一个老者在侍从的搀扶下快步走来。

"元逊，等一等！"来人正是上大将军吕岱，已九十岁高龄，这一路小跑让他有些吃不消。

"哦，是吕大人。"诸葛恪恭迎上前，"您有什么要吩咐晚辈的？"

"你……等一等……"吕岱喘着粗气，好一会儿才缓过来，"临行前听老夫嘱咐两句。"

"吕大人请讲，我听着呢。"

"世事难料，灾祸无处不在，你性格轻浮，此番进京，务必十思而后行！"

诸葛恪不由得板起了脸："以前季文子言三思而后行，孔子言再思即可，吕大人却教我十思，难道是骂我傻吗？"

论辈分，吕岱是诸葛恪的长辈，论官位，吕岱也在诸葛恪之上，他没想到这番善意叮嘱把对方惹得不高兴了。吕岱面色不悦，叹了一口气："唉！老夫一番好意，只盼你能多加小心。"

"多谢吕大人提醒。"

诸葛恪辞别了吕岱，两天后抵达吴都建业。他一入朝，即受拜太子太傅。太子太傅是孙亮的老师，孙权希望诸葛恪能跟孙亮建立起感情。翌月，孙权册封五子孙奋、六子孙休为藩王，并让这两个儿子定居到武昌和虎林，两处皆位于长江沿岸，是战略要地。此举是为强化藩王的军事实力，以平衡朝廷重臣。

又过了几个月，孙权病情加重。

"赶快召太子太傅诸葛恪、中书令孙弘、太常滕胤、右部督吕据、武卫将军孙峻过来。"这五位中，孙峻属于孙氏皇族自不必赘言，诸葛恪祖籍徐州，吕据祖籍豫州，滕胤祖籍青州，只有孙弘祖籍江东，但也非吴郡人，而是会稽郡人。按说吴国建立后，从未发生吴郡士族背叛孙权的事，但孙权自始至终对吴郡士族抱有忌惮。究其原因，恐怕是孙氏出身低微，面对吴郡士族尤其是"吴郡四姓"有种与生俱来的卑微感吧。

须臾，诸葛恪等五人叩拜在孙权的病榻下。

孙权口齿含混地嘱托着后事："……恐怕今后再不能与诸位相见了，我死后，请诸位悉心辅佐太子……"

"臣等以死奉诏！"

孙权闭目沉思。诸葛氏该不会成为第二个陆氏吧？应该不会，毕竟他们家在江东只存续了两代。想到这里，孙权稍稍安心，又说道："从今往后，朝政就委托给几位全权处理，切勿辜负我的信任。"

"臣一定不负陛下托付……"诸葛恪只听到一阵鼾声，偷偷往病榻上窥探，只见孙权已然昏睡过去。

崛起的权臣

诸葛恪、孙弘、滕胤、吕据、孙峻这五位托孤重臣静悄悄地退出了寝宫，往皇宫外走去。眼看快走到宫门，中书令孙弘停住了脚步。

"我先回趟中书省，就不陪几位出宫了。"吴国中书省与魏国中书省职能一样，且都坐落于皇宫内。

孙弘目送几位同僚出了皇宫，独自一人回到中书省。他愁眉不展，无比忧虑自己的前途命运。

怎么办呢？虽说同是托孤重臣，但明显诸葛恪实力最强。他若要害我，我可是毫无还手之力。

孙弘之所以害怕诸葛恪，是因为早在"南鲁党争"时，他身为鲁王党，接连陷害过大批太子党重臣，其中被他陷害的张休就是诸葛恪的姻亲。诸葛恪早年也是太子党，后来迫于局势不得不脚踩两只船，更因此赔上了儿子诸葛绰一条命。总之，孙弘的担心并非杞人忧天，诸葛恪绝不会成为他的朋友。

孙弘独坐中书省，彻夜未眠。次日清晨，他踌躇来到孙权的寝宫外，想再探探孙权的口风。可等了很久，寝宫内一点声音都没有。

孙弘拽住一个宦官："你进去看看陛下醒了没有。"

宦官进了寝宫，片刻后连滚带爬地跑了出来："孙大人，陛下……陛下他……"

"陛下怎么了？快说！"

"陛下驾崩了！"

"啊！"孙弘瞠目结舌。

公元 252 年 5 月，继承父兄遗志，创建吴国的帝王孙权于七十一岁病故。他一生闪现着众多特点，集睿智与昏聩、霸气与隐忍于一身，他盛年时与臣子同生共死，对下属厚恩相待，到了晚年，却将吴国众多功臣名将（包括他们的后代）屠戮殆尽，甚至无情地迫害自己的儿子，展现出极其疯狂的性格。

"中书令大人！"宦官使劲揪着孙弘的袖子，"您别愣了，得赶快通知群臣。"

此刻，孙弘脑子里只有绝望。晚了，要想劝说孙权抑制诸葛恪再无可能。除非……陡然间，他冒出一个大胆的念头。

"你喊什么！"孙弘一把将宦官拉进寝宫，"陛下驾崩这事，跟谁都不准说，听见没！"

宦官吓得连连点头。

孙弘暂时压住孙权驾崩的消息，又假借孙权的名义写了一封要诛杀诸葛恪的诏书。不过他也清楚，仅凭一封诏书（更何况还是矫诏）肯定干不过诸葛恪，要想成功，必须争取手握皇宫禁军兵权的武卫将军孙峻的支持。

孙弘把矫诏偷偷拿给孙峻看："陛下刚刚驾崩，临死前授意我除掉诸葛恪。"

孙峻看毕，浑身直冒冷汗，他断定这是矫诏，心想：诸葛恪权倾朝野，诸葛融又掌兵在外，孙弘这么干等于找死，自己可不能平白无故地搭上性命。

他不动声色地言道："要对付诸葛恪，还须从长计议。既然陛下有诏，中书令大人放心，我一定会鼎力相助。"他敷衍过孙弘，然后飞一般跑往诸葛恪处，将孙弘的密谋和盘托出……

诸葛恪当即吩咐侍卫："去跟孙弘说，我要找他商议政务，不管用什么办法，都得把他请来！"

孙弘手里没兵，只能硬着头皮去。他进了诸葛恪府，见到孙峻缩在一旁，顿时明白了一切。

"杀了！"诸葛恪一声令下，左右侍卫拔刀出鞘，当场将孙弘剁成了肉泥。

血溅了孙峻一身，吓得他差点瘫在地上。

孙弘死后，孙权驾崩的消息才被公布于众，时年九岁的孙亮登基。诸葛恪官拜太傅，权倾朝野。

当月，诸葛恪发布诏书："藩王不懂军事，但藩国占据各个军事重镇，对社稷有弊无利。前阵子，魏国藩王曹彪勾结王淩谋反即为前车之鉴。因此，朝廷决定把孙奋（孙权第五子）从武昌迁到豫章，孙休（孙权第六子）从虎林迁到丹杨。往后，藩王不得染指兵权，以免威胁朝廷。"孙权一共有七个儿子，其中两人早夭，孙和被流放后徙居长沙，孙霸赐死，孙亮登基，除此之外，只剩下孙奋和孙休。

孙奋接到诏书后拒不从命。

诸葛恪给孙奋写了一封恐吓信，大意如下："当初，孙霸如果接纳忠言，居安思危，就不会有被处死的惨剧发生。你应该以孙霸为戒。若你心怀不轨，我宁愿做出对不起你的事，也不会辜负了国家。"

仅仅十个月前，在魏国的颍河之上，司马懿曾对王淩说过一句类似的话："我宁愿负卿，也不负国家。"

孙奋明白了，假如自己再抗命，肯定死无葬身之地。最后，他不得不服软。

孙休没像孙奋这么执拗，老老实实去了丹杨，但他的境遇也好不到哪儿去，他遭到丹杨太守李衡的苛刻对待。李衡担任丹杨太守之前，正是诸葛恪的幕僚。

孙权临死前让孙奋、孙休掌兵，不料自己刚死，两个儿子就被诸葛恪整垮了。

接着，诸葛恪又让镇守公安的弟弟诸葛融戒备边境诸将，禁止任何守将以吊唁孙权为由擅自来建业。如此，边境诸将也就无法威胁诸葛恪在朝廷的地位了。

诸葛恪以强硬手段压住了朝臣、藩王及边境众将，成了吴国最具权势的托孤重臣。

东关之战

孙权驾崩半年后，公元 252 年 12 月，太傅诸葛恪在巢湖以东的东关修筑堤坝，并在堤坝两旁又建了两座军事要塞，以强化当地的防御力量。

巢湖西北即是魏国军事重镇合肥。合肥与东关隔着巢湖遥相对峙，是魏、吴两国东部边境的主要战场。

吴国的行动很快引起了魏国的注意。大将军司马师火速召见东南沿线四位军事统帅——荆州都督王昶、豫州都督毌丘俭、扬州都督诸葛诞、徐青都督胡遵回京，商议对策。

王昶首先提议率荆州水军顺长江一路往东，横扫吴国北部防线。以往，荆州的魏军都是从江北往江南打，王昶却打算沿着长江从西打到东，其战术相当激进，这一方面是源于他多年治理荆州水军的自信，另一方面也是为争口气。他曾统领荆、豫二州，可在正始年间，豫州却被曹爽强行划分给了毌丘俭。

毌丘俭本就跟曹爽关系亲近，又自忖从王昶手中接管豫州的时间不长，实力不济，于是，他提出了一个相对低调保守的策略。他道："我不认为当前是讨伐吴国的良机，不如先踏踏实实储备军粮，等条件成熟再伺机而动。"

胡遵身为司马家族的嫡系亲信，当然希望自己更上一层楼。不过，他镇守的徐州虽然跟吴国接壤，但出于地理因素，这里无缘成为两国相争的主战场。他若想伐吴，就必须穿过扬州都督诸葛诞的辖区。于是，他提出："伐吴须多路进攻，让他们首尾不能相顾。我建议与王昶、毌丘俭、诸葛诞四道并进。我和诸葛诞负责攻克巢湖大堤。"他想：只要把战争规模搞得足够大，自己也就能顺理成章地掺和进来了。

诸葛诞自然明白胡遵的意思。说实话，他身为当年的"太和浮华党"成员，跟曹爽的关系本就不清不楚，眼下，他正急于表明自己的政治立场，便道："我同意胡遵的策略。"

能看出来，备受司马师信任的王昶和胡遵战术激进，立场莫测的诸葛诞向胡遵也就是司马氏一党示好，而不受司马师信任的毌丘俭则倾向于保守。

眼见四位军事统帅拿出了三套方案，司马师遂向旁边的尚书傅嘏征询意见："你怎么想？"

傅嘏也是司马家族的嫡系亲信，他想了想，却道："下臣认为，毌丘俭的策略更妥当。咱们若逞一时之功，兵行险着，未免冒失。"

傅嘏支持毌丘俭颇令司马师不满，他斥道："你说得不对！伐吴攻略，应以胡遵、诸葛诞之议为定论！"

公元 252 年 12 月底，司马师下旨，命王昶攻向江陵；毌丘俭攻向武昌；胡遵、诸葛诞两军合流攻向东关，摧毁巢湖大堤。同时，司马师为了提拔弟弟司马昭，让司马昭担任此战名义上的最高统帅。

"我把节钺交给你。但战场上的事你不用太多掺和，听胡遵和诸葛诞的就行。"

司马昭接过节钺，点了点头。

翌年 1 月，四路大军倾巢出动。胡遵为了从湖西渡到湖东攻打巢湖堤坝两侧的军事要塞，遂在湖面上临时搭建浮桥。

诸葛恪率吴都建业主力杀到。魏军在稳定性极差的浮桥上根本站不稳，瞬间被打得落花流水。数千名魏军跌落到巢湖中被活活冻死。

胡遵、诸葛诞见败势已定，只好下令撤军。而另两路魏军——王昶和毌丘俭也因东关主战场失利，各自撤回驻地。

战后，吴国太傅诸葛恪凭东关大捷加授都督中外军事，兼任荆州牧、扬州牧。

前文讲过，州牧拥有一州的军政大权，三国时代，魏国已鲜有州牧。而吴国诸葛恪兼任荆、扬二州之州牧，几乎掌握了吴国全境军政大权。

江东诸葛氏在诸葛恪手里达到了巅峰。

危机公关

魏国东关之战打得一败涂地。纵然司马昭只是挂名主帅，没有亲自制定战术，也与战败脱不开干系。他心里发虚，便想揪出一个人承担战败之责，遂问幕僚王仪："这次战败，到底是谁的责任？"

王仪回答得直截了当："责任在主帅。"

司马昭没料到王仪敢公然指责自己，一时气愤，便将王仪处死。朝野上下顿时议论纷纷，司马家族的威信面临巨大危机。而那些忠于司马师的朝臣，则纷纷弹劾胡遵，试图转移众人的注意力。

就在这时，司马师上疏："战败之责跟众将无关！是我没听傅嘏之言才导致了今天的败局。"唐代许嵩在《建康实录》中写道："遵（胡遵）等勒诸军为浮桥渡。"对于东关之败，胡遵肯定责无旁贷，但司马师把过错全揽到了自己的身上。

谁都知道，司马师一直待在朝廷，只是发起战争，没参与战争。经他这么一说，胡遵等人无不对他感恩戴德。

司马师又说道："唯有司马昭，身为主帅难辞其咎，故请朝廷削除他的爵位。"

司马昭接受了削爵的处罚。他从这件事上清楚地看出，大哥的手腕比自己高了不止一星半点。大哥这么做，皆是为了保证家族的整体利益。

东关之败，各路魏军多损失惨重，唯有一名将领带着他的部队全身而退，毫发无损。这人名叫石苞，官任徐州刺史。

石苞在正始年间担任司马师的僚属。早先，司马懿见到石苞后曾嘱咐司马师说："石苞品行不端，你用这样的人可得小心。"

司马师回道："昔日齐桓公不介意管仲（春秋时期辅佐齐桓公成就霸业的名相）奢靡，汉高祖不计较陈平（刘邦麾下杰出的谋略家）贪污，石苞虽不及这两位古人，但也算得上是位贤才。"

关东战败后，司马师破格提拔石苞为青州都督。此前胡遵任青徐都督，他虽未被降官削爵，可他管辖的青州从此划拨给了石苞。

另外，诸葛诞和毌丘俭作为被司马师怀疑的疑似亲曹派势力，均被相互调换了辖区，诸葛诞从扬州都督转任豫州都督，毌丘俭从豫州都督转任扬州都督。这种平级调换，一方面是在尽量照顾他们颜面的同时提醒他们战败之责，另一方面也是避免他们在一个地方任职太久形成稳固势力。

这是司马师继承司马懿权柄后经历的第一战，本应以惨败收场，却在他的完美演绎下将危机化为无形。

几乎与此同时，雍州刺史陈泰（陈群的儿子）上疏，请求朝廷准许他讨伐临近的游牧部族，得到了司马师的首肯。不承想，因为陈泰这封上疏，边境两个郡的百姓担心服兵役，纷纷举旗反叛。

陈泰很是惭愧："二郡反叛，皆因我草率行事。"

司马师又将过失揽到了自己身上："二郡反叛，是我的错，跟陈泰无关！"

在高平陵政变时，陈泰曾出面劝曹爽放弃抵抗，为此他一直备受煎熬。而今，不管愿不愿意，他必须接受司马师一份大大的人情，这让他内心更加纠结。

为《资治通鉴》作注的宋元史学家胡三省这样评论："司马师引咎自责，让那些本该获罪之人对他感恩戴德，由此巩固权势。正所谓盗亦有道，更何况是要盗窃国家社稷呢！"

一桩离奇的谋杀案

东关大捷让诸葛恪信心爆棚，于是，他决定再接再厉，与蜀国联手发起更大规模的伐魏战争。他派亲信李衡前往蜀国，拜见卫将军姜维。为什么要跟姜维沟通？这不能不说诸葛恪消息灵通，因为蜀国刚刚发生了一桩大事。

我们的目光冷落蜀国太久了。自诸葛亮死后，蜀国在蒋琬和费祎的治理下进入了息兵养民的稳定状态，一如诸葛亮死前的安排。

其间，蒋琬官拜大司马、录尚书事，兼领益州（巴蜀）刺史，执政十二年，开府治事八年。开府，指那些顶级重臣拥有建立自己幕府的权力。通常情况下，只有大司马、大将军、三公这一级别的重臣才有资格开府。重臣一旦开府，俨然就形成了一个可以跟朝廷分庭抗礼的小朝廷，权力极重。蒋琬开府后，屯驻汉中。他虽然多次让姜维率军攻入雍州西部，但战争的规模都很小，只是以攻代守。

蒋琬死后，费祎官拜大将军、录尚书事，兼领益州刺史，执政七年，其中开府治事不足一年。也就是说，他刚刚被刘禅允许开府几个月便死了，让人想不到的是，费祎乃横遭暴死。

就在魏国和吴国结束东关之战的翌月，公元253年2月，适逢春节，费祎在益州汉寿县举办了一场盛大的岁首年会。

"恭贺大将军开府！"同僚逐一向费祎敬酒。

费祎开怀畅饮，自蒋琬死后，他足足等待了六年，终于在去年获准开府。此刻，他意气风发，一杯接一杯地狂饮，不知不觉已昏昏睡去。聚在费祎身边的同僚见状，纷纷知趣地散开，以免打扰到他。

突然，睡梦中的费祎被胸口的一阵巨痛惊醒。豪饮过后肉体感觉异常迟钝，他惊恐地睁开眼，左将军郭修模糊的面孔浮现在他的眼前。

"大将军，下官给您敬酒！"可是，郭修手里握的却不是酒樽。

费祎艰难地咳嗽起来，鲜血从口中喷出，他这才注意到，一把利剑正插在自己的胸口。

"郭修……你……你为什么要杀我？"费祎凝视郭修的眼睛，在生命的最后一刻，仿佛有所醒悟，"难不成……你是……"话还没说完，他便魂归西天了。

"大将军被刺杀啦！"酒宴立时陷入混乱。

众人呼唤侍卫："快！快拿下凶手！"

郭修毫不畏惧，冷漠地环视将他团团围住的侍卫，然后抽出费祎胸口的利剑，自刎而亡。

大将军费祎被左将军郭修刺死，这桩谋杀案顿时震惊了朝野。

郭修究竟什么来头？他原本在魏国身份低微，投降蜀国后官拜左将军，政治前途一片光明。可是，这位左将军大人屁股还没坐热，竟干出这般自毁前程的疯狂举动，且根本没打算全身而退。他图的什么？另外，他来蜀国时间不长，究竟能跟费祎结下多大梁子？更何况，堂堂一个三品左将军，就算要刺杀某人，也该指使手下去干，但郭修居然亲自操刀，属实不正常。

那么，有没有人在这桩行刺案件中受益？或者说，这桩行刺案件会不会有幕后主使呢？

众所周知，费祎是蜀国最大的鸽派执政者，他素以反对北伐被蜀人称道，在这个问题上，他有着与皇帝刘禅、绝大多数同僚以及巴蜀百姓相同的政治理念。这可以缩小幕后主使嫌疑人的范围。

郭修刺杀费祎八个月后，魏国下诏表彰了郭修的英雄壮举。故，有人怀疑魏国是本案的幕后主谋。

抛开费祎身为鸽派重臣的立场不提，单说郭修从被俘，到遣送成都，又受封高官厚禄才能接近费祎，这中间存在无数偶然因素，魏国绝不可能提前安排。再有，魏国是过了八个月才后知后觉地下诏表彰郭修，这也从侧面印证魏国事先根本就不知情，即使知道也觉得很无厘头，因为费祎一死，蜀国鲜有的鹰派重臣姜维上台，开始频繁举兵进攻魏国疆土，这分明是给魏国带来了莫大麻烦。

等等，鸽派重臣费祎死后，鹰派重臣姜维上台？那么说，有没有可能正是姜维授意郭修刺杀了费祎呢？

史书记载，自诸葛亮和魏延死后，姜维是屈指可数对北伐念念不忘的人，费祎执政时，姜维出兵伐魏总被费祎束手束脚，终费祎一生，每次拨给姜维调遣的士卒从未超过一万人。

不过，姜维跟郭修又是什么关系？让我们从史书的蛛丝马迹中深入寻找。

《魏氏春秋》记载，郭修原是雍州平民（另一说法为中郎，总之身份很低），一年前被姜维俘虏后送到成都，官拜左将军。从平民（或中郎）直升左将军，简直匪夷所思。我们可以用两个同样从魏国归降蜀国的人做一番比较。

第一个是被诸葛亮称为"凉州上士"的姜维，他出身雍州天水郡豪族，在魏国时任中郎，投降蜀国后成为诸葛亮的幕僚，随后几年里，他凭借无数军功，才渐渐混到了卫将军（二品）。

第二个是出身魏国顶级名门的夏侯霸，他在魏国时官拜右将军（三品），逃到蜀国后官拜车骑将军（二品），比他之前的官位提升一级。对了，他还是刘禅儿子的舅舅。

反观郭修仅半年就从降虏做到左将军的高位，如果说没后台是绝不可能的。

假设郭修有后台，他的后台又是谁？纵观蜀国那些位高权重的重臣，和郭修同样出身且是老乡的唯有一个姜维，而郭修又恰恰是被姜维俘获并送往成都的。

在魏帝曹芳追悼郭修的诏书中写道："郭修在大庭广众之下手刃费祎，勇气过于聂政，功劳超过傅介子，可谓杀身成仁，舍生取义，特追谥郭修为威侯，以让忠义之士名垂青史。"

南朝著名史学家裴松之对诏书中的说法予以质疑："郭修在魏国仅是一介平民，不食君禄，也无尽忠之责，若想展示气节，可以选择殉国不降。他既然投降了又去刺杀同僚，这种行为既无道义可言，又谈不上给魏国立功，说到底只是一个不通情理的狂士罢了。"

裴松之没有深究，只是将郭修简单归为一个不通情理的狂士，可如果郭修仅仅是一介狂士，何以被姜维如此看重，又官拜左将军？这其中充满了无法解释的矛盾。根据种种证据，郭修越来越像一名受姜维知遇之恩，便以性命相报的死士。

巧合的是，在整个三国时代，以豢养死士被载于史册者寥寥无几，姜维正是其中之一。《傅子》中写道："姜维好立功名，阴养死士。"前文提过，有同样嗜好的司马师凭借三千名死士发动高平陵政变，除掉政敌曹爽，姜维的死士又用来做什么呢？史书中没有写。

倘若郭修真是姜维门下死士，他和姜维之间又有怎样的内幕？究竟达成何种交易他才会无惧赴黄泉助姜维除掉政敌？人死无对证，这些只能永埋地下了。

费祎生前曾反复告诫姜维说："我们远不如诸葛丞相，丞相尚不能平定中原，更何况是我们呢？不如保境安民，稳定社稷，等待有能力的贤才出现扭转乾坤。你千万别抱着侥幸心理和魏国决战，倘若失败，肯定追悔莫及。"

现在姜维再无须忍受费祎的喋喋不休了。他终于挣脱了束缚自己手脚的绳索。

最后，让我们以史书中的两句原话作为这段故事的结尾。

《三国志·姜维传》载："十六年春，祎（费祎）卒。夏，维（姜维）率数万人出石营。"《三国志·后主传》载："正月，大将军费祎为魏降人郭修所杀于汉寿。夏四月，卫将军姜维复率众围南安。"《三国志》的作者陈寿在这两篇文章中均将费祎之死和姜维出兵串联在一起，是不是暗有所指，就不得而知了。总而言之，一场突如其来的暗杀让姜维得以独揽蜀国大权，也结束了蜀国近二十年的休养生息政策，从此，蜀国再度进入频繁北伐曹魏的时代。

合肥攻防战

公元 253 年 4 月，吴国太傅诸葛恪与蜀国新任掌权人姜维沟通后，亲率二十万大军攻伐魏国。吴国上下一片反对之声。

5 月，吴军越过巢湖，向北进攻魏国扬州淮南。

魏国扬州都督毌丘俭果断采取守势，将兵力收缩在寿春城中拒不出战。

诸葛恪为了把毌丘俭引出寿春，遂开始围攻南边不远的合肥城。与此同时，在遥远的西方，蜀国卫将军姜维也依约定进攻魏国境内的雍州南安郡。

魏都洛阳，大将军司马师焦虑地问中书郎虞松道："扬州合肥、雍州南安两条战线军情紧迫，可上次东关战败后，扬州军心不振，你觉得会不会有闪失？"

虞松年轻时跟司马懿征讨过辽东公孙渊，是司马家族一手提拔的嫡系亲信。他分析说："诸葛恪率大军围攻合肥，真实意图是希望引诱毌丘俭与之决战。倘若合肥能坚守，吴军必士气跌落。毌丘俭按兵不动，坚守避战，其实对我方有利。再说雍州局势，姜维误认为魏军被诸葛恪吸引，所以才敢孤军深入，若能集结关中诸军反击，姜维也不足虑。"

司马师连连颔首，当即命令雍州都督郭淮和雍州刺史陈泰迎击姜维。郭淮早已将身家利益与司马家族牢牢绑在一起，司马师对这个人自是信任。不过，扬州都督毌丘俭当年是曹爽嫡系，司马师不放心，遂派遣太尉司马孚前往淮南督战。

司马孚临出发前，司马师嘱咐道："叔父去了淮南，只须责令扬州驻军坚守即可，合肥城防坚固，肯定能守得住。没有十足的把握，千万别迎击诸葛恪。"

几天后，司马孚手持节钺来到位于合肥以北二百里之遥的淮南郡寿春城，严令禁止扬州都督毌丘俭出兵救援合肥。

这时，合肥守将张特正亲率三千守军承受着诸葛恪二十万大军的疯狂进攻。

三国时代涌现了很多善于守城的名将，通常情况下，守城方兵力远逊于攻城方，所能仰仗的就只有高耸坚固的城墙。一旦城防被攻破，守城方必死无疑。困守孤城者，最需要的就是坚持到死的毅力，除此之外，还需要些机智。

"射箭！射箭！拼死也要守住！"张特声嘶力竭。

在合肥城外，诸葛恪堆了一座土山，让吴军爬上山往城中射箭。战争一连持续了三个月，合肥城防临近崩溃边缘。

张特意识到形势危急，他登上城墙向吴军呼喊："我无心再战，但是魏国律法规定，只要城池被围攻一百天还没有援军，即使投降也不株连家眷。现在，合肥已被困九十天，死者过半，请你们再等几天，期满之日我肯定开城归降。"接着，他将自己的官印抛到城外，"这是我的印绶，以此为誓！"

吴军相信了张特的话，暂缓攻城。

张特火速指挥守军在破损的城墙内又修筑了一层内墙。

几天后，吴军瞪着拔地而起的内墙，才知道被张特骗了。费时三个月好不容打开了缺口，结果前功尽弃。吴军只能重新对合肥发起攻击。恰在此时，诸葛恪又获悉一则令他沮丧的消息，蜀将姜维已被雍州刺史陈泰击败，撤回本国。

尽管局势不利，诸葛恪依然不想放弃。

攻守双方的力量都在骤减。张特的三千士卒死伤过半，诸葛恪的二十万大军更是耗损巨大，士气严重低落。而且，无论是合肥城中的魏军，还是城外的吴军，均被一场疫病折磨着。

将军朱异劝诸葛恪撤军。诸葛恪当即夺下朱异的兵权，并把朱异遣送回建业。吴军众将愤愤不平，士气愈加低落。

几天后，一个吴将叛逃到淮南郡寿春城，将吴军的窘境详细告知司马孚。

司马孚听罢，意识到吴军士气已濒临崩溃，决战的时刻终于要来了，于是，他命毌丘俭率淮南主力军出战合肥，迎击诸葛恪。

诸葛恪攻打合肥是为了引出毌丘俭的主力，可经过这么长时间攻城，吴军将士早就疲惫不堪，在得知魏军主力出动后，士气直接溃散。诸葛恪只能下令撤军。

这场仗是毌丘俭等人打的，但司马孚是名义上的全军总帅，由此，前番东关战败的阴霾一扫而空，司马家族的权势更加稳固。

宴无好宴

公元 253 年 8 月，扬州合肥城外，吴军尸横遍野。

伤亡数字在诸葛恪脑中精确换算成受损的政治声望。他寻思：如果这么狼狈回国，必名誉扫地，先缓缓再说。于是，他下令在长江北岸、魏吴两国的边境处驻扎下来。吴军渴望回家，恨不得将诸葛恪碎尸万段。

与此同时，诸葛恪惨败的消息传回建业。公卿纷纷催诸葛恪返回建业。

诸葛恪又推托说要在当地屯田，还是不想回去。

公卿震惊了，他们绝不能允许诸葛恪带着十几万名中央军游离在边境。诏书一封接一封送到诸葛恪手里。诸葛恪终于扛不住压力，于9月落魄地回到建业。

诸葛恪回京后，罢免了大批不属于自己派系的官吏和禁军将领。没多久，他为了重新树立威信，又声称要再度北伐，还放话说准备迁都到武昌。早在孙权活着的时候，诸葛恪曾驻守武昌很多年，在那里有不错的人脉。如今，他意识到自己在建业声望日下，便希望用迁都来化解危机。另外，诸葛恪的外甥女正是"南鲁党争"中被废掉的太子孙和的妃子，坊间风传诸葛恪意图废孙亮、立孙和。

群臣无不心惊胆战。诸葛恪越是折腾，对他不利的舆论也就越多。

不能再由着他折腾了。当初曾主动向诸葛恪示好，并与诸葛恪一起接受孙权托孤重任的武卫将军孙峻，暗中谋划扳倒诸葛恪的办法。

11月，孙峻对吴帝孙亮言道："太傅自回京后，日夜操劳，希望陛下能出面宴请太傅，以示关怀！"

孙亮还是个孩子，没想那么多，当即答允。

当晚，诸葛恪接到孙亮的邀请："明日请太傅来宫中赴宴。"

诸葛恪推托道："我身体抱恙，明日要在家养病。"

但孙亮再次派来使臣盛情邀请诸葛恪赴宴。诸葛恪无奈，只好勉强答应。

这天夜里，诸葛恪躺在床上辗转反侧，紧张得整宿都没睡着。

翌日清晨，诸葛恪因为过度疲惫竟出现了幻觉，无论闻什么都是一股臭味。临出发前，府中一只狗跑过来，衔住了他的长衫。

诸葛恪心头涌起一阵不安："你是不想让我走吗？"

狗死死咬住诸葛恪的衣服不放，喉咙里呜呜叫个不停。诸葛恪自己也不想去，但若不去，公卿肯定认为他心存畏惧，于是，他甩了甩衣袖，登上马车直奔皇宫。

皇宫内，孙峻同样彻夜未眠。他紧张地做着最后部署："你，带二十个人埋伏在大殿外。你，带十个人埋伏在屏风后面……都准备好，听我号令，不准暴露！"

如果诸葛恪不来，怎么办？皇宫内闹出这么大动静，过不了多久就会走漏风声。对孙峻来说，机会只有一次，今天死的不是诸葛恪，就是他自己。想到这里，孙峻决定只身出宫迎接诸葛恪。

两代兴衰

诸葛恪在宫门处下了马车,但见孙峻满面堆笑,拱手相迎。

"太傅大人,听说您偶染小恙,要不就过几天再来,我去禀告陛下。"孙峻脸上不露声色,心脏却扑通扑通直跳。来,还是不来?他说这话其实是在赌命。

倘若诸葛恪继承了诸葛瑾的谨慎,此时想都不想就会顺势回家。然而,他自幼在孙权的恣惠下养成了张扬的性格,他从不知道什么叫低头:"病不重,我今天可以觐见陛下!"言讫,他昂首阔步,迈进宫门。他这一步,同样是在赌命。

诸葛恪正走着,突然,一名侍卫悄悄往他手里塞了张字条。

诸葛恪低头观瞧,只见纸上赫然写道:"宴会有异,谨防变故。"落款是他的亲信,散骑常侍张约、朱恩。

他心里一惊,赶忙将字条递给身旁的太常滕胤:"你看看,怎么办才好?"

滕胤和诸葛恪是儿女亲家。他看毕,惊道:"不如打道回府吧!"

诸葛恪本在犹豫,不料滕胤的话反倒起了激励的作用,他道:"现在回府,岂不是让众臣耻笑我胆怯?"

滕胤劝诸葛恪的对话,出自《吴历》,但正史《三国志》则说是滕胤因为不知道孙峻的企图,反而劝诸葛恪入宫,两种说法截然相反。东晋史学家孙盛认为,滕胤不大可能草率劝诸葛恪入宫,诸葛恪也不是这么没主意的人,他只身赴险,完全是性格所致。

诸葛恪走到大殿门口。按照臣子觐见皇帝的规矩脱掉鞋,又解下腰间佩剑。

"臣参见陛下!"他跪在孙亮的面前,偷偷抬眼观察四周形势,见无异常才入席坐定。他担心酒里有毒,一口没喝,只是警觉地盯着四周。

孙峻朝诸葛恪欠身,言道:"太傅病体未愈,想必一定随身携带药酒,您就喝自己的药酒吧。"

听到这话,诸葛恪稍稍安心,遂拿出自己的药酒自斟自饮。酒过数巡,他愕然发现孙峻的坐席空空如也。

"孙峻去哪儿啦?"

"孙大人如厕去了。"旁人应道。

"哦。"诸葛恪忍不住伸手去摸腰间佩剑，却摸了空，心里空落落的。

或许，我这趟真不该来……

须臾，大殿外传来一阵窸窸窣窣的甲胄声响，孙峻在一队禁军的簇拥中快步走进席间。没等众人反应过来，他从怀中掏出一封诏书朗声念道："陛下有诏，收押诸葛恪！"

话音落地，满座震惊。

诸葛恪本能地瞪向孙亮："陛下！这是什么意思？"

孙亮见诸葛恪怒目瞪着自己，吓得尖叫起来："不关朕的事！朕什么都不知道！"身旁的乳母见状，赶忙把孙亮拽到后堂。

"孙峻，你大胆！"诸葛恪跳起身，准备自卫。

孙峻马上下令："诸葛恪拒捕！杀！"

禁军挥刀向诸葛恪一通乱砍。诸葛恪毫无还手之力，当场被砍翻在地。他在血泊中抽搐了几下，不一会儿便气绝身亡了。

早在诸葛恪从合肥撤军的时候，魏臣邓艾对司马师说："那些吴国豪族个个都手握强兵，有权有势。诸葛恪不想着安抚他们，反而一味兴师动众以树立威信，恐怕离死不远了。"

蜀国名臣张嶷也对诸葛瞻（诸葛亮的儿子）说："孙权刚一死，诸葛恪就离开国都，屡屡用兵。他这么做很容易让朝中权臣起异心，相当不明智。"

诸葛恪被杀的消息很快传出皇宫，他的两个儿子诸葛竦和诸葛建慌忙带着母亲逃出建业。母子三人驾车一路跑到长江边，跳上一艘渡船。

孙峻的追兵快马赶到。诸葛竦嘱咐弟弟："带母亲逃到魏国！"言讫，他跳下渡船，挡在追兵的面前。当初，诸葛竦多次劝谏父亲"屈尊收敛才是避祸之道"，诸葛恪非但不听，反而臭骂了儿子一顿。如今，诸葛家果然亡了。诸葛竦万念俱灰，奋力挥剑向追兵刺去……

诸葛建眼睁睁看着哥哥被乱刀剁成肉泥，一边哭，一边拼命划桨。渡过长江后，母子二人又逃了几十里地，魏国边境近在咫尺，最后还是被追兵赶上杀死了。

孙峻剿灭诸葛恪一家，又委派朱绩缉拿驻守公安的诸葛融。

朱绩率军来到公安城下宣读诏书："陛下有诏，收押诸葛融！"

城中死一般寂静，没有任何回应。片刻后，城门打开，却看不到诸葛融的人影。朱绩大踏步进了城，直闯诸葛融府邸。只见诸葛融和三个儿子横七竖八地躺在地上，口吐鲜血，全都断了气。原来，他们知道必死无疑，已经服毒自尽了。

公元 253 年 11 月，声望曾盖过江东本土豪族的诸葛氏，在历经两代显赫后被夷灭三族。

诸葛氏的败亡波及很多人，其中也包括皇室成员。

和诸葛恪结有姻亲关系的旧日太子孙和被孙峻勒令自裁。孙和早年在"南鲁党争"中受尽迫害，原本想踏踏实实过完这一辈子，没料到再次遭遇飞来横祸。他最后悲愤地望了一眼儿子孙皓，遂自缢而亡。

十岁的孙皓目睹父亲被逼死，吓得哇哇大哭。他根本想不明白，本该是皇帝的父亲屡遭无妄之灾，这到底是为什么？孙皓用仇恨的目光扫视着周遭的一切，幼小的心灵在这样的环境下发生了畸变。凡事皆有因果，在后面，我们将会看到孙皓对他的同族以及整个吴国展开的疯狂复仇。

孙权的第五子孙奋得知诸葛恪被杀，误以为有利可图，准备离开藩国去建业。

"朝廷政变，我趁机入京，说不定能继承帝位！"

幕僚试图阻拦主子的疯狂行径："殿下万万不可，这是自取祸患啊！"

"别拦我！"孙奋彻底疯了，他将幕僚砍死，毅然踏上去往建业之路。

孙奋行至芜湖的时候，接到了朝廷发来的诏书。

"孙奋有不臣之心，意图谋反，念是先帝之子，特赦死罪，废为庶人！"

诸葛恪可以算作吴国最后一位外姓权臣，在他死后，孙峻晋升为丞相、大将军、都督中外军事，吴国政权遂被宗室重臣掌握。

失落者联盟

公元 253 年，魏帝曹芳二十来岁了，他自幼年登基，经过这么多年，早已明白自己所扮演的角色。

我是当朝天子，为什么要任由权臣摆布？曹芳越来越频繁地冒出这种想法。可是普天之下，曹芳可倾诉苦闷的对象只有一个人——中书令李丰。

李丰是大名士，早在魏明帝曹叡时代，他的名声就远播四海。他的儿子娶曹叡唯一在世的女儿齐长公主为妻，他也就成了皇亲国戚。在正始年间，李丰没有参与曹爽和司马懿的派系斗争。当时，他官居尚书左仆射（尚书令副手），在他之上是被架空的尚书令司马孚，在他之下是掌实权的何晏、丁谧、邓飏三位尚书。他身处夹缝，过得着实不易。而后，他请了长期病假躲避是非。那时京城流传一句顺口溜："曹爽之势热如汤，太傅父子（司马懿、司马师）冷如浆，李丰兄弟（李丰、李翼）如游光。"游光，若隐若现、飘忽不定，李丰给人的印象大抵如此。

曹爽死后，李丰转任中书令。中书省坐落于皇宫内，李丰自此和曹芳来往频繁。根据《世说新语》的描述，李丰任中书令这两年来，时常被曹芳单独召见，而他们谈话的内容从不为外人所知。

李丰在与曹芳接触的过程中，越来越同情这位可怜的皇帝。随后，他开始与夏侯玄和张缉两个志同道合之人暗中接洽，密谋对付司马师。

先说夏侯玄。自曹爽死后，他卸任雍凉都督回到洛阳，迄今已有五年。他本心存远大的政治抱负，却只能做个太常闲职，他能活着就是万幸了。

再说张缉。他是魏帝曹芳的岳丈，身为外戚，对司马师擅权自然看不顺眼。就在不久前，朝廷为司马孚督率毌丘俭等扬州军击退诸葛恪举办的庆功宴上，张缉突然说了一句："诸葛恪威震其主，功盖一国，必不能善终（当时诸葛恪还没死）！"这句话，与其说是分析推断，倒不如说是指桑骂槐，诅咒司马师。语毕，举座同僚汗流浃背，再无一人敢跟他说话。

话说回来，主谋者李丰官居中书令，但他无非在诏书上做做文章。而夏侯玄和张缉，一个是风评极高的名士楷模，一个是外戚，手里都无兵无权，对于李丰即将发动的政变仅是两杆旗帜，象征意义远大于实际意义。

自然，李丰要发动政变扳倒司马师，不可能单凭辅佐皇室的正义口号，还需要武力支持。他能争取的人有两个：一个是藩镇，他的弟弟——兖州刺史李翼；另一个是皇宫禁军将领，他和夏侯玄共同的挚友——中领军许允（曾在高平陵政变时受司马懿欺骗，劝说曹爽投降）。

李丰找了个借口，请朝廷准许李翼进京朝见，同时与李翼密谋，让李翼借朝见的机会率兖州军入京威逼司马师放弃权力。不过，这事引起了司马师的警觉，朝廷严令拒绝李翼入京。

再说李丰争取中领军许允，这事更具戏剧性。

公元254年初的某一天，拂晓时分，中领军许允突然被门外一声呼喝惊醒。他恍惚间听到有人喊"陛下有诏"，接着便是马蹄绝尘而去的声音。

许允慌忙打开府门，见地上确有一封诏书。他捡起诏书，定睛观瞧，只见上面赫然写道："陛下诏书，任命夏侯玄为大将军，许允为太尉，共录尚书事。"当时，大将军是司马师，太尉是司马孚，这诏书竟说让夏侯玄和自己取代司马师和司马孚，其意无须多言。

李丰用这么草率的方式争取许允似乎不合情理。很可能他只是想初步试探许允的立场。如果许允知情不报，则可视为潜在盟友；如果许允举报，也无关紧要，因为这事无从查明。

总之，许允当时被吓得半死，慌忙将诏书付之一炬，没敢把这事告诉任何人。

一言以蔽之，李丰、夏侯玄、张缉、许允等人，若说是忠于皇室也不无道理，不过，他们更多是被恐惧推动，恐惧让他们不知不觉地从一个危险的境地迈向另一个更加危险的境地。

无论是夏侯玄、张缉，还是许允，他们严格意义上讲只能算是李丰政变计划的编外人员。下面，政变的主谋正式出镜。

这天深夜，在洛阳皇宫的嘉福殿内，幽暗的烛光忽隐忽现，透过窗户影影绰绰可看到两个人在窃窃私语。

"李丰，说说你的计划？"魏帝曹芳低沉着声音问道。

"下个月，陛下要选贵人，依照礼仪，司马师必须亲临皇宫。臣打算调集陵云台三千名亲信侍卫埋伏在云龙门，趁司马师进宫之际将他就地斩杀。"解释一下，司马师自掌权后，为了防范政敌行刺，从未迈进皇宫半步，所以李丰才想出这么个由头。

"好！"曹芳不住点头。

"另外，臣已说服苏铄、乐敦、刘贤等人为内应。"这三人都是皇宫内的宦官，其中，乐敦官任永宁署令，是李丰安插在永宁宫郭太后身边的眼线。从乐敦参与政变可以看出，李丰、曹芳既要刺杀司马师，同时还要防范郭太后。当年那个遭受曹爽压迫的郭太后，如今已彻底变成司马家族控制曹氏的帮凶。

李丰接着说："太常夏侯玄、光禄大夫张缉、中领军许允，这三位都是社稷忠臣。臣打算在事成之后，推举夏侯玄任大将军，许允任太尉，二人共同执掌尚书台政务，张缉任骠骑将军。"

曹芳自然明白，李丰这样安排，是要让魏国的权柄回到忠于皇室的臣子手中。

到这里，我们终于知道，这场即将到来的政变，其幕后大 BOSS 正是曹芳。

皇帝要发动政变了。

玉山将崩

公元 254 年 3 月 27 日，距刺杀行动还有几天时间，虽然李丰尽可能将知情人数降到最低，但很不幸，风声还是传到了司马师耳中。

"李丰好大的胆子！"司马师气得双眼几乎要喷出火。

幕僚王羕（yàng）说道："在下亲自去把李丰带来。"

"他若不来，怎么办？"

"李丰若无准备，迫于形势一定会来。就算不来，我一个人也足以将他制服。但他若有所准备，率亲兵奔入云龙门，挟持天子登陵云台，调动那里的三千名禁军，我就无能为力了。"王羕思虑周密，将三种可能的结果尽数想到。

司马师判断李丰肯定不知道消息泄露，况且，他必不敢挟持曹芳。

"好！你去吧，务必谨慎行事。"

俄顷，王羕来到中书省。

"李大人，大将军想邀您去议政。"

"哦？不知大将军邀我商谈什么？王君能否透露几句，也好让我先做做准备。"

"我实在不知。大将军只说让您现在就去。"

去还是不去？李丰的心怦怦直跳，他当然没想从王羕嘴里套出什么实话，只是打算借此给自己赢得更多思考的时间。

"李大人,车驾已在门外等候多时。还是不要让大将军久等为好。"王羕一边说着,一边伺机向前挪了两步,手暗暗地摸到了腰间佩剑。

王羕带来的士兵早已把中书省团团包围,李丰毫无准备,中书省的侍卫也没有事先接到自卫的命令。更关键的是,李丰心存侥幸。他想了想,跟着王羕走出中书省。二人登上马车,飞一般奔向司马师府邸。

一路上,李丰暗暗祈祷:如果今天能全身而退,来日必让司马师命丧云龙门。坐在他旁边的王羕,右手始终暗藏在长袖中,紧握腰间的剑柄,暗思:若你敢妄动,必让你血溅马车之上。

不一会儿,李丰来到大将军府外,他前脚刚跨进门,大门立刻紧闭,府中瞬间涌出无数侍卫。

与此同时,在大将军府门外,中领军许允神色慌张地来回踱步。他听说李丰被司马师请走,心知不妙,想出面解围,可又不敢触怒司马师。踌躇良久,许允最终还是没敢敲开大将军府的门。唯一能救李丰的许允选择了退缩。

在大将军府内,李丰扫视周遭,心知自己必死无疑。

司马师命侍卫将李丰团团围住:"李丰,你胆敢图谋刺杀我,是不是活腻啦?"

李丰万念俱灰,豁出去了,骂道:"你心怀不轨,倾覆社稷,可惜我力有不逮,不能除掉你这逆贼!"

司马师怒目瞪视李丰:"打死!"

两旁侍卫闻言,用钝器猛击李丰的腰部。李丰一个趔趄栽倒在地,身躯因疼痛而抽搐、扭曲。他嘴喷鲜血,不住咒骂:"司马师,你这逆贼不得好死!"

侍卫继续狂殴李丰。

李丰是大名士。《世说新语》形容他:"李安国(李丰字安国)颓唐犹如玉山之将崩。"如今,这座玉山躺在血泊中,一动不动了。

玉山崩塌了……连司马师身边的幕僚也忍不住暗暗叹息。

当夜,司马师命人将李丰的尸体送抵廷尉,让负责人钟毓收拾这烂摊子。

钟毓见到尸体,吓得魂都出来了:"这不是中书令大人吗?"钟毓是司马家族的政治盟友,但他见司马师光天化日之下打死重臣,也觉得太过分了。

钟毓感到说不出的堵心，嫌恶地瞥了一眼尸体，说道："这人未经廷尉审理便被处以死刑，请恕我无法接收。"他不敢受理，打算推托。

司马师的幕僚连忙出面解释："李丰打算行刺大将军，阴谋败露，大将军自卫才把他打死，并非私自处刑。而且，关于李丰行刺一案，还请廷尉大人务必严加审理！"随即，他拿出司马师的谕令。

钟毓见推不过去，这才勉强接纳李丰的尸体。

两年来，李丰总是默默倾听曹芳的苦闷，尽全力帮助曹芳，不料今天竟死于非命。曹芳当然知道正是司马师谋杀了李丰，可他再也无法克制自己的情绪，愤怒地狂吼起来："李丰死了？李丰怎么会死？诏令廷尉，缉拿谋杀李丰的凶手！"

"陛下，不可冲动！"郭太后将曹芳强拉到后宫，试图稳住他的情绪。

钟毓自然不敢追究谋杀李丰的凶手，反而将李韬（李丰之子）、张缉、夏侯玄、苏铄、乐敦、刘贤等有牵连的人全部缉拿，此外，还有李丰的弟弟李翼。

李翼的夫人荀氏得知大祸临头，哭劝丈夫道："你哥哥死了，你赶快挑几个可信的侍卫，让他们陪你逃到吴国去！"这位荀氏，乃是汉末名臣荀彧的孙女（荀颢的侄女）。

"我不想连累别人。我若逃命，你和两个孩子必被株连，我若赴死，则旁人无虞！"根据律法，连坐不包含兄弟的家人。李翼伏法后，他的家人果然没有受到牵连。

日月入怀

魏都洛阳，除中领军许允外的所有涉案人员全被押送廷尉受审。司马师已听闻许允曾打算援救李丰的事，但他顾忌许允手握皇宫禁军兵权，故而隐忍不发。

廷尉监牢内，钟毓低垂着头，不好意思直视夏侯玄，唯有好言相劝："夏侯君，在下得罪了，你还是招供吧。"

夏侯玄昂首挺胸，不仅没有屈服的意思，更挖苦道："我犯了什么罪？钟君你今天不做九卿，反倒改做起司马师的幕僚吗？我无愧于魏室，没什么可招供的。

如果你要替司马师审我，想给我安什么罪名，就请自己写吧。"

想当初，钟毓的父亲钟繇可是忠心辅佐曹氏创建魏国的元勋名臣，颍川钟氏和荀氏、陈氏一样德高望重。钟毓听夏侯玄这么奚落自己，更觉得惭愧，也不忍再强求。是夜，他亲自为夏侯玄写好供词，然后拿给夏侯玄看。

"夏侯君，我只能做到这一步，请切勿再为难我。"

实事求是地讲，夏侯玄虽然被李丰拉拢，但他并未直接参与政变。他不甘心，并非因为自己被牵连，却是为自己心有余力不足而遗憾。

夏侯玄看了看钟毓替他写好的供词。供词中很多事连他自己都不知道，然而，他心想：这恐怕是自己此生最后一次为社稷尽忠了。

"这些事都是我干的！我无怨无悔！"真希望这些都是我干的！夏侯玄没做任何反驳，就在供词上画了押。

夏侯玄被关押的这天夜里，钟毓的弟弟钟会前来探望。

"夏侯君！夏侯君！"

夏侯玄瞥了他一眼："你来干什么？"

"听说您要被斩首了，能不能死前认我做个朋友？"钟会的举动在现代人看来不可理喻，但在魏晋时代并不奇怪。无论你官爵多高，若没结交几个大名士，出门都不好意思跟人打招呼。如果能跟某大名士称兄道弟，起"三君""四友"之类的外号，绝对能光宗耀祖、名垂青史。而夏侯玄，凭借其人品和才学，绝对堪称当时天下第一大名士。先前，钟会多次试图结交夏侯玄都遭到拒绝，此时，他居然想趁夏侯玄身陷囹圄之际实现这一愿望。

"我虽是将死之人，但你我道不同不相为谋，请不要再苦苦相逼。"

"哼！真是不识时务！"钟会嘀咕着走了。

夏侯玄因声望崇高，在狱中并没受太多苦，可苏铄、乐敦、刘贤这些卑微的宦官则没那么幸运，他们都被打得皮开肉绽。

"你们如何谋划？参与者还有谁？从实招来！"

乐敦、刘贤等人挨不住严刑拷问，痛苦地哀号道："陛下！陛下也知晓此事！"

"放肆！一派胡言！"钟毓慌忙叫停了审讯。倘若连皇帝曹芳都参与，最后还怎么结案？难不成要判皇帝以谋反之罪？他想了想，单独拷问起黄门监苏铄。

"你们是不是胁迫了陛下？"

"我们没有啊！"

"不对！你们打算劫持陛下，是不是？"

恍惚间，苏铄仿佛听到耳边有人轻声言语："若招供，饶你全家性命。"

苏铄已被打得体无完肤，口齿含糊地答道："是……"

"李丰是怎么密谋的？快说！"

苏铄从半昏迷状态中胡乱拼凑着语句："李丰……说要劫持陛下，刺杀大将军……事成……大家一起封侯富贵……他为了封侯……为了封侯……"血和泪蒙住了他的眼睛。

《世说新语》记载了李丰的生活状况，他历经二朝（曹叡、曹芳），从不经营产业，唯仰仗俸禄生活，还时常救济宗族子弟。李丰死后，官府抄没其家产，发现其家徒四壁。这样一个人，说他为了富贵铤而走险，是多么荒诞可笑。

当日，钟毓在朝堂上正式公布审讯结果："李丰等人密谋胁迫陛下，刺杀大将军。李丰已被大将军处死，张缉、夏侯玄、李翼、李韬、苏铄、乐敦、刘贤诸人，按律当斩。"

众公卿议论一番，达成共识："李丰等人包藏祸心，图谋不轨，结交阉宦（指苏铄等人），妄想谋害贤良的首辅大臣，倾覆社稷。廷尉钟毓的案宗皆依据律法行事，可以处断。只是，齐长公主（李丰之子李韬的夫人）是先帝（曹叡）留下的唯一骨血，还望大将军开恩，宽恕她的三个孩子。"

司马师答应了。由此，李韬的子嗣得益于齐长公主免除死罪。

继而又有人说："张缉贵为国丈，顾及他的身份，还是应该避免兵刃加身。"

于是，张缉被勒令在狱中自裁，他的女儿，也就是曹芳的皇后张氏，则被废黜，后来也被杀害。

公元 254 年 3 月底，一行人戴着枷锁，步履蹒跚地向洛阳东市走去。他们即将被问斩，一路上哭哭啼啼，不甘心自己的生命就此终结。

"哭什么？咱们难道不是死得其所吗？"夏侯玄依旧神态自若，他坦荡地迈向死亡，没有丝毫畏惧，正如五年前他坦荡地离开雍州，迈进洛阳城时一样。

夏侯玄一边走，一边回忆起昔日陪同魏明帝曹叡拜祭祖先的情景。当时他背靠一棵松柏，突然一声炸雷响起，松柏被劈断，火星飞落到他的冠冕上。

曹叡吓得惊呼："太初（夏侯玄字太初），快，快，你头发要烧着了！"

"陛下勿惊。"夏侯玄反而安慰起曹叡，然后不慌不忙地弹去冠冕上的火星。从此，他超越常人的镇定性格便被世人称道。

夏侯玄沉浸在回忆里，竟情不自禁地露出了微笑。《世说新语》形容夏侯玄说："夏侯太初朗朗，如日月之入怀。"此刻，在号哭哀怨的人群中，唯独他看起来是那么淡然，这胸襟气度仿佛真能容得下日月。

"看！那是夏侯君！"路旁的百姓发现了夏侯玄的身影，指着他大呼小叫，"有如此超然世外的风采，真不愧为当今第一大名士啊……"

夏侯玄从容地跪在行刑台上，抬头看了一眼行刑官，眼神宛如往常向同僚打招呼一般平静。随后，他缓缓闭上了眼睛。

妹妹，若我猜得没错，你当年应该就是被司马师害死的吧！夏侯玄的妹妹即是司马师的首任妻子夏侯徽。关于夏侯徽被毒死的传言，夏侯玄越来越确信，可永远没办法查证了。

行刑官手起刀落，魏国最后一个声望崇高的宗室重臣，一代名士夏侯玄身殒。

史书中记载了傅嘏对夏侯玄的恶评："夏侯玄志大才疏，有名无实，凭借伶牙俐齿颠覆社稷。"夏侯玄被害后，有人盛赞傅嘏："傅嘏看人可真准！他早料到夏侯玄会身败名裂，所以从不搭理夏侯玄。"但更多人不以为然："如果傅嘏真看人准，怎会整天跟钟会搅在一起？"钟会品行低劣人所共知，后文详叙。

南朝史学家裴松之有过非常公允的评论："傅嘏对夏侯玄和钟会的不同态度，皆出自他个人的爱憎心而已。"说白了，傅嘏是司马氏派系的人，与夏侯玄互为政敌，他的话并不足以诋毁这位大名士。反而，夏侯玄因慷慨就义让他的声名更加响亮，连司马家族的政治伙伴都对他推崇备至，到了司马氏当家的晋朝，他依旧被天下士人视为名士楷模。

司马师盯着昔日"浮华友"滚落而下的头颅，感觉一下子轻松了很多。夏侯玄这个包袱总算被他彻底解决，不会再留给自家后人了。

《三国志·夏侯玄传》记载李丰、夏侯玄、张缉、乐敦、刘贤等人皆被夷灭三族。这里没提苏铄的名字，或许因他配合钟毓交代案情，家族得以幸免于难。

在劫难逃

之前在自家门口捡到一封乌龙诏书，并在司马师府门外纠结徘徊的中领军许允没受到牵连。他觉得自己是幸运的。这个时候，他在洛阳东市目送着夏侯玄命殒刑场，不觉眼眶湿润。继而，他回忆起三年前司马懿刚死时，自己和夏侯玄的一段对话。

他对夏侯玄说："司马懿这一死，你从此可以安心了。"许允知道司马懿视夏侯玄为眼中钉，所以这样宽慰老友。

不料夏侯玄却说："你是看不透啊，司马懿尚且能顾及和我家的姻亲，但司马师、司马昭兄弟断不会容我。"如今一语成谶，果真被夏侯玄说中了。

《晋书·李憙（xǐ）传》中提到李憙的出仕过程，也恰如其分地描写了司马懿和司马师父子二人迥然不同的行事风格。当年司马懿征召李憙做幕僚，李憙推三阻四不应召。司马师掌权后征召李憙，他却毫不犹豫地答应了。司马师问李憙："过去先父召你，你不来。为什么今天我召你，你就来啦？"李憙答道："先君以礼待我，我自能以礼决定进退。您用法制我，容不得我不来啊！"可见，司马师的手腕比司马懿要狠辣得多。

此刻，许允眼见老友身首异处，内心悲伤："太初，没想到你最终还是没能躲过此劫……"他察觉到自己脸庞挂着泪痕，赶紧擦去。

然而，司马师并非不知道许允跟李丰、夏侯玄等人有牵连，只是因为许允手握皇宫禁军兵权，所以不方便直接下手。

几天后，朝廷突然让许允由中领军晋升冀州都督。同时，司马师亲自给许允写了一封信："冀州虽然不接壤敌境，但毕竟是军事重镇。足下是冀州人，此行可谓衣锦还乡。"

许允喜出望外，他认为司马师放过了自己。可许允的妻子阮氏觉得不太对劲："这么一来，夫君就要卸去中领军一职了……"

"无妨，冀州都督同样手握兵权，又远离朝廷，正好躲过眼前的动荡啊！"许允不以为然。

"唉……大祸就要临头了……"阮氏连声哀叹。

"真是妇人之见!"许允毫不在意,兴冲冲地来到皇宫,向曹芳辞别。

曹芳握着许允的手,依依不舍,许允更是唏嘘感叹。君臣二人都忍不住落泪。

"臣即将远行,陛下保重!"

司马师远远地盯着许允和曹芳,心想:"许允,你永远也到不了冀州。"

许允刚刚卸任中领军,准备远赴冀州上任,突然有公卿弹劾许允,罪名是擅自挪用公家财物。随即,廷尉将许允缉拿。这并不算重罪,许允被判流放边疆。几个月后,他在流放途中居然活活饿死了。分析这件事的来龙去脉,先前正是那封乌龙诏书注定了许允的悲剧。司马师在处理许允时相当谨慎,他晋升许允冀州都督以安抚其心,不声不响夺去中领军的兵权,又在交接空当期将许允谋害。

许允死后,司马师为削弱皇宫内禁军力量,不再设置中领军一职,而执掌皇宫外围禁军的中护军则让堂弟司马望(司马孚的儿子)担任。

许昌兵团

转眼过去半年。曹芳越来越无法掩饰自己对司马师的憎恨:"这逆臣是谋害李丰的凶手!"每每想到这里,他就恨得咬牙切齿。

最终,司马师也不想维持这种尴尬的关系了。他找来司隶校尉何曾商讨对策。前文提过何曾。早在司马懿远征辽东公孙渊时,何曾上疏朝廷,建议在司马懿军中设立监军。曹叡忌惮司马懿,没有照办,反而把他外派为河内太守。那件事伤透了何曾的心。正始年间,曹爽占上风,司马懿隐退,何曾紧随其后请了长期病假,直到曹爽被杀才回归政坛。从那时起,他就成了司马家族的党羽。

此时,何曾明白司马师的心思,他言道:"皇帝不堪其位,您自当有教育的责任,倘若教育也无济于事,那么您就算效仿伊尹、霍光也不为过啊……"伊尹是商朝丞相,霍光是西汉三朝权臣,二人都以臣子的身份废立皇帝。何曾是暗示司马师可以废掉曹芳。

司马师听了何曾的话,没接茬儿,仍然盯着何曾。

何曾知道司马师是想让自己把话说透。自己既然已经抱定这棵大树，也只好赌到底了。他想了想，又补了一句："安东将军（司马昭）不是镇守许昌吗？有他帮忙，废立之事也就十拿九稳了。"

魏国有五座重要都城，分别是：皇帝和朝廷所在的洛阳；距洛阳东南三百里之遥的许昌；关中重镇长安；黄河以北，曹氏藩王软禁地——冀州邺城；以及曹氏祖籍兖州谯郡。自上次东关之战后，司马昭便离开朝廷，率军镇守许昌，凭借强大的兵势威慑朝廷及周边军团，为司马师控制朝政提供外围支持。兄弟二人默契配合，比当初司马懿和司马孚兄弟有过之而无不及。

何曾的意思是说，废立皇帝这么大的事，必须借助司马昭的许昌兵团做后盾。司马师颔首。接下来，他要静候时机。

这年 10 月，蜀将姜维举大军攻入雍州。姜维的北伐，终于让司马师逮到了一个绝佳的机会。他即刻让中书省发布诏书，调遣镇守许昌的司马昭统领雍州诸将退敌。

司马师调遣司马昭挥师西进，一方面确实是为了西线战事；另一方面，从许昌去雍州必途经洛阳，如此，司马昭强大的许昌军团将会从洛阳城横穿而过，进而威逼朝廷，这将成为司马师废立皇帝的最强助力。

与此同时，魏帝曹芳也在紧盯司马昭强大的许昌军团，心里筹划着另一套方案：到时候，我要亲临平乐观阅军，趁机缉拿司马昭，并将许昌军团纳入己手。

几天后，司马昭率军来到洛阳城外的平乐观，曹芳站在高耸的露台上，他怀里揣着那封早已写好的诏书。然而，当他望向黑压压的许昌大军时，不禁胆寒。这支大军究竟是魏国的军队，还是他司马家的军队？待我宣读诏书，他们会不会遵从自己的命令？

曹芳几次想把诏书掏出来，想了又想，还是退缩了。或许这个时年二十三岁的年轻人真的做出了一个正确的选择，能让他得以善终。

阅军毕，司马昭率许昌军浩浩荡荡地开进洛阳城，朝野为之震动。这支庞大的军队是支撑司马家族权柄的重要力量，犹如乌云一样笼罩在曹氏皇族头顶。

废 立

有了强大的许昌军团做后盾，大将军司马师再无顾忌，遂亲自带着几名亲信侍卫，直奔郭太后的永宁宫而去。

"臣，拜见太后！"司马师毕恭毕敬地跪拜在郭太后面前。

"大将军快快请起。"郭太后满脸堆笑。自高平陵政变之后，这位垂帘听政的女人似乎完成了一次蜕变，她从一名被曹爽欺压，又被司马懿逼宫的弱女子，变为一名狡黠的政客。她不再流连于曹叡临终前的嘱托，不再彷徨和疑惑，而是为了自身的生存坚定地站到司马家族一边，与司马师缔结成紧密的政治联盟。可纵使如此，洛阳城中的数万许昌大军还是令她有些发颤。

"臣有秘事启奏。"司马师说着，目视左右宫人。

郭太后会意，挥了挥手："好，你们都退下吧。"

左右侍从宫人尽数退去。永宁宫里，只剩下郭太后和司马师。

"什么事，你说吧。"随着旁人离去，郭太后和司马师的神情逐渐变得轻松自然。后世有人怀疑司马师和郭太后之间有暧昧关系，正史并无记载，仅仅是小说家热衷的八卦素材。不过，他们确是有着诸多共同点的一对男女，比如疯狂地痴迷于权力，一心只为家族利益，在相互照应的同时，又联手控制魏国皇帝等，再加上多年来二人在政治上默契配合，说郭太后对司马师心存爱慕也不为过。在斯德哥尔摩综合征的心理作用下，她从被胁迫的人质转变为胁迫者的同谋，这种身份的转换（显然她早已忘记自己具有太后之尊）足让她引以为傲。

"太后，臣想……臣想废掉当朝天子。"司马师就算权力再大，要废立皇帝也不敢亲自动手，否则他就真成了百口莫辩的逆臣。而一旦让皇太后出面主持，这事也就变得合乎法理了。

"什么？你要废曹芳？"一刹那，郭太后脑海中重新浮现出魏明帝曹叡临终前的托付，可这景象没有持续多久，很快便像烟雾般消散。郭太后并未继续追问诸如为什么要废曹芳，能否手下留情宽容他这类问题，她紧跟着问道："废曹芳之后，你打算立谁为帝？"郭太后自然而然顺从着司马师的思路。因为曹芳随着年龄的增长越来越不听话，她垂帘听政的地位也受到了威胁。

"臣打算立彭城王曹据为帝。"曹据是曹操的儿子，也是早夭的神童曹冲的同母弟，时已年近五十。司马师这项提议同样记载在《魏略》中，必须说一下，但凡权臣废立皇帝，一定会选择年幼者以方便控制，而曹据已到中年，辈分更是和曹丕等同，司马师想立曹据为帝，实在匪夷所思。不过，这很可能是司马师为顾及名声杜撰出来的说法，更有可能是司马师给郭太后下了一个套。因为马上这项提议就被郭太后否决了。

郭太后眉头紧锁："彭城王论辈分是我叔叔，倘若由他登基称帝，我这太后还怎么当？"想了一会儿，她总算想出一个更冠冕堂皇的理由，"况且，也不能让文皇帝（曹丕）绝了后，我想立高贵乡公曹髦（máo），他是文皇帝的长孙，明皇帝（曹叡）弟弟的儿子，这样也合乎礼法。"曹髦时年十三岁，如此，郭太后可以继续垂帘听政。无论这是司马师操纵史官的伪笔，还是他下套坐等郭太后主动往里钻，郭太后都确实是替司马师背下了一个莫大的骂名。

翌日，朝堂上，中书省官员大声宣读太后诏书："皇帝曹芳不理政事，沉湎女色，毁谩人伦。他的德行日渐亏损，已经失去继承魏室社稷的资格，特命兼太尉高柔奉告曹氏宗庙，遣送曹芳为齐王，归还藩国不得入京。"

郭太后这封诏书写得很有意思。史书中记载，曹芳自登基之初便叫停了曹叡修筑一半的皇宫，又将内宫六十多名奴婢遣散归家，贡献皇宫内府的钱财以充军资，继位两年通晓《论语》，五年通晓《礼记》，七年通晓《尚书》，在位期间三次祭祀孔子，举止有礼有法。而曹芳被废的理由是不理政事、沉湎女色，倘若他要亲躬政事，恐怕会死得更快吧。这封诏书的后半段写道，兼太尉高柔奉告曹氏宗庙，很耐人寻味。为什么要称为"兼"太尉？当时，高柔官拜司徒，司马孚才是正牌太尉，奉告宗庙理应由太尉带头，可是司马孚为了避嫌，愣是让高柔兼职太尉，代替他奉告曹氏宗庙。司马孚的演技可谓炉火纯青。

当诏书宣读完毕，满朝公卿面如土色，朝堂鸦雀无声，没有一个人敢说话。这也难怪，因为大家早就发现，司隶校尉何曾的一千多名直属军早已遍布朝堂四周，而京城内则是司马昭的数万名许昌军。

突然，一阵嘹亮的哭声打破了沉寂。只有一个人敢在这时候哭，大将军司马师。他的胡须和胸前的衣襟被泪水浸湿，他哽咽说道："皇太后居然下了这么一道诏令，诸位大人，如何是好啊？"

听到这话，群臣才反应过来，纷纷应和："今天这事，唯有遵从大将军之命。"

"承蒙诸位大人抬爱，我无法回避。"言讫，司马师抹干脸上的泪水，率领群臣联名上奏永宁宫郭太后，接受了废掉曹芳的诏书。在这封联名奏疏中，名列其中的朝臣近五十位，他们的后代多在晋朝显达。这些人中除了司马家族的亲信如高柔、钟毓、卢毓、王肃、荀颛、何曾等人，还有魏国第一代宗室名将曹仁的孙子曹初，他官居越骑校尉，祖辈的声威早已淡去。此外还有甄德，正始年间裁撤的中坚营和中垒营在曹爽死后得以恢复，甄德重新当上中坚营统领。郭建当上了步兵校尉（隶属中护军司马望），同样手握皇宫外一支禁军营。中垒营统领则换成了荀廙（yì），这位颍川荀氏族人乃是司马师的妹夫。

曹芳被废了，他一步三回头地走出宫门，最后看了一眼巍峨的洛阳皇宫。

"你的身份是我曹叡之子，也是我大魏国的皇储……"曹芳依稀记得这句话，他还记得曾按照曹叡的指示，紧紧搂着司马懿的脖子不放，可那些如过眼云烟，再也没有任何意义了。曹芳被降格为齐王，却不能去自己的藩国，也不能像其他魏国藩王一样软禁于冀州邺城。司马师给他安排了一个特别的住处——洛阳城西北角的金墉城。这座城中之城是当初魏明帝曹叡所建，在往后的故事里，金墉城会多次出现，并被赋予不凡的意义。

曹芳落寞地向金墉城走去，几十个臣子跟在他的身后送行，很多人唏嘘流涕，其中哭声最响的是那位老戏骨，司马师的叔父——太尉司马孚。

"陛下珍重啊！"他一边喊着，一边任凭泪水流淌到花白的胡须上。

曹芳听到这哭声，不禁觉得好笑，他根本不在乎有谁替他哀伤，继而，他想通了，这哭声根本就不是给他听的。

"司马孚真是个忠臣啊！"道路两旁的百姓说。这哭声是给天下人听的。

在送别曹芳的人群中，有个官卑职微的中郎名叫范粲，他和司马孚一样，同样哭得感天动地。但和司马孚不同的是，往后的岁月，司马孚始终位高权重，而范粲则辞官归隐。后来，司马师有意请他出仕，他得知后开始装疯装哑，拒不为官。范粲的谨慎到了令人难以置信的程度，他的家人如果有事找他商量，必须秘密请示，他若同意则面无表情，若不同意倒头便睡。范粲八十四岁时寿终正寝，在生命的最后三十六年，没有外人听他说过一句话。

二十年后，曹芳的爵位再度由王被降格为公，他在四十三岁时去世，谥号"厉公"。根据《谥法》中的解释，杀戮无辜称为厉，这个恶谥竟然给了曹芳，对比司马师的所作所为，实在是充满了讽刺。

贤　君

几天后，中护军司马望率禁军把高贵乡公曹髦从邺城护送到洛阳。曹髦看快要到京城，便决定在近郊的玄武馆留宿一晚。

曹髦侍者喜形于色，道："朝廷打算让公卿依照迎接天子的礼节迎接您哪！"

曹髦板起脸，断然拒绝："不行！我是公侯，不能僭越天子之礼。"

翌日，群臣在洛阳城西掖门伏道相迎。曹髦见状，连忙下车还礼。

侍者劝道："您马上就要当皇帝了，不必还礼。"

"我没正式登基，怎能不还礼？"曹髦稚嫩的面容颇有威严。

当车驾行至止车门时，曹髦规矩地下车步行。

"您不用下车。"

"我被太后宣召，还不知道是什么原因，这里是止车门，我岂能乘车通过？"曹髦当然知道他将荣登九五之尊，无论这番举止是他自己所想，还是事前被人教导，他的谦逊赢得了在场臣子的好感。可是，在权臣当道的年代，曹髦表现出贤明的形象，这并不算明智。

公元 254 年 11 月 1 日，曹髦在洛阳太极殿登基，成为魏国的第四代皇帝。群臣俯首在大殿庆贺，唯独少了司马师。此时，司马师仍待在自己的府上，这些年，他出于谨慎考虑，怕遭刺杀，从不跨进皇宫半步。尤其在废立这个敏感时期，他更不愿抛头露面。

事后，司马师问钟会："你刚刚见过陛下啦？"

"见过。"钟会身为司马家族的亲信，官拜尚书、中书侍郎，这两个官位品秩虽然比不上其兄钟毓，但一人横跨尚书台和中书省两个权力最大的行政机构，不能不令人咋舌。

"那你说说，陛下才略如何？"

钟会想想，答道："才同陈思，武类太祖。"意思是说，曹髦才气能和陈思王曹植匹敌，武略更和太祖武皇帝曹操比肩。

司马师心头仿佛被揪了一下，转而问另一名亲信石苞："你觉得呢？"早年间曹氏藩王迁居邺城，石苞一度调任邺城，帮司马师严密监视藩王的一举一动，后又被司马师提携为徐州刺史和青州都督。

石苞看了钟会一眼，回答："简直就是魏武（曹操）降世！"这句话比刚刚钟会那句还要毒。要知道曹髦才十三岁，这么形容，绝对夸大其词。钟会和石苞的舌头如同利剑一样，将曹髦死死钉在了司马师的靶心上。

司马师脸色变得阴沉："如你们所言，那可真是社稷之福啊……"可以说，自这个时候始，曹髦日后悲惨的命运便已注定。

此刻，在一旁的华表（魏国初代名臣华歆的儿子）早就吓得汗流浃背。他暗想，自己若不抽身而退，将来不知道会卷进多大的祸事。往后，他频频称病，不涉朝政，在未来数年惊涛骇浪般的政治环境中置身事外，唯求自保。

淮南二叛：流星

废立皇帝是件举国震惊的大事。

荀颛（荀彧的儿子，陈群的妻弟）提醒司马师道："眼下局势莫测。下臣建议您赶紧往各州派遣敕使，一来安抚那些藩镇大员，二来探探他们的立场。"荀颛年幼时虽被陈群收养，但他跟司马家的关系很好，正始年间，何晏排挤傅嘏，还是荀颛出面才保住傅嘏的官位。

司马师一边用手捂着左眼，一边点了点头。前些年，他左眼眶下不知怎的忽然长出一颗小瘤，本来五官端正的脸也因这瘤显得有些别扭。他考虑到自己的政治形象，一度想把瘤割掉，可始终没下定决心。近来，瘤越长越大，更时不时地引发剧痛。

曹髦登基转眼过去三个月。公元 255 年 2 月 4 日夜，整个洛阳城内，无论朝廷公卿还是黎民百姓，都指着天空翘首眺望。

"看！那流星足有数十丈长！"

"亮得刺眼！莫非天象有什么预兆？"

"这流星起于东南，或许东南方将有大事发生吧？"

只见一颗硕大的流星从东南魏吴交界处横跨过洛阳城，向西北方向划了过去。

洛阳城内的人对这颗流星议论纷纷，而远在东南方向的扬州淮南郡寿春城内，大家同样因这颗流星变得躁动不安。

第二天傍晚时分，扬州淮南郡的大小官吏、各部将校均被传唤到寿春城内西北角一座临时搭建的高坛集合。

"快进城！镇东将军有令，速去西北高坛候命！"下达这项命令的镇东将军，便是魏国东战区统帅扬州都督毌丘俭。

在三年前征讨诸葛恪的东关之战结束后，原本镇守豫州的毌丘俭和镇守扬州的诸葛诞相互调换辖区，毌丘俭成了扬州都督。他和夏侯玄、李丰是至交，夏侯玄、李丰罹难后，他痛心疾首，同时为自己的处境担忧。紧接着曹芳被废，这让毌丘俭更加难以接受："看样子魏国要改姓司马了……"这段时间，他常常想起年轻时和曹叡的友情，以及曹爽对自己的提携。他很想誓死一搏讨伐逆臣，然而，他的儿子毌丘甸在朝廷担任治书侍御史，倘若自己贸然举兵，儿子必身首异处。念及此，他虽心如刀割，但无能为力。

就在曹芳被废的几天后，毌丘俭突然接到长子毌丘甸写给自己的信："父亲枉居一方重镇，社稷倾覆时只考虑泰然自保，难道不怕受到世人的谴责吗？"毌丘甸完全不顾及自己的安危，反而主动劝父亲起兵勤王。

毌丘俭回信："我若举兵，你身在京都，如何是好？"

"父亲放心，我已有准备，到时候定能脱身。"

毌丘俭反复看着儿子的信。身在京都的儿子尚且不顾个人安危，他自己又怎能缩手缩脚？终于，他做出了决定——举兵讨伐逆臣司马师。

随后，毌丘俭将自己的想法告知扬州刺史文钦。正始年间，文钦曾受王凌排挤，而后曹爽出面保住他的仕途，曹爽被害也让他处境堪忧。一年前，他和毌丘俭携手共同抵抗诸葛恪，战后毌丘俭特意上疏帮文钦邀功，二人交情匪浅，然而，司马师却驳回封赏文钦的提案，文钦由此对司马师心怀怨恨。

文钦同意了毌丘俭的勤王计划。经过三个月的筹备，就在流星划过天际的夜晚，毌丘俭仰望星空，对文钦喃喃低语："此时举兵，顺乎天意啊！"

文钦摩拳擦掌，等着这一刻的到来。是夜，毌丘俭和文钦秉烛伏案，奋笔疾书。他们所写的，乃是一篇讨伐司马师的檄文。

毌丘俭一边写，一边与文钦商议："司马家族枝叶繁茂、盘根错节，我们剑锋所指，唯司马师一人，切不可牵涉他全族。"

"好！"文钦性格粗犷，只是不住点头。

光有檄文还不行，讨伐司马师，要有皇室支持才能跟谋反划清界限。

"我们假托郭太后之命，讨伐司马师！"毌丘俭开始撰写诏书。

"为什么不是以陛下的名义？"文钦问道。

"陛下年幼，刚被司马师拥立不久，如果转脸就下诏讨伐司马师，恐怕很难让人信服。"这封诏书，准确地讲，是一封以郭太后名义发布的矫诏。

文钦也没闲着，他一封接一封地给其他州郡藩镇统帅写信，意图拉拢更多人加入勤王义举。

第二天傍晚，扬州各官吏将校应毌丘俭之命，来到寿春城西北角的高坛周围，城门随之紧闭，守军迅速将众人围拢，气氛骤然紧张起来。

"到底出了什么事？"众人惊慌失措，相互打探着消息，可谁都没有答案。

等到夜晚，毌丘俭和文钦在侍卫的簇拥中登上高坛，扬州官吏瞬间安静下来。

"太后有诏！"台下官吏闻言，慌忙跪拜于地。毌丘俭双手展开诏书，大声诵读："大将军司马师，胁迫朝廷，目无尊上，擅杀李丰、夏侯玄等重臣，又废立天子，实乃大逆不道。诏令镇东将军毌丘俭、扬州刺史文钦讨伐逆臣，重振朝纲！"

登时，高坛下人声鼎沸，如同炸雷。

"这诏书是真是假？"

"天下要大乱了！"

毌丘俭挥挥手，四周早就严阵以待的士卒齐刷刷亮出兵刃，武力威慑很快将躁动压制下来。

"太后诏书岂能有假？我等俱为社稷忠臣，不忍见司马师胁迫天子，昨日流星从东南划向西北，正预示我淮南将士剑指京师，中兴大魏！"毌丘俭喊道。

"讨伐逆贼司马师！"文钦率先振臂高呼。紧跟着，他们身边的亲信将校也喊起来，然后是包围扬州众官吏的士卒高喊。最后，扬州众官吏不得不顺从形势。

"中兴大魏！讨伐逆臣！"就这样喊了一阵，毌丘俭伸手示意，高坛四周又恢复了肃静。

毌丘俭见局面已被控制，遂拿出事先写好的檄文朗声念诵。

这篇檄文很长，一口气列出了司马师十一条罪状。不过，毌丘俭除了对司马师口诛笔伐，对司马懿、司马孚、司马昭、司马望则是一个劲儿地歌功颂德，旨在分化司马家族内部的关系，缩小打击面。

毌丘俭念完，扬州官吏皆瑟瑟发抖，茫然不知所措。

"既然奉太后密诏，我自当为振兴社稷而战，也希望诸位能与我同休共戚！"毌丘俭说罢，文钦和几个亲信将领带头在檄文中签署了自己的名字，扬州各官吏则是在武力胁迫下签名。他们中少部分受到这檄文的感染，大多数则是被逼无奈。这封签署众将官名字的檄文，被抄写多份，送往洛阳及周边州郡。

当年，扬州都督王凌因官拜太尉丧失兵权，又因事发仓促，只能束手待毙。而今，毌丘俭准备充分，顺利调动了扬州驻军。

"明日，扬州六万义军向京师进发，讨伐司马师！"

勤王的义旗就这样在淮南立了起来。

淮南二叛：忍常人难忍之痛

几天后，朝廷获知毌丘俭谋反的消息。司马师怒视檄文，气得两眼发红："毌丘俭不顾他儿子的命了吗？马上派人缉拿毌丘甸！"

禁军冲向毌丘甸的府邸，却两手空空地跑了回来："回禀大将军，到处都找不到毌丘甸，恐怕他已经逃出洛阳城了。"

"赶快去找！"话音未落，司马师忽觉眼眶剧痛，一阵天旋地转后，他随即失去了知觉。

一天后，司马师醒过来，抬眼看到夫人羊徽瑜正守在自己的身边。他思绪模糊，只觉得整个脑袋像要炸裂，又伸手摸了摸脸，半张脸上都裹着布。

羊徽瑜关切地说道："医官说你怒火攻心，致使囊肿破裂，如果再不割掉，怕是连命都保不住了……"

"给我拿面镜子来。"

羊徽瑜小心地把镜子递给司马师。司马师照照自己，发现脸上的布已被血浸成深红色。

这时，一名侍卫走进寝室，颤声禀报："大将军，公卿在府中已恭候多时……"

羊徽瑜闻言，瞪了侍卫一眼："谁让你进来的？让他们继续等！"

司马师本没想说话，但猛然间想起自己病倒前看到的勤王檄文，遂摆了摆手："不用。你让他们都进来吧。"

须臾，司马师的寝室内挤满了公卿。

"大将军病成这样，下臣本不该叨扰，但毋丘俭谋反，这事还得请您拿个主意啊！"

是啊……事关重大，必须得自己拿主意。司马师环视一圈，最后，他的目光落在太常王肃的脸上。

"王大人有什么良策吗？"他这么问，是希望王肃能说几句话帮他稳定一下同僚的情绪。

王肃会意，言道："多年前，关羽水淹七军威震华夏，声势比今天大得多，最终还是土崩瓦解。下臣认为，淮南将士家眷皆在中原，咱们只要隔绝叛军与中原的联系，叛军挂念家人，一定会不战自溃。"王肃是儒士，兵法本非其所长，但他凭借多年从政的经验，对人心的把握敏锐至极，他不仅帮助司马师稳定朝廷信心，更提供了一个切实可行的战略方案。

"说得好！"司马师想点一下头，却发现头一动即引发撕心裂肺的疼痛。他咬了咬牙，竭力绷住脸上痛苦的表情，"那么，谁能统领全军迎战毋丘俭？"

有人提议："看大将军的病情，恐怕无法亲自出战。那么统帅之职……下臣觉得唯有太尉（司马孚）大人能胜任。"

司马师也觉得自己这回无论如何都无法亲征。他刚要答应，尚书仆射傅嘏突然言道："此战不容疏忽，还望大将军能亲自挂帅。"

司马师没接茬儿，他疼得死去活来，缓了半天才说："我再想想，明日再议。"

公卿纷纷退了出去，剩下傅嘏、王肃、钟会三人仍不肯离去。

"三位还有什么事吗？"

傅嘏言道："刚才众公卿都在，有些话不方便讲。现在他们走了，请恕下臣直言。毌丘俭和文钦此番举兵，可谓孤注一掷，淮南叛军声势浩大。若此战稍有闪失，必然影响大将军的权势。还望大将军务必亲征。"

王肃、钟会附和："下臣也赞同傅君的说法。"

羊徽瑜听罢，脸色骤变："大将军已经病成这样，你们怎能……"

司马师朝羊徽瑜摆摆手，止住了她的话。事关司马家族的权势……傅嘏、王肃、钟会三人的话，犹如一针强心剂令司马师忘记了一切痛苦，他强撑着身子从床上坐了起来。

"说得对！我必须亲自出征！"

淮南二叛：速战

司马师离开洛阳，皇帝又由谁看着？他最信任的人，毫无疑问是胞弟司马昭。

"速传司马昭入京！"

这个时候，司马昭手握重兵镇守许昌，他接到命令，丝毫不敢耽搁，直奔洛阳，刚一入京即被任命为中领军。这么一来，司马昭就能手握皇宫内禁卫军，直接监控皇帝。不过，数量庞大的许昌军团，又该交到谁的手里？司马师思绪飞转，亲信嫡系逐一在他脑海中闪现，片刻后，他想到了一个合适的人选。

"召荆州刺史王基入驻许昌，接替司马昭统领许昌军团。"

王基并非太原王氏，只是一个小士族。年轻时，他坚定地拥护郑玄学说，多次与司马昭的岳父王肃据理力争（王肃不喜欢郑玄学说）。正始年间，他被曹爽拉拢提拔。不过，王基虽然在学术立场上跟王肃不合拍，但他认定曹爽必败无疑。于是，他写下一篇《时要论》抨击曹爽执政，以此表明自己的政治立场。这本《时要论》确实挽救了王基的政治生涯，让他顺利跳到司马懿阵营。高平陵政变后，王基被司马懿举荐为荆州刺史。依照魏国惯例，王基这个荆州刺史是荆州都督的储官，不过荆州都督王昶风头日盛，暂时没有被替换的理由。由此，王基便就近获得了豫州许昌军团的控制权。

公元255年2月中旬，司马师统率中央军在众公卿的送别中来到洛阳东门外，他顾盼一周，发现唯独少了光禄勋郑袤。光禄勋手里握有数百名禁军侍卫，虽说不多，但到底也算一支武装力量。司马师看不见郑袤，心里不踏实，便对身旁的王肃言道："郑袤没来，实在令我遗憾。"

王肃明白司马师的意思，当即吩咐侍从："马上把郑袤叫来。"

"可是，郑大人身体有恙。"

"不管什么病，就算抬，也要把他抬来。"

须臾，一辆马车飞驰而来，车上坐的正是郑袤。

司马师见到郑袤，总算松了一口气："郑大人，请上车！"他把郑袤请上自己的车，接着问道，"我马上要去讨伐逆贼，您有什么赠言吗？"

郑袤分析说："毌丘俭好谋无断，文钦勇而无谋，二人都不是能成大事的料。叛军希望速战速决，但防守不稳固，臣建议坚壁高垒，挫败他们的锐气。"郑袤说来说去，其实还是王肃之前定的那一套，没什么新鲜的。不过，司马师也没指望郑袤真拿出什么妙计，他只需要听郑袤表明立场，也就安心了。

京都诸事安顿妥当，司马师率军开拔。然而，谁都没有发现他眼神中露出的不安。首先，司马师还没有敲定前锋统帅的人选。其次，王肃、郑袤等人提议的缓攻战略虽在理，但以他目前的身体状况，他不知道自己能坚持到什么时候。几天后，大军途经许昌，司马师决定带上许昌军团前去讨伐毌丘俭。

在许昌城中，司马师见到了刚刚进驻的王基。

"拜见大将军！"王基对司马师施以军礼。庞大强盛的许昌军团前段时间一直由司马昭统领，如今全部交到王基的手上，但王基没有丝毫傲气，还和往日一样谦逊持重，仿佛什么都没有发生过。

司马师无力地半躺在床上，用一只眼睛仔细打量对方："王基，多年没见……"

王基惊愕地发现司马师的病情远比他想象的严重："大将军勿动！"

司马师摆摆手："我想让你带着许昌军跟我一起去讨伐毌丘俭。你知道公卿是怎么规划战略的吗？"

"下臣听说太常王肃、光禄勋郑袤等人都建议坚壁高垒，以逸待劳，等淮南叛军不战自溃。"王基虽不在朝廷，但消息灵通。

"你怎么想？"

"王肃、郑袤等人说得确有道理，淮南叛军思念中原家眷，拖延日久，必分崩离析。只是……"王基顿了顿，抬眼凝望着司马师。

只是……我恐怕撑不了那么久啊……司马师心里默想，却不能把这话说出来："只是什么？"

"只是，倘若拖延日久，难保不会出现意外……"王基这话说得很婉转。

所谓意外，无非包含两方面意思：其一，司马师离开京都的时间不能太长，否则一定会影响其在朝中的权威；其二，便是指司马师的病情。

"王基……"司马师的左眼被包裹得严严实实，右眼竟流露出此生难得一见的感激之情，他几乎要脱口而出：你是我司马家的忠臣啊！不过，他还是把这话咽了回去，仍是平静地问道："依你之见，这仗该怎么打？"

王基应声而答："唯有速战！"

"好！"司马师任何一个动作，都会激起左眼下创口的剧痛，但当他听到王基说出"速战"时，居然忍着疼痛，艰难地点了一下头。

接着，他问道："倘若群臣都力主缓战，又向你施压，你怎么办？"王肃、郑袤主张缓战，自然是为减少损失，而事实上，从后面的故事中可以发现，主张缓战的不只有朝廷公卿，就连司马师的幕僚也持此议。

"坚持速战！"

司马师脸因激动而颤抖，继续追问："如果连我都责令你缓战，你又当如何？"

王基神色不变："下臣就算抗命，也会坚持速战！"

"王基，我要让你担任此战的前锋统帅！"司马师决心为王基搭建一个光辉的舞台，也为自己生命的最后时刻赢得一个机会。

淮南二叛：藩镇的立场

这段时间，文钦的亲笔信相继发往各州郡，可是几天过去，鲜有人响应。

在魏国的西战区，雍凉都督郭淮躺在床上，行将就木。

"大人，扬州刺史文钦送来一封信。"侍从在郭淮的床前轻声说道。

"喀喀……"郭淮咳嗽不止，喘着粗气问道，"你说……是谁的信？"

"回禀大人，是扬州刺史文钦的信。"侍从声音略微提高，以便让郭淮听清。

"扬州……刺史……文钦……"郭淮停顿了许久，他的肉体衰老到几乎失去所有机能，唯有脑细胞仍在飞转。

文钦是昔日曹爽的亲信，他在东战区，我在西战区，无论政治上还是军事上都素无瓜葛，跟我八竿子打不着的人，为什么要给我写信？不行，这信不能看，看了怕惹祸上身哪！

"……喀喀……信……切勿拆封……拿去烧了！"

侍从刚要转身离去。郭淮却又喊道："不！等等……不要烧……直接、直接送给大将军……"

几天后，郭淮病故。这位前半生跟随夏侯渊和曹真的名将，后半生义无反顾地投身司马家族门下。郭淮祖籍太原，其家族被称为太原郭氏。后来，太原郭氏与贾充结为姻亲，形成一股庞大的政治势力。

文钦的信在郭淮眼中如同避之不及的祸水，他连看都没看就匆匆逃离人世。而在魏国东南战区，临近淮南的豫州都督诸葛诞也接到了文钦的来信。他举棋未定。

诸葛诞在正始年间出任扬州刺史，算是曹爽提拔的人，早年间，更与夏侯玄、邓飏等绑成一股绳，称为"太和浮华党"，这种背景让他很难获得司马家族的信任。不过，诸葛诞在扬州根基牢固，司马家族没法将他连根拔除，东关之战后，司马师让他和毌丘俭互换辖区以削弱其实力。诸葛诞试图讨好司马家族寻求自保，但他对司马家族绝对谈不上忠诚。

他思绪凌乱，很是纠结。如果响应毌丘俭讨伐司马师，到底有多少胜算？如果自己一直这么隐忍，又能否得以善终？

这时候，司马家铁杆盟友——廷尉钟毓，亲自来到豫州和扬州一带颁布特赦令："只要不主动勾结叛军，绝不会受任何牵连。"这道简单的赦令，所起到的效果远大于文钦言辞恳切、宣扬勤王道义的亲笔信。

毌丘俭和文钦是不会有胜算的。诸葛诞试着说服自己，他又想起先前担任扬州都督的时候，跟扬州刺史文钦关系闹得很僵。那些不愉快的往事，让他更坚定了自己的判断。就这样，诸葛诞宣布协助司马师讨伐淮南叛军。然后，他亲自率豫州军攻向毌丘俭的大本营——淮南郡寿春城。

还有一个人接到了文钦的信，豫州境内的汝南太守邓艾。邓艾自年轻时被司马懿提拔，可以说是司马家族的嫡系，他果断斩了文钦的信使，火速入驻淮南军北上的必经之路乐嘉城，积极构筑防御工事，进入备战状态。

淮南二叛：抗命

公元 255 年 2 月底，毌丘俭率主力军进驻豫州项城，文钦则率偏军在周边游击，与毌丘俭遥相呼应。清代史家何焯对毌丘俭的部署批评说："毌丘俭到项城坚守，不知道想干吗？他缺乏必死的决心，有失勤王之义，真是耻于大丈夫所为。"何焯认为毌丘俭应挥师北进，直取洛阳。可当时的情况远没那么简单，毌丘俭仅有六万人，司马师拥兵十二万人，两军迎头相遇，毌丘俭岂能轻易突破二倍于己的敌军？说实话，他敢面对强敌，剑指京都，已是惊人之举了。

与此同时，豫州都督诸葛诞直逼寿春，从后方抄了毌丘俭的大本营；徐州都督胡遵进驻兖州谯郡，隔断淮南将士和中原家眷之间的联系；司马师卧病在床，仍率十二万大军，以王基为前锋统帅，在项城附近严阵以待。

三年前，司马懿经由这条路平定淮南，在豫州项城将王淩缉拿。三年后，司马师沿着父亲走过的足迹来到豫州项城，他所做的一切都是为保住家族的权柄。

司马师指挥中军安营扎寨后，前锋统帅王基仍是一个劲儿地往前冲。幕僚纷纷劝谏："叛军彪悍，难与争锋，请大将军赶快让王基转攻为守。"

司马师渴望速战速决，但他面对这么大的压力，也扛不住了。要知道，在战争中，主师违背众意是极危险的，就算司马师再强权，如果不能团结所有人，也无法打这场仗。最后，他不得不下令让王基停止进军。可是，他心底依旧希望王基能坚持初衷。这么干挺不厚道，他等于把压力完全转嫁给了王基，至于王基能否扛得住，司马师并不能百分之百确定。

王基扛住了。

次日，司马师收到王基的答复："毌丘俭裹足不前，肯定是军心不稳。不攻反守，违背兵法要旨。如果给毌丘俭可乘之机，让他控制了临近州郡，叛军势头将一发不可收拾。据闻吴国已经有了动静，若拖延日久，不仅淮南，甚至连豫州（豫州在淮南西边）都会陷入危机。臣决定全速占据粮草充裕的重镇南顿。"

接下来的几天，王基屡次陈明进军的重要性。

司马师下令："最远进驻到隐水河畔，不能再冒进了。"

可是，王基来到隐水河畔后，仍不止步。他再度给司马师写信："进驻隐水于事无补！兵贵神速，眼下外有吴寇，内有叛臣，若不速战速决，局面很快会失控。群臣皆劝大将军持重，但持重不代表畏首畏尾。缓战必败！"

司马师再度下令："不能贸然进军！"

王基，记住你先前说过的话，一定要坚持下去。

王基早有觉悟，他冒着抗命的危险，果断抢占了南顿，并答复司马师道："将在外，君命有所不受。南顿乃战略重镇，绝不能拱手让人。"

这个时候，毌丘俭也打算进驻南顿，他行军十几里后，听说被王基抢先，只好撤回到项城坚守。就这样，王基数度违抗司马师的军令，比毌丘俭先一步进驻南顿。局面对司马师越发有利。

先前，司马师只是主观希望王基速战速决，现在，他越来越相信王基卓越的战术。他下令道："让驻守乐嘉城的邓艾示弱诱敌。"随后，他率主力军前往乐嘉城与邓艾会合，等待敌军上钩。如此一来，不仅王基在向前推进，司马师同样顺势向前推进。

几天后，文钦果然被邓艾吸引，离开毌丘俭，直奔乐嘉城。文钦抵达乐嘉，遇上了司马师的主力大军。

战局对文钦很不利，儿子文鸯提议："若趁夜间突袭，必能大破敌军。"文鸯才十八岁，自逞武勇，提出夜袭的战术。有必要说明一下，三国前期存在大批以悍勇著称的猛将，因为小规模战斗比比皆是，或数百人，或上千人的小战场，给猛将创造了成名的土壤。而在三国后期多是动辄数万人参与的大型战役，个人武功完全派不上用场。文鸯在三国后期以勇武被载于史册，着实罕见。

是夜，文钦文鸯父子各率一支部队夹击敌军。文鸯在敌阵横冲直撞，口中高喊："司马师，敢出来应战吗？"司马师摸不清楚对方底细，只能被动采取守势。可是，另一路文钦遇到阻碍未能接应儿子，天明时，文鸯擂了三通战鼓，不见援军，只好撤退。

司马师被文鸯折腾得彻夜未眠，左眼疼得越来越厉害。他的外科手术很不成功，囊肿虽被切除，却受到感染，左眼球凸起，几乎快掉出眼眶。他咬紧牙关，用手捂着眼睛，猛一用力，居然以惊人的忍耐力将眼球强行按了回去。

司马师几乎昏死过去。黎明时分，他下令追击文钦父子。

诸将迟疑："文鸯军锐，明明占尽优势，却全身而退，这很可能是诱敌。"

司马师牙齿颤得咯咯作响，他强忍痛苦，解释道："一鼓作气，再而衰，三而竭。文鸯三次擂鼓，文钦都没来接应，士气肯定受挫。"

旋即，邓艾、乐綝（魏国初代名将乐进的儿子）对文钦父子展开追击。

众将走后，司马师不想让旁人发现自己窘迫的样子，便用被褥蒙住头，独自对抗疼痛。我这是要死了吗？他只觉得眼前一阵发黑。

不行，必须得忍到战争结束再死。

淮南二叛：陨落

司马师被褥蒙头。没一会儿，他的血就浸湿了褥子。这副惨状终于被人发现。

"难不成，司马师要死了……"这人正是高平陵政变时奉司马懿之命劝曹爽投降的尹大目。那件事后，他心头就像堵了一块巨石，终日悔恨。

尹大目很想把司马师的状况告知文钦，他对司马师佯言道："文钦本无叛心，只是被毌丘俭误导。我曾与文钦有旧交，想亲至阵前，劝他归降。"

司马师同意了。于是，尹大目怀着不为人知的目的随同邓艾、乐綝追赶文钦。

两军相遇，尹大目疾驰到阵前，对文钦高喊道："将军何苦如此？难道就不能再忍耐几日吗？"他边说边向文钦使眼色，希望对方能明白自己的意思。

但文钦没有领悟，指着尹大目厉声叱骂："你是大将军（曹爽）故吏，不图报恩，反跟从逆臣，老天不会饶了你！"说罢，他张弓搭箭，射向尹大目。

尹大目躲过箭矢，无奈地向后方军阵退去，边跑边回头喊："世道衰败，还望将军自勉！"文钦缓缓收回弓箭，即便如他这样神经大条，也察觉到尹大目话里有话。可是，文钦没有时间仔细琢磨了，他面对邓艾、乐綝的轮番猛攻，正节节败退。文鸯几次单枪匹马冲入敌阵，可勇猛并不能扭转战局。

眼下，文钦返回项城的归路已被切断，他无法跟毌丘俭会合，若想活命，只能逃往吴国。

淮南，正是通往吴国的必经之路。两天后，文钦父子逃到淮南，却惊讶地发现有两支军队正在此地对峙。这两支军队的统帅，一个是魏国豫州都督诸葛诞，另一个则吴国大将军孙峻。原来，孙峻得知魏国发生叛乱，想趁机分一杯羹，没料到诸葛诞已抢先占据淮南。

倘若没有遇到孙峻，文钦父子很可能就在这里被诸葛诞截杀。此刻，他们见到了救星，不顾一切地狂奔到孙峻军中，寻求庇护。自此，文钦和两个儿子文鸯、文虎投奔吴国追随孙峻。不过，他们没有就此退出历史舞台，不久还会重返淮南，父子三人也将迎来各自不同的命运。

回到王基和毌丘俭的主战场，此时，王基发出总攻项城的命令。

毌丘俭获悉文钦战败的消息，士气跌落，节节败阵。在这场战役中，双方的战略部署均未按照先前预想的那般发展。司马师出于自身原因改变了先前既定的坚守策略，转为步步进逼。毌丘俭则在与王基争夺南顿失败后转攻为守。而将战局彻底打乱的正是司马师的前锋统帅王基，他屡次抗命，最终创造出辉煌的战绩。

"大势已去……"毌丘俭仰望着夜空，回忆起一个月前那颗耀眼却又转瞬即逝的流星。现在想来，那流星莫非正预示自己的命运？当晚，他带着家眷亲信逃出项城，一路向南奔赴吴国。当他来到豫州汝南郡慎县的时候，左右亲随早散得无影无踪，身边只剩下弟弟毌丘秀和孙子毌丘重。三人惊魂落魄地蜷伏在水边的芦苇丛中，希望能找到一只渡船。

"嘘，低声！"毌丘俭半截身子泡在水中，他手扶着芦苇，侧耳倾听。突然，嗖的一声，一支箭从毌丘俭的后背贯穿至胸前，他没反应过来怎么回事，只感觉胸腔一阵剧痛，咳出几口鲜血，接着，才发现胸前露出的箭锋。

毌丘俭用尽最后的力气，手指向半空中，不知是为弟弟和孙子指向通往吴国的逃生之路，还是想起仍身陷中原的长子毌丘甸，抑或是思念曹叡的在天之灵……他摇晃了几下，喉咙哽咽，仿佛要说什么，却一个字也没说出来，便跌落水中。射箭者是安风津的一个民兵，名叫张属。张属这一箭算是中了头彩，他后来被封侯，从此过上了荣华富贵的生活。

毌丘秀见状，顾不得毌丘俭，拉着毌丘重仓皇而逃，几天后，二人越过魏国边境逃到了吴国。

再说之前逃出京都的毌丘甸，这个时候正躲在河东新安县的灵山之上。这里，正是毌丘氏祖坟之所在。"祖上有灵，我与父亲无愧于大魏！"

毌丘甸四周围已布满了京都禁军。几个月前，他不顾自己的安危，劝父起兵勤王，倘若还能重新来过，是否仍会做出这样的选择？他不想再去纠结这个无意义的问题。兵刃闪过毌丘甸的眼前，他毫无招架之力，很快身被数创，栽倒在灵山毌丘氏的祖坟旁边。

公元 255 年 3 月中旬，毌丘俭起兵一个月后战败身死，文钦父子逃亡吴国。

毌丘俭是继王凌之后发生在淮南的第二起叛乱，当然，更准确的说法应该是勤王。毌丘俭和王凌相比，准备得更加充分，并成功调动了淮南六万大军直逼魏都洛阳，但最终他还是失败了，因此，勤王也就变成了叛乱。

权力的传承

司马师得益于王基的速攻战术，总算见到最后的胜利。这并非魏国的胜利，而是司马家族的胜利。司马师听着络绎而来的捷报，脸上露出欣慰的笑容，然而这笑容伴随着几乎快悬挂到脸颊上的眼球，显得颇有些骇人。

战后，司马师安排王基接替诸葛诞成为豫州都督。诸葛诞则接替毌丘俭成为扬州都督，他几经辗转，又回到了昔日的领地。另外，还有陈群的儿子陈泰接替郭淮成为雍凉都督。魏国几大主要战区的格局再度发生改变。

这场历时一个月的战役，耗光了司马师余留的全部生命力。他急迫地想要马上率军返回洛阳，但当他走到许昌时，他知道自己撑不下去了。现在，他脑子里唯一的念头便是该由谁来继承家族的权柄。司马师总共有五个女儿，全部是被他毒死的夏侯徽所生，其中一个女儿还嫁给甄德为妻，这是司马家维系甄家和郭家两大外戚的重要纽带（甄德本姓郭，后过继给甄家，因此身兼两家外戚）。可是，他很不幸未能生下一个男孩儿，他有一个养子名叫司马攸，是司马昭过继给他的，但司马攸才七岁。

司马师最亲的人就是镇守洛阳的胞弟司马昭。"快！让子上……来见我！"司马师痛苦地吩咐道。然后，他望向旁边侍立的两个亲信——傅嘏和钟会。"拜托二位……助、助子上……辅政……"他勉强挤出这几个字，便再也说不出什么话。

在《世说新语》中写道，司马师临死前将辅政重任授予傅嘏，傅嘏不敢接受。这并不可信，傅嘏仅仅官居尚书仆射，政治资望明显不够。而司马家族枝繁叶茂，就算司马师跟傅嘏关系再好，也不可能将这得来不易、历经两辈人经营的权柄传到外姓人手中。

几天后，司马昭从洛阳赶到许昌，见到了垂死的司马师。

司马昭伏在床前，不住地哭喊："大哥！大哥！"

司马师微微睁开一只眼睛，艰难地向弟弟伸出手。司马昭见状，慌忙握住。

给你了，接得住吗？司马师无力说话，只是凝视着弟弟，就如同四年前司马懿弥留之际所做的那样。

接得住！司马昭泣不成声，他什么都没有说，只是拼命点着头，并紧紧握住大哥的手。

司马家族的权势……这是司马师最后一个念头，想到这里，他终于结束了自己波澜凶险的一生，安静地死去了。有那么一瞬间，他竟见到自己满月时的一幕，父亲司马懿站在床前，眼神中充满无限温情，而他自己则伸出小手试图去抓窗外那轮明月，如今，他抓住了。

公元 255 年 3 月 23 日，司马师病故，享年四十八岁。自司马懿死后，他接掌权力仅四年，短短时间，他铲除了夏侯玄和毌丘俭两个最顽固的曹氏忠臣。高平陵政变时，司马懿以武力迫使郭太后就范，而司马师靠怀柔手段成功笼络了郭太后及其背后的郭氏、甄氏两大外戚家族。不夸张地讲，正是司马师确立了司马家族权力传承的合理性。司马师死时食邑高达九万户，谥号"忠武侯"，多年以后，他的侄子司马炎建立晋朝，他遂被追尊为"景皇帝"，庙号"世宗"。

兵临城下

司马师病故的消息很快传到了魏都洛阳，一时间，朝野震惊。

"陛下，司马师死了！天佑大魏啊！"内宫近臣悄悄地对曹髦耳语。

曹髦从皇位上一跃而起："你说什么！再说一遍！"

"司马师，他死了！"曹髦长长地出了口气，这绝对是一个天大的喜讯，一年来，他处处受到司马师压制，早就对这个权臣恨之入骨。不过，他才十四岁，并没有足够成熟的想法应付这一局面。

"那你说，现在该怎么办？"

"陛下可以抓住这个千载难逢的机遇，拜中领军司马昭为卫将军，派他去镇守许昌，同时让尚书仆射傅嘏带大军回京，如此一来，这批大军就都在陛下的掌控之中。将来再逐步摒除司马家族的势力。"

"好！传中书省，下诏！"

当日，朝廷发出一封诏书："中领军司马昭官拜卫将军，留镇许昌。尚书仆射傅嘏统率大军回京。"这则简短的人事安排用意明显，即是阻止司马昭入京。在《三国志·钟会传》和《资治通鉴》中，这封诏书都被称作"中诏"，"中"指皇宫禁中。对此，胡三省特别解释说，当时诏命皆出自司马师之口，而这封诏书则是直接来自皇宫内，故特别写明为"中诏"，也就是说，这是由魏帝曹髦直接发出的，这在当时是极少有的情况。

很快，这封"中诏"传到了前线军队。

诏书的内容令钟会不寒而栗，他身为司马家族的亲信，早就把自己的政治前途全部押在司马家族这棵大树上，眼见司马家族有倾覆之危，自然心生畏惧。此刻，他警觉地盯着傅嘏，问道："傅君，你打算怎么应对？"

傅嘏具备足够的洞察力，清楚地看到自己正处于左右历史的十字路口。毌丘俭、王凌、李丰等人付出生命去争取而未能如愿的机会，就摆在自己的面前。如何应对？傅嘏也这样扪心自问。倘若按诏书执行，他肯定能成为魏国第一中兴功臣，而司马家族的权势也将就此终结。但遗憾的是，他对曹氏毫无感情。傅嘏踏上仕途是从被司空陈群征聘为幕僚开始的，他目睹了陈群毕生与皇权抗争，晚年在曹叡的压迫下郁郁寡欢。而后在曹爽秉政时代，他与何晏、夏侯玄等人为敌，备受排挤。这些经历都让他义无反顾地投身司马氏门下。

天下士族心系司马氏，而曹氏，还是让他们走向没落吧！

傅嘏安静地盯着眼前的诏书，突然转头凝视钟会的双眼，以异常坚定的语气道："我打算让司马昭辅政！"

是夜，傅嘏和钟会二人进行了一番密谋。

钟会提议："我们即刻上表，申明让司马昭辅政之意。"

傅嘏点点头，却不知从何处下笔，抬眼看着钟会，问道："依你之见，这奏表该怎么写呢？"

钟会提笔，如行云流水一般，顷刻间，一封奏表即告完成："臣傅嘏以微末之功，实在无力应付军中事务，卫将军司马昭忠孝仁厚，深得将士之心，故，臣把军权授予司马昭，即刻率大军回京。"钟会的意思是让傅嘏把军权交给司马昭，然后一同率军回洛阳，以兵势威逼朝廷。

《世说新语》中记载了一段钟会擅长写表文的逸事。一次，司马师命虞松作表，结果总不如人意，钟会看罢，仅仅修改了五个字即令司马师大为悦服。

傅嘏读罢奏表的内容，倒吸了一口冷气，颔首应允。

翌日，傅嘏和钟会亲自拜见司马昭。

"臣等写了封奏表，请卫将军过目。"说着，他们恭敬地递上奏表。

司马昭看毕，顿时明白了一切："感谢二位大人抬爱，司马昭在此拜谢了！"

旋即，傅嘏将奏表送递朝廷，并不等朝廷答复，直接将军权交到司马昭手上。

公元 255 年 3 月 29 日，司马师死后第六天，这支平定淮南叛乱的大军在司马昭的率领下返回京都，可是，大军没有直接进入洛阳城，而是在洛阳城外的洛水南岸屯驻了下来。

"全军扎营！"司马昭下令。

十几万魏军兵临都城。整个皇室和朝廷震惊了："司马昭到底想要干什么？"

不多时，一名使者携带着傅嘏的口信来到朝廷："卫将军司马昭功勋卓著，理应继承其亡兄遗志辅政，请朝廷斟酌。"这口信的背后，是屯驻在洛水南岸威逼朝廷的十几万魏军。

曹髦心里发毛。他前面那封诏书完全没奏效，事态正朝着更危险的方向发展。须臾，他被群臣的议论惊醒。

"请陛下赶紧答应傅嘏的请求！"

曹髦咬着牙恩准。

当日，朝廷使臣匆匆奔至司马昭的军营："陛下诏书，司马昭晋位大将军、都督中外诸军、录尚书事，辅政！"

"臣，司马昭接旨！"至此，继司马师死后，司马昭通过傅嘏和钟会的协助，将魏国的军政大权牢牢握于手中。

司马昭返回朝廷后，即让钟会转任黄门侍郎。黄门侍郎这个官位属于皇帝身边的近臣，有传递诏书的权力。想必是之前那封险些扼杀司马家族的诏书令司马昭胆战，所以才把钟会安插到曹髦身边，以备不测。

就在司马昭继承司马师权柄的同年，傅嘏病故。他死后谥号"元侯"。"元"这个字，在《谥法解》中有诸多褒义，其中一个意思乃是有建国定都之功。这颇为奇妙，以魏国的立场，傅嘏临终前最后一着棋，将曹氏社稷推向死境，他协助司马昭率十几万大军威逼自国都城，何来定都之功？而以司马家族的立场，傅嘏确实是辅佐司马昭立下了定都之功。在史书中，傅嘏有不计其数的佳评，他的才略和见识高人一等。不过，清代学者王懋竑直言傅嘏根本就是魏国的逆臣。无论如何，傅嘏作为政治上的胜利者，流芳千古，泽被子孙。他的同族兄弟傅玄，乃是魏晋时期的文史巨匠，其著作《傅子》中的内容，被南朝史家裴松之注解《三国志》时大量引用。他的儿子傅祗，后来成为西晋名臣，并在"十六国时期"洛阳沦陷后被推为盟主，传檄四方，征募义兵，为收复故都而努力。

咬文嚼字

公元 255 年秋，蜀国卫将军姜维率领数万大军攻入魏国雍州。雍凉都督陈泰和雍州刺史王经起初战事失利，之后勉强挡住姜维的攻势。

早年，陈泰的父亲陈群和司马懿有过竞争关系，到陈群晚年时，司马懿已经取代其成为天下士族领袖。可陈家瘦死的骆驼比马大，就算地位有所下降，士族至今还吃着九品中正制的好处，念着陈家的人情。所以，纵然陈家跟司马家关系微妙，但司马家要想动陈家，还是很难的。

这回，司马昭终于逮到了机会。战后，他将陈泰和王经一并召回朝中，陈泰转任尚书右仆射，王经转任尚书。同时，司马昭又派诸葛绪接任雍州刺史，司马望接任雍凉都督。另外，考虑到蜀国历次进犯均将目标锁定在陇右（雍州西部），司马昭便让嫡系邓艾任陇右都督，以此加强对蜀国的防御。司马家族的势力终于插进了雍凉。

魏国藩镇更迭，意味着司马家族的权势越来越强。可想而知，皇帝曹髦也越来越郁闷。

这天，在洛阳皇宫太极殿东堂，曹髦正为一个话题跟几个臣子争得面红耳赤。

"你们说，到底是中兴夏朝的姒少康强，还是开创汉朝的刘邦强？"

侍中荀顗、尚书钟毓、中书令虞松等人对这么个无聊的问题完全提不起兴趣，随口应付道："开创应该比中兴难度更高，臣等认为刘邦强一些。"

曹髦显然对这答案很不满意。他大手一挥："不对！中兴未必就比不上创业。姒少康生于夏朝衰亡之际，身处危难之间，但他凭着过人的德行和谋略中兴夏朝。刘邦则以权术称霸，德行更有违背圣贤的准则。朕认为姒少康比刘邦强！"曹髦这话已经说得很明了，他是借姒少康表达自己要中兴魏国的决心。

然而，荀顗等人全都是司马家族的死忠。曹髦跟这帮人说出真心话，除了在嘴皮子上争强斗胜，实在谈不上高明。群臣听罢，不想再跟小孩子一般见识，随便奉承了几句，草草结束了这场无谓的争论。

公元 256 年，中领军王肃突然身染重病。魏国名医闻讯纷至，一个接一个地为王肃诊脉，却无一不是摇头叹气。他们出了王肃寝室，便对王肃夫人羊氏言道："王大人病入膏肓，恐怕时日无多，夫人还是早早准备后事吧。"补充一句，王肃的夫人出自泰山羊氏家族，她是司马师夫人羊徽瑜的同族长辈。

羊氏哭哭啼啼，问王肃道："夫君，你心里有什么放不下的事，和我说说吧！"

王肃听夫人向自己询问临终遗言，不屑地说道："哼！当年朱建平给我看过相，他说我到七十岁位列三公，如今我刚六十一岁，还没当上三公，怎么会死？你别杞人忧天。"

可没过几天，王肃还是去世了。他直到临终前的最后一刻也不相信自己会死。

朱建平，这位魏国著名的命理学大师，在前文两次提到过，他给曹丕、曹彪、钟繇等多位王公贵胄看过相，准确率相当高，可是他给王肃看的相没应验。这种玄之又玄的"专业"，总免不了出骗子，即使是那些被证明准确率很高的"大师"，也无人敢说自己从未失误。因此，或许可以这样讲，命理学是一门有意思却无大用的学问。因为，纵然预测命运的准确率高达百分之九十九，你也无法保证自己不是那例外的百分之一。而就算准确率达到百分之百，也就是说未来注定毫无变数，提前预知又有什么意义呢？

再说王肃的"王学"。早在"王学"兴起前，东汉最著名的经学巨匠分别是贾逵（和三国时魏国的贾逵同名同姓）、马融、郑玄。"王学"兴起，直接导致贾逵、马融、郑玄三位传授近两百年的学术流派走向衰亡。王肃死后，先前由何晏、夏侯玄等人倡导的玄学迅速兴起，很快将王学推向衰亡。王学盛行的时间不算长，现仅存一些零星记载，不过，在从东汉经学到魏晋玄学的过渡中，王学起到承上启下的作用，有颇高的历史地位。后世人用一句话概括了自东汉到魏晋时代的学术兴衰史：王学兴经学亡，玄学兴王学亡。

魏国官方学术领袖王肃的离去，对司马氏政权而言是个不小的打击，从此直至东晋时代，司马家族的统治者眼看着玄学取代王学，束手无策。他们身边大批亲信重臣，譬如钟会、羊祜等人，均成为玄学的忠实拥趸，甚至到最后，连司马家族成员也成了玄学拥趸。何晏、夏侯玄，这些昔日被司马家族击败的政敌，他们的尸体早已腐烂，可他们的学术思想继续兴盛了百余年，成为魏晋时代的主流学派。何晏和夏侯玄泉下有知，也该感到欣慰了。

而王肃，这位魏国初代名臣王朗的儿子，王学开创者，权臣司马昭的岳父，有着复杂矛盾的性格。在这里，让我们引用西晋名臣刘寔的一段评语对他来个总结："王肃对上方正刚直，却喜欢下人谄媚恭维；性格嗜好荣贵，却不苟合俗世；吝惜财物，却又洁身自好。"

得知王肃病故的消息，曹髦兴奋起来。这年 5 月，曹髦亲临太学院，与王肃的得意门生展开了一连串学术辩论。

曹髦以东汉经学家郑玄的学说驳斥学士们的王学。他本就口才极佳，再加上皇帝权威，一时竟把学士们辩得哑口无言。最后，曹髦心满意足地离开了太学院。学士们则在背后窃窃私语。

有人赞叹："陛下真是好口才。"

可也有人暗暗摇头，心想：曹髦如此锋芒毕露，别说是中兴社稷，恐怕连他自己的命都很难保住啊……

王肃刚一入土，曹髦就到太学院挑战王学权威，身为王肃女婿的司马昭心里当然不爽。他很快查出是谁教了曹髦这么一大套郑玄学说。

这人便是郑玄唯一在世的孙子、曹髦的近臣——侍中郑小同。几年后，郑小同死在了司马昭手里。

死　士

让我们暂时远离魏都洛阳，把注意力集中到扬州淮南一带，近些年，这里经历了王淩和毌丘俭两起叛乱，这个时候在淮南郡寿春城中，平静的外表之下，正酝酿着一场巨大的激荡。

"快走！别磨蹭！"一阵呵斥声传来。

在寿春城的主路上，几个狱吏推搡着一个披枷戴锁的罪犯，踉跄地向刑场的方向走去。他们转过几条街，只见一队威风凛凛的人马迎面而来，走在最前头的骑士手举大旗，上面赫然写着"诸葛"两个大字。被众多侍卫簇拥在中间的，正是扬州都督诸葛诞。自毌丘俭死后，诸葛诞便调回扬州，成为东战区统帅。

狱吏远远望见诸葛诞的队伍，忙将罪犯驱赶到路边，恭敬地等候诸葛诞通过。

两拨人擦身而过的时候，诸葛诞不经意一侧头，注意到路边的押送队伍，确切地说，他目光直勾勾地盯在罪犯的脸上。他挥了一下手，整个队伍停了下来。

"这人犯了什么罪？"诸葛诞在马上欠身问道。

狱吏没想到诸葛诞竟会关注自己，惶恐地答道："回禀将军，他半年前杀了人，当时正值毌丘俭谋反，他便趁乱逃到附近山里，前些日子才被缉拿归案，今天正要押送刑场问斩。"一年前毌丘俭战败，当地百姓惧怕遭到株连，竟有十几万人从寿春城蜂拥而出，有些人流窜山野，有些人甚至远逃吴国，至今余波未平。

"哦……"诸葛诞凝视了罪犯一会儿，吩咐道，"把他送到我府邸，我有话要问他。"

"啊？这……"狱吏有点为难。

要知道，州行政权归刺史管，诸葛诞身为扬州都督，虽手握军权，却无权干涉地方行政。然而，权力这种无形的东西是可以转化的。诸葛诞极具威慑力的目光令这几名狱吏不敢违拗，他们只好跟着队伍，把罪犯送到了诸葛诞的府邸。

诸葛诞打发走狱吏，又屏退左右，只留下罪犯。

"你知道自己犯了死罪吗？"

"知道！"这人面露杀气，眼睛向上眺望，并不正看诸葛诞。

"你怕死吗？"

"不怕！"

"好！"诸葛诞点了一下头，"可你要是死了，你家里的老父母又怎么办呢？"

就在罪犯沉吟之际，诸葛诞猛地抽出宝剑，一下劈开了罪犯的枷锁，然后又从怀里掏出一袋钱扔到他的面前："拿着，回去好生安顿父母，以后小心别再被官府抓到，你走吧！"

罪犯茫然不知所措，呆立了好一会儿才回过神来，眼睛里泪水直打转。他对着诸葛诞深深一拜，即转身狂奔而去。

与此同时，同在寿春城的扬州刺史乐綝得知诸葛诞擅自赦免罪犯的消息后，暴跳如雷："他只管军事，却为何一而再，再而三地干涉政务！"乐綝跟随司马师击败文钦后做上了扬州刺史。一年来，他已数不清这种呕心事发生过多少次了。然而，他迫于诸葛诞的兵威，只能一忍再忍。

两天后，被诸葛诞放走的那名罪犯又出现在诸葛诞面前。

"你怎么回来啦？"

"小人已经把父母安顿妥当了，小人这条命是大人给的，打今天起，小人这条命就交还给大人了。"

诸葛诞沉默了好一会儿，又问了一遍两天前问过的问题："你怕死吗？"

"不怕！"

"好，以后你就跟着我吧！"从此，这人摆脱了罪犯的身份，变成了诸葛诞身边一个无名的死士。

三国时好养死士的人里，最著名的有姜维、司马师，还有就是诸葛诞。《三国志》记载，诸葛诞广施厚恩，豢养数千名死士，其中多是扬州游侠剑客。《魏书》也记载，诸葛诞经常靠私自赦免死刑犯来收买人心。那么，诸葛诞为何要养这么多死士呢？这缘于他对司马家族的恐惧。

淮南三叛：生于忧患

早在太和年间，诸葛诞就跟一批狐朋狗友结成了"太和浮华党"，正始年间，"太和浮华党"全变成司马家族的政敌，可诸葛诞没打算在曹爽一棵树上吊死，他把长女嫁给司马懿第五子司马伷。正因为此，他才躲过了后来的一系列政治劫难，并成为迄今唯一健在的"太和浮华党"成员。

琅邪诸葛氏门风素以谨慎著称，诸葛诞的性格更是谨小慎微，从他豢养死士的行为来看，这种防患于未然的悲观主义情怀跟其族兄诸葛瑾、诸葛亮甚为相似。在前两任淮南都督——王凌和毌丘俭发动叛乱时，诸葛诞均站在司马家族一边，可是，诸葛诞知道自己有黑历史，且永远成不了司马家族的亲信嫡系，于是，他在支持司马家族的同时，也对司马家族处处提防。出于这个原因，他才豢养大批死士，又时不时拿防御吴国做借口扩充军队、修筑城池。

诸葛诞可疑的行为终于引起司马昭的警觉。

这天，诸葛诞迎来一位客人，这人面色黝黑，长相丑陋，正是魏国功臣贾逵之子贾充。

"贾大人远道至此，一路上辛苦了。"诸葛诞身为扬州都督，位居二品征东将军，贾充则只是司马昭府中一介幕僚，二人论品阶要差上好几个档次，可诸葛诞对贾充丝毫不敢怠慢。

"大将军（司马昭）派我来慰劳军队。"贾充陈明来意，当然，这只是表面上的说辞，他的真实目的，则是奉司马昭之命前来试探诸葛诞的政治立场。

晋朝野史《魏末传》中记载，诸葛诞与贾充推杯换盏之际，贾充看似不经意地说了一句极敏感的话："洛阳的士大夫都期待再次看到禅让盛况，不知道您对此怎么想？"言罢，他死死地盯着诸葛诞的双眼。

诸葛诞举着酒樽的手就这样悬空停住，他缓缓地说道："你还算是大魏忠臣贾逵的儿子吗？倘若皇室有难，我当为社稷而死！"

以上这段对话的可信度颇值得怀疑。若论对魏室的忠诚，诸葛诞似乎不能跟王凌和毌丘俭相提并论。再加上诸葛诞带有家族传承的谨慎性格，他对司马昭的亲信贾充袒露心迹，是无论如何说不通的。排除《魏末传》中值得商榷的部分，有一点可以肯定，诸葛诞切实察觉到司马昭对他的怀疑，他意识到危险越来越近。

公元257年，司马家族的坚定政治盟友——司空卢毓去世。卢毓祖籍范阳，其家族称为范阳卢氏，这也是一个显赫了数百年的豪门望族。等讲到晋朝时，我们会再次看到范阳卢氏的故事。

卢毓的死让司空的位子空了出来。贾充向司马昭提议让诸葛诞做司空，诸葛诞一旦入了朝，也就彻底和扬州军权说拜拜了，这是解除他兵权的最佳手段。

"恐怕诸葛诞不会老老实实放弃兵权吧……"司马昭沉吟未决。

"我感觉诸葛诞有谋反征兆。如果他现在行动，为祸尚小。对他置之不理，日后必酿成更大祸患。"

"有道理。"司马昭接受了贾充的建议，宣诸葛诞入朝。

钟会听闻此消息，断言道："诸葛诞必反！"

司马昭点了点头："是祸躲不过，该来的总会来，诏书已发出，追不回来了。"

几天后，诸葛诞接到了诏书。他越想越觉得不对劲："论资排辈，我做三公怎么说都该排在王昶后面。"

前文讲过，魏国有个不成文的规定，州刺史多是州都督的储官。例如，郭淮由雍州刺史晋升雍凉都督，郭淮死后，陈泰由雍州刺史晋升雍凉都督……以上事迹均秉承这一惯例。如果诸葛诞入朝，最大的得利者无疑是扬州刺史乐綝。

诸葛诞判断：这肯定是乐綝想取代自己成为扬州都督，所以从中搞小动作。这时候，他已经做好谋反的准备，便当即率数千名死士冲进乐綝府邸，将乐綝斩杀。先前，他和扬州刺史文钦关系不睦，这回又跟扬州刺史乐綝闹出了人命，由此可以看出，诸葛诞颇忌惮自己被下级取而代之，这个性格特点很大程度上决定了他将来的命运。

诸葛诞杀死乐綝后，给朝廷上了一封奏表："乐綝图谋不轨，被臣诛杀，若朝廷信任臣，臣还是魏臣，若朝廷不信任臣，臣即是吴臣！"这相当于谋反宣言。他之所以这么底气十足，是因为他早就征募了十五六万军队，又囤积了足以支撑一年的军粮。然而，他没有像毌丘俭那样挺进洛阳，而是选择固守寿春城。

诸葛诞无须等待朝廷的答复，他马上给吴国发出请降书，并把幼子诸葛靓送往江东建业充当人质。一方面，他向吴国宣誓效忠，希望吴国能出兵支援；另一方面，他想到万一战败，总能给儿子留下条生路。

就这样，诸葛诞目送诸葛靓渐行渐远，直至淡出视线之外，随后，他转身入城，开始了整军备战。

淮南三叛：挟天子以令不臣

没几天，朝廷就收到了诸葛诞的谋反宣言和乐綝的人头，举朝震惊。

就在群臣义愤填膺，纷纷提议讨伐诸葛诞的时候，曹髦却极力压抑着内心的兴奋。他暗想：莫非诸葛诞打算效仿毌丘俭勤王？他完全忽略了诸葛诞信中那句总结陈词："若朝廷不信任臣，臣即是吴臣！"不过，即使诸葛诞降吴，在他看来，也是相当解气。然而，曹髦发散性的思绪很快被打断了。

"启禀陛下，大将军有奏疏送至。"司马昭和司马师一样，为防范政敌行刺，只窝在自己府邸打理政务，从不进入皇宫。

使臣朗声念诵司马昭的奏疏道："有毌丘俭前车之鉴，诸葛诞肯定准备得更加充分，更有可能向吴国求援，臣认为应集结各州兵力平定叛乱。"

诸葛诞是魏室的忠臣啊！此时此刻，曹髦仍然这样固执地认为，可他无法说出自己的真心话，只能咬着牙说出那句："准奏！"

随后，司马昭花了将近两个月时间征调京畿、青州、徐州、荆州、豫州、关中所有能动用的兵力，再加上十几万朝廷中央军，最终集结起二十六万大军，准备讨伐诸葛诞。同时，他又命荆州都督王昶进兵江陵，在南战线牵制部分吴国军队。但是，司马昭掌控着强大兵力，仍不敢贸然离开朝廷，前往淮南。一年前，曹髦那封险些葬送司马家族权势的诏书至今让他心有余悸，近来曹髦屡逞口舌之争，敌视司马家族的情绪表露无遗，这些都让司马昭心里不踏实。

最后，他想出了一个万全之策。司马昭上奏："臣请陛下和皇太后御驾亲征，以此来表明剿灭叛臣的决心。臣已集结五十万大军（实际为二十六万，这里是夸大说辞），以众击寡，胜负无须忧虑。"

曹髦听罢，气得瞪圆了双眼。司马昭居然敢挟持自己随军出征！他火冒三丈，眼看便要拍案而起。一旁的郭太后看出曹髦不对劲，赶忙攥住曹髦的手腕，使劲将他按在皇位上。

曹髦的手腕已被郭太后攥得有些发青，他双眼充血，但他能说的也只有两个字："准奏！"

公元 257 年秋，大将军司马昭会集二十六万大军，挟魏帝曹髦和郭太后，剑指淮南，讨伐诸葛诞。几天后，司马昭抵达豫州项城。

项城，这里是魏都洛阳通往淮南的必经之处，充满着传奇的地方。六年前，他的父亲司马懿率数万大军在这里将手足无措的王凌缉拿；两年前，大哥司马师率十二万大军在这里和毌丘俭展开一个月的对峙并最终获胜；今天，他沿着父兄走过的足迹，亲率二十六万大军，挟魏帝曹髦和郭太后同行，讨伐诸葛诞的叛乱。

项城，见证了三位淮南统帅因各自不同理由引发的叛乱（或可称为勤王）；项城，也见证了司马家族父子三人所走过的权臣之路，他们的足迹坚实地印在这里，震撼着魏国社稷。

司马昭感慨万千，继而低下头，注视着脚下的土地，希望能从这里找到当年父兄留下的脚印，他内心向父兄在天之灵默默倾诉："司马家族的权柄，已被我牢牢握在手里，而且越来越强大了。"

"为什么还看不到诸葛诞？"曹髦不时站起身翘首远眺，像盼望救星一样，内心期待看到诸葛诞的大军出现在自己面前。

"陛下请少安毋躁，大将军自有临敌之策。"近臣一如既往的回答让曹髦焦躁。

这天，曹髦的车驾突然停了下来。"怎么不走啦？诸葛诞在前头吗？"

"启禀陛下，大将军考虑您的安全，让您和郭太后暂且留在项城，大将军亲临丘头（位于项城和寿春之间）督战，另派镇东将军王基率前锋往淮南平定叛乱。"

连日来，司马昭一直寻思怎么安置曹髦才稳妥，他不希望曹髦离诸葛诞太近，这会增加诸多不可预估的风险，他更不放心把曹髦独自留在洛阳。思来想去，他决定让曹髦和郭太后暂留项城，这里既非前线，又远离朝廷，谅曹髦也掀不起风浪。他自己坐镇丘头，一方面可以遥控指挥前线，另一方面就近监控曹髦。

"大将军要让朕住在项城？"曹髦从车驾上猛地站了起来。我乃大魏国的天子，怎能任凭臣子随处安置？这还不算最让曹髦难以接受的，更让他心凉的是得知战事将在淮南展开，也就是说，诸葛诞根本就没有攻向洛阳。诸葛诞根本就没有勤王之心哪……曹髦的心情失落沮丧，在他后方，是远去的魏都洛阳，在他前方，是完全不受他掌控的二十六万魏国大军。他总算明白了，这是一场和他无关的战争。其实，这个国家也早和他无关了。

诸葛诞宣布反叛已过去两个来月，他始终固守在淮南寿春，无暇考虑曹髦的期盼，只是焦急地等候着吴国援军的到来。

宗室之乱

在讲即将到来的这场淮南战役前，让我们先把时间线往回倒一段，简单说说前不久吴国政坛发生的一连串动荡。

诸葛恪被刺杀后，孙峻官拜丞相、大将军，独揽军政大权，他的跋扈很快激起公卿的不满。鉴于孙氏皇族一向喜欢窝里斗的特点，对付孙峻的重任自然落在了亲戚的头上。孙登（孙权长子）的儿子孙英、孙峻的叔伯孙仪、孙鲁班的妹妹——被孙权处死的朱据的未亡人孙鲁育，一个接一个地卷了进来，全都在企图刺杀孙峻失败后被处死。

着重要说说孙鲁育为什么会死。"南鲁党争"时，孙鲁班挑唆孙权废掉孙和，此举遭孙鲁育的反对，就因为这事，一奶同胞的姊妹从此成了死对头。自打孙峻掌权后，孙鲁班就抱定了孙峻这个大粗腿，居然当起孙峻的情人。论辈分，孙峻是孙鲁班的堂侄孙。孙鲁班为报复妹妹，便诬告孙鲁育意图刺杀孙峻。由此导致孙鲁育被害。

诸葛诞在淮南举兵反叛的头一年，公元256年，孙峻病死，他的权柄由堂弟孙綝继承。右将军吕据（吕范之子，孙权临死前五位托孤重臣之一）和御史大夫滕胤（诸葛恪的儿女亲家，孙权临死前五位托孤重臣之一）欲合谋扳倒孙綝。然而，孙綝先下手为强，灭了二人。

随后，孙虑（孙綝堂兄）密谋刺杀孙綝，事情败露后反被孙綝杀死。

想必是因为孙权对同族的冷酷无情给整个孙氏灌输了同样的价值观，在三国后期，吴国皇室成员之间乱伦频发，同族之间杀来杀去就没断过。这种情况在魏国和蜀国鲜有。

吴国这场政治动荡的余波一直延续了一年，直接影响到魏国淮南的战局。

原来，之前被孙綝害死的滕胤和吕据都是皇族孙壹的妹夫。滕胤和吕据一死，孙壹的处境就变得不妙了。公元257年，就在魏国大将军司马昭坐镇丘头，准备讨伐淮南诸葛诞的时候，孙壹终于承受不住心理压力，叛逃到魏国。

司马昭闻听此消息，大喜过望："孙壹来得可真是时候啊！"为什么这样说？眼下正值开战前夕，诸葛诞寄希望于获得吴国的支持，可吴国皇室成员率先投奔魏国，这无疑会对诸葛诞的士气造成巨大打击。

孙壹因为选择了恰当的时机受到司马昭格外礼遇。他官拜车骑将军、开府治事，封吴侯，授八命之礼。八命之礼是仅次于九锡之礼的殊荣。司马昭还嫌不够，又把曹芳当年的嫔妃邢氏赐给孙壹为妻。拿先皇的嫔妃当赏赐，司马昭的强权和跋扈可见一斑。

淮南三叛：天意难测

回到魏国淮南战场。刚一开战，孙壹就叛变到魏国，这让司马昭的朝廷军士气万分高昂。而南战区统帅荆州都督王昶也逼近江陵，成功牵制吴国南线军队。

几天后，在淮南郡寿春城的西北方和南方同时出现了两支军队。

先说从南边来的军队，正是吴国大将军孙綝派来的援军。这支军队约三万人，由吴将文钦、唐咨、全端、全怿、全静、全翩、全缉等人统领。文钦和唐咨都是魏国叛将，文钦随毌丘俭勤王失败后逃到吴国。那么，这位唐咨又是什么来头呢？

早在魏文帝曹丕时代，一次，曹丕借着外出巡视的机会强行征召青州都督臧霸入朝为官，收缴了臧霸的兵权。这事激起青州军界动荡，唐咨当时是青州将领，趁乱举兵反叛，逃亡吴国。

而全端、全怿、全静、全翩、全缉等人，这一大家子都是吴国已故重臣全琮的宗族子嗣。全氏出自江东吴郡士族，因为孙鲁班（全琮后妻）的关系当年免于遭受孙权的压迫。吴帝孙亮的妻子全夫人（同样得益于孙鲁班的运作）刚刚晋升为皇后。全氏由此成为吴国最显赫的外戚家族，族中成员多执掌兵权、位居高官，且有五人被封侯。"吴郡四姓"被孙权相继迫害，全氏跃居吴国第一望族。

寿春城中的士卒见到吴国援军，不禁欢呼起来。但很快喜悦就被恐惧淹没。

"看西北方！朝廷的大军也到了！"

"那帅旗上写着'王'字，莫非是豫州都督王基？"的确是王基。自他两年前剿灭毌丘俭后，威名便响彻江淮。

这时候，司马昭率主力军滞留在临近项城的丘头，他让王基做了前锋统帅，更兼任扬、豫二州都督，这打破了多年扬州和豫州分开管辖的惯例，王基的声势可谓如日中天。

随着王基一声号令，前锋魏军纷纷散开，对寿春城展开了合围。不过，围城是个很缓慢的过程，正当王基率军包围寿春的时候，文钦、唐咨以及全氏诸将率领的吴国援军也抵达寿春外围。

文钦望着寿春城外渐渐合拢的魏军，当下做了一个出乎所有人意料的决定，他竟下令全军冲进寿春，协同诸葛诞一起守城。于是，三万吴军绕到寿春东北方，从魏军部署最薄弱的地段一窝蜂全拥进了城中。

原本，城外吴军和城内的诸葛诞对魏军形成夹击，局面相当有利，但文钦为何会做出这么个荒唐的决策？揣摩他的心思，原因有三。其一，守城战中，守方凭借坚固的城墙，伤亡远低于攻方，文钦大概想保存实力；其二，诸葛诞携十六万大军投降吴国，文钦和全氏诸将仅有三万人，在城外打得再漂亮也只能算作牵制魏军的配角，如果和诸葛诞一起守城，无疑会加重分量；其三，文钦大概是想起两年前和毌丘俭分散作战导致失败的惨痛往事，这回选择截然相反的打法。

这下，文钦等人与诸葛诞会合，寿春城瞬间集结近二十万大军。而王基的几万前锋在寿春城外刚刚完成合围，恰似一张单薄的渔网困着一条大鱼。

刚开始，司马昭得知王基没挡住吴军，相当不满，接连将两名裹足不前的将领斩首以激励士气。继而，他开始冷静下来，重新审视战场形势：倘若诸葛诞突围，王基必然无法阻挡……可是，三个魏国叛将齐聚寿春，这不正是将他们一网打尽的良机吗？想到这里，司马昭做出了一个重要的决定。

"将二十六万大军统统交由王基指挥，陈骞（陈矫的儿子）任副帅，一定要围住寿春。石苞、州泰率偏师负责游击，防备随后赶来的吴国援军。"司马昭展现出非同一般的魄力，几乎将全部家当都赌在了王基身上。

王基的兵势持续增长，寿春城四周被围得水泄不通。可是，诸葛诞依然没有突出重围的意思，他站在城楼上，观望着城下越聚越多的魏军，怡然自得。

部将不解地问道："您想怎么打这场仗？"

"坚守即可，过不了多久，魏军就会不攻自破。"他的自信源于他对淮南气候的熟悉，每逢夏秋季节，这里都会频繁降雨，导致淮河暴涨，到时候城下必被水淹，他打算借此彻底击溃魏军。

王基仍在寿春城外指挥魏军围城，同时专心致志地构建防御工事。三十多年前，蜀国名将关羽围攻樊城时，魏将于禁指挥的七营大军被一场暴雨引发的洪水淹没，导致全军溃败。此刻，王基并没有意识到，昔日水淹七军的惨剧随时都可能降临到自己头上。

倘若下雨，王基必败，但很多时候天意难测。诸葛诞和王基从 8 月一直僵持到 10 月，眼看秋天就要过去，滴雨未下，一场罕见的旱灾席卷淮南。

淮南三叛：吴国纠纷

与此同时，在寿春南方的巢湖上，驻扎着吴国庞大的主力舰队，大将军孙綝坐镇中军，他完全无法理解文钦等人为什么会主动钻进敌围，甘愿变成瓮中之鳖。无奈之下，他任命朱异为前锋，率三万吴军救援寿春。

朱异在东关之战时立下大功，而后一度被诸葛恪剥夺兵权，诸葛恪死后才重新抬头。他进驻寿春附近的安丰城，遭到游击部队州泰的袭击，损失两千人后退回巢湖。

孙綝恼羞成怒，继续追加投入，派朱异和丁奉率五万人解救寿春之围。

司马昭得知此消息，担心局势转危，命令王基把军队移营北面山坡驻守。

王基给司马昭回了一封信："寿春合围好不容易才完成，轻易拔营会动摇军心，万一诸葛诞再趁机突围，必前功尽弃。兵法言不动如山，此乃御兵之精要。"

司马昭一遍又一遍地看着王基的信，昔日王基屡次违抗司马师军令的往事在他脑海中重现，思索再三，他决定不再干涉王基的战术。

这时候，卷土重来的朱异再度被游击部队石苞和州泰击溃。同时，吴军留在后方的辎重军粮也被胡烈（胡遵的儿子）烧了。朱异又带着残兵败将退回巢湖。

孙綝的战略接连失败，他眼睁睁看着三万吴军被困寿春城内，无计可施。这些日子，来自朝廷的质疑声此起彼伏，江东全氏家族的不满情绪也日益高涨。孙綝政治压力骤增，他必须给本国臣民一个交代。

这天，孙綝突然要召见朱异。

朱异应邀前往，半路上被陆抗（陆逊的儿子）喊住："朱异，你去哪儿？"

"大将军找我有事。"

陆抗闻言，不安地说道："恐怕凶多吉少，我劝你还是别去了。"

"大将军是自家人，有什么可担心的？"

"唉……"陆抗暗暗叹了口气。这么多年来，孙氏什么时候把江东士人当过自家人呢？

朱异大大咧咧地进了孙綝营帐。孙綝朝左右使了个眼色，瞬间，几个侍卫迅速将朱异按倒在地上，并当场将之斩首。这位吴国初代名将朱桓的儿子曾幸运地躲过孙权的迫害，没想到最后成了孙綝的政治牺牲品。

坐镇丘头的司马昭分析道："朱异没能解救寿春，也不完全是他的错。孙綝无非要对本国有个交代，并激励淮南军士气，让诸葛诞误认为还有援军。"孙綝的确希望诸葛诞能坚守寿春，拖垮魏国。奇妙的是，在这个问题上，司马昭与孙綝想法相似。他同样希望诸葛诞能坚守下去，只有这样，诸葛诞才能踏踏实实地待在寿春城里。于是，司马昭和孙綝同时向寿春散播吴国援军即将到来的假情报，诸葛诞信以为真。

连日来，诸葛诞盼着吴国援军开到寿春城下，跟自己一起夹击魏军。然而，寿春城中的粮食越来越少。有部将向诸葛诞进言："吴军连番战败，孙綝不可能再派出援军，他只是等着咱们和魏军两败俱伤，再坐收渔翁之利。"

文钦一听这话，登时急了："吴军将士的家人都在江东，就算孙綝不想救，朝廷能答应吗？魏军已经快被我们拖垮了，等不了几天，就会不战自退。"他竭力说服诸葛诞坚守寿春，理由其实很简单，如果他们灰溜溜地逃回吴国，肯定一无所得。如果保住寿春，就意味着淮南从此划入吴国版图，大家都吃香的喝辣的。

诸葛诞听信文钦的话，决定继续坚守。

就在战争焦灼之际，吴都建业的全氏家族忽然摊上了麻烦，这与他们的保护伞孙鲁班有直接联系。

这天，吴帝孙亮冷不防问道："当初朱公主（孙鲁育）到底是受了谁的诬陷才被杀的？"诬陷孙鲁育的人正是孙鲁班。孙峻、孙綝在朝廷掌权时，孙亮没法深究，现在，他要趁孙綝在淮南打仗把这事查个水落石出。

自打孙峻一死，孙鲁班的地位就急转直下，她面对孙亮的质问，只能百般推诿。这桩事在不久将引发吴国政界一场巨震，这里先留个伏笔。且说因此引发的另一个波澜，便是孙鲁班保护之下的全氏家族处境堪忧。适逢全辉和全仪在建业惹上一场官司，二人竟带着老母直接叛逃到魏国。

钟会闻讯，马上意识到这是一个能左右战局的良机。

几天后，被困在寿春城里的全怿、全端等人，诧异地见到本该待在建业的家仆："你怎么到这儿来啦？"

"少主托我送封信。"说着，家仆将全辉的亲笔信递给全怿。

信上写道："朝廷怪罪叔父们打了败仗，下令诛灭咱们全族。唯有侄儿携母亲逃到魏国，现在其他族人恐怕都已被屠戮殆尽！"这封信正是钟会授意全辉写的。

全怿、全端等人的心拔凉拔凉的，自己在外面拼命，家人却被朝廷赶尽杀绝，既然如此，坚守孤城还有什么意义？

公元 258 年 2 月的一天，寿春城东门突然毫无预兆地打开了。全氏诸将率数千名吴军一股脑儿逃出城，向魏军投降。吴郡全氏，这个吴国曾经最显赫的外戚家族，从这一刻开始走向衰败。

诸葛诞见到这一幕，吓呆了："赶快关闭城门！关闭城门！"

然而，吴军已散去大半，寿春守军的士气更是一落千丈。

淮南三叛：死于忧患

从公元 257 年 8 月到 258 年 4 月，诸葛诞在寿春城中坚守了八个月，早先筹备的一年存粮因为有几万吴军帮着吃也见了底。八个月来，淮南郡一场雨都没下。

到了这个时候，就连一直主张坚守的文钦也看出再撑下去不是个事了。一天清晨，诸葛诞、文钦、唐咨从寿春南门突袭而出。

王基为这一刻已苦等了大半年，早做足了准备。随着一声令下，巨石和火箭从天而降，顷刻间，诸葛诞用来突破王基防御工事的冲车全被烧毁，寿春将士的尸体和血将壕沟填得满满当当。

诸葛诞等人连续五六天不分昼夜地突围，最终没能冲过王基的防线，只好折返回寿春城。此战之后，寿春城中又有几万人跑出城投降，而城中的粮食眼看就没了。诸葛诞和文钦越来越绝望。

照这么守下去，没等城破就得先饿死。文钦对诸葛诞提议："索性把淮南军遣散出城节省粮食，留下吴军坚守。"

诸葛诞听到这话，心头火腾地升了起来，他怒视文钦道："淮南将士和我生死与共，要遣散也该先遣散吴国人！"倘若诸葛诞遣散所有淮南将士，他还有什么存在的价值？文钦这话什么意思？他忍不住想起昔日和文钦的种种不愉快。难不成文钦要谋害我？猜忌、怕被陷害在诸葛诞的性格中占据着重要分量，可以说，从他豢养死士、筹措军备、起兵谋反，以及他和两任扬州刺史交恶，无一不是在这种心理作用下的自然反应。这种心理是谨慎小心发展到极致的恶性衍生品，始终强有力地束缚着他的行为。

诸葛诞将自己从飞散的思绪中拉回现实，面前又浮现出文钦令人厌恶的面孔。

"只有留下吴国将士，吴国朝廷才不会放弃救援寿春！"文钦并未注意到诸葛诞正气得两眼发红，仍喋喋不休地陈述着自己的理由。

诸葛诞已完全听不进文钦的话。文钦肯定想害我……他对此相当确定。

"你是打算杀了我，然后开城投降吗？"诸葛诞的手不自觉地握住了剑柄。

"这是什么话……"文钦话音未落，只见一束剑光飞速划过眼前，他感到一阵刺痛，瞬间，脖颈中鲜血喷射而出。诸葛诞一怒之下居然把文钦杀了。

文钦的两个儿子文鸯、文虎很快得知这一噩耗："诸葛诞是杀父仇人，纵使死在敌人刀下，也不能再和仇人共事！"兄弟二人单骑逃出寿春，向魏军狂奔而去。

"禀报大将军，文钦的两个儿子文鸯、文虎倒戈归降！"

当年，在司马师平定毌丘俭和文钦叛乱时，文鸯夜袭司马师军营，间接导致司马师病情加重。司马昭第一反应就是杀了他们，但他忍住了。文钦虽罪不容赦，可文鸯、文虎穷途末路才来归顺，若杀了他们，必会坚定寿春叛军的意志。

司马昭赦免了文氏兄弟，又让文氏兄弟冲着寿春城内喊话："连我们都被赦免，其他人还有什么可犹豫的？"在喊声中，诸葛诞的士气濒临崩溃。

此时，司马昭终于要亲自进驻寿春城下。这半年来，他一直坐镇丘头，将前线指挥权交给王基，现在，他看到胜券在握，才亲临前线。他并非单纯想要沐浴胜利的曙光，也不是妒忌下属独揽战功，而是作为司马家族的新锐权臣，他必须借这场战役稳固自己的地位。

4月，司马昭来到寿春城下，站在距城墙不远的地方，往城楼上眺望。

"大将军，危险！这里在敌军射程之内！"然而，寿春城上的守军连一支箭都没射出来。不言而喻，诸葛诞的士气彻底崩溃了。

"可以攻城了……"司马昭小声沉吟，接着，他定了定神，猛地举起手中令旗，用最嘹亮的声音喊道："全军攻城！"

一时间，寿春城下的魏军如潮水般汹涌，冲车猛烈地撞击着城门，云梯一排排搭上城墙，可寿春城中的守军都被饥饿和恐惧压迫得一动不动。

"快起来守城！守城！"诸葛诞奋力叫喊，却无人响应。

诸葛诞放弃了无谓的指挥，在数百死士的簇拥下从一个小门夺路而出。

"那逃窜者莫不是诸葛诞？快追上去！"司马昭的部将胡奋（胡遵之子，胡烈的弟弟）手疾眼快，指挥部队向诸葛诞发起包抄。

诸葛诞身为儒将，并不擅长冲锋陷阵，很快，他被胡奋军团团围住。

"杀！"胡奋高喊着，魏军纷纷举起兵刃，刺向诸葛诞。

这些年，诸葛诞无时无刻不是生活在恐惧中，今天，他终于从被自己夸大的恐惧中解脱出来，竟感到无比轻松。他仰起头望向阴沉的天空："好像要下雨了……"他嘴角微翘，摇晃着渐渐失去感觉的身躯，最后倒在了血泊中。从此以后，他再无须担心被人谋害了。

公元258年4月10日，诸葛诞阵亡。没过多少日子，淮南下起了倾盆大雨，这场雨曾被诸葛诞期盼已久，可他终无缘得见。

唐咨见大势已去，扑通跪倒在地。"唐咨愿降！唐咨愿降！"他大喊着。战后，唐咨被司马昭赦免，官拜安远将军。这位自曹丕时代便逃亡吴国的叛将终于在三十年后重返故国，又过了五年，他督造巨型战舰，为攻伐吴国尽心尽力。

寿春城攻破后，诸葛诞被夷灭三族。可是，琅邪诸葛氏的这一支并没有绝后，诸葛诞的幼子诸葛靓已安全逃到吴国，诸葛诞的长女因为夫家司马伷（司马懿第五子）的关系也没被株连，她正是日后著名的诸葛太妃，在很久以后，姐弟俩还会出现在故事里。

文鸯、文虎兄弟在战后不仅没被卸磨杀驴，更因功封侯。颇具戏剧性的是，三十年后，司马伷和诸葛太妃的儿子司马繇（诸葛诞的外孙）跟文氏兄弟又扯出了一桩命案，终致文氏被夷灭三族。究其缘由，还是跟诸葛诞脱不了关系，其中原委后面会讲到。

王淩、毌丘俭、诸葛诞，这三位魏国扬州都督在淮南发起的叛乱，史称"淮南三叛"。王淩在准备不周的窘境下束手待擒；毌丘俭率六万大军进逼洛阳，和司马师对峙一个月后战败；诸葛诞相比他的前两任准备得尤为充分，他举十六万大军，并得到吴国的支持，和司马昭僵持近一年后战败。这三起叛乱的规模一次比一次庞大，虽然王淩、毌丘俭、诸葛诞三人各自有不同的利益牵扯和政治立场，但剑锋所指的方向，皆是魏国权臣司马家族，而非曹氏皇族。如此，被后世胜利者命名的"淮南三叛"，或可称为"淮南三义"。

诸葛诞的死士大多战死沙场，幸存者也都成了俘虏。死士在刑场上站成几排，挨个儿等着问斩。不过，行刑者应该是接到了指示——如有愿意归降的，便能免除死刑。他开始朝着第一个死士厉声喝问："降不降？"

"为诸葛公死，无怨无悔！"第一个死士被斩首。

"降不降？"行刑者接着问第二个人。

"为诸葛公死，无怨无悔！"第二个死士同样这样回答，同样被斩首。

行刑者每杀一人，都要询问相同的问题，可得到的回答也都相同。就这样，他一直杀到了最后一个人。

"降不降？"行刑者已累得气喘吁吁。

这名死士看着面前一排排同伴的尸体，想起多年前诸葛诞让他免于死罪的情景。那一年，诸葛诞两次问过他同一个问题："你怕死吗？""不怕。"他两次均是同样的回答。既不怕死，是为死士。

"为诸葛公死，无怨无悔！"死士漠然重复着这句话。可又有谁不怕死呢？为义而死？为恩情而死？为气节而死？为荣誉而死？生命和这些比起来究竟孰轻孰重？他多年来反复询问自己这个问题，始终没有答案，此刻，他还在想，但命已经没了。

与天下人博弈

淮南战事结束后，司马昭对这场战争中的最大功臣王基赞不绝口："当初军议，群臣都主张移营北山，我没有亲临战场，也误认为应该如此。想不到王将军深明利害，上违诏命，下拒众议，最终克敌制胜，真是古今罕有的名将啊！"

不料，王基连番上疏辞让："这些都归功于臣的僚属。"于是，他麾下七名僚属全都被封了侯。王基的智慧和胸襟实在令人叹服。

随后，司马昭任命王基担任扬州都督，陈骞担任豫州都督。陈骞正是陈矫的儿子，素以谋略著称，他在淮南之战担任副帅，立下赫赫战功。可是，司马昭忘记在战前曾许诺让王基担任扬、豫二州都督这事了吗？他当然不可能忘记，但他甘愿食言也不让一人包揽两个州的兵权。他自然清楚王基对司马家族的忠诚，可健康的体系不能建立在个人感情基础上。人心会变，一旦生变，他将无力应对。

淮南之战结束已两个多月，魏帝曹髦疲于应付满朝公卿给他施加的巨大压力。

群臣纷纷提议："大将军司马昭平定淮南叛乱，功勋卓著，理应加官晋爵，否则不足以服众！"

曹髦烦透了，司马昭官拜大将军，再加官晋爵，还能加到什么程度？魏国自取代汉朝之日便取消了丞相制，至今已有三十七年，难道要拜司马昭为丞相？

"臣建议陛下拜大将军为丞相，晋爵晋公。"群臣奏道，他们终于代表司马昭向曹髦摊牌了。当年，曹操官拜汉朝丞相，晋爵魏公，后成为魏王。倘若司马昭也官拜丞相，晋爵晋公，这就和曹操当年的权臣之路如出一辙。

你们到底是魏国的臣子，还是司马昭的臣子？曹髦冷眼瞪着朝堂下向他跪拜的群臣，可他根本无力抵抗。就在这年6月，曹髦不得不颁布诏书，拜大将军司马昭为相国，封晋公，加九锡之礼。这是司马家族权臣之路的一个里程碑，标志着朝廷彻底向司马昭妥协，默认司马昭将逐步取代曹氏社稷这个无法改变的事实。

可是，司马昭没有接受册封，他不是不想，反之，他实在太想了，以至于不敢冒一丝一毫的风险。魏国臣民对司马昭取代曹氏的容忍程度在他心里精确地换算成了一个百分比。他强忍着诱惑，不断告诫自己：还未达到安全值，时机不对。

出于这种判断，司马昭前后九次辞让，最终依旧维持大将军的官位不变。此时此刻，曹髦胸中的怒火临近爆发，他性格中缺乏忍耐这项能力，他觉得自己成了司马昭手中的玩物。可事实并不是这样，司马昭根本无意戏耍曹髦。戏耍，这对司马昭而言是一种奢侈，他继承了司马懿和司马师的性格特点，所走的每一步均目的明确——下赢这盘棋。

翌年，荆州都督王昶去世。这位被司马懿一手提携的实力派重臣，在死的头一年官拜司空。不过，王昶和司马懿、王凌当年的境遇类似，没被召回朝廷，一直到死都在荆州，除了因为他对司马家族的忠心，更因为他强大到难以撼动的实力。前文讲过，王昶和王凌俱属太原王氏家族。东汉末年，王允刺杀董卓后即被董卓余党谋害，致使太原王氏遭受重大打击。魏朝时，王凌这一支被司马懿诛灭，而王昶这一支则光大了家族。到了西晋时代，太原王氏成了天下首屈一指的望族，后面还会讲到很多关于王昶子孙的故事。

王昶死后，荆州都督空缺，这对司马昭而言是个绝好的机会，他重新调整了魏国各主要战区的统帅人选。

长江以北的荆州进一步划分为南北两部分，王基任荆州北部都督，州泰任荆州南部都督，石苞任扬州都督，钟毓任徐州都督，陈骞任豫州都督。除此之外，堂弟司马望（司马孚的次子）仍担任雍凉都督，邓艾任陇右都督（在司马望辖区的雍州西部，专门负责抵御蜀国）。

三年后，王基，这个为司马师、司马昭兄弟立下旷世奇功的名将去世。清乾隆年间，王基的墓碑在洛阳破土而出，碑文采用隶书（魏国初代名臣钟繇发明的笔法）撰写，具有极高的历史价值和艺术价值，人称"王基断碑"。最奇妙的是，碑文竟不刻写墓主名讳，实在是刻碑史上空前绝后的特例。为什么会这样？

《宋书·礼志》给出了答案。公元205年，曹操考虑世间饱受战乱之苦，为提倡节俭薄葬，遂立法禁止刻碑。公元257年，司马昭的幕僚王伦去世，其兄王俊想为弟弟立碑，却因禁碑令未遂。公元278年，晋武帝司马炎想过要废止禁碑令，被记录在史书中。一百多年后，南朝史学家裴松之再次上疏，请求废止禁碑令。由此可知曹操在战乱时代立下的禁碑令延续了两百余年，其间私立墓碑者大有人在，但王基墓碑非私立，他因功勋卓著被朝廷特别赐予刻碑立传的殊荣，不过考虑禁碑令犹在，便采取这样一个折中权变的办法——不刻王基名讳。

遥想魏国初建的年代，曹仁包揽荆州、豫州、扬州三州都督，曹仁死后，曹休任扬州都督，夏侯尚任荆州都督，曹真任中央军统帅兼雍凉都督，魏国前线的军权完全囊括在宗室重臣手中。到了公元 259 年，魏国前线的两三个军区不断细化，几个大军区最高统帅全部换成了司马家族的嫡系亲信。随着司马昭权力愈加稳固，他心里那个谋朝篡位的百分比更加接近安全值。可是，他也意识到，性格嚣张强硬的魏帝曹髦成了摆在他面前的一块绊脚石。

在这场博弈中，司马昭的对手是天下人心，曹髦毫无资格做他的对手，仅是一枚随时可以弹飞的棋子。

宗氏之恨

回到淮南之战的这一年，让我们看一下吴国的局势，大将军孙綝救援淮南失败，重臣朱异被杀，全氏家族遭受重创，吴帝孙亮开始追究孙鲁育的死因，这一串事件引发的连锁反应终于要做个了断。

这个时候，孙綝正率败军悻悻地返回吴都建业，一路上，他接二连三受到吴帝孙亮的责难："为什么一败涂地？为什么要擅杀重臣朱异？"

孙綝明白了，在他远离朝廷这段时间，孙亮成功地将权力揽在了手里。他陷入被动，回到建业便称病不上朝，也不觐见孙亮。那么，在这种局面下孙綝如何控制朝政？他让四个弟弟分别执掌京都各禁军营，完全凭借兵势震慑皇室和朝廷。

孙亮虽然亲政，却在孙綝的武力监控下，他越来越忍不了孙綝。

近来，孙亮频频向孙鲁班发难："为什么要诬陷朱公主（孙鲁育）？"

"陛下息怒，此事牵扯人众多，我即刻去查……"孙鲁班吓得直哆嗦。丈夫全琮、侄子孙峻相继死去，全氏家族又祸事连连（全辉、全仪携母叛逃，被困寿春城中的全氏诸将投降），她如今失去了一切靠山，只能向现实低头，再不能像以前那样翻手作云覆手雨了。

孙亮看着瑟瑟发抖的姐姐，不禁沉醉其中。这就是权力的滋味吗？短短几个月，他悟出很多道理。此刻，他已不是单纯地要给孙鲁育报仇而为难孙鲁班，他打算借机打压孙綝，夺回失去的权力。

孙鲁班也没有任何资本让她获得孙綝的青睐，更何况，正是孙綝导致自己夫家全氏一族衰落。她不得不重新审视自己的政治立场。既然无法投靠孙綝，索性帮孙亮搞垮孙綝，将功赎罪。于是，孙鲁班开始了一番谋划。

这天，孙亮惊诧地听到孙鲁班的哭诉："你说朱熊、朱损兄弟谋害自己的母亲？此言属实？"朱熊和朱损乃是孙鲁育和朱据的儿子。

"绝对属实，朱熊、朱损向孙峻泄露朱公主企图谋杀孙峻的消息，这才致使朱公主惨死。"孙鲁班答道。

那么，朱熊、朱损是否真的陷害生母呢？在《三国志·嫔妃传》中明确说是孙鲁班诬陷，《三国志·孙綝传》中则说朱熊、朱损没有起到保护母亲的责任。他们不大可能陷害母亲，但从孙鲁育死后兄弟二人依然地位显赫来看，他们很可能在母亲被害这件事上保持了缄默和不作为。

"居然做出这般忤逆之事……"孙亮简直不敢相信，他原本希望为姐姐报仇，没想到最后竟牵涉了姐姐的儿子。

孙鲁班见孙亮踌躇，又补了一句："陛下，您可别忘了，朱熊、朱损是孙綝亲信，而且，朱损更是孙綝的妹夫……"

"对……"孙亮心念一动。从这一刻开始，他不再关心追究这桩事的初衷。是不是孙鲁育的儿子不重要，重要的是这兄弟二人是孙綝亲信。

"传令左将军丁奉率军处死朱熊和朱损。"处死两个将领为何要率军前往？这里简单介绍一下吴国的军制世袭领兵制。

看《三国志》吴国功臣名将的传记，会发现其后代大多默默无闻，更不乏被流放甚至处死或畏罪叛逃的，相比魏国和蜀国善待功臣后代，这实在是一个很奇怪的现象。究其原因，除了孙权刻薄寡恩的本性，更重要的是吴国独特的军制。在魏、蜀二国，朝廷掌握军队绝对所有权，虽然将领也有军权，但朝廷随时可以通过改变职务的方式剥夺将领军权。吴国就不一样了，江东豪族多拥有数量不等的私家军队，而且私兵世袭，父死子继，兄终弟及，称作世袭领兵制。孙权允许世袭领兵制的目的，与曹丕接受九品中正制完全一样，都是君王为赢得豪族支持迫不得已做出的妥协。最初，将领拥有的私兵基本在两三千人以下，到后期，随着将领不断立功，私兵的数量也越来越多。因此，收押或处死手握私兵的将领很有可能会爆发武力冲突，这绝不是带几个狱卒就能搞定的。

孙綝闻讯，连番上疏恳求孙亮饶了朱熊、朱损兄弟。从这事可以看出，朱熊、朱损的确是孙綝一党。

孙亮断然拒绝。实际上，他正是因为孙綝的关系才将朱熊、朱损处死，为孙鲁育报仇只是个借口罢了。

几天后，朱熊、朱损被丁奉剿灭。如果说之前孙亮是出于对孙鲁育的感情而追查此事，那么经过几个月的发展，他的心思也发生了变化，姐姐的死因不再重要，这件事成了他打击权臣孙綝的手段，其结果居然是断了孙鲁育的骨血。

朱熊、朱损被处决只是个前奏，随后，孙亮开始了一个更危险的计划。

"我要杀了孙綝！"孙亮对孙鲁班、国丈全尚（全皇后父亲）、将军刘丞言道。

三人听了，心里咯噔一下："陛下不可轻举妄动。孙綝兄弟个个手握禁军兵权，不是那么容易杀的。"何止不容易，实话实说，单凭这几个人，根本不可能。

孙亮主意已定，容不得他人反对："左无难、右无难、虎骑三营禁军不是还在朕手里吗？朕率三营禁军进驻朱雀桥，若孙綝敢反抗，朕当即发诏书，解除孙綝的兵权！"这计划如儿戏一般，孙鲁班、全尚、刘丞听得呆若木鸡，他们久处政界，但对刺杀这种事真没什么经验。

众人忐忑地走出皇宫，谁也吃不准这计划能不能成。就在当天，孙亮的计划（毋宁说是一厢情愿的企图）便被孙綝获悉。

当晚，全尚正要就寝，忽听到外面传来一阵喧哗。

"什么人！"他走出屋，只见庭院里已经布满了禁军。

"全尚图谋不轨，奉大将军（孙綝）之命收押！"

全尚当场被俘。与此同时，在皇宫苍龙门外，孙綝的胞弟也率本营禁军杀了将军刘丞。就这样，与孙亮合谋的两个重臣反被孙綝先行解决。

天明时分，孙綝率禁军将皇宫团团包围。

"计划败露！牵朕的马来！"孙亮边吼边挎上弓箭，打算出去和孙綝拼命。

"陛下冷静！"近侍死命把他拽了回来。这情形谁都明白，孙亮只要出宫，必死无疑。

很快，孙綝控制住孙亮，旋即颁布诏书，把孙亮废为会稽王，全尚流放零陵，孙鲁班流放豫章。于是，在吴国一度显赫的全氏家族彻底衰落。

公元 258 年 11 月，在大将军孙綝的主持下，吴国迎来了第三代皇帝——孙权第六子孙休。特别说明，孙休的皇后正是孙鲁育的女儿（朱王妃），也就是说，孙休娶了自己的外甥女，这让我们再次见识到吴国孙氏皇族乱成一锅粥的伦理观。朱王妃得势后，她的杀母仇人——失势后的孙鲁班，结局又将如何呢？这位把吴国政坛折腾得乌烟瘴气的女人，从此退出历史舞台，再也找不到任何记载。

最后的权臣

在孙权的几个儿子里，老六孙休很好地继承了他的隐忍特质。当年诸葛恪的幕僚李衡欺凌过孙休。孙休登基后，李衡吓得主动投狱认罪，可孙休完全不计前嫌，宽慰了几句便把李衡放了。

11 月，孙休拜孙綝为丞相兼荆州牧，增加五个县的食邑，并两度下诏嘉奖孙綝。孙綝的四个胞弟一并加官授爵。自此，孙綝一门五人封侯，显赫程度赶超昔日的全氏家族。

几名皇宫近臣劝孙休提防孙綝。结果，孙休反而将这几个近臣交付孙綝处置。自然，孙綝把他们全部处死了。这年，孙休才二十三岁。

公元 259 年 1 月 18 日，适逢腊八，孙休派了十几名重臣请孙綝赴腊祭宴会。

孙綝想推辞，架不住同僚盛情邀请，只好接受。临行前，他吩咐家仆："过一会儿在府中放把火，我以火灾为由提前回来。"然后，他硬着头皮进了皇宫。

"臣叩见陛下！"

"丞相快快请起！"孙休赶忙命人搀扶起孙綝，殷切地请到坐席上。

孙綝刚刚坐定，就看到皇宫外自家府邸方向冒出浓烟，他佯装惊讶地言道："臣家中失火，恕臣先行告退！"他边说边要起身离去。

孙休命人拦住孙綝："丞相，以后这些事，再也不用劳烦您操心了。"

一旁，丁奉和张布突然发令，左右侍卫当场将孙綝按倒在地。

孙綝吓傻了，玩命磕头请罪："陛下恕罪！我甘愿流放交州！"

孙休瞪着眼，怒道："当初你流放滕胤和吕据了吗？"

"我甘愿当奴仆，只求活命。"

"你让滕胤和吕据为奴了吗？"

孙綝明白自己必死无疑。当日，孙綝兄弟五人全部夷灭三族。吴国最后一位重量级权臣就这么被搞掉。吴国两任权臣诸葛恪和孙綝皆因亲入皇宫被刺杀，而魏国权臣司马师、司马昭兄弟毕生不入皇宫，足见其明智。

又过了一年，坊间风传会稽王孙亮有复辟的企图。于是，孙休将孙亮由王贬为侯。没想到孙亮居然在前往新封地的途中自杀。有人说是孙休派人毒死了孙亮，可这事死无对证，因为所有护送孙亮的侍卫在事后全部被孙休处死了。

孙权留给子嗣的，除了显赫的皇室身份，还有同族相残的价值观，在后面，孙氏皇族内部的杀戮依然会持续。

才同陈思

这天，在魏都洛阳，公卿纷纷上奏："恭贺陛下，据传在宁陵县的井中发现了两条黄龙，这乃祥瑞的兆头啊！"

翻阅史书，可见龙频繁出现在图腾、雕刻、绘画或文字描述中，但迄今没有发现一具龙的骨骼化石。这神奇的生物是否真实存在？

不管怎么说，龙鲜活地体现了中华民族的文化精髓。龙能伸能屈，能大能小，上可腾云驾雾，下可隐匿深渊。在五千年的历史长河中，中华民族经历过无数次浩劫，都能顽强地撑过来，这正源于像龙一样伸缩自如的韧性。这种传说中的奇特生物被当作皇权的象征。那些历史上的君王，尤其是开国者和中兴者，其霸气和隐忍远远超越常人，这和龙的特性也颇为相似。

曹髦，这位年轻的国君，无比仰慕妫少康中兴夏朝的丰功伟绩，但他没有意识到如今根本不具备龙出升天所必需的时运。在时来运转前，他能做的唯有隐忍。

此刻，曹髦冷眼瞟着朝堂下向他祝贺的臣子，脸色越发阴沉。忽然，他不屑地闷哼一声："祥瑞？哼……"

朝臣面面相觑，眼见势头不对，谁都不敢多言。

曹髦沉声叹道："龙代表天子，上不飞腾在天，下不盘踞在田，却困于井中，这算什么祥瑞？"他停了片刻，猛地从皇位上站了起来，惊得两旁侍卫手握剑柄。

这些侍卫与其说是护卫曹髦，不如说是替司马昭监视曹髦，以免他做出非分之举。曹髦身后的郭太后更吓得脸色煞白，压低着声音说道："陛下，不可妄动，快到皇位上来！"

曹髦没有理睬这帮人，继续向前缓缓踱着步，接着，他开口吟诗：

> 伤哉龙受困，不能越深渊。
>
> 上不飞天汉，下不见于田。
>
> 蟠居于井底，鳅鳝舞其前。
>
> 藏牙伏爪甲，嗟我亦同然！

吟完诗，曹髦又转身坐回到皇位，郭太后和侍卫悬着的心终于落下。原来皇帝只是想作诗。这首诗名为"潜龙"，文辞俊美，但从严格意义上讲，诗没有体现潜龙的精髓。所谓潜龙，需要隐匿锋芒，诗中说鳅鳝在龙前乱舞，毫无疑问是明指司马昭，又言龙藏牙伏爪甲，既然都说了出来，哪里还算得上隐匿锋芒呢？顿时，朝堂上气氛尴尬，公卿纷纷告退。

"臣告退。"

"臣身体有恙，告退。"

转眼间，连郭太后也静悄悄地走了，大殿上只剩下曹髦一人。

曹髦愣愣地望着空空如也的大殿，这里宛如死一般寂静，他只听到自己的呼吸声。过了好一会儿，他微微张开嘴，大喊了一声："退朝！"然后，他孤零零地站起身走向后宫。

曹髦回到后宫，气呼呼地对太监吩咐道："取画笔来！"

太监很快将画笔取来。曹髦抄起笔，一言不发，继续他未完成的画作。

几天后，曹髦的画作完成。

一旁的太监谄媚道："陛下画得真好，这画的是什么人？"

"盗跖！"曹髦恶狠狠地答道，很显然，他情绪不佳。盗跖是春秋时期的大盗，与孔子同时代人，"盗亦有道"这个成语便是取自盗跖和孔子的对话。

"这盗跖看起来真有点眼熟……"太监沉吟，突然想起画里的人像谁。这盗跖的脸分明就像司马昭啊！太监吓得面如死灰，慌忙低下头，一句话都不敢说。

司马昭窃国，与盗贼有什么区别？曹髦心里这样想。他脑海中浮现着司马昭那张可憎的面孔，画成了这幅《盗跖图》。

曹髦善于绘画，《盗跖图》是他其中一幅画作，除此之外，还有《祖二疏图》《黄河流势》《新丰放鸡犬图》等流传后世。唐代张彦远所著《历代名画记》评价，曹髦的画功大致与汉末魏晋时代蔡邕、杨修、诸葛亮等人比肩，为中品。

这个精通诗文绘画的年轻人倘若生在一般富庶之家，肯定能成为一代才子，毕生逍遥快活。但很不幸，他生在曹氏皇族，更不幸的是，他成了魏国的皇帝。曹髦是个极端感性主义者，缺乏理性思考能力，如果从古巴比伦文化中的"性格九柱图"来做分类，曹髦的性格应该属于典型的丰富型（Generalist），这一类型的特点是多才多艺、冲动、无节制、狂乱。从这点来看，他像极了当年的曹植。遗憾的是，曹植正因这种性格成为政治上的失败者。

这些日子，司马家族的嫡系亲信——扬州都督石苞入朝述职，他觐见过曹髦，遂去拜见司马昭。

司马昭问道："先前你曾对我亡兄说，陛下犹如魏武降世，今天，你还是这样认为吗？"

石苞沉默片刻，言道："下臣今天仍这样认为，陛下绝非平庸之主！"

司马昭深深地吸了一口气，他越来越觉得，必须除掉曹髦了。

以孝代忠

大将军司马昭这段日子很苦恼，他有个难题一直解不开。多年来，司马家族压迫曹氏皇族，双手沾满了忠君者的鲜血，对司马昭而言，忠这个概念如同一块炙手的山芋，他自己本身就违背了儒家价值观里最重要的忠君理念，但他作为魏国实际上的掌门人，又不得不提倡忠，否则用什么来约束臣子？

最终，司马昭想出了一个办法。

公元 258 年，朝廷下了一道诏书："尊崇老者是古代尧、舜、禹推行的仁政。王祥和郑小同德高望重，都是当世贤者。现授予王祥'三老'称号、郑小同'五更'称号，天子对二人持晚辈之礼，可随时向他们咨询朝政得失。"在《正义》《白虎通》《礼记》等书中解释道：三老、五更并非官职，而是尊称，天子用对待父、兄的礼数侍奉三老、五更，以此作为向世人推行孝道的表率。

如果司马昭直接提倡忠，他就必须忠于曹髦。所以，司马昭的办法即是以孝代替忠。而且，选举三老和五更不仅是孝道政治理念的初步尝试，更约束了曹髦，让皇帝反过来对臣子也就是司马昭政权尽孝。可谓一举两得。

鉴于这里要涉及大量儒学内容，我们简单讲讲中国历史上最杰出的哲学家、教育家——孔子创建的儒家学派。

孔子说："德如同天空最明亮的北极星一样，被众星环绕。"按照儒家的解释，掌权者的道德乃是执政的核心。孔子提出的孝、悌、忠、信、礼、义、廉、耻，是儒家思想的精髓，而历代统治者更将忠、孝、礼、义提炼出来作为维护权力的工具。现代人大多对儒家思想不屑一顾，尤其认为提倡忠是否定自我，禁锢思想。其实，孔子讲的忠固然有忠君的意思，但远不止于此，其涵盖面很广，包含了对朋友的忠，对自己内心的忠，对天地道义的忠。那么具体如何体现呢？不害人，信守诺言，做事对得起良心，顺应天道，不逆势而为，这即是忠。然而，历代统治者在大肆宣扬忠的同时，也将其含义局限在忠君这个狭隘的范畴内了。

为什么孝可以上升到政治层面？这同样源于儒家对孝的解释。和忠一样，孝的涵盖面也极广，不单是指对父母的孝，还延伸为对天下人的孝，这称为大孝。孝在政治上的体现，便是为政者应该以孝子之心治理天下，把普天之下的百姓都看作自己的父母。在这种理念下，孝行是决定士人仕途的重要政治资本。不过，无论任何理论都有可能被心术不正者利用，翻开《晋书》就能发现，那些被载入史册的西晋重臣，其中有大批品行卑劣的奸佞之人，却无一不以孝行著称于世。

在后文中，司马家族推行孝这一价值观的过程还会衍生出很多故事。

回过头来说这位被举荐为三老的王祥，此时已七十三岁，他生于东汉末年，乃是举世闻名的孝子。关于王祥的孝，有众多令人叹为观止的行迹。王祥生母早亡，他对继母至孝，可继母心肠狠毒。有次时逢严冬，继母想吃新鲜的鲤鱼，王祥居然卧在湖上，靠体温融化冰雪，捞鱼给继母吃，这就是卧冰求鲤的故事。但继母不领情，一会儿想用刀捅死他，一会儿想用毒酒毒死他，王祥不做任何抵抗，跪地请死。这些事极有可能在传诵中被添油加醋，以至显得夸张且不合逻辑。元朝时，王祥的孝行被选入《二十四孝》，成为孝子的表率。平心而论，王祥是否真的符合孝道呢？"百善孝为先，原心不原迹，原迹贫家无孝子"（还有下半句"万恶淫为首，论迹不论心，论心世上少完人"），那么，王祥面对一个屡次想杀自己又毫无血缘关系的继母，他的孝行到底是原心还是原迹呢？继母这些极端夸张甚至触犯法律的行为，又是怎么传播出去的呢？不得而知。总之，王祥最终因为这些事迹赢得了孝子的名声和坦荡的仕途。

一次，曹髦向王祥寻求教诲，王祥言道："古代的明君和圣贤无不心怀忠诚，这种忠诚表现在言行当中，举止顺应天意，更不会逆势而行。"这番劝谏乃是告诫曹髦收敛张狂的个性，不能违背天下大势。在政治立场上，王祥无疑站在司马家族一边，他这样说也没什么不妥，确实是出于善意，避免让曹髦惹祸上身。

再说被举荐为五更的郑小同，时年六十五岁，官拜侍中，乃是东汉经学巨匠郑玄的孙子。多年来，他负责给曹髦讲授经学，可他甚少教授王学，而是常引用自家先人的理论。对于曹髦而言，听郑小同讲授经学，成了他排解抑郁的唯一途径。王肃多次驳斥郑玄学说，在学术流派上，二者势同水火。郑小同和王祥一样，本应是司马昭政权的代言人，不过，郑小同的学术理论和王肃不同，导致他并不太受司马昭信任。而司马昭选郑小同做五更，仅是迫于郑小同辈分和学术影响力。

这天，郑小同因公务前来拜见司马昭，不巧司马昭临时不在。郑小同闲着无聊，便在前厅来回溜达。

突然，厅外传来司马昭的厉呵声："郑小同，你干什么呢？！"只见司马昭神色不安，一边喊着，一边快步走进前厅。

郑小同正站在前厅的书案旁，不禁一怔，心有戚戚地言道："下臣正在这里恭候大将军。"

司马昭为何这么紧张？原来，他最近一直筹划废掉曹髦，前厅书案上的卷宗就是跟亲信的密谋，而卷宗还没来得及封印。

司马昭走到书案旁，警觉地观察着郑小同和书案之间的距离，又仔细回想自己在离开前卷宗摆放的位置。继而，他死死盯着郑小同的眼睛，质问："你有没有看过书案上的卷宗？"

郑小同惶恐地答道："下臣岂敢随便翻看大将军的卷宗，自然是没看过。"

"哦，那就没什么事了。"他不想再继续这场无谓的揣测，因为他想到了一个更简单直接的解决方法。

"上酒。"司马昭发话。

当仆役把酒端上来的时候，司马昭悄悄从怀中掏出一包毒药，趁郑小同不备，倒入其中一个酒樽中。

郑小同全然不觉，诧异道："这……下臣来找大将军议事，为何赐酒给我？"

司马昭不答话，径自拿起其中一个酒樽，目视郑小同。这种威慑力让郑小同毫无选择余地，他只好拿起另一樽，陪着司马昭一饮而尽。

少顷，郑小同腹痛如刀绞。他明白了，酒有毒。

司马昭冷冷言道："宁我负卿，无卿负我。"

东汉经学巨匠郑玄唯一的后代，就这样被毒死了。

孰不可忍

曹髦听说郑小同毫无征兆地死于大将军府，气得浑身发抖："肯定是被司马昭谋杀的！"这么多年来，这个可怜的皇帝唯有听郑小同讲解经学时才能获得短暂的宁静。此刻，他的情绪在悲伤和愤怒中狂乱翻腾。

忍无可忍，那就无须再忍。眨眼间，曹髦的怒火完成了从升腾到爆发的全过程。他做出了一个无比危险的决定。公元260年6月2日晚，曹髦突然喊道："冗从仆射李昭、黄门从官焦伯，跟我来！"

"陛下，去哪儿？"李昭等人茫然。

"陵云台！"前文提过陵云台，《世说新语·巧艺篇》详尽描述了陵云台精妙绝伦的构造。该台在魏文帝曹丕时建造，台高二十三丈，建造之初便计算好每一根木头的重量，台上再无冗余的负担，建成后，高台常随风摇曳，但绝不会坍塌。在这座高台周围，驻扎着皇宫内唯一没被司马家族染指的禁军。昔日，曹芳的忠臣李丰就曾企图借助这里的三千名甲士刺杀司马师。

曹髦带着李昭等人疾步直奔陵云台。以曹髦的性格，很明显，他没有经过深思熟虑，这个年轻人的所作所为完全凭着一股冲动。

"披挂战甲，拿起武器，随我出宫讨伐逆臣！"曹髦大声命令着这支仅存的忠于皇室的禁卫军。

恰在这时，轰隆隆一声雷响，天空下起了细雨。雨水淋在曹髦的脸上，却并没有让他冷静下来。李昭等人忽然明白了曹髦的意图，吓得纷纷劝道："陛下息怒！今日恰逢大雨，甲士不能出战，请改日再议！"

曹髦抹去脸上的雨滴，怒吼道："就在今日！"他随即又下令，"把尚书王经、侍中王沈、散骑常侍王业三人召来！"五年前，王经任雍州刺史时败给蜀将姜维，战后被召回朝廷担任尚书。王沈是司马家族柱石重臣王昶的侄子，属于太原王氏。王业是东汉末年群雄刘表的外孙。王经、王沈、王业三人平日里常给曹髦讲授学业，曹髦自以为和三人关系匪浅，更亲切地称呼王沈为"文籍先生"。

俄顷，王经、王沈、王业冒雨慌慌张张地赶到陵云台。

"陛下，深夜召臣，有什么事吗？"他们跪在地上，早已察觉到身旁纷乱的局面，不由得暗自心惊。

曹髦伸手入怀，掏出一封事先写好的诏书扔在三人面前，恨恨地言道："司马昭之心，路人皆知！我绝不甘愿坐受被废这种奇耻大辱，我已写下讨贼诏书，今日，卿等与我共同讨伐逆贼！"

三人听罢，汗流浃背。王沈和王业跪在地上，瑟瑟发抖，不敢说话。

王经不忍见曹髦自寻死路，苦苦哀劝："昔日鲁昭公没有忍受季氏欺凌，因而丧失社稷，被天下人耻笑。如今军政大权握在司马氏手中已根深蒂固，无论是朝臣还是藩镇将帅，皆愿为司马氏效死，这也不是一两天的事了。陵云台兵甲羸弱，陛下这么干，如同恶病恶治，终至无药可救，还望陛下能深思熟虑！"自李丰事件之后，陵云台禁军的军费日渐缩减，驻守在这里的只有数百名老弱士卒。

然而，以曹髦的性格全然无法做到深思熟虑，他像火山爆发一样狂吼道："是可忍也，孰不可忍！我已经决定今晚行动，就算是死，也没什么可怕的！况且还不一定会死呢！众军听令，今日随我出宫讨伐逆贼！"曹髦一声令下，陵云台数百名禁军抽出武器，喊声雷动："讨伐逆贼，讨伐逆贼！"

王经、王沈、王业三人意识到局面失控，默默地从陵云台退了出去。

"快走！快走！"王沈和王业一离开陵云台，便相互拉扯着狂奔起来，而王经踌躇不决。

"王经，还不快走，更待何时？"王沈回头喊道。

"社稷将危啊！"王经怅然叹息，"唉！文籍先生，你又打算去哪儿？"

"文籍先生"？仓皇中的王沈竟没反应过来。他一闪念，才想起昔日曹髦经常这样亲切地称呼自己。什么"文籍先生"……我乃王昶之侄，太原王氏族人，若非司马家提携，我岂能有今天的地位？

王沈没有停住脚步，边跑边道："这还用问吗？当然是去向大将军禀报啊！"

王经在道义和性命之间徘徊良久，做出了决定："纵然不能追随陛下做这无谓之举，可也不能背主求荣啊……"最终，他没有跟着王沈和王业去向司马昭报信，而是独自来到尚书台，静静地等候噩耗传来。

此时，曹髦率数百名禁军出了陵云台，直奔郭太后永宁宫而去。

解脱之路

"禀太后，陛下率军至此！"内侍神色紧张地奏道。

"他……率军……至此？！"郭太后惊得一颤。

片刻后，曹髦入永宁宫觐见太后："太后，朕欲率军出宫讨伐逆臣司马昭！"

"放肆！不可轻举妄动，难道你想死吗？"郭太后浑身毫毛倒竖，试图阻止曹髦。上一次，她在司马懿入宫兵谏请求讨伐曹爽时也曾这样恐惧，从那次之后，她便成了司马家族忠实的政治盟友，作为司马氏和曹氏皇族之间的缓冲层，且不惜牺牲名誉，甘愿充当压迫皇室的黑手。

"朕想求得您下一封讨伐逆臣的诏书！"

"不行！"在这生死攸关的时刻，郭太后坚定地站在司马家族一边。

曹髦本来低头跪在地上，听到这回答，突然猛地抬起头，怒目瞪向郭太后。当初司马懿要诛杀曹爽，你怎么不说不行？当初司马师要废黜曹芳，你怎么不说不行？今天曹氏所遭受的一切，都是从当初那几封太后诏书而来！

"就算没有太后诏书，也不能阻止我中兴社稷的决心！"曹髦站起身，不再奢望太后诏书，他怨恨地瞥了一眼郭太后，迈步走出永宁宫。

郭太后早吓得目瞪口呆，半晌说不出一句话。

曹髦率军奔出云龙门。

这个时候，司马昭的同母弟司马榦闻听皇宫兵变的消息，匆匆赶至，打算拦住曹髦。然而，他在皇宫一个掖门处被守门将满长武拦住。

"满长武，你闪开，皇宫有变，快让我过去！"司马榦对满长武喝道。

"未经陛下宣诏，任何人不得通过此门，请公侯见谅。"满长武没有屈服于司马榦的权势，毅然坚守掖门。这位满长武，正是昔日扬州都督满宠的孙子，他不愿充当司马氏毁灭曹氏的帮凶，但力量微薄，只能在职权范围内做到这一步。

少顷，司马昭的幕僚王羡来到满长武驻守的掖门："满长武，我要进皇宫！"

"此门不通！"满长武守护这道门，没有放任何一个司马家的人通过。司马榦和王羡只能绕道，兜了一个大圈子，最终没能赶上曹髦。

曹髦正在进行生命中的最后一次狂奔："前面就是止车门！众军跟我冲出去！"这是一条冲破压抑、通往解脱的道路。

守卫止车门的是司马懿第五子——司马昭的异母弟司马伷，补充一句，他的妻子便是诸葛诞的女儿。司马伷望着曹髦坐在车驾中，身旁跟着数百名疯狂的禁军一齐向自己这边冲过来，吓得魂飞魄散。

"挡住陛下！挡住陛下！"司马伷大喊道。可是守门侍卫全都忍不住后退。

"陛下，这里是止车门，不得擅自通过，否则请恕臣下无礼了！"司马伷壮起胆，只身挡在曹髦面前。

"你能怎样？"曹髦猛地从车驾上站起来，指着司马伷呵斥，"胆敢拦驾者，杀无赦！"伴随着皇帝的吼声，驱车的马匹也仰天嘶鸣，无所顾忌地向止车门狂奔而去。司马伷只能闪身避让，他身后的守门侍卫更吓得纷纷退散。

曹髦不再理会呆立的司马伷，率军冲出了止车门。

五年前，曹髦第一次走进止车门时，谦谨地下车步行，一名臣子对他说："您贵为天子，不必下车。"他答道："我被太后征召，还不知道是什么原因，这是止车门，我怎能乘车通过？"当时，他说完这番话，强压着兴奋，为自己的气度感到欣喜。我的贤德一定能博得臣子的忠心，大魏国将在我手中复苏，他曾这样祈盼。可随后五年，曹髦渐渐看清了残酷的现实，扭转乾坤、左右命运这些都成了遥不可及的梦，越想，他就变得越绝望。

大魏国，并不会因我的贤德而复苏。他不得不接受这个现实。

五年来，这个曾经拥有光辉梦想或可称为幻想的少年，已成长为一个被现实压垮的青年。今天，他决心再度直起腰板，可是，他终将为此付出惨重的代价。

弑君者

这个时候，在皇宫外的大将军府，司马昭已从王沈和王业口中得知曹髦的举动："曹髦难道疯了吗？"

他目瞪口呆，旋即将手中书卷狠狠地摔在地上，下令道："贾充，拦住陛下！"贾充官拜中护军，执掌皇宫外围禁军，这些禁军实质是司马昭的亲兵。

贾充知道事关重大，想进一步探知司马昭的底线："大将军……"

司马昭知道贾充想问什么，他目不转睛地看着贾充，斩钉截铁地言道："无论以任何代价……"我已经不能再见到曹髦了。

"下臣明白了！"贾充接了司马昭的命令，当即率数千名亲兵奔向皇宫。一路上，他忐忑不安，并不能预知此事之后自己的命运走向何方。是为司马家立下旷世奇功，还是事后代司马家充当替罪羔羊？这两种结局仅在毫厘之间。

在皇宫的南门，曹髦和贾充两支军队迎头相遇。

"贾充，让我过去，拦驾者斩！"曹髦打算再次凭借他的权威震慑对方。

"恕臣无礼！陛下不得出宫！"贾充毫不退缩，在他身后，数千名司马昭的亲兵已展开阵列，将皇宫南门封得水泄不通。

"贾充，你敢谋反吗？"

不，是陛下要谋反！贾充心里这样想着，却不能把这样毫无道理可言的话说出口。"擅离皇宫者，杀无赦！"他一招手，司马昭的亲兵杀向曹髦的陵云台禁军。

曹髦抽出腰间宝剑，压抑了五年多的愤怒全部倾泻而出："给我杀！杀！杀！"他挥舞宝剑，疯狂地向司马昭的亲兵砍去。方才的绵绵细雨不知不觉变成了瓢泼暴雨，雨水混合着血水从皇宫内流出南门外，地上的尸体越积越多。

战斗持续的时间不长，陵云台数百名老弱士兵完全不是贾充数千名禁军的对手，他们很快被杀败。可是，不管贾充的禁军再怎么胆大包天，也不敢亲自和皇帝交手。曹髦虽已战败，却在层层包围中徒自挥舞长剑，无人敢近其身。

"朕乃天子，谁敢挡我？"战斗陷入僵局。

事情闹到这种地步，谁也不知道该如何收场。贾充心底暗自发颤，做好了最坏的打算，无论如何不能让曹髦活着见到明天的太阳，可自己又怎么全身而退？

在这个紧要关头，太子舍人（年俸二百石，七品低级官员）成济凑到贾充耳边，问道："贾大人，事态危急，您说该怎么办？"如果成济是个聪明人，绝不会在这时候多嘴。

贾充转头看去，成济愚鲁的脸庞变得如救世主一般神圣。这是挽救自己命运的圣光。"司马公恩养你们，为的就是今天，你还有什么可问的？"说罢，贾充一把将成济推向前方。

成济踉跄几步，混沌的思绪中仿佛萌生了许多灵感，他为自己能领悟贾充的意思欣喜若狂：倘若帮司马昭解今日困境，必建立大功，从此不愁荣华富贵。成济沉浸在自己的幻想中，手中长戟握得更加有力，他几下推开挤在前面的士卒，向曹髦走去。

一个巨大的闪电，照亮了被敌军包围的曹髦，他的剑锋依然在疯狂地挥舞。

成济傲慢地站在曹髦的面前："陛下，臣得罪了！"

一声炸雷响彻云霄，成济猛地举起长戟，奋力刺向曹髦……

曹髦已经很累了，五年多的情感终于得到了畅快淋漓的宣泄。此刻，他安静地看着胸前的长戟，利刃从他的后背穿了出去。

"司马昭……弑君……"曹髦的目光越过面前的成济和贾充，他完全不屑于看这两个人，而是径直望着司马昭大将军府的方向。

曹髦缓缓垂下手臂，宝剑滑落到地上。曹氏列祖列宗啊，我尽力了。曹髦沉浸在欣慰中，站着停止了心跳。

曹髦为曹氏社稷轻身赴险，死于非命。可是，倘若客观地评价曹髦，他终归也只是率性而为。人生最大也是最难的成就，难道不是克服自己的性格弱点吗？

成济后退两步，拔出长戟。曹髦的胸口被捅了个窟窿，继而，尸体直挺挺地栽倒在地上。公元260年6月2日夜，年仅十九岁的魏国皇帝曹髦，就这样在权臣司马昭的授意下被杀了。

孔子曾说："臣弑其君，子弑其父，非一朝一夕之故，其所由来者，渐矣。"意思是像弑君弑父这样十恶不赦的事，一定是长久以来逐渐积蓄最后才会爆发。庄子说："飓风起于萍末。"意思是台风最初只是从浮萍的漂荡中兴起。中国古老的哲学理念经过一千七百年，在1963年被美国气象学家赋予一个听起来更加学术化的定义——"蝴蝶效应"。按照"蝴蝶效应"的解释，一个细微的动作会引发一串连锁反应，最终导致所有系统产生巨变。那么，像曹髦被弑这事究竟从何而起呢？从曹髦张狂的性格，从司马昭的跋扈，还是从司马懿发动高平陵政变诛杀曹爽，抑或是从司马懿目睹好友杨俊被杀，司马朗带着司马懿逃出洛阳，远赴黎阳避难？倘若再往前，自然可以无限追溯。可是，历史终归只有一条路。

魏帝曹髦驾崩。雨淅淅沥沥地下着，众人围拢着曹髦的尸体，宛如雕像一般呆立，谁都不知道该如何是好。须臾，一阵嘹亮的哭声自远方传来。

太傅司马孚狂乱挥舞着手臂推开众人，发了疯一般扑向曹髦的尸体。他坐在地上，抱起曹髦，将曹髦的头枕在自己的大腿上，仰天悲鸣："陛下！陛下！老臣有罪啊！有罪啊！"司马孚撕心裂肺的哭声划破了寂静的深夜。

"司马孚真是忠臣啊……"但凡眼见这一幕的人无不由衷感叹。

五十年来，司马孚始终用心扮演着魏国最大的忠臣这个角色。

又过了一会儿，另一个老者赶到事故现场，跟跄奔向曹髦的尸体，他是此前被授予三老称号的王祥。"老臣无状啊！"王祥跪在地上，拉扯着曹髦。两个老头儿戏精附体，几乎像在争抢尸体，给本来凶险肃杀的雨夜增添了一丝滑稽色彩。

王祥为何要喊"老臣无状"？无状，可以简单翻译成"无能""失职"等意思。这简单的两个字蕴藏着无限的政治谋略。首先，他自责没好好教诲曹髦，将曹髦毙命的责任转移到自己身上，以此为司马昭开脱。同样地，既然说是王祥教诲失职，也间接说明曹髦本来就存在错误，最终，问题的根源其实又被归结到曹髦自身。他帮了司马昭一个很大的忙，几乎是凭借这四个字，王祥此后位列三公，到了西晋，他荣登最高爵位。在《晋书》中，他的列传排在晋朝重臣之首。

王祥祖籍徐州琅邪郡（和诸葛氏同郡），这里有必要讲一下琅邪王氏家族，这是一个在中国历史上极具分量的名门世家。

琅邪王氏与太原王氏俱是秦朝名将王翦的后裔，王翦曾孙王元迁居徐州琅邪郡，是为琅邪王氏的开基始祖，从王元到王祥贯穿西汉、东汉、魏朝总计十三代人，这十三代人始终活跃于政坛。到了王祥，他以孝行著称，晚年成为西晋德高望重的名臣。不过，王氏家族远未到达巅峰。半个世纪后，"永嘉之乱"，北方豪门望族、政界要员、各界精英总计近百万人，全部在一位王氏族人的倡议下举家迁往江东避难，这个中国历史上最负盛名的大迁移，被称为"永嘉南渡"（也称"衣冠南渡"）。这位王氏族人，日后成为东晋王朝的奠基人。在东晋时代，琅邪王氏被称为"天下第一望族"，只有后来在淝水之战中崛起的谢氏家族能勉强与之比肩，同是出自琅邪郡的诸葛氏根本无法望其项背。

琅邪王氏活跃于政界长达千年之久。在这漫长的岁月中，其家族成员在哲学、文学等领域独领风骚，书法巨匠王羲之、王献之、"竹林七贤"之一王戎等人，均出自这一家族。

令人惊叹的琅邪王氏家族暂时介绍到这里，在往后的故事里，王祥及其家族成员会占据重要戏份。

无进无退

在大将军府里，司马昭的幕僚往来穿梭不绝。

"禀告大将军，贾充在皇宫南门阻挡陛下的车驾，陛下不幸死于乱军之中。"

司马昭瞠目结舌，呆立于地，半晌才缓缓长吁了一口气。贾充，你是我司马家的最大功臣。接着，他扯开嗓子号啕大哭："天下人会怎么看我啊！"

翌日，群臣会集在朝堂大殿上，均保持着缄默，谁也不敢说什么。

司马昭巡视一圈，发现少了一个人："尚书仆射陈泰在哪儿？"

"陈泰抱恙。"同僚答道。

陈泰示以无声的抗议。可是，在这紧要关头，陈泰必须到场。司马昭扭头对荀颉说道："荀君，一定要把你外甥请来。"陈群死后，陈泰成了陈家辈分最高的人，司马昭只好请陈泰的舅舅荀颉出面。

东汉末年，荀颉父亲荀彧为曹操忌惮，后被曹操逼死，荀颉以孝道著称，对曹氏没有一丝好感。而且，荀颉自年轻时就跟司马家族建立起亲密的友谊。

荀颉跑进陈泰府邸。"玄伯（陈泰字玄伯），朝廷遭此骤变，大将军议事，你不能不出席！"他边说边拽着陈泰往外走。

陈泰一把将荀颉甩开："舅舅，世人都说我比不上您，但从今天这事看来，却是您不如我……"

"说什么都没用，你这回必须听我的！就算你不怕死，难道就不想想你陈家的未来？"荀颉清楚记得陈群临终之际的嘱托，他曾发誓要照顾陈泰，保护陈家。

说话间，陈氏宗族子弟齐刷刷地跪在陈泰面前："您就听了荀公的劝吧！"

陈泰回想着父亲的临终遗言，望着宗族后辈，任凭泪水大滴大滴地落下。最终，他站起身，在众人的簇拥中跟着荀颉向朝廷走去。

司马昭见到陈泰，忙把他拉到一旁，哽咽问道："玄伯，你说这件事，该怎么处理才好？"

陈泰脸上明显挂着泪痕，冷着脸道："将贾充斩首，才能勉强向天下谢罪！"

"这……"司马昭不舍得牺牲贾充，倘若将贾充处死，今后还有谁敢替自己出头卖命？

"你能不能再想个退而求其次的办法？"

"我只知道有进，实在想不出其次。"陈泰所言的"进"，是让司马昭自裁谢罪。

司马昭默然。

几天后，陈泰郁郁而终。《博物记》中记载，陈寔（颍川陈氏开基鼻祖，陈群祖父）、陈纪（陈群父亲）、陈群、陈泰四代人，在汉魏时代都有崇高的名声，可德行渐渐削减。这种说法自然是指责陈群和陈泰对曹氏不忠，但不能一言以蔽之。到了陈泰的时代，颍川陈氏已成天下数一数二的望族，家族利益跟司马氏紧紧牵扯，无论陈泰的良心如何备受拷责，他总不能掐断全族人的未来。陈泰死后，颍川陈氏依旧显达于世，可声名大不如前。

善　后

魏国臣子在朝堂上面面相觑的时候，郭太后的一纸诏书打破了这尴尬的局面。

诏书这样写道："当初我立曹髦为帝，本来寄希望于他能成大器，可实在想不到他暴虐的性情日益严重。我屡次训斥他，他反而对我恶语相向。我担心曹髦颠覆社稷，只怕自己死后无颜面见先帝，便密令大将军废掉曹髦，大将军念曹髦年幼，反而护着他说话。但是，这并没有让曹髦的乖张有所收敛，他竟用弓弩射向我的寝宫，以此恐吓我。我又反复几十次请求大将军废掉曹髦。曹髦先是想毒死我，又率陵云台甲士入永宁宫想杀我，还打算行刺大将军。我孤苦老寡，本不惜命，只是念及先帝遗愿，为社稷倾覆而痛心。幸赖曹氏宗庙有灵，王沈、王业急报大将军，才避免让大将军身陷危难。曹髦死于乱军之中，皆因他悖逆不道，自取其祸。诏令将曹髦尸身以平民礼节入葬。另外，尚书王经心怀不轨，诏令廷尉将王经及其家属一并收押。"

郭太后诏书中言辞可谓颠倒黑白，完全站在司马昭一边。她提到先帝曹叡，但很显然，她并不相信死者有灵。

随后，司马昭、司马孚、高柔、郑冲上疏："曹髦悖逆无道，以平民礼节入葬合理合法，但臣等还是心存怜悯，希望能以王侯的礼节安葬曹髦，请太后恩准。"以司马昭为首的几位重臣和郭太后联手演了一出戏。一方充当白脸，一方充当黑脸。郭太后勉强同意。

翌日，曹髦被埋葬在洛阳城西北的瀍涧之滨。葬礼上只有几辆破车，没有任何旌旗。南朝史学家裴松之评价："这么简陋的葬礼还有脸说以王礼安葬？真是厚颜无耻到了极点。"

距离葬礼的不远处，一群百姓三三两两聚在一起议论。

"这就是前天被杀的天子吧？真是可怜哪！"百姓远离政治，当然搞不明白其中复杂的利益关系，他们惯以正义和非正义的角度来评判这件事。

曹髦死后没有获得任何谥号，所以，他登基前的封号——高贵乡公，也就成了后世对他的称呼。高贵乡位于徐州琅邪郡境内的临沂一带，今山东临沂市附近。不知是不是命运使然，曹髦有着诸多性格缺陷，可最终选择高贵地战死，高贵乡公这个封号，反而成了对他短暂一生的最大肯定。

曹髦被弑的余波远未停歇。尚书王经因未向司马昭报信被判处死刑，不仅如此，他的母亲也被株连。

"儿不孝，后悔当初没听您的话，如今害您受了牵连！"王经悲痛欲绝。多年以前，他的母亲曾嘱咐他："你本是种田人的儿子，俸禄已达两千石，应该适可而止了。"但王经没有听从。

王经的母亲只是微笑着说道："人谁无死？又有多少人死都不得其所？你因忠于皇室而死，没什么可悔憾的。"就这样，母子俩俱被斩首。

王经死后被暴尸在洛阳东市的刑场，无人敢收殓。

这时，一个人扒拉开人群，径自跪在王经尸体前。"王君，在下给你收尸来啦！"这人说着，便开始号啕大哭。他名叫向雄，是王经昔日的下属。

向雄的哭声，仿佛在他和王经周围形成了一道无形的屏障，将其他人隔绝在外。纵使是围观的百姓，也不由自主地离向雄远远的。

"他真是不怕死，司马昭肯定饶不了他。"

这事很快传到司马昭耳中。有人请示该如何处置向雄。

司马昭摇了摇头："算了，他也算个义士，放了吧！"

满长武因阻挠司马榦和王羡，令两人疲于奔命，满氏由此受到牵连。

"臣弹劾满长武，阻拦臣等救驾，致使皇室遭此大难。"司马榦和王羡反咬一口。于是，试图为曹髦尽绵薄之力的满长武被斩首，他父亲也就是满宠的儿子满伟，被贬为平民。

满伟为什么会被儿子牵连？原来，早在几年前司马昭讨伐诸葛诞时，满伟告病请假滞留许昌，随后满长武又以探望父亲为由脱离大军。满氏出身寒门，在曹氏的提拔下显赫于世，他们无法跟司马家族抗衡，却不想在这场侵蚀曹氏的战争中推波助澜。从那时起，满氏父子便遭到司马家族的嫉恨。

当年，满宠侍奉曹氏三代，以名将之姿成为扬州第一个外姓军事统帅，资历比司马懿还老。满宠死时，食邑高达九千六百户，曾位居魏国开国功臣之首。时隔二十年，他的子嗣终因没有投靠司马家族而横遭劫难。

曹髦死后二十多天，群情仍未平息。司马昭惶惶不可终日："总得给天下人一个交代啊……"他明白必须牺牲一个人，但这人绝不能是贾充。

司马昭上疏道："高贵乡公曹髦亲率士卒，拔刀鸣鼓杀向臣。臣担心刀剑无眼，命令将士不许伤害陛下，违令者军法处置。没想到成济冒失，致使曹髦殒命。臣本想舍生取义，自裁谢罪，却又考虑到曹髦企图谋害皇太后。臣哀痛万分，五脏摧裂，愧当辅政重臣，为安定社稷，特敕廷尉收押成济全家，依法论处。"

司马昭决定牺牲成济以平民愤，这是他所能接受的底线。

成济蹲在屋里，哆嗦个不停，他已经得知自己被主子卖了。这时，外面传来甲胄摩擦声和步伐声，一队禁军在他家院门外列开阵势。成济的精神彻底崩溃，他脱光衣服，赤身露体，爬上自家屋顶，朝着院门外的禁军歇斯底里地咒骂。

"司马昭，你这逆贼！你以为杀了我，就能堵住天下人的嘴吗？你忘恩负义，不得好死！"

"射！"随着一声令下，数支箭夺弦而出，顷刻间，成济被射得像只刺猬，从屋顶上跌落。

与此同时，在贾充的府邸，贾充老母还不知道其实正是自己儿子指使成济将曹髦刺杀的，一边用拐杖狠命敲地，一边破口大骂："成济这逆贼，不得好死！充儿，你可千万不要像他那样遗臭万年啊！"

"是……母亲教训得是……"贾充低垂着头，唯唯诺诺，不敢告知事实真相。旁人闻言，心底不禁暗暗耻笑。

半个多世纪后，公元 323 年初，晋明帝司马绍（东晋开国皇帝司马睿的长子）刚刚完成继位大典，正在后宫认真听重臣王导给他讲述司马氏夺取天下的故事。

王导从司马懿如何起家，一直讲到贾充在司马昭的授意下弑杀曹髦。

司马绍听完这悲伤的故事，眼圈不觉发红，趴在御床上哽咽道："若真如王公所言，晋室国祚岂能长久……"

皇帝的名讳

曹髦死后，司马昭开始冥思苦想下届皇帝的人选，魏国的皇室成员在他脑海中逐一穿梭闪现，他首先排除掉那些已成年者，然后在年龄幼小者中慎重挑选。性格刚烈的曹髦是前车之鉴，他绝不能再挑选这样一个有主见的皇帝，最后，他的思绪停留在一个人身上。

"燕王曹宇的儿子多大啦？"司马昭问道。昔日，魏明帝曹叡曾意图让曹宇入京参政，结果刚一年，曹宇便因不堪其任返回邺都。曹叡临死前，又打算让曹宇担当起托孤重任，仅仅四天，曹宇又临阵退缩。曹宇前后两次以实际行动证明自己无意碰触权力，正因为这样，他赢得司马家族的认可，其食邑始终在魏国藩王中拔得头筹。而今，司马昭再次想起了这位深明退让之理的藩王。

"回禀大将军，燕王曹宇之子名曹璜，现年十五岁。"

希望曹璜在曹宇的教导下也能懂得退让的道理。司马昭暗暗祈祷，只希望这是最后一次废立皇帝，而退让，将是这场无聊闹剧的最终收场。

就在群臣为曹璜筹备登基大典的时候，出现了一个小插曲。

"璜和黄同音，黄字经常会挂在嘴边，稍不留意就会犯了天子的名讳……"群臣感到很伤脑筋，古代帝王的名讳均要避讳。譬如，在西汉时代，秀才这个称号，为了避汉光武帝刘秀的名讳改叫茂才。

群臣正为如何避开这个字绞尽脑汁，只听司马昭说道："那就让曹璜改名好了。"曹氏不知道还能撑多久，为这种无聊事耽误时间实在不值得。他居然提出这样一个解决办法。这实在很搞笑，自古以来，都是不惜更改常用词以避开皇帝的名字，这回却是让皇帝自己改了名。由此，常道乡公曹璜改名为曹奂。

公元 260 年 6 月，魏国迎来了第五代皇帝，时年十五岁的曹奂。

竹林之忆

一个寂静的夜晚，山涛独自走进书房，他脑海中思绪飞驰，恍惚间回到十几年前，一眨眼，他又置身竹林当中，耳畔响起莺声鸟啼，响起流水潺潺，响起几个好友的欢声笑语，响起嵇康天籁般美妙的琴音。

"巨源，过来喝酒！"嵇康一曲终了，总会这样呼唤他。

"来了来了！"山涛循着好友的呼唤声，美滋滋地跑上前。

不远处传来一阵清脆嘹亮的啸音。这一听就知道是阮籍，除了他，没有人能将口哨吹得如此美妙。

"喝酒怎能少得了我们？"说话间，阮籍和刘伶这对酒友奔至，没等坐定便举起酒壶一通狂饮。接着，阮咸、王戎、向秀也陆续凑了过来。

"如果能一直这么逍遥自在，终老于竹林之中，也不枉此生吧！"众人一边开怀畅饮，一边享受着竹林带给他们的自由和快乐。可现实残酷，很快，他们迎来了正始十年（公元 249 年），曹爽等八族的鲜血将洛阳东市染红。

"八族不论妇孺老幼尽诛，手段太过狠毒了。"

"连何尚书（何晏）都未能幸免，唉！"竹林中传来一阵哀叹。

"竹林七贤"全部尊崇何晏、夏侯玄倡导的玄学，不仅如此，他们中的很多人继何晏、夏侯玄死后成为魏晋玄学领袖。

在"竹林七贤"中，阮籍是个有远大志向的人。一次，他登上广武山巅，俯视四百年前楚汉争霸的战场，继而仰天长叹："当时真是没有英雄，徒令竖子成名！"他借此感慨自己怀揣满腔抱负却无处施展的遗恨。

阮籍在任东平相期间，将府衙墙壁全部拆除，让路边的百姓看着官吏办公，这种透明化的管理方式让当地行政效率倍增。

但是，阮籍目睹了正始年间的腥风血雨后，便将昔日的理想藏了起来，同时也冲破了儒家礼教的束缚。从此，他决意走上另一条道路，自由、老庄哲学、酒，成了他人生的三大支柱。阮籍不知疲倦地游走于名山古迹，遍访四海隐士。

一次，阮籍游览苏门山，有幸见到当时著名的隐士孙登。阮籍大为兴奋，自顾自地从太古无为而治的大道一直讲到三皇五帝的贤德，以期获得孙登的认同。可孙登自始至终没有开口。阮籍意兴阑珊，突然，他撮起嘴，吹起了最擅长的口哨，一时间，优美而自由的啸音响彻云霄。

阮籍一曲吹完，孙登嘴角露出微笑，总算说了一句话："再吹一遍吧。"

于是，阮籍又吹了一曲，然后向孙登施礼，转身下山。他走到半山腰时，山谷传来一阵口哨声。原来，隐士以这种方式回应，向阮籍传达志趣相投的意境。

阮籍听着孙登的口哨，浑然忘我，下山后写下著名的散文《大人先生传》，至今流传于世。在这篇散文中，阮籍塑造了一位至深至远、至伟至德、与天地同寿的仙人——大人先生，其原型便是苏门山隐士孙登。他借"大人先生"之口，将自己对政治、人生乃至宇宙的理解尽情抒发。文中有这样一句话："坐制礼法，束缚下民。"直指儒家礼教是束缚百姓的政治工具。阮籍本心支持礼教，只是对司马氏政权肆无忌惮地利用、亵渎礼教感到不满，但他毫无办法，索性反对礼教。

高平陵政变后，司马懿对昔日亲曹爽的官员软硬兼施，置于自己的监控之下。阮籍恰在这种情况下被迫成为司马懿的幕僚，他一心追求自由的梦想也随之幻灭，于是，他选择了逃避，开始经常玩失踪。众人不放心总要四下寻找。最后，大家在一条偏僻小路的尽头找到了阮籍，只见他正独自坐在地上放声大哭。

"嗣宗（阮籍字嗣宗），别哭啦，回去吧……"《魏氏春秋》中详细描述了阮籍抑郁到极致的状态。他时常驾车出游，却不走大路，狂奔到人迹罕至的地方，坐在地上一个人痛哭。这是极严重的抑郁症表现。

阮籍嗜爱喝酒，但与热衷酒道的刘伶截然不同。刘伶以奔放洒脱的"裸喝"著称，阮籍是喝酒喝到吐血，他的苦闷和悲伤随着酒被吞下肚，又随着血喷出来。

阮籍的政治立场和人生理念被残酷的现实撕碎，他迫于情势出仕司马家，而"竹林七贤"的灵魂人物之一嵇康则在这方面毫不妥协。

前文说过，嵇康的妻子是曹操的曾孙女——长乐亭主，他身为曹氏皇亲国戚，对司马氏深恶痛绝。其实，嵇康不出仕的原因不止于此，他生性热爱自由，曹氏执政也不见得他就会投身政治，可司马家族压迫曹氏的阴狠行径，给嵇康选择避世提供了一个名正言顺的理由。

有时候，山涛也会问他："你既不出仕，今后有什么打算？"

"寻仙访道、吟诗作赋、抚琴打铁，平生之愿足矣！"二人彼此相视而笑。

山涛沉浸在往日快乐的回忆中，随后，他从书案旁翻出一个锦缎包裹，并将包裹上的浮土小心擦去，在烛光下缓缓打开。从他轻柔的眼神和动作可以确知这包裹中乃是一件至宝。锦缎被一层一层翻开，里面包着的竟是一封信，信封上写着几个大字——"与山巨源绝交书"，落款是他多年的挚友——嵇康。几个月前，嵇康写成此信，交给山涛，二人从此再无往来。

山涛小心翼翼地将信纸展开，里面的字迹随之显现。这信乃是嵇康以他最擅长的草书撰写而成，字迹俊美，气度凌云，一笔一画无不流露出奔放和洒脱，堪称当世绝品。几个月以来，信中的每个字早已深深烙刻在山涛心中，并千百次刺痛着他的心。可是，山涛始终无法忘记昔日的情谊，固执地一遍又一遍读着信，希望能从字里行间窥探到挚友深埋于心底的秘密。

信的开头是这样写的：

嵇康启：

昔日，您（山涛）曾对山嵚（山涛的叔父）谈起我不想出仕的意愿，我想，这世上除了我的知己，再没有谁能跟我这么知心……但我错了……去年我从河东回来后，听说您居然想举荐我当官，事情虽然不了了之，但我也看出您根本不算我的知己……或许，我们只是偶识的泛泛之交罢了。我揣测您的心思，大概是您不好意思独自做官，所以才要拉我同流合污吧？

几句话像锥子一样刺进山涛的心，令他的眼眶不觉有些湿润。这时，一阵轻轻的敲门声传来。

"怎么又把自己关在书房？"门外传来山涛夫人韩氏的柔声细语。

"我有点事，你先休息吧。"山涛没有起身，他拿着信随口敷衍了几句。

韩氏轻声叹息，默默地走开了。

很多年前，山涛穷得家徒四壁，韩氏不离不弃，始终坚定地支持他。山涛将韩氏的付出看在眼里，有一次对韩氏说了一句半玩笑半承诺的话："请夫人暂且忍耐一时，日后我必登三公高位！只是到那时候，不知你够不够格做三公夫人！"

可是直到高平陵政变，山涛仍没有出仕，他打算继续隐居，等政坛平静下来。就这样，他一直等到司马懿死，然后竟是司马师接过权柄。山涛终于看透了形势，如今他年过半百，不能再等。于是，他做出了一个艰难的决定，主动请求做司马师的幕僚。

司马师的亡母张春华是山涛的远房姑姑，司马师对这位远亲表哥，同时也是名重天下的隐士主动投奔大喜过望，他兴奋地感慨道："吕望终于要出山了吗？"吕望即是辅佐周文王创立周朝的姜子牙。司马师将山涛比作吕望，自是出于敬重。

从此，山涛仕途一帆风顺，相继担任司马师和王昶的幕僚，后又回到朝廷任尚书吏部郎。可这一切都没影响他和"竹林七贤"尤其是和嵇康的友谊。

直到公元 261 年出了一件事。

近些年，无论在朝在野，嵇康声名日涨。司马昭对嵇康越发忌惮，他多次邀请嵇康出仕，嵇康则置之不理，远赴河东躲避纠缠。这年，嵇康认为风头已过，从河东返回中原，刚踏进家门，就听到了一个令他不快的消息。

"先生去河东后，山涛接二连三向朝廷举荐您做官，这是不是您的意思？"

嵇康不悦："山涛难道不理解我一心隐居的志向吗？"

嵇康身上有诸多耀眼的光环：曹氏皇亲国戚，继夏侯玄、何晏之后的玄学领袖，不畏强权的斗士，躲避仕途的隐士……而所有这些，无不意味着和司马家族站在对立面。他看似超然世外，却随时有性命之虞。山涛很清楚，嵇康唯一的出路就是向司马昭妥协，否则终有一天会大难临头。出于这种考虑，他才举荐嵇康仕官。

然而，一向孤傲的嵇康又怎能妥协呢？他的心情正从诧异转到失落，但旋即，他开始渐渐理解山涛为保全自己所做的努力。尽管如此，嵇康仍不会放弃他的高傲，他决心向世人做一份宣言，一份视权贵如粪土、视自由为毕生追求的宣言。

不过，他仍然保留着理智和对朋友的责任。

"怎么才能避免让山涛陷入尴尬的境地？"嵇康苦思良久，提笔写就一篇恣意嘲讽司马氏政权的文章，然而，这篇文章却以一种独特的形式写成——《与山巨源绝交书》。嵇康淋漓畅快地抒发感情的同时，也和山涛撇清了干系。《与山巨源绝交书》，后来成为流传千古的名篇。

当山涛第一次看到嵇康的绝交书时，心如刀绞，从未有过的委屈和痛苦涌上心头。他不敢相信自己的眼睛，也想不明白为什么会闹到这个地步。十年的知己竟断然绝交。很快，这件事被传得尽人皆知。

几个月来，山涛一遍又一遍反复读着绝交书。嵇康到底是怎么想的？他希望能找到答案，也希望能重续旧日情谊。虽然信中的内容他早已倒背如流，可此时此刻，他仍全神贯注盯着嵇康的字迹，一字一句地默念着。

……我对有些事就是无法忍受，这是性格使然，不必强求……君子的行迹虽然各不相同，但若顺着自己的本性去做，最终都能找到心灵的归宿。所以，政客为了爵禄选择入世，隐士为名声选择避世……我生性懒散孤傲，举止傲慢，违背礼法，这些缺点虽能得到朋友们的宽容和理解，但料想不会被官场所容。况且，自从我醉心于《庄子》和《老子》，对仕途荣禄的热情更所剩无几，放任率真的本性却日益加深……这些年，阮籍从来不议论旁人过失，我想学他，但实在学不来。他天性淳厚，从没有害人之心，只有饮酒过度这个缺点常被礼教之士抨击，幸亏大将军（司马昭）不介意才能安然无恙。我没有阮籍那种天赋，又不懂人情世故，不会随机应变，缺乏谨慎，总是口无遮拦，不知避讳……

嵇康的本性确实像他自己写的那样。往昔一幕幕再次浮现于山涛脑海中……

"你们知道吗？昨天我可是遇到一件有趣的事！"嵇康说道。

"什么事？说来听听。"阮籍、山涛、向秀、刘伶、王戎、阮咸兴致盎然地聚了过来。

"昨天，我正在屋里读书，突然，从院墙外扔进来一本书。我不知道怎么回事，还以为是邻家孩子瞎闹，就跑出去打算教训几句。可等我出了院门，哪有什么孩子，只看见一个成年人匆匆跑远。我回到院里捡起书。你们猜是什么书？"嵇康故作神秘。

"快说快说，我们哪猜得出来！"众人急不可耐。

"书名叫'四本论'，要说它的作者，你们更想不到！"

《四本论》？确实没听说过……"

"是钟会写的。"嵇康看着众人诧异的眼神，越说越起劲，"前些天，钟会本想亲自把他的书送给我看。你们也知道，我一向对他爱搭不理。他一看我板着脸，都没敢把书拿出手。没想到昨天他居然急得把书扔进我的院子，然后掉头就跑。"

"那《四本论》写得怎么样？"

"我随手翻了翻，写得狗屁不通，拿来垫桌子了。"

众人哄堂大笑。

钟会是玄学的忠实信徒，这也是为什么在夏侯玄临死前，他非死皮赖脸想和夏侯玄结交。夏侯玄、何晏死后，嵇康等人将玄学理论发扬光大，成为魏朝玄学的代表人物，在学术领域这方面，钟会对嵇康佩服得五体投地。但很显然，嵇康和夏侯玄一样鄙夷钟会的为人，屡次给钟会吃闭门羹。

钟会写《四本论》时尚且年少，随着司马家族崛起，他的权势变得如日中天，可是，嵇康反而对钟会的态度更加不屑。

一次，钟会邀集了大批名士前往竹林寻衅。

竹林中回响着一阵阵清脆的打铁声。叮叮……当当……钟会等人循音找去，终于在一所草庐旁见到正在专心打铁的嵇康和向秀。嵇康瞟了一眼钟会，全没反应，仍旧专心打着铁砧。

钟会趾高气扬，本想凭声势压倒嵇康，没想到嵇康根本不搭理自己。他颇有些尴尬。"真是无聊！走！"钟会一扬手，率众人转身离去。

嵇康见钟会要走，挑衅地问道："你干吗来的，又干吗要走？（何所闻而来，何所见而去？）"

钟会头也不回地应道："久闻你大名而来，看你无聊要走。（闻所闻而来，见所见而去。）"

二人虽在学术领域上属于同道，但品性和立场的差异注定无法相容。从此以后，钟会对嵇康愈加忌恨。

　　向秀望着钟会离去的背影，心生不安。可生性洒脱的嵇康很快就把这事忘得一干二净，在他心里，从来就没有钟会这号人物。

　　烛光随风摇曳不定，山涛不时举起手来护着火苗，以防被微风吹灭。在昏暗的烛光下，山涛眯着眼睛，继续读信。

　　……昔日诸葛亮没有逼迫徐庶投靠刘备，华歆没有逼迫管宁接受三公之位，这些贤人都是始终如一、彼此知心的挚友。我热衷于养生，对您看重的仕途名利根本不屑一顾。希望您不要勉强我，把我逼到走投无路的绝境……我早年不幸失去了父母和哥哥的疼爱，总觉心下悲凉。我的女儿才十三岁，男孩儿才八岁，都还未成年，且体弱多病。每每想到这些就更难受，真不知从何说起！我只盼能过上平静的生活，把孩子抚养成人，有时间再和亲朋好友叙叙旧，小酌一杯，抚琴弹奏，如此再无所求……写了这么多，无非是希望您能理解我的意思，另外，也当是我向您告别吧！

嵇康

　　山涛又一次读完嵇康的信，他多么渴望能再回归竹林，再听到嵇康的呼唤声。

　　"巨源，过来喝酒！"

　　烛火不知不觉间已熄灭了，山涛安静地独坐在黑暗中，回味着嵇康写的每个字。嵇康为何要提及他孤苦的身世，又提及他的孩子？

　　山涛缓缓站起身，踱步走到窗前，一把推开窗户。皓月当空，皎洁的月光照进书房，比刚才的烛光还要亮堂。他凝望着月光出神，不禁为自己固守昏暗的烛光觉得可笑。刹那间，山涛压抑许久的心豁然开朗，他和嵇康的友谊难道不正像月光一样挥洒在天地之间吗？他终于想通了，在他手中的这封绝交书，承载着嵇康对他的信任和友谊，将流传很远很远……

竹林之殇

公元 262 年某天，嵇康的好朋友吕安家出了件恶心事。原来，吕安的哥哥吕巽迷奸了他的弟媳。

吕安泣不成声向嵇康哭诉道："叔夜（嵇康字叔夜），真想不到，我吕家居然出了这么个禽兽不如的畜生！我要到官府告他！"

嵇康同情吕安的遭遇，但又顾虑吕家的名声，遂一边安慰，一边劝道："倘若自扬家丑，恐怕有污吕家门第清誉啊！"

然而，令嵇康和吕安意想不到的事发生了，吕巽做贼心虚，先发制人，竟反咬一口，把弟弟告上了公堂。

"我状告吕安不孝！"吕巽诬告吕安的这项罪名确是险恶至极。

前面说过，司马昭提出以孝治天下的政治纲领。后来，他更将孝道作为主导无限放大。在这样一个政治环境下，不孝自然是重罪，这已经超出了"自家事"的范畴，完全上升到政治矛盾的层面。不仅如此，吕巽既是司马昭的亲信幕僚，又是钟会的好友，这么硬的背景更让他在官司中立于不败之地。

吕安被收监下狱。嵇康得知后，亲自和吕巽对簿公堂。

没想到，此举最终惹恼了司马昭："嵇康真是活得不耐烦了！将他和吕安一起收押！"嵇康也锒铛入狱。

这起乌龙官司令朝野震惊，当时竟有数百名侠士主动要求官府把自己关入大牢，唯盼与嵇康共患难。嵇康的影响力由此可见。

这个时候，屡次遭到嵇康羞辱的钟会看到了报仇的机会，他对司马昭言道："嵇康就像一条卧龙，千万不能让他飞腾上天，否则一定会成为您的绊脚石。他和吕安无视礼法，为朝廷所不容，正好可以借这机会斩草除根。"

就在司马昭犹豫之际，钟会接着说了一件足以置嵇康于死地的事："我听说，当年嵇康还企图协助毌丘俭谋反……"

嵇康居然和毌丘俭有牵连，这到底是真是假？在《世说新语》中确有记载，毌丘俭举兵勤王时，嵇康曾想率兵接应，并咨询过山涛的意见。山涛心知毌丘俭毫无胜算，阻止了嵇康。

这桩奇事令诸多史学家感到费解。嵇康一介平民，手无军权，凭什么能起兵响应毌丘俭？若仔细分析，也并非全无可能。他身为皇亲贵胄，又是玄学领袖，号召力自然不可小觑，这从他被收监后吸引诸多侠士主动投狱即可窥见一斑。假使嵇康振臂一呼，想必轻而易举就能组建起一支军队。另外，在《三国志》中提到嵇康崇尚"任侠"气，这是一条颇有意思的记录，在东汉末年，袁绍、袁术、曹操这些乱世军阀年轻时都有任侠气，而嵇康作为思想家和文学家也如此，的确出人意料。

顺便提一下嵇康热衷锻铁这个世人皆知的嗜好。《晋书·嵇康传》中写道，嵇康和向秀锻造铁器，拿去贩卖，以补贴家用。《庶斋老学丛谈》中记录了嵇康锻造的一件器具——响簧锬仗，根据《说文》中的解释，这件器物既是乐器，又是兵器。《太平寰宇记》《河南通志》等古代地理书中也提到嵇康的淬剑池。由此，嵇康锻造的似乎不单单是普通家用器具那么简单，他的打铁爱好想必已被钟会渲染成了私造军火。

一言以蔽之，根据嵇康的行迹，说他举兵支持毌丘俭，应该不算凭空捏造。

司马昭听了钟会的话，点了点头："将嵇康处死！"

广陵绝响

公元262年深秋的一个清晨，嵇康被押送往洛阳东市。

当日，朝廷里群情激奋，三千名太学生集体上疏，请求赦免嵇康的死罪，不仅如此，他们更提出进一步要求，希望让嵇康进入太学院任教。

司马昭看着奏疏中三千名太学生的签名，脸颊的肌肉止不住地抽搐，在他眼里，这根本不是请愿，而是三千名政敌在嵇康的煽动下向自己宣战。

"嵇康必死！"司马昭狠狠地将奏疏撕得稀烂。历史上不乏类似的案例，司马昭因忌惮嵇康巨大的影响力才打算将之除掉，而今的情景，正是嵇康影响力的明证，这不仅没有帮到嵇康，反而更令嵇康的悲剧板上钉钉。

上午时分，嵇康在无数人的簇拥中，踉跄走向洛阳东市。

"叔夜！叔夜！"在道路旁边，山涛哭喊着挤出人群，向这个曾给他写下绝交书的挚友跑去，而他的左手和右手，分别拉扯着嵇康的一儿一女。两个孩子啼哭不止，死命拽住嵇康的衣服，希望能阻止父亲离去。

嵇康双手被缚，用身体依偎着两个孩子，泪水夺眶而出："有巨源在，你们是不会孤苦无依的。"言讫，他抬眼望着山涛，二人四目相对，再说任何话都是多余。

嵇康没把子女托付给令他敬佩的阮籍，也没托付给和他共享打铁乐趣的向秀，却托付给早已绝交的山涛。他们深厚的友情，伴随着那封著名的《与山巨源绝交书》，一直流芳两千年之久。

中午时分，嵇康就要被斩首了。他提出生命中最后一个请求："能否让我再弹奏一曲《广陵散》？"

监斩官点了点头。

闻讯，嵇康的哥哥嵇喜拨开人群，抱着琴，泪流满面地跑到弟弟身边。

"解开他的枷锁吧。"监斩官下令。

嵇康双手随之获得解放，接过哥哥递上的琴，席地而坐，将琴轻轻置于膝前。

他的身体仍有些颤抖，这不奇怪，他在临死前一定无比恐惧，因为他是如此珍爱生命，这从他热衷养生便可得知。生命让他呼吸到自由的空气，感受着大自然带来的快乐和安详。此时，他以极强大的精神力量将心绪归于宁静，慢慢地，他的手不再颤抖了。

一瞬间，嵇康的心再次重归自由，他听到飞鸟的啼鸣和溪水的流动，闻到竹林中泥土的芳香。然后，他优雅地伸出双手，手指拨弄琴弦，开始弹奏起这首绝美动听的《广陵散》。

天籁般的琴音缭绕在刑场上，给这本来肃杀的气氛蒙上了浓重的忧伤，在场的人无不黯然垂泪，可又不敢大声啼哭，他们生怕哭声会掩盖嵇康留给世间的最后赠礼。时间仿佛静止了，只有嵇康的琴音留在天地之间。凡是有幸听到《广陵散》的人，无不为之陶醉，并奢望琴音永远不会散去，可是，这世间又有什么是永恒不灭的呢？

无论世人多么留恋不舍，琴曲终于还是弹奏到了尾声，嵇康的手指优雅地做了一个收音的动作，最后一个音符飘逝于空气中。

"《广陵散》从此将绝迹于世间了……"嵇康叹息着。随即，他的头颅落地。顷刻间，刑场上响起震天的哭泣和悲鸣。嵇康以弹奏《广陵散》这样悲壮的方式向他挚爱的生命告别，向他挚爱的世界告别。这年，嵇康三十九岁。

嵇康绝非舍生取义、慷慨赴死，相反，他是那么珍惜生命，留恋这美好的世界和自己的亲友，倘若再给他一次选择的机会，他也许会向司马昭妥协。但若是这样，恐怕他也会像阮籍一样，在抑郁中度过余生。可是，历史终不会给嵇康第二次选择的机会。嵇康过完了他自由洒脱的一生，且在临死前给世人留下了一个如此凄美又感伤的回忆。

嵇康死后，《广陵散》的琴谱依然流传于世，可是，在公元262年秋天的洛阳东市，由嵇康之手弹奏出的那首最美的"广陵绝响"，却永远地消逝了。

或许，嵇康永远归隐于竹林之中，和天地融为一体，此时此刻，山涛双手紧紧揽着嵇康的一儿一女，泪水浸湿了他的脸颊、胡须和衣襟。他多么渴望再次回归竹林，再次听到嵇康的呼唤。

"巨源，过来喝酒！"

钟会的谋略

公元262年的晚秋，枯黄的树叶一片一片凋零，伴随着嵇康逝去的生命，埋葬于泥土中。

很快，寒冬又至。魏都洛阳的大将军府邸，司马昭和亲信钟会相对而坐。嵇康早已从他们心中被抹去，没有留下一丝痕迹。眼下，二人正专心筹划着未来。

"是时候打破三足鼎立的局面了……"司马昭默默地沉吟。

"要结束三国鼎立，必先伐蜀。大将军可以让青州、徐州、兖州、豫州、荆州、扬州督造战船，营造出要从水路讨伐吴国的假象，避免引起蜀国警觉。"很长一段时间以来，钟会不知疲倦地分析益州地形，数次和司马昭讨论攻略蜀国的战术。

司马昭对钟会的谋略赞叹不已："满朝公卿，唯有你能向我进谏伐蜀的良策啊……"他目视钟会，眼中充满了寄托和信任。可他脑海中浮现出很多人的告诫。钟会，你知道有多少人在我面前提到你吗？你知道大家是怎样评价你的吗？

"钟会见利忘义，好生事端，恩宠过厚必生乱心，不能委以重用。"这句话是司马昭的夫人王元姬说的。

司马昭的幕僚荀勖也对他说："钟会性格无视恩义，必须严加防范！"颍川荀家和钟家的交情，数不清到底延续了多少代。两家人不仅过从甚密，更时常结为姻亲，钟氏前辈大佬钟繇的兄弟是荀勖的外祖父，也就是说，荀勖是钟毓、钟会兄弟的远房外甥。几十年前，荀勖幼年丧父，幸赖钟繇照料，这和当年荀彧死后荀颢投靠陈群的情况相同。可是，荀勖对有养育之恩的钟家同时也是他远房舅舅的钟会说出这般凶险的话。自然，荀勖以臭名昭著的人品被载于史册，但从中也能看出钟会在世人眼中的形象。

这两个人，一个是司马昭的夫人，一个是钟会的亲戚，即便如此，他们的话还不算最具杀伤力的。一个更为重量级的人向司马昭提及钟会的野心，他竟是钟会一奶同胞的哥哥——钟毓。

"我弟弟自恃智术，绝不能让他手握重权。"钟毓私底下对司马昭说道。

司马昭听到这话，简直不敢相信自己的耳朵，他竭力抑制自己的惊诧，故作镇静地笑了笑，然后对钟毓说："倘若真有那么一天，我绝对不会牵连你的宗族。"

钟毓等的就是这句话。

当下，那些对钟会不利的话萦绕在司马昭脑海中。钟会，或许有朝一日你真会谋反吧？他笑望着钟会，表情没有出现一丝变化。随后，他做出了一个决定。

"钟会，我想让你担任关中都督，作为日后伐蜀的主力。"

关中以长安城为中心，西至散关，东至潼关，因处于两关之间得名，乃是雍州东部最富庶的地区。在曹丕时代，关中都督由夏侯惇的儿子夏侯楙担任，这里曾让蜀国名将魏延垂涎多年。可无论是诸葛亮还是姜维，其历次北伐均将战略目标定位于蚕食雍州西部，雍州东部反而相安无事。由此，关中都督分量逐渐减轻直至被取消。到了曹真、司马懿担任雍凉都督的时代，关中正式划入雍州辖区。司马昭提拔钟会为关中都督，意味着他开始重新认识到关中的战略价值。

近些年，继陈泰之后，雍凉都督由司马孚的次子司马望担任。另外，为了加强对蜀国的防御，司马昭又把雍州西部从雍州单独划分出来，让邓艾担任陇右都督。不过，邓艾虽然数次成功抵御姜维，却对伐蜀意兴索然。实际上，举国上下，唯有司马昭和钟会二人心怀伐蜀这一共同目标，并最终付诸行动。

几天后，钟会辞去司隶校尉之职，转任镇西将军、关中都督。在洛阳西门，司马昭带着满朝公卿冒着漫天飞雪为钟会送行。

"此去关中，务必勤于军务。"

"臣必不辜负大将军的信任！"钟会谦卑地跪拜在司马昭面前。他的膝盖没在雪里，任凭凛冽的寒风似刀割般划过脸颊，可他丝毫不觉得寒冷，此刻，他的内心滚烫得如同即将喷发的火山。在司马师、司马昭执政时代，几乎每起政治黑幕背后都有钟会的身影，他为司马家族立下了不可磨灭的功勋。如今，他终于跻身魏国实力最强大的藩镇重臣之列。

而在洛阳城内距此不远的羊府，一位眼中蕴含无穷智慧的老妇人正聚精会神地听着侄子羊祜向她讲述钟会入驻关中的消息。她正是魏国初代名臣辛毗之女辛宪英。

"钟会个性恣意放肆，不是人臣之道，难保将来不会谋反！"辛宪英沉声说道。

羊祜打了个激灵："您这话可千万别乱讲啊！"

"你记住我这话，做人可不能像钟会那样。"

羊祜重重点头。

几天后，辛宪英的儿子羊琇（羊祜的堂弟）被钟会聘为幕僚，即将前往长安。辛宪英闻听此事，更加担心。"我先前还是忧心国事，眼下大祸就要降临自家门，不能再不闻不问了。"她吩咐儿子，"你去问问大将军（司马昭），看能不能让他准许你留在洛阳，别去钟会那里。"

羊琇依母命向司马昭请示，却遭到拒绝。

辛宪英无奈，叮嘱儿子道："此行务须谨慎，君子在家奉孝道，在外守节义，千万不能做出让父母担忧的事。若遇变故，唯有心怀仁恕，才能保你平安。"羊琇牢记母命，径奔长安，应钟会之命而去。

汉中防御体系

三国鼎立的局面形成至今已有半个世纪，司马昭因何突然决定歼灭蜀国？他和幕僚这样分析："自平定诸葛诞叛乱后，息兵养民已达六年，国力雄厚。倘若攻打吴国，造战船，开水路，工程浩大，况且南方潮湿，士卒易生疫病。反观蜀国，总共约有九万兵力，其中有四万人守备成都和益州腹地各郡，五万人用于防备魏国。若令偏师牵制驻守沓中（位于益州的西北部边界）的姜维，主力便可从关中突袭汉中，如此必能收复巴蜀。"当时魏、蜀、吴三国人口统计如下：魏国四百四十三万人，吴国二百三十万人，蜀国九十四万人。按兵力是总人口百分之十这个常规比例计算，能得出各国兵力。司马昭估计蜀军有九万人，比较靠谱。

另外，最近几年，蜀国实力派重臣姜维实施了一系列举措。其一，姜维在一年前离开成都，以屯田的名义驻守在益州西北边境沓中；其二，姜维在三年前彻底推翻了由蜀国初代名将魏延建立的汉中防御体系。这两件事吸引了司马昭和钟会的关注，二人判断伐蜀良机已到。这两件事可以让人对姜维有一个更加立体的认识，同时也能借机将蜀国晚期的政局一窥究竟。

三十五年前，二十七岁的姜维投奔蜀国。在这位出身雍州的降将身上散发着对建功立业的无限激情，或可称为狂热，这种气质让他在充斥着厌战情绪的同僚中脱颖而出。诸葛亮发起的多次北伐战争中，姜维凭借军功步步高升。自费祎死后，姜维挣脱了一切束缚，开始频频兴师北伐，他的狂热终于将蜀国拖入长达十年的战乱，使得国力迅速下滑。

姜维对北伐如此执着，与其说是继承诸葛亮遗志，不如说是契合自己好大喜功的性格。另外，诸葛亮的志向是收复中原，是故，他历次北伐的战场均集中在雍州中部，而姜维的北伐则集中在雍州西部，这除了姜维吸取诸葛亮的教训，认为雍州中部难以攻克，也不排除他祖籍雍州天水郡（位于雍州西部）这个因素。或许，在姜维心里，想的是率军平定他的老家，借以衣锦还乡吧？

那么，姜维为何要擅改汉中防御体系？首先，要归咎于姜维好大喜功的性格；其次，这或许还牵扯姜维的私人恩怨。

前文讲过，魏延创建的这套防御体系，是在汉中盆地边缘修筑多个防御堡垒，利用地形优势将敌人阻挡在盆地外，因此，汉中兵力虽然比魏国要弱很多，却能有效利用斜谷、骆谷、子午谷这三条狭长的谷道令魏军无法集结，首尾不能相顾。汉中由此成为益州和关中之间无法逾越的铜墙铁壁。魏延之后，汉中都督相继由吴懿和王平接任，二人均继承这一战略部署，多次成功抵挡魏军的进犯。早在正始年间，曹爽发动骆谷之役时，汉中诸将见魏军兵势庞大，担心难以抵挡，纷纷建议王平退到临近腹地的汉城和乐城。结果王平力排众议，仍然恪守魏延的策略，派兵坚守住汉中盆地边缘各个关隘，从而成功将郭淮、夏侯玄堵在骆谷中。

可是，到了第四任汉中都督胡济时，生出了事端。在公元256年姜维发起的一次北伐中，他和胡济约定共同进兵雍州，并在上邽会合，结果胡济失约，导致姜维大败而还。从此，姜维对胡济恨之入骨。

此事过后第三年，姜维凭借权势把汉中都督胡济调离汉中，遣到益州腹地。如此，从刘备时代设置的汉中都督一职被姜维裁撤。随后，姜维上疏："汉中现有的城防虽能御敌于国门之外，却无法全歼敌军。不如将兵力聚在汉中盆地内引诱敌军深入，然后盆地内的守军倾巢而出，如此战果更大。"显然，他已经不满足于单纯阻挡魏军，而是改为诱敌深入的策略，希望借此扩大战果。

就这样，姜维这套新的战略部署被付诸实施，他放弃了汉中盆地边缘大部分阻挡敌军的险要关隘，仅让蒋斌（蒋琬之子）和王含分别驻守临近盆地的汉城和乐城，又把主力大军安置于汉中盆地内。说白了，他的目的是让魏军顺利通过三条狭长的谷道，进入汉中盆地边缘，然后汉中主力军与汉城、乐城的偏军对魏军形成三面夹攻之势。理论上讲得通，但别忘了，魏军的兵力远超蜀军，以薄弱的兵力包围强敌，结果如何，不用多说。

汉中防御体系被彻底颠覆。不久，姜维即将尝到自己一手酝酿的恶果。

孤立的权臣

公元262年，姜维最后一次北伐被邓艾击溃。撤军后，他没有返回成都，而是以屯田为名义驻守在益州西北部边境的沓中。必须讲明，虽然诸葛亮、蒋琬、费祎执政时也长期不在成都，但性质和姜维不同。诸葛亮、蒋琬、费祎三人均是在得到朝廷准许后才离开成都前往外地驻扎，姜维却是败军后不敢回成都，直接留在沓中。这不难理解，八年前，几乎同样的事就发生在诸葛恪身上。当时诸葛恪在淮南战败后不敢回建业，先是在长江北岸徘徊了一个多月，后又打算以屯田的名义长期驻军，可终究顶不住连番诏书的催促，回到建业没多久就死于孙峻发动的政变。此事恰如姜维的前车之鉴，因此，他才做出这样的决定。

姜维在沓中待了半年多，突然获悉钟会入驻关中的消息，急忙给朝廷上疏发出预警："近日，臣听闻钟会在关中厉兵秣马，料其或有所行动，请朝廷派遣张翼和廖化率军入驻阳安（位于沓中附近）和阴平（位于汉中附近），以防不测。"

可是，这封奏疏到了成都后便似泥牛入海，杳无音信了。根据《三国志·姜维传》记载，宦官黄皓竟以巫术占卜为由坚信魏国不会进犯，并劝刘禅不要理会姜维。这则记载简直匪夷所思，若此言属实，难道蜀国多年来就掌握在一个和宦官狼狈为奸的昏君手中吗？

首先说刘禅。自诸葛亮死后，这位蜀国皇帝毅然废除了丞相制。他一方面尊重诸葛亮的遗愿，让蒋琬和费祎总揽朝政；另一方面，却分别观察了蒋琬三年、费祎六年才授予他们开府的权力。费祎死后，刘禅又相继提拔诸葛亮昔日的幕僚——董厥和樊建，以及诸葛亮之子——诸葛瞻共同执掌尚书台政务。蒋琬、费祎、董厥、樊建、诸葛瞻，这五个执掌蜀国政权的人不仅是诸葛亮的嫡系，更全是荆州籍臣子。也就是说，这么多年来，刘禅在秉承诸葛亮政治理念的基础上，将皇权和臣权置于一个极佳的平衡点，同时又谨慎限制着益州派的势力。

再说蜀国的军权，自费祎死后，雍州派的姜维成为蜀国军事力量最强的将领，虽然有些超出掌控，但朝廷依然有大量军队握在张翼、廖化、邓芝（刘备死后和吴国建立联盟的功臣）、宗预（诸葛亮死后和吴国延续联盟的功臣）这批极具忠心的宿将手中，他们的实力足以和姜维抗衡。

事实上，在刘禅治理下的蜀国，从未发生像魏国和吴国那样的政变和叛乱，从权力均衡这点来看，无疑是三个国家中做得最出色的。刘禅不想事必躬亲把自己累个半死，可也不想让皇权旁落，于是，他巧妙拨弄着权力天平两端的砝码，以游戏的心态乐此不疲，并过得相当潇洒。纵然他的才气比不上曹丕、曹叡这些魏国皇帝，谋略更远逊于吴国皇帝孙权，却也绝不是个昏君。

但不可否认，蜀国仍是三个国家中最先灭亡的。在蜀国的最后十年，国力急剧下滑，除了因姜维连年发动战争，宦官黄皓是不是导致亡国的罪魁祸首呢？

下面仔细分析这位蜀国政坛晚期的重量级宦官。

东晋常璩所著《华阳国志》中有如下记载。姜维憎恨黄皓弄权，请刘禅将其处死。但刘禅不以为意地说："黄皓只是个佞幸小臣，昔日被董允说三道四，惹得我很不高兴，你也别总跟他过不去。"随后，刘禅让黄皓亲自面见姜维谢罪。从这里可以看出刘禅的态度，他护着黄皓，但也只是把黄皓定义成一个无足轻重的佞臣，并不认同黄皓的权势。而后，姜维察觉到黄皓在朝中盘根错节的关系，担心自己被谋害，便打算远离成都。可他如何实现这一目的呢？《华阳国志》中写道，姜维竟私下对黄皓讲明自己的想法，请求黄皓帮他美言几句。黄皓果然不负姜维所托，说服朝廷准许其在沓中屯田。

这真是一个离奇的故事，姜维怎么可能把前途命运托付给自己的政敌黄皓？该如何解释？让我们继续从史书中寻找答案。

孙盛写的《异同记》中有如下记载："诸葛瞻、樊建等人不满姜维穷兵黩武致使国力疲敝，曾上疏请求刘禅夺去姜维的兵权，同时让右将军阎宇取代姜维的位置。虽时隔多年，这封奏疏仍在巴蜀宿老手中妥善保存。"这就奇怪了，《三国志·姜维传》中说阎宇和黄皓狼狈为奸，《异同记》中却说阎宇的后台是诸葛瞻、樊建这些执掌尚书台政务的重臣，甚至还搬出巴蜀宿老手中的奏疏作为凭证。

让我们进一步探究。阎宇到底是个什么样的人？《三国志·姜维传》中描述，他和宦官黄皓乃是一丘之貉。但《三国志·马忠传》中则说："阎宇作为蜀国名将马忠的后继者，累建功勋，勤于军政。"这么看来，阎宇倒也不是个无能之辈。

事实真相逐渐浮出水面，史书中所言姜维惧怕黄皓在朝中枝附叶连的说法恐怕并不恰当，让我们换个更准确的说法，姜维怕的不是黄皓，而是以诸葛瞻、樊建等实权派为首的绝大多数公卿。因为，当时蜀国朝中无论是荆州派还是益州派，都对姜维连年北伐深恶痛绝。所以说，在北伐这个问题上，姜维自成一派，满朝公卿皆是他的政敌。

刘备时代末期，收复荆州的呼声主导了蜀国政界。到了诸葛亮时代，为顾全孙刘联盟，国策从收复荆州改为北伐雍州，借此转移国内矛盾。无论是刘备还是诸葛亮，他们制定出这样迥异的战略，除了自身的理想、信念等原因，还有更重要的一点，乃是要照顾荆州派臣子的利益，战争是转移荆州派和益州派矛盾的主要手段。另外，刘备和诸葛亮能顺利发起战争而甚少有反对声，这也是得益于他们极高的个人魅力。然而，随着时光流逝，半个世纪过去了，荆州人逐渐将巴蜀视为自己的第二故乡，他们和益州人一样无法容忍主动挑起战事的行为。这个时候，身为雍州派的姜维成了唯一的好战分子，连年北伐让百姓深受其害，姜维不仅得不到刘禅的支持，更激起同僚的敌视。

黄皓，如刘禅所说，只是个游走在各方势力之间获取利益的佞臣而已。他无疑具有一定政治能量，但也远未达到东汉末年桓灵时代宦官那样大的权势，甚至，他连自己的派系都没有。他仅是在刘禅、诸葛瞻等公卿以及姜维这三方之间充当着缓冲层，他谄媚刘禅，帮助诸葛瞻、樊建等人提拔阎宇，同时又为姜维说好话让其驻军沓中屯田，拿了谁的好处就替谁办事。可一旦大厦倾覆，任何屎盆子都会顺理成章地扣到这个宦官头上。

《三国志》的作者陈寿谴责诸葛瞻没有压制黄皓，这让后世部分史学家误认为陈寿故意贬低诸葛瞻。事实上，陈寿不仅没有贬低诸葛瞻，反而在黄皓问题上给包括诸葛瞻在内的所有人留足了颜面。即便像陈寿这样公允的史学家，出于复杂的心理，也很难接受满朝公卿都跟黄皓有瓜葛这个事实。虽然压制姜维无可厚非，但毕竟，与宦官勾勾搭搭是一件很可耻的事。何况，蜀国的衰败最后又必须归结到黄皓头上，这就让他们更加难以启齿了。

总之，姜维那封颇具先见之明的奏疏终归是被昏庸的朝廷压了下来。既然黄皓的权势远没有想象中那么大，刘禅也不傻，蜀国的政权又掌握在诸葛瞻、樊建等人手中，为什么会出现这样的结果呢？

简单地说，这是一个"狼来了"的故事。十年来，姜维简直比魏国人还要关注魏国政坛的风起云涌，夏侯玄被杀、曹芳被废、司马师暴毙、诸葛诞反叛、曹髦被弑……但凡魏国有风吹草动，姜维总会以此为由发动战争，而他所掌握的兵力正是借着一次次北伐越来越强。姜维警告朝廷说钟会入驻关中，在刘禅等人看来无疑是为下次北伐找借口。更何况，这个时候，姜维仍坐拥数万劲旅超脱于朝廷掌控范围之外，刘禅又怎么可能让张翼、廖化带着中央军划归姜维管辖？

这个偏居一隅的小国就这样在姜维的反复折腾中走过了十年，现在，让我们回到公元 263 年，蜀国的国祚即将走到终点了。

不归途

公元 263 年夏，司马昭颁布诏书："蜀国地狭民寡，姜维穷兵黩武，苛剥羌人，致使百姓苦不堪言。现命征西将军邓艾进军沓中牵制姜维，雍州刺史诸葛绪进军武都，隔断姜维和汉中之间的通路，镇西将军钟会攻取汉中，东西并进，扫平巴蜀！"

这封诏书传到雍州后，遭到邓艾的反对，他连番上表请求司马昭取消伐蜀计划。"蜀国政局平稳，不宜攻伐。"邓艾如是写道。这并非他的心里话。此刻，他在雍州的军营中徒自发泄着怨气："老夫官拜征西将军，本就高于镇西将军钟会（魏国的四征将军位阶高于四镇将军），而今，朝廷竟要我替钟会牵制姜维！这是何道理？"邓艾的激烈反对不难理解，他已六十六岁高龄，享受在雍州养寇（姜维）自重的安逸，而且，他性格本就傲慢强横，并不甘心为钟会的成功做嫁衣。

司马昭对邓艾的抗拒心理感到忧心，遂派遣师纂（zuǎn）前往雍州进行游说。在师纂的威逼利诱下，邓艾总算同意举兵伐蜀。

这年秋天，邓艾率兵三万人，直逼驻守在沓中的蜀国大将姜维（位于益州西北边境）；诸葛绪率兵三万人攻入武都（位于益州正北边境）；钟会则率兵十二万人攻入汉中（位于益州东北边境），他的兵力远超征西将军邓艾和雍州刺史诸葛绪的兵力总和。如此，魏军分为西、中、东三路攻入益州，而作为西路和中路的主帅邓艾、诸葛绪二人，无疑是为东路主帅钟会的成功铺平道路。

有人提醒司马昭："但凡将帅出征，都要把家属留在京都作为人质，可钟会没有子嗣，这也太危险了。"

司马昭淡然一笑："我怎能不明白这层道理，但满朝公卿就只有钟会赞同伐蜀，我料定他此去必能荡平蜀国。事成后，那些蜀国遗臣心存恐惧，中原将士归乡心切，就算钟会谋反，也一定成不了气候。"

在魏都洛阳的一所宅子中，有主客二人正对坐攀谈。

宾客问："先生，您说邓艾和钟会能攻克蜀国吗？"

主人答："必克蜀国。"这位主人名叫刘寔，乃是司马昭的幕僚。

宾客放心地点了点头，没想到刘寔慢悠悠地又补了一句："但他们二人恐怕都回不来了。"

"这是为什么？"宾客不解。刘寔只是笑而不语。

钟会怀揣着收复巴蜀、建立撼世奇功的梦想，统领十二万魏军从关中出发。临行前，他特地去拜访了大名士王戎。

"在下即将远征巴蜀，不知王君可有奇谋良策赐教？"

王戎想了想，言道："以钟君的才略，平定巴蜀自不在话下，我没什么可建议的。不过，还是觉得有句话该提醒钟君。"

"请讲！"

"道家有句话叫'为而不恃'，意思是有所作为，但不强求。钟君此行成功不难，难的是成功之后啊……"

"哦……"钟会听得索然无味，不自主地垂下眼皮。他当然明白王戎所言何意，这是提醒他谨防功高震主，莫做非分之想。然而，这意思在他听来无非老生常谈。钟会暗想：以我的谋略，到时候自能化险为夷，至于说非分之想，司马家实力雄厚，自己更不可能做出谋反这种傻事。

旋即，他向王戎揖了一礼："谢王君不吝赐教，在下定当铭记于心。告辞！"

王戎望着钟会远去的背影，心里想着：自己说了句放之四海皆准的至理，绝对不让任何人挑出刺来。若钟会能平安归来，自己落得个顺水人情；若钟会回不来，自己更能博一个先见之明。

蜀人的心态

消息很快传到益州成都，蜀国举朝震惊。刘禅很想破口大骂，可是他想不出该骂谁。骂姜维？这人无数次为北伐不惜编造各种理由，让所有人都对他充满了不信任，没想到这次姜维居然说对了。骂诸葛瞻？在姜维这个问题上，刘禅、诸葛瞻和满朝公卿都是同一阵营，更何况他们压制姜维的策略并没有错误。骂黄皓？黄皓可以骂……可是……刘禅想了想，还是把他留下，任由后人去骂吧！

刘禅谁都没有骂，平静地下了一份诏书，将成都能提得起来的实力派将领尽数派往前线："右车骑将军廖化前往沓中援助姜维，左车骑将军张翼、辅国将军董厥前往汉中抵挡钟会，卫将军诸葛瞻前往涪城驻守。"

涪城在成都以北一百公里处，位于益州腹地，也是守护成都的最后一道防线，诸葛瞻进军到涪城后便驻扎下来。廖化、张翼、董厥三人则继续进军，往益州北部边境而去。当他们来到阴平郡的时候，面临着两难窘境。

阴平郡往西北是沓中，往东是汉中，廖化、张翼、董厥本应在此地兵分两路，可恰在这时候，他们得到一个消息。"魏军除了西路邓艾和东路钟会，尚有中路的诸葛绪现已南下武都。如何是好？"武都位于阴平正北，倘若廖化等人按照原定计划分头救援沓中和汉中，无异于向诸葛绪敞开通往成都的大门。

众人踌躇不决。

"张翼和董厥二位将军依照原定计划前往汉中救援，我留在阴平驻军抵御诸葛绪。"廖化做出了决定。

"那姜维怎么办？"

"姜维……"廖化沉默了。

在此，简单介绍这位蜀国颇具传奇色彩的老将廖化。"蜀中无大将，廖化做先锋"，"廖化是黄巾军余党"，这些源自小说的情节广为流传，但纯属胡扯。《襄阳耆旧记》中记载，廖氏世代为荆州豪族。他任阴平郡太守多年，后回到成都统领一支中央军。姜维连年北伐，没有廖化参战的记载，又何谈先锋？他年逾七十，和张翼同属资格最老且颇具实力的宿将，而他的政治立场也和张翼等绝大多数蜀国臣子一样，对姜维深恶痛绝。廖化说："《左传》讲'用兵不知收敛，必自食恶果'，这不正是姜维的真实写照吗？姜维无论是智谋还是武力，均不如敌人，却穷兵黩武，唯有败亡一途！"

"姜维怎么办？"廖化不想再去回答这个无谓的问题，此刻，恐怕他心里想的正是自己先前说过的话："姜维……唯有败亡一途！"

前两路魏军

邓艾向沓中逼近。这一路上，他的思维如电光石火，在所有可能的战术中搜寻着最优方案。

10 月，邓艾和姜维展开对峙。邓艾对麾下诸将进行了详细部署："牵弘负责诱姜维出营应战；王颀率主力突袭姜维大营；杨欣率军前往甘松，安抚当地羌人和氐人游牧部落，防止他们援助姜维。"甘松位于沓中西部约一百五十里，是游牧部落的聚居地。随后，牵弘、王颀、杨欣依照军令各自展开行动。

失去游牧部落支援的姜维逐渐显出颓势，蜀军阵脚开始后移。姜维拼命鼓舞士气，但仍无法阻止蜀军撤退的势头。

蜀军退到彊川口一带时，终于被邓艾麾下的王颀击溃。

沓中沦陷了！姜维不得不南撤阴平郡，打算一边继续抵挡邓艾，一边伺机援助汉中。这个时候，他还不知道汉中发生了什么。

很快，姜维发现不仅无法奔赴汉中，连返回成都也不可能了，因为阴平郡的咽喉要道阴平桥头已被诸葛绪占据。廖化没能挡住诸葛绪的军队。

魏军中路统帅诸葛绪达成战略目标，阻断了姜维回撤的道路。

如何是好？姜维心急如焚，眼看就要被困死在这里，突然，他灵光闪现："全军从孔函谷进入北道！"这条路直接通往诸葛绪大军的后方。

诸葛绪只好往北回撤三十里，企图在北道堵截姜维。可这么一来，他也就远离了阴平桥头。

这正中姜维下怀："掉转军头，全速向南疾行，冲过阴平桥头！"姜维急令孔函谷中的蜀军原路返回，趁诸葛绪离开时冲过了阴平桥头。

诸葛绪事后醒过味来，急忙掉转方向，可当他赶回阴平桥头的时候，蜀军已经全部通过。诸葛绪战术失误，将司马昭和钟会原本的计划全盘打乱，更让所有人想不到的是，这直接导致后面的战局出现了一个大逆转。

姜维冲过阴平桥头后向东行进，没过几天，他和廖化会合，然后又遇到了原本该去支援汉中的张翼和董厥。

"汉中失守了！"张翼愤恨地瞪着姜维。

汉中到底发生了什么事？让我们将时光回溯到一个半月，看看魏军东路统帅钟会的经历。

第三路魏军

就在邓艾进逼沓中的同时，魏军的主力，由钟会率领的十二万关中军团兵分三路，分别从斜谷、骆谷、子午谷攻向汉中。这三条谷道曾让曹真、曹爽父子吃过大亏。另外，子午谷也是蜀国名将魏延多年的梦想之路，他生前屡次向诸葛亮提议从子午谷直取关中，均未能如愿。

三条谷道连接着关中和汉中，道路无比崎岖艰险，这也是汉中防御能以少克多守护益州的原因。钟会为何选择兵分三路进攻汉中呢？有两个原因：首先，钟会兵力庞大，他发动十二万大军，远远超过先前曹真和曹爽的兵力，而这三条绵延狭长的山谷，任何一条路都无法单独承载规模如此之大的军队，钟会选择三路并进无疑是为了加快行军速度；其次，曹真和曹爽的失败犹若前车之鉴，显然钟会也无十足把握赌在其中一条路上，他以兵分三路的进军策略，将风险分摊，从而降低失败概率。

毫无疑问，如何顺利通过三条谷道成了钟会最艰巨的第一步。

他对许仪下令："你在大军前头修缮道路，务必让谷道畅通无阻。"许仪是曹操侍卫许褚的儿子，当年曹操死后，许褚痛哭以致呕血。此时，许仪仅仅官居牙门将军，混得一般，想必也是许家对曹家的忠心所致。

许仪领命而去。他心里暗暗嘀咕：这绝对是个不可能完成的任务，只能走一步看一步，将就着干吧。

庞大的魏军排成绵延长队，缓慢地进入三条谷道，这一路上，即便道路事先经过许仪的修缮，仍然异常难走。

"这路叫人怎么走？"魏军怨声载道。

抱怨声不时传到钟会的耳中，他明白这意味着什么。士气快要散了，如果再这么下去，很快他将步曹真和曹爽的后尘。不过，钟会已留下一个撒手锏，他确信这办法可以重新激励士气，但这办法只能使用一次。

钟会骑着马，小心翼翼地走在一座临时搭建的木桥之上。木板并不太厚，且被数万人踩过，早已不堪重负，伴随着吱吱呀呀的声音，显得很不结实，而木板桥下就是湍急的流水。突然，啪啦一声，马蹄竟将木板踩穿，钟会一个趔趄，慌忙勒住缰绳下了马，然后在众人的搀扶中步行走过木桥。

钟会惊魂未定，向周围扫视了一圈，只见魏军叽叽喳喳地议论个不停。

是到必须鼓舞士气的时候了。他为这个机会等待了很久："把许仪带上来！"

俄顷，许仪诚惶诚恐地跑到钟会面前。

钟会大怒："路修得这么烂，你知不知罪？"

"将军息怒。下官已竭尽全力修缮道路……"其实，许仪的后半句话忍住没敢说，几千年来，这条路能走已是万幸，还有什么好求全责备的？

钟会毫不同情许仪，尽管他完全能理解许仪的难处。他心中暗思：路能修成这样，的确值得嘉奖，可是，我只想用你的头来激励士气……想到这里，钟会高声喊道："许仪玩忽职守，斩首！"

魏国初代猛将许褚的儿子许仪就这样被杀了，他的头颅价值颇高，有效地激励了十二万魏军的士气。

"原来道路颠簸是许仪失职所致……"

"死得活该！这真是害苦了咱们。"魏军解气地骂道。他们将不满全转嫁到许仪身上，仿佛是许仪把他们推向这条路的。随后，魏军情绪稍稍稳定，继续迈开脚步，向着汉中走去。

10月，邓艾和姜维在沓中展开激战的同时，十二万魏军终于穿过斜谷、骆谷和子午谷，全部抵达汉中盆地的外围。

当初，曹真和曹爽伐蜀时，先头部队也曾穿过谷道，可他们刚一露头，就被汉中守军挡了回去。如今，根据姜维的部署，谷道出口已经没有蜀军驻守了。

"诱敌深入，才能获得更大的战果。"姜维好大喜功的性格导致了今天的局面。

钟会眺望着周围一个个被蜀军废弃的防御堡垒，暗暗心惊：倘若蜀军驻守在谷道出口，别说自己有十二万人，就算有二十万人都会被堵在山谷里走不出来。接着，他又回想起昔日曹真和曹爽被困在谷中的窘境，不禁感慨命运的无常。魏军稀稀拉拉地从斜谷、骆谷和子午谷中走出来，重新集结成一支庞大完整的军团。

"进军汉中盆地中央！"钟会稳稳地发出号令。

在魏军行进的路上，钟会赫然发现在盆地边缘的不远处，有两座城池各驻守了五千名蜀军，这正是姜维此前部署在汉城和乐城的防御力量，意图对魏军形成夹击。钟会自己本就是个好大喜功的人，但仍不免为这种防御策略感到惊诧。两座城池和隐藏在汉中盆地内的蜀军主力互为掎角之势，倘若蜀军实力够强，自己肯定会被包围，然而，魏军兵力比蜀军要多出好几倍，无须担忧这种局面。

旋即，钟会轻松地拨出两万魏军攻向汉城和乐城，他不求攻下两座城，只为拖住城中蜀军，防止他们出城骚扰。

另外，当钟会得知汉城守将是蒋琬之子蒋斌后，当即提笔给蒋斌写了一封信："我很敬仰足下，并想沿途祭拜蒋公（蒋琬），希望您能告知坟墓所在。"

蒋斌给钟会回了一封信，将蒋琬坟墓的位置据实相告。二人虽然出于敌对的阵营，却各自表现出友善的态度，为将来的合作留下宽广的空间。

随后，钟会率十万魏军越过汉城和乐城，直接向汉中盆地的中央席卷而来。姜维擅改汉中防御体系，意图对魏军形成三面夹击的战术完全没能奏效。

"只要攻下前面那座关隘，便可直接冲进盆地中央，汉中必沦陷。"军导向钟会言道。

刘备称汉中王已四十三年，近半个世纪的岁月中，汉中始终守护着益州。此刻，钟会眺望着隔绝盆地的最后一道关隘，知道自己即将打破汉中牢不可破的神话。

"胡烈，你率领前锋攻破这座关隘。"胡烈是胡遵之子，在讨伐诸葛诞的淮南之役中被司马昭提拔并崭露头角。在这场伐蜀战役中，他是钟会麾下的重要将领。

胡烈得令，率大军开到关隘之下。

这座关隘名叫关口，由蜀将蒋舒和傅佥镇守。眼看兵临城下，蒋舒和傅佥却正自激烈争吵。

蒋舒说道："魏军来攻，我绝不能闭关自守。"关口守军远远少于魏军，倘若出城迎敌，无异于蚂蚁撼大象。蒋舒执意出战，难道是打算为国殉死？正相反，蒋舒实则是打算趁机出关投降。

傅金当然不知道蒋舒的心眼，反驳说："我们的责任是镇守关口，如果出战，就是白白送死。"

蒋舒佯装恼怒："你以保城求全为功，我以出战克敌为功，我们各行其是吧！"言讫，蒋舒率军出关，转眼就向魏军前锋将领胡烈投降。胡烈趁势攻入关口，傅金战死。

关口陷落后，汉城守将蒋斌也顺势归降了。魏军长驱直入，由东向西横穿过汉中，最后从阳平关鱼贯而出，逼近益州腹地。

在向成都进军的路上，钟会果然根据蒋斌信中所述，找到蒋琬的坟墓。不仅如此，他又在定军山找到了诸葛亮的坟墓。他恭敬地祭奠了这两位蜀国先代名臣，借此树立自己良好的形象。接着，他写下一篇檄文，向巴蜀百姓晓谕利害，打消其反抗意志。

钟会出身士族豪门，和家境贫寒的邓艾截然不同，二人迥异的背景，也决定了他们各自的行事风格。加之，钟会常年担任司马师和司马昭的亲信幕僚，谙熟政治谋略，比照邓艾对姜维一路穷追猛打，钟会却更注重笼络巴蜀人心。

晋　公

到这年年底，益州北部阴平、武都、汉中三郡已全部被魏军攻破，蜀国三分之一的领土沦陷。捷报频频传至魏都洛阳，以司徒郑冲为首的魏朝公卿抓住机会上疏魏帝曹奂，请求给司马昭加官晋爵。

曹奂麻木地颁布了一封已写过很多遍的诏书："拜大将军司马昭为相国，晋爵为晋公。"担任丞相，便名正言顺地总揽魏国军政，晋爵为公则意味着建立自己的藩国，成为附属于魏国的独立藩王。曹奂，这位曹宇的儿子，确实比他前两任皇帝曹芳和曹髦要老实得多。他继位三年有余，始终保持着稳定的频率，定期下诏册封司马昭。每封诏书的内容都是一样，至今已发了四次，除此之外，他什么都不用做。

此前，司马懿官拜太傅，司马师、司马昭兄弟皆官拜大将军，食邑高居魏国冠首，垄断魏国军政两界十余年，迄今为止，司马家族这三位权臣却始终没有迈出最关键的一步——官拜丞相、晋爵为公。不是他们不想，只是担心时机未到。不过此时，随着那些忠于曹氏的臣子相继被诛杀殆尽，士大夫从骑墙观望渐渐转为支持司马家族，再加上持续了半个世纪的三国鼎立局面即将被打破，司马昭清楚地看到，谁也无法阻止时代的变革了。

"臣司马昭，接旨！"听到司马昭的答复，魏帝曹奂以及所有魏国公卿都彻彻底底松了一口气。这项册封自曹髦到曹奂，总共发出过六次（曹髦发布两次，曹奂发布四次），而司马昭在拒绝了五次后才同意，这场令曹氏皇族备感屈辱的闹剧终于暂时告一段落了。

公元 263 年 12 月，五十二岁的司马昭官拜相国（丞相），晋爵为晋公，成为魏国历史上第一个外姓藩王。正如当年曹操成为东汉第一个外姓藩王。

鞋是给那些赤脚走过荆棘者的奖励，如今，司马昭总算得到这个曾经让他梦寐以求的奖励，可是，这奖励对他的象征意义远远大于实际意义。在后面，他会穿着这双鞋，继续勇往直前。

阴平奇兵

回到巴蜀战场，蜀国一方，姜维冲过阴平桥头和廖化会合，然后继续向东行进，打算救援汉中，可让他没想到的是，他遇到了从汉中撤回的张翼和董厥。

"汉中失守了！"姜维得到这个消息，惊得半晌无言。

愣了好一会儿，他无奈地下令："退守剑阁。"

如此，战局并未朝着司马昭和钟会设计的方向发展。司马昭打算让邓艾牵制姜维，诸葛绪阻断姜维的退路，这样钟会攻破汉中后就能长驱直入，抵达成都。可中路统帅诸葛绪战术失败，导致姜维回撤益州腹地重要防线——剑阁。

几天后，由钟会率领的东路魏军，紧跟姜维的脚步，来到剑阁。

剑阁位于今天的剑阁县。在《华阳国志》《元和志》《水经注》《方舆胜览》《舆地广记》等书中均详细描述了剑阁的地理形态：从大剑山至小剑山连绵三十里，这条路全是高耸几千丈的悬崖峭壁，几十年前，诸葛亮命工匠在峭壁上建造阁道，取名剑阁。剑阁地势险要，绝对是一夫当关、万夫莫开的险境。

钟会眺望驻守在剑阁的蜀军，不禁倒抽了一口凉气，他试探着对蜀军发起几轮攻势，俱以失败告终。钟会伐蜀的信心开始动摇："剑阁难攻不下，我军又深入敌境，粮食补给困难，恐怕撤军不可避免。"

这个时候，魏军西路和中路统帅邓艾、诸葛绪已在阴平郡会合。

邓艾听说钟会有意撤军，便给司马昭上疏："蜀军接连败退，理应乘胜追击。从阴平郡的邪径到汉德阳有条小路，直通剑阁西边一百里之遥的江油（今四川江油北），从江油可以绕到剑阁以南的涪县（今四川省绵阳市涪城区）。若姜维回救涪县，钟会就能率大军通过剑阁；若姜维不救涪县，我必攻占涪县。如此，就能对剑阁的姜维形成夹击之势。"

邓艾在这封奏疏中耍了一个小伎俩，明确提到欲攻破涪县，以解除钟会的困境。可随后他对诸葛绪说了实话："诸葛绪，你跟我一起出奇兵，绕道江油，然后进军绵竹（今四川绵竹），直取成都，咱们建个大功，怎么样？"绵竹在涪县西南五十公里，离成都很近。可见邓艾无意解救钟会，打算独自攻下蜀国的都城。而他对诸葛绪实言相告，便是希望借诸葛绪的兵力帮助自己实现这一策略。

诸葛绪断然拒绝邓艾的劝诱："我奉命牵制姜维，朝廷并未让我绕过剑阁攻打成都。这么干，岂不是违令？"言讫，他率本部三万人南下和钟会会合。诸葛绪性格老实本分，或许，他做出这样的决定，仍然是源于琅邪诸葛氏谨慎的家风。

在这场伐蜀战役中，钟会、诸葛绪、邓艾三人各自为战，他们可以视为平级，均没有制约对方的权力。

钟会万万没有想到诸葛绪会主动投奔自己。很快，他从诸葛绪口中得知邓艾的战术，既心存疑虑，又不想错失一次良机。于是，他派出一支偏军随邓艾西行。倘若邓艾失败，他不会有多大损失；倘若邓艾成功，他自然也有功劳。在钟会眼里，邓艾是一个超出自己控制的不确定因素，他此刻更关注的是如何吞并诸葛绪手中那三万兵力。

诸葛绪像一份从天而降的厚礼，幸运地砸到钟会的头上。

钟会暗地给朝廷发了一封奏疏："诸葛绪畏敌不前，致使我军久攻不下剑阁，陷入困境。"他不等朝廷下诏，直接将诸葛绪收押，装在囚车里遣送回魏都洛阳。就这样，守本分的诸葛绪不受邓艾劝诱，选择协助钟会，结果被钟会摆了一道。随后，诸葛绪的三万大军顺理成章地落入钟会囊中。

不过，钟会吞并了诸葛绪的三万兵力，也没能让战局出现转机，魏军仍然无法攻克剑阁天险。钟会只好再次施展心理攻势，给姜维写了一封言辞诚恳的劝降信，并未收到任何成效。

与此同时，邓艾与钟会派来的偏师合流，率一万多名魏军在阴平郡荒无人烟的崎岖山路中奔波了数百里。他们沿途凿山铺路，频频断粮，屡次陷入险境，可所有这些困难都没能挡住邓艾前进的步伐。直到他们来到一处半山腰，这里已经无路可走了。

"将军，看这样子，我们只能返回了。"部将田续言道。

邓艾抽刀架在田续的脖子上："再敢说这样的话，信不信老子一刀砍了你！"

田续吓得不敢再多嘴。从这一刻起，他对邓艾恨之入骨。

邓艾不再理会田续，朝山脚下看了看，对旁边的士卒说道："给我拿一条毛毡。"然后，他用毛毡包裹着身体，手扶植被，竟连滚带爬地从山腰滚了下去。见邓艾这么玩命，魏军将士目瞪口呆，明白不可能撤退，只好学邓艾滚下山。

蜀军并非没有预料到魏军可能绕道江油。

这时，驻守在涪县的蜀国尚书郎黄崇，正苦劝主将诸葛瞻："为今之计，唯有速速进军江油，占据险要地形，切不可让魏军进入平地。"

可诸葛瞻因阅历匮乏，不确定该如何应敌。他彷徨不决，还是打算留在涪县，只派出少部分蜀军前往江油阻击邓艾。

12月底，邓艾一路披荆斩棘，来到江油，不费吹灰之力就击败了诸葛瞻派来的小股军队。

"将军，看远处的峭壁，那是剑阁！"魏军将士兴奋地手指向身后东北方，他们终于绕过了这个蜀国作为依托的最后屏障。

目标成都

一名偏将向邓艾提议："咱们只要击败涪县的诸葛瞻，再挥师北进，就能跟钟会两面夹击姜维了！"

解救钟会吗？邓艾不自觉地皱了皱眉头。自己身为陇西最高统帅，却要充当偏师，如今，自己历经艰苦才走到钟会的前头，难道要回去充当钟会的垫脚石？他没理这名偏将，呆呆地望向南方。那里是绵竹，只要过了绵竹，就到成都了！

邓艾沉吟着，随即毅然下达了军令："咱们继续南下，去绵竹！"

于是，邓艾的西路魏军一直冲到距成都六十公里的绵竹。

此时，驻守涪县的诸葛瞻得知邓艾绕过自己进军绵竹的消息，懊悔当初没有听从黄崇的建议，他急忙离开涪县，南下追击邓艾。

邓艾给诸葛瞻写了一封劝降信。

信很简单，只有一句话："你若投降，我就让你当琅邪王！"邓艾傲慢无礼的性格在这封信中表露无遗，从这里可以看出他和钟会在政治谋略上的差距。之前钟会写给蒋斌和姜维的书信，无不对蜀将表达出深深的仰慕之情，可邓艾直接拿琅邪王诱惑诸葛瞻，这在诸葛瞻看来，根本不像笼络，更像是威胁。况且，魏国除了曹氏藩王，连司马昭都尚未称王，邓艾这么干，不啻是擅权自重。

诸葛瞻被激怒了，向邓艾发起猛烈的攻势。

邓艾命邓忠和师纂分别从诸葛瞻的左翼和右翼夹击。邓忠是邓艾的儿子，师纂曾是司马昭的幕僚，二人首战失利，败退而回。

"诸葛瞻兵势劲锐，难以攻克。不如安营扎寨，以图缓战。"邓忠和师纂说道。

对邓艾来说，攻克蜀国势在必成，但他这么着急忙慌，全为抢在钟会前头，如果缓战，万一钟会越过剑阁，到时候自己就是竹篮打水一场空。

他怒道："存亡之际在此一举，还有什么不能！再战！如若再败，定斩不饶！"

邓忠和师纂孤注一掷，怀着不成功便成仁的决心向诸葛瞻发起新一轮攻势。

战场上，蜀军的尸体越积越多，余下蜀军四散逃亡，这是诸葛瞻经历的第一场也是最后一场战争，他仰天叹息："我内不除黄皓，外不制姜维，进不守江油。

我有三罪，还有什么脸面苟活于世？"言讫，他和长子诸葛尚杀入敌阵，悲壮地战死了。当年诸葛瞻秉政时，每逢朝廷出台善政，巴蜀百姓即竞相传言："一定是诸葛侯的功劳。"这是巴蜀百姓因怀念诸葛亮产生的爱屋及乌的心态。诸葛瞻就这样活在父亲伟岸的影子下，受其庇荫，却始终无法走出来。

流落到巴蜀的琅邪诸葛氏这一支，并未随着诸葛瞻和诸葛尚身殒而断绝。诸葛瞻的次子诸葛京等人仍在成都。蜀国灭亡后，他们悉数返回中原，延续诸葛氏一脉。更具戏剧色彩的是，西晋建国后，晋室任命诸葛京为郿县县令。雍州郿县，正是诸葛亮几次北伐的战略要地，诸葛亮倘若得知孙子被司马家族任命为此地县令，不知会做何感想。

"继续杀敌！不要放弃！"离诸葛瞻尸体不远处，黄崇身边的蜀军一个接一个倒下，可他仍然挥舞着利剑，奋力抵抗。没多久，黄崇也战死了。

绵竹一战，除了诸葛瞻、诸葛尚父子和黄崇，张飞的孙子张遵也战死沙场。

几天后，驻守剑阁阻击钟会的姜维获悉诸葛瞻战败的消息，完全乱了方寸，再无任何应对策略。更让他感到困扰的是，他对成都朝廷的动向也搞不清楚。

姜维一遍又一遍地派人打探情报："说清楚，陛下到底打算怎么办？"

"陛下打算在成都坚守！""不，陛下打算逃到益州南部。""不对，陛下或许会东逃到吴国。"姜维面对这些混乱的情报，根本无从判断。

"放弃剑阁，全军入驻巴西郡。"巴西是剑阁以南又一道防线，离成都更近。

在剑阁以北，钟会惊讶地看到姜维全面南撤。难道邓艾的战术奏效了吗？他赶忙命令全军冲过剑阁，追击姜维。于是，十万魏军通过了这道原本无法逾越的天险。随后，钟会对驻守巴西的姜维展开猛攻。

姜维不敌，继续南撤到广汉（今四川广汉），这里距离成都仅有三十多公里。钟会率领十余万魏军驱赶着姜维，离成都越来越近，却始终没有邓艾的消息。他当然不是怕邓艾有什么闪失，相反，他担心的是邓艾抢先攻占成都。要知道，整个伐蜀计划全出自他的谋略，而十余万主力军更是司马昭送给他的一份厚礼。在这样的情况下，钟会岂能甘心将攻克成都的大功拱手让人？

可是，无论是钟会还是姜维，都无法阻止邓艾的脚步了。

兵临成都

公元 263 年 12 月底，邓艾兵临成都城下。

刘禅明白大势已去，眼前唯有投降一条路，可这话他不好意思主动说出口，便问群臣："眼下这局面，你们说该怎么办？"

公卿开始没边没沿地胡乱建议。"不如投奔吴国去吧？""或者逃到南蛮？"

光禄大夫谯周再也听不下去了，他知道投降虽难以启齿，却是唯一的出路。他决定站出来充当这个可能会让自己遗臭万年的恶人："若陛下逃往吴国，同样要臣服于吴主，为何选择臣服小国，却不能接受臣服大国？况且，从天下大势来看，魏能吞吴，吴不能吞魏，倘若日后吴国也被魏国吞并，陛下难道要蒙受两次亡国之耻吗？再说那些建议逃到南蛮的人，更是将陛下的性命置于不顾，当年先帝刚驾崩，南蛮就发起叛乱，现在咱们已丧失大半领土，谁能保证南蛮不会再度叛乱？如果陛下不幸被蛮夷杀了，不是更屈辱吗？"

这位谯周是巴蜀士人，他在汉末益州牧刘璋的统治下度过了安逸的童年，可随着刘备到来，巴蜀卷入了近半个世纪的战乱。几年前，谯周写过一篇《仇国论》抨击姜维穷兵黩武。谯周从感情上是反感刘氏政权的，如同江东士族反感孙氏政权。但是，纵然谯周的政治立场和刘氏政权有诸多矛盾，这番话说得也在理，他是为百姓着想，更是设身处地为刘禅谋求最好的结果。

不过，谯周无论多么客观理智，其本意终归是劝主投降，因此，这位巴蜀名士受到历朝历代无数人的谩骂。

刘禅听罢谯周的话，长吁了一口气，心里总算踏实下来。

"有人持异议吗？"刘禅问道。无人提出反对建议，蜀国臣子在彰显了自己满腔热血后，便都借着谯周的话顺坡下了。

"开城投降！"刘禅下诏。

轰隆隆……伴随着一阵沉重的声音，成都城门左右大开，刘禅带着皇室成员和六十余名公卿向邓艾军走了过去。

遥想四十九年前，刘备率领大批荆州人（包括一些中原人）傲然迈进成都，巴蜀士人从此生活在刘氏政权和荆州派臣子的压制之下。四十九年后，刘禅在巴蜀名士谯周的建议下走出成都。这场战争，蜀人不是期盼了半个世纪之久吗？然而，越来越多的荆州人被益州人同化，视巴蜀为第二故乡且排斥战争，也有越来越多的巴蜀人开始接受并效忠刘氏政权。时间冲淡了一切。

自公元221年刘备称帝，到公元263年底，蜀国历经四十二年后灭亡。

邓艾接纳了刘禅的投降。他傲慢地瞟了一眼蜀国遗臣，言道："你们幸亏是碰上了我，如果赶上当年吴汉那样的，今天怕是都要被杀头了。"吴汉是东汉光武帝麾下名将，他在胜利后将敌军首领二百多人全部处死。

旋即，邓艾仰天大笑："姜维也算个英雄，只可惜碰上了老夫。"

就这样，邓艾昂首阔步，迈进成都，攀上了他生命的巅峰。他没多想这巅峰能持续多久，也不知道巅峰过后等待他的将是什么。

《周易》道："日中则昃，月满则亏。"邓艾占据成都后，在没有经过司马昭首肯的情况下，擅自任命师纂为益州刺史、旧部牵弘等人为各郡太守，又拜刘禅为骠骑将军，并对刘氏宗族和原巴蜀官吏逐一封官授爵。

有人好心提醒他："您立了大功，现在该避免功高震主之嫌。封官授爵最好经过相国首肯。"

"你懂什么！俗话说，将在外，君命有所不受。再说，我这是为了巴蜀的稳定，若经相国首肯，书信往来不知要等到何年何月，万一再出现动荡怎么办？"

邓艾这番话听起来是为大局着想，其实也夹杂私心，他借着向蜀国遗臣卖好来抬高自己的声望。可是，这事做得着实欠缺技巧。他迟钝的政治嗅觉，再加上傲慢强横的性格，让他未来的路越走越窄。

各怀鬼胎

在广汉，钟会接到邓艾发来的"捷报"，姜维也接到了刘禅让他放弃抵抗的诏命，准确地说是前朝诏命，因为刘禅已成为魏国臣子，蜀国不复存在了。

"放弃抵抗吧……"姜维凄凉哀叹。廖化、张翼等蜀军将士举刀劈向岩石，宣泄心中的愤怒。姜维把他的印绶和节钺送给魏军前锋胡烈，亲自前往钟会的大营请降。这里要分析一下，刘禅身在成都，为何姜维不南下成都向邓艾投降，反而北上向钟会投降。这源于姜维强烈的自尊心。在沓中，姜维被旗鼓相当的邓艾击溃。而在剑阁，姜维却克制兵力数倍于己的钟会，这是他最后的辉煌。另外，邓艾态度倨傲无礼，钟会则多次给姜维写信，尽显仰慕之情。

此时，钟会得知姜维选择向自己投降，大喜过望，亲自出营迎接，犹如老友重逢般殷切地紧握对方的双手："真是相见恨晚！"

姜维反说："我却以为咱们相见得太早了……"意思是他还有余力抵抗魏军。

钟会见姜维傲气不减，转头对僚属杜预道："若把姜维和中原名士相比较，就算是夏侯玄和诸葛诞再世，也会自叹弗如啊！"

姜维知道夏侯玄和诸葛诞都是魏国顶尖的大名士，得到这样的恭维，让他对钟会的敌意削减了许多。

接着，钟会把姜维拉到自己的车驾前："伯约（姜维字伯约），来，跟我同乘此车。"说着，他满脸堆笑把姜维请上车，携手向营帐疾驰而去。沿途的魏军将士无不对姜维受到如此高的礼遇感到困惑。

进了营帐，钟会邀姜维入座，然后拿出之前姜维送来的印绶和节钺，全部堆放在姜维的面前："伯约，这些全部还给你！"

姜维万分惊诧。钟会何以这般厚待自己？他想起十几年前逃亡蜀国的夏侯霸说过一句话："魏国名士钟会虽然年轻，但终有一天会成为吴蜀大患，只不过，这人也很难被主君驾驭。"姜维年已花甲，阅人无数，此刻凝视钟会的眼眸，渐渐洞察到钟会掩藏在诚挚外表下的诡诈。

在往后几天里，钟会使尽浑身解数拉拢姜维。姜维越来越确定钟会有异心。

这小子表面上坦诚，实则不是个甘于屈居人下之人。难不成是想谋反？

姜维决定推钟会一把，小心翼翼地试探道："钟君自淮南之战（讨伐诸葛诞战役）以来算无遗策，如今又横扫巴蜀，威名立于朝野。俗话说，功高震主。不能不多加提防。依老夫之见，你可以效仿范蠡功成身退，泛一叶孤舟绝迹于世间，或是效仿张良摒弃凡尘，修道成仙。"

钟会思忖片刻，言道："功成身退，我真做不到，总觉得后面的路还很长……"

"那么，也就无须老夫再多言了。以钟君的谋略，应该知道下一步该怎样做。"姜维完全能预料到后面会发生什么，他期待着一场巨变，然后趁乱复兴蜀国。

两个结识未久且都怀有强烈企图心的人，各自施以权术，紧紧地绑在了一起。

人生之巅

公元 264 年初，在魏都洛阳，相国、晋公司马昭收到邓艾发来奏疏："臣打算在巴蜀留下四万军队，整军备战，建造战船，以震慑吴国。另外，暂时不宜把刘禅遣送到洛阳，否则吴国人会误以为刘禅遭到流放。臣建议让刘禅暂居雍州的董卓坞（东汉末年董卓所建），吴国得知刘禅被厚待，必望风而降。"

司马昭两眼直勾勾地盯着奏疏，然后狠狠地扔在了地上。邓艾真是胆大包天！之前先斩后奏，擅自任命巴蜀地方官，现在还得寸进尺，要让军队滞留巴蜀，这说明邓艾要将巴蜀收在自己手里。邓艾提议把刘禅送到雍州，更是把刘禅当成了他的私人战利品。

司马昭没有直接答复邓艾，给身在益州的监军卫瓘下了一道谕令："你去告诉邓艾，凡事皆须上奏朝廷，不得擅自做主。"监军的职责是监视前线将领，防止将领做出越轨举动。司马昭通过监军卫瓘转述，对邓艾提出了严厉警告。这里介绍一下卫瓘。正始年间，卫瓘在曹爽和司马懿之间不偏不倚，无所投靠，被傅嘏喻为"甯武子"（春秋时卫国大夫，大智若愚之人）。高平陵政变后，卫瓘官拜廷尉卿（廷尉的属官），以精通法律著称。后面他即将大显神通，登上历史舞台。

几天后，司马昭再次收到邓艾的上疏："臣受命征伐，奉旨讨贼，虽然刘禅归降，但巴蜀东连吴国，必须早做准备。倘若等待朝廷诏命，信使来往需要时日，肯定会延误军机。"

这封奏疏简直比上一封更加无礼。难道邓艾真的被胜利冲昏了头脑吗？

《世说新语》中记载，钟会派人拦住邓艾的信使，截获邓艾的奏疏，而后模仿邓艾的笔迹，将奏疏中的言辞修改得倨傲狂悖。钟会作为书法巨匠钟繇之子，不仅在书法上造诣颇高，更善于模仿他人笔迹。

有这样一则逸事。荀勖（钟会的远房外甥）收藏有一把价值百万的宝剑，让母亲代为保管。钟会对这把剑垂涎已久，便模仿荀勖笔迹写了一封信向其母索要宝剑。荀勖之母信以为真，将宝剑交给了钟会。荀勖气得暴跳如雷，发誓要报复对方。没过多久，钟毓、钟会兄弟耗资千万修建豪宅。荀勖趁宅邸刚刚落成，钟家兄弟还未搬进去住的时候，偷偷潜入，在大厅的墙壁上画了一幅钟繇的像，举止相貌惟妙惟肖，栩栩如生。钟毓和钟会兄弟看到后，大为感伤，不忍入住，豪宅也就闲置了。

这则故事有趣且充满文艺气息，若非两个主角荀勖和钟会的人品臭名昭著，颇煞风景，二人的恶搞倒显得相当调皮。但是，钟会和荀勖确实关系不睦，他们之间也绝非这种不疼不痒的恶作剧，却是险恶的斗争。因此，荀百万和钟千万的逸事也就不那么合逻辑了。首先，钟会模仿荀勖笔迹，这无疑构成了诈骗罪，且物证就在荀勖之母手中。而荀勖在钟家兄弟的豪宅墙上绘钟繇画像，让钟家兄弟白白浪费千万巨资，更不可思议。不提豪宅，单说这面墙壁，有绘画名家荀勖的墨宝，所画的人物更是魏国初代名臣、书法巨匠钟繇，也一定能被炒上天价。钟家兄弟不入住，想必是坐等房价升值吧？

总之，钟会和荀勖就在这一来一往中展现了精湛的技艺——足能以假乱真的模仿笔迹和绘画功底。

钟会是否修改了邓艾的奏疏呢？可能性很大。邓艾这两份奏疏清清楚楚地记录在《三国志·邓艾传》中，语气实在过于嚣张，极不寻常。

司马昭看毕奏疏后的第一反应是：邓艾要谋反！

紧接着，司马昭又收到钟会、胡烈、师纂、卫瓘四人的密报："邓艾图谋不轨，明显有谋反的迹象。"他们均将矛头指向邓艾。很明显，师纂虽然被邓艾任命为益州刺史，但不仅没有接受笼络，反将了邓艾一军。

这次，司马昭没有再给邓艾任何回复，直接给钟会下了道命令："你率军进成都收押邓艾，装囚车遣送回洛阳。"

可过了片刻，司马昭感觉不大对劲。钟会，这个名字萦绕在他心头，仿佛比邓艾更让他不安。司马昭决定亲自率中央军前往关中，以备不测。而且和上次讨伐诸葛诞时一样，他带上皇帝曹奂随军出征。

纵使如此，司马昭仍不放心那些曹氏皇族，他又想到邺城，在这座皇族监狱中软禁着魏国所有藩王贵胄。于是，他派山涛率五百名兵力前往邺城。

"巴蜀的乱局我亲自解决，后方就拜托给您了。"司马昭嘱咐山涛。这段日子，山涛早已抛弃了曹氏这个枷锁，成为司马昭的亲信重臣。他来到邺城，严密监视藩王的一举一动。可是，他悲哀地发现，曹操的子孙后代个个变得麻木慵懒，全无雄心壮志。

公元 264 年 2 月，司马昭安顿好一切，亲率十万大军，带着魏帝曹奂向西都长安进发，同时委派贾充率一万前锋先行赶赴汉中。

司马昭的幕僚邵悌言道："钟会的兵力是邓艾的五六倍，足以制服邓艾，您为何要亲征？"邵悌明知故问，因为早在半年前，他就提醒司马昭要警惕钟会。

司马昭明白邵悌是婉转地提及前事，笑了笑说："你难道忘了自己说过的话吗？只是这话不便传扬出去。我以信义待人，只要别人不辜负我，我就不会辜负别人。前两天贾充问我是不是怀疑钟会，我反问贾充说，我命你为前锋进入汉中，难道也会怀疑你吗？贾充听完，就没再多说什么。等我到了长安，想必一切乱子就都会结束了。"

司马昭为人虚伪狡诈，杀郑小同的时候说过这样一句话："宁我负卿，无卿负我。"再说，曹氏皇族难道也辜负过他吗？信义，这种更趋向感性的心理，早已被司马昭抛弃，更准确地讲，他以现实利益为导向，能够轻松驾驭一切感情，却毫不为感情所牵绊。

与此同时，钟会接到司马昭让他收押邓艾的谕令，他猛然意识到，一个一石二鸟的机会就摆在面前。何不借监军卫瓘之手对付邓艾？邓艾肯定会反攻卫瓘，如此一来，邓艾罪名凿实，军中唯一能制约自己的卫瓘也会被邓艾铲除……

当即，钟会对卫瓘下令："你马上率本部兵前往成都，收押邓艾，我随后就到。"卫瓘本部营兵只有一千人，邓艾的兵力是其几十倍。这是把卫瓘往死路上推。

卫瓘心知肚明，但无法违抗军令。是夜，他带着本部兵进入成都，写了一封檄文秘密发给邓艾麾下诸将："邓艾涉嫌谋反，朝廷诏命将其收押。明日清晨时分，诸将若来我营中，一概不予追究；如若不来，视同谋反，诛灭三族。"

卫瓘的保密工作做得很好，邓艾对此一无所知。

第二天拂晓时分，成都响起一阵嘹亮的鸡鸣，邓艾麾下诸将纷纷来到卫瓘营中。卫瓘以迅雷不及掩耳之势，控制了邓艾绝大多数军队。见胜券在握，他火速率军冲进成都大殿，这时邓艾、邓忠父子仍在熟睡。

"拿下！"卫瓘喝道。

邓艾从梦中惊醒，看着眼前对他刀剑相向的兵士，明白了一切："我是忠臣，竟会落得如此下场！不料昔日白起的遭遇，今日又在我身上重现。"

邓艾被收押，几个亲信打算营救，率兵闯进卫瓘军营，高呼："邓将军无罪！"

卫瓘见冲突即将爆发，假意劝说："我也深为邓艾的遭遇感到不解，现在正写奏疏，陈明邓艾的忠心，朝廷一定不会冤枉他的！"

听到卫瓘这话，邓艾的亲信总算稳定下来。

此时，在成都城外，钟会闻听邓艾就范、卫瓘安然无恙的消息后，相当失望。

"卫瓘居然没死？真是命大……"随后，他也率军进了成都城。

邓艾，这位率先攻克成都的功臣，被五花大绑着推到钟会面前。钟会恶狠狠地瞪着邓艾。多年来，他为讨伐蜀国殚精竭虑，整个魏国只有司马昭支持他，并为他搭建了一个辉煌的舞台。可没料到邓艾喧宾夺主，以配角的身份压过了主角的光芒，更可气的是，邓艾在出师以前还企图让司马昭取消伐蜀的计划。

"你这逆臣，今日终于变成阶下囚。"钟会突然又想起一个人，"师纂在哪里？抓起来！他也是邓艾同谋。"师纂之前也密报邓艾谋反，但他身为司马昭的亲信幕僚，被邓艾任命为益州刺史，自然成为钟会的眼中钉。师纂也被收押了。

当天，邓艾、邓忠父子连同师纂都被装上囚车遣送回洛阳。至此，魏国的伐蜀统帅诸葛绪和邓艾相继沦为犯人，钟会独自傲立于成都。

这个时候，成都驻扎着近二十万魏军和五万蜀军，这庞大的军队名义上都归钟会掌控。钟会感觉自己的实力能跟司马昭平起平坐了。多年来，只有永无止境的利益指引着他前进的方向。而在这世界上，无论是曹氏还是司马氏，在他心中均没有占据一丝一毫的位置。

钟会努力地翻过一座又一座高峰，如今，他攀上曾经认为的最高的一座峰。可当他攀到山顶的那一刻，赫然发现眼前还有另一座更高的。他依然无法停止脚步。只要再攀上那座高峰，就可以将天下纳于掌中了……

钟会沉思着对姜维说："伯约，咱们联手，应该能横扫中原了吧？"

"老夫愿鼎力相助！"姜维早料到会有这么一天。

心存仁恕

钟会终于决定迈出这极凶险的一步。很快，他便和姜维详细制定了战略部署。

"伯约，你率蜀军从斜谷攻入关中，我率魏军后继，必能夺下长安。之后，骑兵走陆路，步兵走渭河水路，齐头并进，不出五天，即可兵临洛阳城下！"

二人正在商议，突然跑进一名军吏。

"钟将军，相国发来一封手谕。"军吏说着，递上一封信。

钟会急忙将信展开，看毕，不禁冷汗直冒。

司马昭的信是这样写的："我担心邓艾不会束手就擒，所以让贾充率一万人从斜谷进入汉中，另外，我亲率十万大军进驻关中，你我重逢之日应该不远了。"

钟会沉吟："我手握十万之众，怎会拿不下邓艾？司马昭明知我力所能及，还亲率大军前来，一定是对我有所猜忌……"他看了看姜维，又重拾勇气："事不宜迟！咱们即刻举兵，事成可得天下；事不成，我退守巴蜀做刘备！"

姜维提议："如果魏军诸将不肯顺从您的号令，我建议把他们全部杀掉。"他心中暗思：若事成，我杀你复兴蜀国；若事不成，我誓要拉上魏军陪葬！

是夜，姜维偷偷给刘禅写了一封信："请陛下暂且隐忍，臣有望令社稷中兴、日月复明！"

3月1日正午时分，钟会召集魏国将领和蜀国遗臣，会集于成都朝堂。

见众人到齐，钟会大声宣布："今日，我要在此地为郭太后发丧！"郭太后半个月前刚刚去世了。她自曹叡死后垂帘听政二十余年，历经曹芳、曹髦、曹奂三代皇帝。司马懿、司马师、司马昭这三位权臣但凡有重大举措，均要假郭太后之手实施。同时，郭氏外戚的权柄越来越强，而郭太后的族弟，身兼郭家和甄家两族外戚的甄德，更是举足轻重，他的两任妻子，一个是司马师的女儿，一个是司马昭的女儿，可见司马家族对其重视程度。

郭太后逝世，为何要在成都发丧？正当群臣面面相觑的时候，钟会突然拿出一封诏书："这是郭太后临终前秘密发给我的遗诏，让我讨伐逆臣司马昭，中兴曹氏皇族！"接着，他便朗声诵读起来。郭太后生前看遍魏国的腥风血雨，应该想不到在她死后还有人以她的名义造反吧。更夸张的是，郭太后生前是司马家族的忠实盟友，死后下遗诏讨伐司马昭，而这诏书又是发给司马家族压迫曹氏的重要帮凶钟会，怎么可能？可以确定，这是一封矫诏，这样显而易见的道理，在场的魏国将领均心知肚明。

钟会念完，整个成都大殿骚动起来。

此时，有一个人低头默然不语，想的全是临行前母亲的叮咛："此行务须谨慎，君子在家恪守孝道，在外守节义，千万不能做出让父母担忧的事，若遇变故，唯有心怀仁恕，才能保你平安。"母亲当初的预言果然成真。羊琇默默想着辛宪英的话。猛然间，他站起来叱道："此乃矫诏！"

夏侯和也随声附和。他是魏国初代名将夏侯渊的第七子，也就是夏侯霸的弟弟，这些年，他早已看透天下大势，忠心耿耿地追随司马家族，不再纠结于昔日夏侯氏的荣耀了。

顿时，大殿上质疑声不断。郭太后的"遗诏"没有起到任何作用。

姜维见状，立刻率兵控制住局面，就等着钟会一声号令，便将殿上众人全部处死。姜维抱着破釜沉舟之心，可钟会不愿见到这样的局面，仍寄希望于争取魏将支持。他将这些魏将全部软禁在皇宫内，又关闭了所有宫门，宣布全城戒严。

监军的谋略

魏军的高级将领全部被钟会软禁，但有个例外，监军卫瓘权力极重，被钟会留在了身边。前文讲过，监军的职责是监视主帅。魏军最高统帅钟会要想谋反，必须先解决监军卫瓘。他一把拉住卫瓘领到后殿。

"钟会，你要干什么？"卫瓘惊恐地问道。

到了后殿，钟会拿出一块竹板，在上面写了几个字，默默递给卫瓘。卫瓘低头观看，只见竹板上写的竟是"杀掉胡烈等诸将"。这正是姜维的主张。

"我不同意！"

"都到这个地步，你能怎样？"钟会和卫瓘争吵起来。

卫瓘满脸怒容。须臾，他起身欲离席。

"你要去哪儿？"钟会手握剑柄，紧张问道。

"如厕！"卫瓘愤然起身。

在通往厕所这条短暂的走廊里，卫瓘竭力保持住镇定，缓步慢行，敏锐地观察着四周。他在寻找一切机会。这时，一个有些面熟的人从他对面走来。卫瓘向对方递了个眼色，随即快步入厕。片刻后，这人也跟了进去。

"你是不是叫丘建？"卫瓘悄声问道。

对方点了点头："正是在下。"这个名叫丘建的人，原本是胡烈的僚属。

"钟会谋反，打算坑杀胡烈！你今天一定要把这个消息告诉胡烈，让他做好自卫措施，同时想办法联络皇宫外的诸将。"卫瓘急忙说完，走出厕所又返回后殿。

当晚，丘建向钟会禀报："钟将军，胡烈整整一天粒米未进，在下想派人给他送些吃的。"

"嗯。"钟会点点头，并未太在意。

丘建匆匆赶到软禁胡烈的宫室，趁机将钟会的企图告知。

胡烈听罢，写了一封信，委托丘建转交给皇宫外的儿子胡渊。

与此同时，在成都后殿，钟会仍是一个劲儿地劝说卫瓘协助他举兵谋反。

"事到临头，你没有退路了！"

卫瓘一句话都不说。他板着脸怒瞪钟会，在静静地等待着，只要驻守在皇宫外的魏军得知钟会谋反的消息，便有转机。

深夜，钟会和卫瓘各自将佩剑横置膝上，警觉地盯着对方，僵持了整宿。

到了凌晨时分，皇宫外突然响起此起彼伏的鼓噪声。卫瓘心知钟会谋反的消息传出去了，现在他必须尽快远离钟会，否则一旦发生哗变，难保不会殃及池鱼。

"外头怎么回事？"钟会被宫外的声响吸引。

卫瓘假装不安地道："各营将领都被软禁，恐怕军心开始躁动。"

钟会自然不知道正是卫瓘将这消息传递给宫外魏军的。他担心军队哗变，既想让卫瓘出面安抚，又担心卫瓘与宫外将士串通一气。纠结了一会儿，他谨慎地试探道："卫瓘，你能不能出去安抚军心？"

卫瓘迫切想要脱身，眼见机会摆在眼前，却装出一副唯恐避之不及的样子。他摇头说："你是主帅，你应该亲自去。"

钟会听罢，更不敢出去，他对卫瓘的语气从起初的试探变成了命令："监军应该先行，我随后再去。"

卫瓘欲擒故纵的心理战术运用得相当成功，他支吾了半天，最后才万般无奈地从坐席上站起来。他彻夜未眠，且精神高度紧绷，现在突然起身，一阵头晕目眩，差点跌倒。这并不完全是演戏，不过被他有意夸大，以让钟会放松戒心。然后，他摇摇晃晃地朝皇宫外走去。

钟会望着卫瓘的背影，隐隐有些后悔："把卫瓘叫回来！"

卫瓘马上就能走出宫门外。他听到身后侍卫的脚步声，佯装摔倒在地。

侍卫见状，连忙扶起卫瓘："监军大人，钟将军请您回去。"

"我宿疾复发，要回营服药。"卫瓘虚弱地说。

侍卫有些为难，他们得到的命令并非抓捕卫瓘，也不好勉强。就这样，卫瓘逃到宫外。

钟会心下忐忑，又派亲信和医生前去卫瓘营中探望。卫瓘早已料到，一回到营中就开始猛喝盐水，不一会儿便吐得满地狼藉。他素来身体赢弱，经过这么一番折腾，更显得和垂死之人没两样。

钟会派来的亲信和医生看到卫瓘这副惨相，遂回宫向钟会复命："卫瓘真的病倒了。"如此，钟会才稍稍放下心来。

钟会的人走后，卫瓘挣扎着起身，提笔写就一封檄文，传阅驻守成都的魏军，并约定3月3日上午一齐攻破皇宫，诛杀钟会。

此时，姜维察觉到情况有变，建议钟会火速杀掉被软禁的魏军将领。钟会始终没敢下手，并非对这些昔日的同僚心存怜悯，只是不想把自己逼到没有退路。

3月3日清晨，按照卫瓘事先的约定，魏军应该开始攻入皇宫。可魏军各营高级将领均被软禁在皇宫内，主事的下级将领又不敢确定卫瓘所言是否属实，不免担心自己会被扣上谋反的罪名。向最高统帅钟会发起袭击确实需要极大的勇气。

魏军将领踌躇不前,一直耗到了中午时分。

眼见日上三竿,一个青年将领突然高声喝喊:"还有什么可怀疑的!有我父亲书信为证。如果再不行动,他们都会被钟会杀死!"这青年正是正是胡烈的儿子胡渊。言讫,他擂起战鼓,带着父亲的部队率先攻向皇宫。在胡渊的带领下,魏军将士放下困惑,纷纷响应。那些没有将帅带领的士卒也争先恐后地加入这场战争。为何会这样?在钟会眼里,这十几万魏军只是由他摆布的棋子,可他似乎忘记了,这十几万独立的个体,心存一个共同的念头,那就是尽快返回中原的家乡。

术与道:同命不同路

成都城内响起震天的呐喊声。虽然魏军的目标是躲在皇宫内的钟会,但刀剑无眼,成都百姓因这场突如其来的兵祸遭受了一场浩劫,霎时间,箭雨纷飞、火光四起。就在这一片鬼哭狼嚎声中,魏将庞会没有跟着其他同僚冲向皇宫,而是独自率领本部兵士搜寻目标。

"说!关氏居住在何处?饶你不死!"他抓住几个百姓盘问。

很快,庞会顺着百姓的指引,来到关氏宅邸前:"冲进去!无论男女老幼,全杀了!"这位庞会即是四十多年前樊城之战中被关羽斩首的魏将庞德之子,他的仇恨,在压抑近半个世纪后终得宣泄。关羽的子嗣在这场浩劫中被灭绝。

这时候,钟会已经获悉魏军向自己发起进攻的消息。

"事到临头,唯有拼死一搏!请先下令处死那些魏将!"姜维暗思:纵然不能复兴蜀国,至少也要弄得玉石俱焚,如此,老夫死而无恨。

闹到这步田地,钟会不得不答应。十几名士兵冲向软禁胡烈等人的宫室。

胡烈等人用尽全力抵住大门:"千万不能让他们进来!"双方就这样隔着门僵持,等待局势出现转机。

眼看胡烈就要坚持不住,危急关头,胡渊终于率军杀到,将自己父亲和其他被软禁的将领救了出来。随后,魏军继续冲向皇宫大殿。

姜维正率领部分蜀军驻守大殿外,面对如潮水般涌来的魏军根本抵挡不住。

"那人是姜维！"魏军一边喊着，一边把姜维团团包围。他们不需要任何将领指挥，完全出于对回家的渴望，奋不顾身地战斗着。

"杀了他！"齐刷刷的长枪刺向姜维。

姜维确实值得魏军憎恨，一个月前，邓艾兵不血刃地和平接收成都，可是经此一劫，魏军将士险些面临无法返回家乡的绝境，更导致无数人横死。顷刻间，姜维的腹腔被刺穿，口吐鲜血倒在地上，不停抽搐。魏军并未善罢甘休，怀着强烈的仇恨用刀划开姜维的肚子。

"就是这个人，和钟会串通一气，打算再度掀起战乱！"魏军士兵一边说着，一边把姜维的内脏全扯了出来。

"看看姜维的胆，还真是大如斗！难怪会干出这种事！"一名魏军手托着血淋淋的胆脏，骂道。

姜维半睁着双眼，脸部肌肉不住地颤动，亲眼看见自己的内脏被高高举过头顶……三十多年来，他从一个走投无路的魏国降将变成蜀国实力最强的重臣，为此，他割舍了远在雍州的老母。在姜维的大半生中，他始终为建功立业拼搏，诚然，他怀着对蜀国强烈的忠心，可必须这样讲，他的拼搏反而加速了蜀国的灭亡，这毋庸置疑。或许有人会反驳，难道蜀国不频繁发起战争就不会亡国吗？不确知。但是连年征战的确极大削弱了蜀国的国力且让百姓陷入苦难，而反观魏国，自淮南平叛后整整休养生息六年，其间从未主动挑起任何战争，国力得以快速提升。另外，姜维激起蜀国臣民强烈的反战情绪，这让他众叛亲离，再加上他擅改汉中防御体系，无异于自毁家门。可是，在蜀国已经亡国后，姜维却依旧不忘复兴社稷。他最后以失败收场，并因此赔上了他自己和很多人的生命。

此刻，姜维内脏几乎被掏空，躯体终于停止抽搐，魂归西天，然而，他的双眼至死都没有闭上，依然仰望着成都的天空。

应该如何给姜维下个定论呢？从个人角度来讲，姜维拥有常人无法企及的执着，他心里永远没有"放弃"二字。但从更宏大的角度来讲，姜维为实现个人价值，不惜将国家拖入战乱，且无视旁人的生命。他是个逆流而上的勇士，同时也是个将自己的价值观凌驾于众生之上的野心家。后世大部分史学家都对姜维评价很低，但也有少数人对姜维极尽推崇。笔者尝试着把这位蜀国末期的重臣形容得更加简单、纯粹些，或许可以这样讲，他是一个为达目的不惜牺牲一切的人。

和姜维同时阵亡的还有蜀国老将张翼，以及蒋琬之子蒋斌等人。蒋斌早在镇守汉城时就跟钟会搭上了关系，可是张翼，这位极度反感姜维的人，也不幸卷入此劫，不能不为之遗憾。

蜀国早在两个月前即公元263年12月亡国，不过，应该说在公元264年3月3日，随着蜀国最后一位重臣姜维死去，这个偏居一隅的小国才算被盖上棺材盖。

蜀国是一个很有意思的国家，从诸葛亮到蒋琬、费祎、姜维这四位重臣（也可以称为权臣）来看，他们毕生沿着自己信仰的政治理想迈进，无论其所作所为是对是错，他们从未将权力用于一己私利，也没让后代或亲属从中获利。这实在很不寻常。为什么蜀国重臣与魏国的司马氏，吴国的诸葛恪、孙峻、孙綝有那么大的差别？是因为他们道德操守高尚，还是刘禅政治手段高明？不可否认，这两个原因的确存在。但是，放到现代，我们可以用一个词更准确地形容——企业文化。在诸葛亮执政时代，这种企业文化便被建立起来。诸葛亮权势之大，在当时无人能望其项背，但他在临死前以一种极健康的形式传给了下届继任者。蒋琬、费祎和姜维的政治理念截然不同，但他们均继承了诸葛亮那份执着，并不惜一切来捍卫自己的理想。从某种意义来讲，这也算是蜀国之"道"，正是因为这样的"道"，这个最为弱小的国家坚挺了这么久。

《道德经》中有这样一句话："治大国若烹小鲜。"这个意思是说，治理国家要像烹饪小鱼一样谨慎，倘若总是搅动，鱼肉易碎，执政更不能频繁折腾百姓。蜀国这四位重臣中，蒋琬执政最能体现这一特点，他实施的政治举措均以不扰民为第一优先考虑。

逐渐地，魏军将士舍弃了姜维的尸体，又争先恐后地杀向钟会。此时，钟会正绕着皇宫仓皇逃命，他当然逃不出去，唯希望这样能稍稍延长自己的性命。没跑多远，他便被愤怒的魏军追上剁成了肉泥。

钟会一生中翻越了无数高峰，他每次爬到峰顶后总能发现另一座更高的，这次，他才刚刚准备攀登，就失足跌落深渊，粉身碎骨了。对于利，大概没什么人能比钟会更敏感了吧。以他的性格，或许永远都不会满足。因为人生之路上总有无穷无尽的高峰，而绝大部分人从来没有意识到，其中最高、最雄伟的人生之巅，乃是克服自己的性格弱点和无尽的贪婪。这位颍川钟家的后裔，身为三国晚期重臣，无论是谋略还是才学，俱出类拔萃，但他最终还是被自己的野心吞噬了。

钟会死后本应露天暴尸，却被僚属向雄妥善安葬。向雄不是第一次干出这种事，几年前，他也曾冒着死罪为王经哭丧下葬。

司马昭听说后，有点不高兴："上次你给王经哭丧我没追究，这次钟会谋反确凿，你又干出这种事，可说不过去了。"

向雄回答："古代贤明的国君掩埋罪犯的尸体以宣扬仁德教化。既然钟会已伏法，我为道义收葬他，有什么过错？要是把他的尸骨弃于荒野，被将来的仁人贤士指责，这对您的名声也不好吧？"

司马昭听罢，渐渐消了气，他意识到，眼前这位向雄不仅是一位义士，更是个能帮他宣扬教化的工具。

钟会被杀的半个月前，他的哥哥，魏国北荆州都督钟毓（钟毓本来镇守徐州，于王基死后转任北荆州）也刚刚病故。钟会没有获悉哥哥的死讯，但以他的性格，想必也不会为此感到悲哀，因为他在决定谋反的那一刻，便将钟毓一家人的生死置之不顾了。钟会肯定也不会料到，有先见之明的钟毓早就和自己划清了界限。

"我弟弟钟会自恃智术，绝不能让他手握重权。"钟毓这句话一直被司马昭牢记。而后，司马昭对钟毓做出一个承诺，万一钟会谋反，绝不会牵连钟毓一脉。

钟会谋反的消息传到朝廷，司马昭果真遵守承诺，没有牵连钟毓的家人。早先因为钟会没有儿子，钟毓儿子很多，便将自己的儿子钟毅、钟峻、钟辿等人过继给弟弟。不过，即使是这些过继给钟会的子嗣（从法律层面讲，过继就相当于钟会的亲儿子），除了参与钟会叛乱的钟毅被处死，其他人均被赦免，更保留了一切官爵。司马昭对钟家确实很够意思。

钟会与姜维使尽权谋术数，但都忽略了一点，所谓"道"又是什么？十几万魏军对回家的渴望，巴蜀百姓对结束割据、迎来和平的渴望，这才是"道"。

随着钟会和姜维死去，成都迎来了平静，魏军将士兴高采烈，终于有望重返家园。蜀国故臣则心情复杂，他们昔日的政敌姜维，在把蜀国拖入困境后，又把所有人（包括魏军、成都百姓和部分蜀国官军）折腾了一溜够，对这样一个结果，实在不知道该说什么才好。

钟会死后，邓艾故将群情激奋："钟会谋反确凿，业已伏诛，邓将军被他陷害，横遭无妄之灾，现在，咱们必须马上救出邓将军。"随即，数百名邓艾旧部涌出成都，向北寻觅邓艾，几天后在绵竹一带追上囚车，将邓艾、邓忠、师纂释放。

可是，身在成都的卫瓘极度惶恐。之前他亲自缉拿邓艾，如果邓艾返回成都，以这人睚眦必报的性格，自己肯定没好果子吃。想到这里，他对部将田续言道："田续，还记得当初在江油邓艾要杀你的事吗？今天，我给你一个报仇的机会。"

一个月前，邓艾从阴平偷渡成都，途经江油时，田续因畏缩不前差点被邓艾斩首。田续明白卫瓘的意思，立刻率数千人奔出成都，往邓艾的方向追去。

此时，刚被解救的邓艾正打算返回成都。

"今夜就在三造亭露宿。"这里离成都只有不到一百里。邓艾准备歇息，突然四周涌出无数魏军，将邓艾一行人团团包围，为首者正是田续。

"邓艾，你这逆臣，胆敢无视国家法律，擅自破坏囚车，便是逃犯了！"

邓艾怒骂："田续，你什么意思？老夫被钟会陷害，现在钟会已死，难道你不知道吗？"

田续暗想：魏军最高统帅已是卫瓘，成都再没有你的位置了。他举起手中的剑，登时，数千名魏军不由分说地向邓艾掩杀过来。

邓艾一边拼死抵抗，一边高喊："老夫是大魏忠臣！"但他寡不敌众，没过多久，他和邓忠、师纂俱被田续所率的魏军杀死。

邓艾作为被司马懿起用的名将，在三国晚期颇受瞩目，不过，这位战术天才有着极大的性格弱点。邓艾被杀后，司马昭担心雍州政局动荡，于是派幕僚唐彬前往雍州体察民情。唐彬返回后，向司马昭禀道："邓艾性格强横刻薄，顺从者被提拔，直言抗争者被罢黜，就算是他的亲信僚属，都常被羞辱谩骂。雍州军民听到他被杀的消息，无不拍手称快，完全没有动乱的可能。"

唐彬这番话一语中的，邓艾正因为强横的性格死于非命，在他死后，经他治理多年的雍州军民无人替他出头。

又过了几年，雍州遭到西部羌人游牧部落的进犯，当地百姓全都躲到邓艾修筑的防御工事中。"多亏当年邓艾修建城防，咱们才得以保全性命。"雍州人开始念邓艾的好，可在此前，邓艾因大兴劳役修筑城防搞得百姓怨声载道。

邓艾死后三年，西晋议郎段灼上疏为邓艾平反："邓艾心怀忠义，却被扣上叛逆的罪名，平定巴蜀反受诛灭，着实可悲！他不幸有这样的结局，全是因为他刚强急躁的性格所致。想他一个年近七十的老翁，怎么可能会谋反？臣建议重新肯定他的功绩，册封邓氏子孙，宽赦黄泉中的冤魂，令天下知晓邓艾的忠义。"

段灼为邓艾平反的奏疏被西晋朝廷拒绝。又过了六年，邓艾死后第九年，西晋朝廷才总算下了一封诏书："邓艾立下大功，他的子孙不幸沦为平民，朕哀怜他们，故此，封其嫡孙邓朗为郎中。"看得出来，晋朝为邓艾平反很是勉强，最后只封邓朗做了一个芝麻大的公务员，实在有点小家子气。邓艾的结局，和蜀国名将魏延颇有相似之处。在西晋时，卫瓘手握重权，倘若为了正义和公理给邓艾平反，肯定会侵害卫瓘的利益，这对朝廷来说实在得不偿失。

邓艾在死后第九年总算洗刷了谋反的罪名，虽然这对他已经毫无意义。

回到公元 264 年 3 月，邓艾、钟会、姜维这三位首屈一指的实力派重臣，竟在几天内命丧黄泉。他们没有战死沙场，却因身陷错综复杂的阴谋败亡，不能不令人惋惜。而当初三位魏军统帅中，战术失败、被钟会陷害的诸葛绪，成了唯一幸存者，却是因祸得福。西晋时，诸葛绪官至太常、卫尉，后代也都显达于世。

再说卫瓘，他凭借剿灭钟会、平定成都之乱的功绩，成为西晋重臣。卫瓘功成名就，除了因为他卓越的谋略，还有更重要的一点，在历史奔腾不息的长河中，他顺势而为，敏锐地站在正确的立场上。不过，当时的名臣杜预得知卫瓘谋杀邓艾的消息后，也忍不住叹息："卫瓘身为名士，位居总帅，竟干出这种不以正道统御部下的事，肯定会受到世人的谴责。"

在这里，必须讲的还有卫氏家族在中国书法界举足轻重的地位。卫瓘的父亲名叫卫觊，擅长篆、隶、草书，更能写商朝晚期的古文字，他能与书法巨匠钟繇比肩。到了卫瓘这一代，其在书法上的造诣已远胜钟繇之子钟会。唐代张怀瓘在《书断》中将卫瓘的章草书列为"神品"，又将卫瓘的行草、小篆、隶书列为"妙品"，评价极高。卫瓘在卫氏家族的书法流派中起到承上启下的重要作用，也是卫氏书法的奠基人。可以这样说，卫瓘在谋略和书法两方面均技压钟会一筹。但是，钟氏书法并未随着钟会的败亡而衰落，巧妙的是，正是卫瓘的侄女卫铄（世称卫夫人）继承了钟繇书法的衣钵，卫夫人集钟氏和卫氏两家书法流派之大成，又把自己的书法精髓传授给了一位著名的琅邪王氏族人。这人的书法造诣由此登峰造极，正是被后世称为"书圣"的王羲之。

关于卫氏和钟氏两族的纠葛以及书法传承，先说到这里。此时，卫瓘才刚刚崭露头角，后面还有很多关于他的故事。

继续讲伐蜀战役的相关人等。起初，身为钟家外甥的荀勖竭力举荐卫瓘担任钟会的监军，钟会被诛灭归功于卫瓘，因此荀勖也免除了嫌疑。还有钟会的幕僚——辛宪英的儿子羊琇，始终谨记母命。当钟会起兵谋反时，羊琇不曾屈服，奋起抗争。后来他平安返回洛阳，被封了侯。受到嘉奖的还有夏侯和。夏侯氏在魏国的地位远不如前，但夏侯渊的第四子夏侯威与第七子夏侯和这两支还是相当显赫的。

愚者之智

公元 264 年的春天，一支队伍缓慢行进在巴蜀通往洛阳的道路上，刘禅带着他的皇室成员和部分蜀国旧臣举家迁往魏都洛阳。自然，在这队人中，也包括蜀国最后两位颇具实力的老将——廖化和宗预。

当初诸葛瞻刚刚执掌尚书台政务的时候，廖化打算拉着宗预一起去拜谒。宗预一甩手："咱们都年过七十，但求一死，难道还要拉下老脸去登晚辈权门，让世人鄙视咱们贪恋仕途不成？"廖化闻言，点了点头，就此作罢。

此时，宗预回忆起这些往事，内心无比惆怅："元俭（廖化字元俭），等去了中原，你想不想再回荆州看看？"他们二人均祖籍荆州。

廖化不住回首凝望成都，过了好一会儿才摇了摇头。在四十多年的漫长岁月里，他早把巴蜀视为家乡。几天后，二人相继在去往洛阳的路上抑郁而终。

"廖化和宗预就这么走了，真是令人辛酸……"刘禅哀叹。

这年 5 月，刘禅来到洛阳，接受魏朝册封为安乐县公。不知道是不是天意，刘禅受封安乐县，昔日曹髦受封高贵乡，封地名恰如其分地体现了其心理状态。

这天，刘禅受到司马昭的殷勤款待，在酒席宴中，司马昭为了试探刘禅，让歌伎演奏起巴蜀的音乐，在场巴蜀故臣纷纷唏嘘感叹，更有人忍不住流下思乡的泪水。刘禅微怔了一下，有那么一瞬间感受到心绪的波动，可很快，他便挣脱哀伤情绪的束缚，重新流露出喜形于色的神情。

司马昭瞟了刘禅一眼，略带挑衅地问道："你还思念巴蜀吗？"

我的真实想法凭什么要告诉你？刘禅心里对司马昭充满鄙夷和不屑，但他脸上依旧洋溢着微笑："这里很欢乐，我一点儿都不思念巴蜀。"

司马昭转身对贾充说："人之无情，竟然到了这个地步！不要说姜维，就算诸葛亮再世，恐怕也难辅佐啊！"

酒宴散后，蜀国故臣郤正对刘禅说："如果司马昭再这么问，您就回答说，先人坟墓远在巴蜀，每次向西方顾盼，都会感到悲凉，没有一天不思念。"郤正毫无疑问是个耿直之人，但比起老练的刘禅，他实在显得太嫩了。另外再补充一句，郤正对姜维极是推崇，由此可见其桀骜不屈的性格。

刘禅不忍伤害这位老臣的忠心，点头应允。

几天后，司马昭果然又问刘禅："你还思念巴蜀吗？"

刘禅按照郤正的话一字不差地回答道："先人坟墓远在巴蜀，每次向西方顾盼都会感到悲凉，没有一天不思念。"言讫，他闭上双眼，拼命挤出几滴眼泪。

司马昭看着刘禅这副样子，失笑道："这话怎么像从郤正嘴里说出来的啊？"

刘禅瞪圆双眼，佯装惊讶："的确是这样！您怎么知道？"

左右近臣闻言，哂笑不止。

刘禅乳名叫阿斗，已五十七岁，可就是这个被世人评价为昏庸愚笨的人，稳坐了四十余年帝位。不夸张地讲，纵观魏、蜀、吴三国所有的皇帝，他绝对是过得最舒服、最踏实也是最幸运的一个。前半生他早将演技修炼得炉火纯青，这不奇怪，身处权力旋涡的核心，若像曹植和曹髦那样不会控制情绪，注定不会有好结局。甚至，他对自己的演技是如此自信，竟成功地扮演了一个演技拙劣的人，这和当年刘备在曹操麾下韬光养晦颇有异曲同工之妙。刘禅正如当初以游戏的心态来驾驭臣子、控制权力一样，现在，他依然以游戏的心态来调侃司马昭。虽然作为亡国之君多少显得不合时宜，但从个人角度来讲，他称得上是个成功者。假如他像曹髦那样只图嘴上痛快，激起司马昭的警惕和猜忌，或深陷在忧愤中无法自拔直至死去，那么除了给后世提供一个解气的故事，对他自己又有什么好处？

八年后，公元271年，刘禅在洛阳寿终正寝，享年六十四岁。他大半生背负着一个沉重的包袱，这是刘备和诸葛亮强加给他的，但他最终接过这个包袱，以自己的方式将之变轻，再变轻，然后以游戏的心态面对他的责任、臣子乃至敌人。更难能可贵的，他不是一个荒淫无度的国君，更不是一个暴君，他没有因自己这种游戏人生的态度给巴蜀百姓带来苦难。相比很多将个人价值观凌驾于他人之上的统治者，刘禅显得尤为可贵。

甚少有人能像刘禅一样，微笑着面对人生的跌宕起伏。

顺流而上

平定蜀国让司马昭的权威攀上又一个顶峰。公元264年5月，司马昭受封晋公仅仅五个月后，进爵为晋王，仍兼任魏国丞相。

魏国的三公——太尉王祥、司徒何曾、司空荀顗，相约前往拜谒。

荀顗提议："晋王地位尊贵，今天我们见了晋王，自当行跪拜之礼。"

"说得没错！我也正有此意。"何曾连声附和。早在司马昭登晋公时，他就行过跪拜大礼了。这位何曾，正是早年间帮司马师出谋划策废掉魏帝曹芳之人。

三公极尊贵，即便皇帝也要礼敬三分。王祥听罢，连连摇头："晋王地位虽高，仍然是魏国的丞相，我等位列三公，和丞相仅差一阶，况且，我从未听说过朝廷三公要对谁跪拜的。你们这么干，既有损魏朝威望，又有亏晋王美德。君子以礼待人，反正我是不会向晋王下跪的。"

三人并未在这件事上达成共识。他们见到司马昭后，何曾和荀顗扑通一声跪拜在地，而王祥只是站立着，略施揖手礼而已。

司马昭感慨道："我今天总算知道王公受人尊敬的原因了。"

人生在世所受到的尊敬，其实都是自己挣来的。王祥此举深藏政治谋略，实在高人一等。不过，后世很多人觉得王祥虚伪，曹髦死时，他痛哭流涕，司马昭登晋王时，他揖礼而拜，但这些能掩盖他身为司马氏帮凶的本质吗？有人说，王祥只是在无比投入地演绎着忠臣的角色，和司马孚颇为类似。不过，人生不就是一场戏吗？王祥站在司马氏一边，就如同昔日魏朝取代汉朝时士大夫皆站在曹氏一边是同样道理。是否可以这样说，以王祥为代表的士大夫，在他们心中，并非在挑选曹氏或司马氏，而是在历史长河的顺流和逆流之间做出了选择。

竹林之梦

巴蜀平定后，先前派去镇守邺城，监视曹氏藩王的山涛也顺利完成使命，返回京都复命。这天，山涛拉着嵇康的一儿一女来到嵇康坟前祭拜。

"你的两个孩子一切都安好。只要我在，他们是不会孤苦无依的。"山涛低声念叨着，将一壶酒洒在地上，"叔夜，过来喝酒吧……"

山涛没有辜负挚友的托付，他对嵇康的遗孤视如己出，悉心养育。二十年后，天下早已被晋室统一，嵇康之子嵇绍年满三十，一心寻求隐居遁世。山涛对他说了这样一番话："我为你考虑了很久，天地尚有四季更迭，何况是人呢？"这话的意思是说，时间可以改变一切。

嵇绍领悟。随后，山涛向西晋朝廷举荐嵇绍入朝为官，嵇绍出仕。

顾炎武写的《正始》一文，把山涛和嵇绍批判得体无完肤，顾炎武认为嵇绍不孝，山涛更是鼓动异端邪说。可是，倘使嵇康在天有灵，难道会希望自己的孩子毕生沉浸在仇恨中无法自拔吗？而嵇康将嵇绍托付给"竹林七贤"中仕途最光明也最富政治智慧的山涛，除了对山涛的信任，难道还不能看出他的心思吗？

当嵇绍来到京都后，公卿无不为他的风度翩翩所倾倒。有人对王戎说："我刚刚在人群中见到嵇绍，那副器宇轩昂的模样，真像仙鹤立在鸡群中一样！"这句话便是成语"鹤立鸡群"的由来。

王戎回忆起昔日嵇康的风采，感慨道："你是没见过他父亲啊……"言下之意，嵇康当年的风采可谓举世无双。

四季更迭，时光荏苒，又过了二十年，西晋"八王之乱"闹得天翻地覆。晋惠帝司马衷（司马炎第二子）在和成都王司马颖（司马炎第十六子）的交战中不幸落败，侍卫近臣作鸟兽散，唯有嵇绍寸步不离守护着司马衷。此战中，嵇绍舍身护君，被敌军杀死。嵇康的广陵绝响仍依稀回荡在洛阳东市，他的儿子嵇绍却为保护司马昭的孙子牺牲，实在难以言喻。我们不必纠结这个玩笑一样的历史，因为，正像山涛所说："天地尚有四季更迭，何况是人呢？"

时间真的可以改变一切。

回到巴蜀刚刚被平定的公元 264 年，山涛当然不会预知未来会发生什么，此刻，他仍坐在嵇康的坟前喃喃低语，仿佛嵇康就在他面前倾听一般。就这样过了许久，他站起身来。"我还要去看望嗣宗（阮籍字嗣宗），咱们来年再见吧！"说罢，他恋恋不舍地向故友拜别。

距嵇康坟墓不远处，还有一座新坟。山涛缓步走去，在新坟的墓碑上，赫然刻着几个大字——大魏步兵校尉阮公讳籍字嗣宗之墓。

阮籍是在不久前去世的，他的死同样和司马昭有着莫大关联。

前文讲到，阮籍自从出仕司马家后陷入沉沦，经常表现出严重的抑郁症症状。后来，阮籍听说步兵营的厨师擅长酿酒，便求得步兵校尉一职，终日烂醉如泥。他精神欠佳，但还是尽可能以理智的态度在险象环生的政治环境中求生。在《与山巨源绝交书》中，嵇康曾写道："阮籍从不议论旁人的过失，他天性淳厚，从没有害人之心，只有饮酒过度这个缺点常被礼教之士抨击……"

阮籍确如嵇康所言，口不言他人之过，与世无争，这源于他善良的天性和谨慎的避祸心态。而嵇康提到的缺点——饮酒过度，除了阮籍天生好酒这个原因，也是他保护自己的策略。《晋书·阮籍传》这样形容阮籍的状态，"酣饮为常"。也就是说，喝醉是阮籍的常态，他靠这种状态躲避世事纠纷。一次，司马昭想为儿子迎娶阮籍的女儿。这门亲事无数人挤破头都想攀上，可阮籍竭力躲避，连续六十天醉得不省人事，以至于司马昭派来提亲的使者根本无法跟阮籍正常交流，最终只得作罢。阮籍不敢公然得罪司马昭，便以这种消极的方式来回避。

某日，司马昭谈论为官之道时，说："善于为官者当具备清、勤、慎三点。"接着，他问身旁的公卿，"你们说说，当今朝中谁是最谨慎的人？"

公卿七嘴八舌地提到很多人，司马昭频频摇头，最后道："你们说得都不对，要我看，最谨慎的人非阮籍莫属。"

钟会担任司隶校尉时多次找阮籍谈话，阮籍总是喝得酩酊大醉，一言不发。当时，钟会的主要职责就是揪出那些亲曹氏、反司马氏的同僚，阮籍这种状态最终让钟会一无所获。

纵然阮籍在官场上谨慎，也免不了遭到维护礼教者的攻击。有这样几桩逸事。

阮籍的嫂子回家省亲，临走前，阮籍亲自相送。这种行为在当时违背礼法，有人出言讥讽。阮籍听罢，不屑一顾地说道："礼教，岂是给我设立的？"言外之意，他自谓超脱于世俗礼法之外。

还有一次，一个才色绝佳的美女不幸身故，阮籍和这家人素不相识，却径自跑去吊唁。阮籍的真意到底是什么？探究其本心，大概是想以坦荡的胸怀来冲破礼法的束缚吧。他这种行事风格，在他母亲去世的时候展现得淋漓尽致。

当时，阮籍正和一个朋友下棋。"阮君，令堂过世了……"阮籍听到这个噩耗，登时呆住了。继而，他低头沉吟："下完这局！"接着，他又猛地举起酒樽一饮而尽。苦酒下肚，只听哇的一声，鲜血从他的口中喷出。

次日，阮籍斜靠在母亲的灵堂旁，一边吃肉，一边狂饮。前来吊唁的客人见到这情景，纷纷指责他不孝。

何曾对司马昭说："您以孝道治理天下，阮籍在服丧期间竟公然饮酒吃肉，如此大逆不道之人，应该流放海外，以正风教。"在史书中，阮籍有至孝的名声，而何曾指摘阮籍违背孝道，实则是指责他违背了礼教。

讲到这里，就要说说中国人尊奉孝道的历史渊源。孔子认为孝是仁德的根本，又因为春秋数百年战争不断，故将孝道与礼法结合，试图约束人们膨胀的欲望，以减少争端。不过，这其中又免不了流于形式，继而引发某些社会问题。有一则以孝行沽名钓誉的典型案例。东汉末年，山东孝子赵宣在父母死后住进墓道服丧二十多年。陈蕃（"党锢之祸"中被宦官谋害的窦武盟友）慕名前来拜访，查出他在服丧期间生了五个子女。赵宣成为天下笑柄。

回到阮籍母亲的葬礼。前来吊唁的人纷纷指责阮籍违背孝道，阮籍依然故我。突然，他仰天一声惨叫"穷矣"，随即口吐鲜血。"穷矣"的意思指走投无路，一切都完了。母亲去世，令他的精神支柱轰然崩塌，之后，阮籍越发枯瘦憔悴。

何曾对阮籍的指责并未得到司马昭的认同，他颇是理解地说道："你难道看不出，阮籍因为丧母把自己身体毁成什么样子了吗？"

这么多年，阮籍就在痛苦和沉醉中度过了。他的心境处于极矛盾的状态。一方面，他在政界谨小慎微；另一方面，他又屡次挑战司马氏政权的礼教权威。他惧怕在政治上遭到迫害，却相当不爱惜身体（这和嵇康热衷养生形成鲜明的反差），仿佛迫切期待着生命的结束。最后，阮籍走到了人生的终点。

公元 263 年 12 月，邓艾和钟会刚刚攻破益州北部的时候，魏帝曹奂第四次下诏请求司马昭担任相国并晋爵晋公。这是最后一次了。尽管所有人都明白，但司马昭还是不能爽快地接受，他得把戏做足。

于是，司徒郑冲打算率群臣上《劝进表》，恳请司马昭接受册封。不过，郑冲不想亲自写这封表奏，这倒不是因为他才华不够，而是考虑到奏表意义重大，肩负全天下人的意愿，像他这样一个司马氏政权的坚定支持者，自然很难体现民意。由此，《劝进表》该让什么人来写就显得尤其重要。撰写者必须名重天下，才华卓著，最好还要和司马昭关系不那么亲密。郑冲经过反复思索，敲定了人选。世人看到由阮籍亲自撰写的《劝进表》，无疑会令司马昭的民意支持率大幅提升。

阮籍接到这一任务后，继续靠醉酒躲事，甚至一度藏到朋友家里。但事关重大，郑冲不会善罢甘休，他接连派出公差催促。就在最终期限到来的头天深夜，公差把醉醺醺的阮籍拽下床，命他当场写完。阮籍自知躲不过去，遂挥毫落纸，片刻后，文章写毕。

翌日，郑冲和公卿读罢阮籍的文章，大为叹服："笔锋清壮，真是神来之笔！"随后，司马昭便在《劝进表》的诵读声中，官拜相国，晋爵晋公了。

阮籍写的这篇《劝进表》，被后世命名为"为郑冲劝晋王笺"。但实际上，这个标题谬误至极，甚至流传两千年之久。这篇上表乃是劝司马昭接受晋公的册封，而非晋王（此事五个月后司马昭才被册封为晋王）。准确的命名应该是"为郑冲劝晋公笺"。在《劝进表》的最后，阮籍以这样一句话来结尾："明公（司马昭）的盛德超越齐桓公和晋文公，日后您临沧州祭拜支伯，登箕山祭拜许由，这将是天下盛况啊！"在上古时代，尧曾先后打算把帝位禅让给支伯、许由这两位圣贤，可是，二人拒不接受。

想来，阮籍既被胁迫，内心却是不屈，因此，他笔锋中暗藏隐喻，向司马昭提出了挑战——看你能不能像支伯和许由一样拒绝帝位。

阮籍上《劝进表》后，声名响彻朝野，登门造访者络绎不绝。

"阮君，您写的这篇表文被大家喻为神笔啊！"大家纷纷恭维阮籍，阮籍依旧宿醉，吐血，流泪。一个月后，就在司马昭晋爵晋公的那年冬天，阮籍郁郁而终。

"嗣宗，你最爱喝酒，可是再也别喝到吐血了……"山涛将满满一壶酒洒在阮籍的坟前。

"既来之，则安之。"这句出自《论语》中的话，深深烙刻在山涛心中，多年来，山涛早已不再纠结徘徊，他坚定地支持司马氏政权，后来成为西晋开国重臣。山涛在政治上颇有建树，他在晋朝担任吏部尚书十余年，所举荐的贤才均名列成册，逐一品评，被当时人称为"山公启事"。

"山公启事"之所以著名，一方面是因为山涛甄选贤才的眼光，另一方面也凸显出他卓越的政治智慧。每逢官位有空缺，山涛总是拟出一份候选名单，暗中观察晋武帝司马炎中意何人，以此为根据做优先推荐。可是，有时司马炎中意的人不被公卿认可，有人便弹劾山涛胡乱推荐人才。而山涛从不把司马炎搬出来做挡箭牌，总是独自承担，正因为此，他的仕途平步青云。山涛以谙熟官场韬略，同时又保持清廉本色，被世人称道。

山涛晚年屡次请求辞官，但每次都被晋武帝司马炎拒绝。十八年后，公元283年，晋国灭掉吴国，统一天下，司马炎拜山涛为司徒。

"日后我定登三公高位！只是到那个时候，不知你够不够格做三公夫人哪！"山涛回忆起对夫人的承诺。他终于实现了昔日的诺言。

可没过几天，山涛便将官印奉还朝廷："我已是将死之人，不想再拖累朝廷。"

然后，他在侍从搀扶下，颤颤巍巍地登上车驾，吩咐道："回家。"

洛阳城的繁华喧嚣从他身边掠过。他静静地坐在车里，往昔一幕幕重现。

"你就没听到战马的嘶鸣，你就没看到暗藏的刀光剑影？"山涛想起他踢醒石鉴的那一脚。

"巨源，过来喝酒……"他想起和挚友在竹林中的欢声笑语。

"有巨源在，你们是不会孤苦无依的。"他想起嵇康临死前对他的信赖。

"能否让我再弹奏一曲《广陵散》？"他想起在洛阳东市最后一次聆听广陵

绝响。这一切仿佛就在昨天，似梦似幻。

公元 283 年，山涛在他登上三公位的第二个月去世，享年七十九岁。

嵇康死后，铁砧上积下厚厚的一层灰尘，有时候向秀会独自来到鼓风机前摆弄几下，然而清脆的打铁声再也不会响起。昔日的美好时光，终一去不复返。

当年，向秀目睹嵇康奚落钟会的情形，此事最终让嵇康丢掉性命，从那时起，向秀也生活在恐惧中，最后不得不向现实妥协，主动来到洛阳面见司马昭。

"听说你有隐居的志向，怎么今天到我这儿来啦？"司马昭话里带刺。

向秀毕恭毕敬地答道："许由不了解尧帝求贤若渴的心情。这样的人不值得我效仿。"他将许由拒绝尧帝的典故当作反例。这恐怕不是向秀的真心话。后来，向秀官至散骑常侍，却甚少过问政事。

一天，向秀途经嵇康故居，忽闻邻家传出一阵凄恻的笛曲，他不禁悲从心起，随即写下了一篇情深意切的赋来追忆故友：

> 将命适于远京兮，遂旋反而北徂。济黄河以泛舟兮，经山阳之旧居。瞻旷野之萧条兮，息余驾乎城隅。践二子之遗迹兮，历穷巷之空庐。叹黍离之愍周兮，悲麦秀于殷墟。惟古昔以怀今兮，心徘徊以踌躇。栋宇存而弗毁兮，形神逝其焉如。昔李斯之受罪兮，叹黄犬而长吟。悼嵇生之永辞兮，顾日影而弹琴。托运遇于领会兮，寄余命于寸阴。听鸣笛之慷慨兮，妙声绝而复寻。停驾言其将迈兮，遂援翰而写心。

向秀留给后世的作品不多，但篇篇堪称问鼎之作。这首《思旧赋》便是魏晋时代赋中的佳品。另外，前文讲过，向秀对《庄子》研究极深，曾著有《庄子注》，他关于《庄子逍遥游》一篇的感悟尤其值得一说："逍遥是生命存在的至高境界，而这个境界并不因外在环境的变化而不同，完全是出于本心的自由。"向秀是用这个超脱的观点来说服自己，还是真悟到了自由的本质呢？

向秀的心仍然沉浸在回忆中，潺潺水声，伴随着叮叮当当的打铁声，无比美妙。昔日是今日之梦，还是今日是昔日之梦？五百多年前，庄周曾问过自己同样的问题：是我梦到了蝴蝶，还是蝴蝶梦到了我？向秀的心境大概和庄周并无二致。

几年后，向秀死在官任上。

在"竹林七贤"中年龄最小、最世俗且属琅邪王氏一族的王戎，大约也和向秀同时间段成为司马昭的幕僚。王戎在政治上有些建树，可是他贪财的性格也越来越严重。关于王戎贪财的逸事，有诸多记载。比如，他夜以继日地拿着象牙筹计算家财；女儿出嫁时向他借了几万钱，他每次见到女儿都绷着脸，直到这笔钱还清才给女儿好脸色看；侄子大婚当日，他只送了一件单衣作为贺礼，完婚后马上又要了回来。

王戎的贪婪吝啬自是天性使然，不过，也有人认为这是他躲避被主君猜忌的手段。这种说法基本可以定义为后世文人因推崇"竹林七贤"往王戎脸上贴金，颇有些一厢情愿。因为早在正始年间"竹林七贤"一起欢聚时，王戎的世俗便广为人知，而在推崇金钱至上的西晋，他这种性格大概被称作"如鱼得水"才更为贴切，实在和避祸沾不上边。

还有一则关于王戎感情生活的趣闻。王戎的妻子常以"卿"来称呼他。王戎尴尬地表示："妻子应该称呼丈夫为'君'，丈夫对妻子才该称呼'卿'，以后别再这样叫了，让人笑话。"他的妻子却道："亲卿爱卿，是以卿卿。我不卿卿，谁当卿卿？"王戎哭笑不得，只能由着妻子。这句话，即是"卿卿我我"的出处。

多年以后，王戎参加讨伐吴国的最终决战，他作为其中一支大军的统帅攻克了吴国重镇武昌，后历任光禄勋、吏部尚书、太子太傅、中书令等要职，最终官拜司徒。不过，王戎也因他贪财的性格多次被同僚弹劾，留下不太好的名声。

西晋"八王之乱"时，王戎看到天下又步入乱世，遂不再过问政事。他常常身穿便装，独自骑马出游，沿途无人知道他竟是当朝三公。

"前头不是黄公酒垆吗……"那天，王戎途经此地，不禁忆起往事，"多年前，我与嵇康、阮籍在此畅饮，何等欢快啊！回想竹林之游，恰似昨日。而今，嵇康和阮籍都已故去，我则被世俗羁绊，这酒垆近在眼前，却恍如隔世……"王戎触景生情，怅然叹息。

距此时四十年后的公元304年，兵荒马乱，七十一岁的王戎跟随晋惠帝司马衷辗转流离，身处危难，依旧谈笑自若。公元305年，晋惠帝司马衷被权臣挟持到长安，王戎逃到洛阳附近的郏县避难。他听闻郏县县令华谭正在抚恤百姓的消息，突然做了一件一反常态的事。

"把这三百斛米给华谭送去，让他赈济百姓吧。"这种仗义疏财的举动发生在王戎身上，可算破天荒头一遭。他是神志不清，还是想通了一些事呢？

几天后，王戎和宾客畅饮，在宴席上去世了。

嗜酒如命的刘伶，后来被王戎举荐为官。西晋泰始年间（265—274年），刘伶给晋武帝司马炎上了一封奏疏，宣扬无为而治的政治理念。

"真是没用的废话！"司马炎看后不悦，当即罢免刘伶。刘伶巴不得无官一身轻，他整日畅饮酣醉，终成为"竹林七贤"中唯一以平民身份善终的人。

阮籍侄子阮咸在音乐上造诣极高，人称"神解"。当时，西晋重臣荀勖同样精通音乐，名声在阮咸之下，人称"暗解"。有一次，阮咸直言指出荀勖音律上的错误，由此招致荀勖嫉恨。后来，荀勖在司马炎面前进谗言，将阮咸赶出京城，外派始平太守。山涛曾举荐阮咸入朝为官，不过被司马炎以嗜酒虚浮为由拒绝。阮咸的晚年在始平郡落得个逍遥自在，整天在音乐和沉醉中度过，寿终正寝。

到了东晋时代，在嵇康的故乡谯郡出了一位名叫戴逵的杰出隐士，他在绘画、雕塑、音乐上颇有造诣，终其一生从未涉足官场。之所以提到他，是因为他所著的一部书《竹林七贤论》。从那时起，嵇康、阮籍、山涛、向秀、王戎、刘伶、阮咸这七人才被世人合称为"竹林七贤"。"竹林七贤"在曹氏和司马氏腥风血雨的斗争中形成，又湮没于司马氏的强权之下，他们性格迥异、洒脱不羁，最终沿着自己的足迹走完了一生。诚然，"竹林七贤"一开始的政治立场倾向于曹氏，随后又向司马氏或多或少地妥协，但是，倘若就这样以政治立场来品评这七位贤人，无疑是贬低了他们存在的意义。在漫长的历史长河中，他们占据重要地位，其实质在于他们对自由的追求和渴望。自由，是人生中最重要的核心，触及每个人的内心。正因为此，"竹林七贤"的事迹才在两千年来被无数人敬仰和感怀。

司马昭的儿子们

二十九年前，高平陵政变前夕的那个深夜，年轻的司马昭曾躺在床上辗转反侧，无法安眠。二十几年后，他权倾朝野，底气十足，早已今非昔比，似乎天下没有任何事能难得住他了。不过，还是有的，此刻，他面临着和当年曹操、孙权一样的难题——立嗣。这个困扰，不要说寻常老百姓，就算是那些权倾朝野的重臣，只要别摊上称王称帝这种事，大抵都不会太麻烦。

毫无疑问，官拜丞相、高居晋王尊位的司马昭必须慎重考虑这个问题，他希望这份权力妥妥帖帖地传承给子嗣。他不能再用当年司马懿传给司马师或是司马师传给自己的那一套方式，握着儿子的手说："凭你自己本事接，接得住就接，接不住再还给人曹家。"他也不能寄希望于自己死后幸运地冒出像傅嘏和钟会那样的"忠臣"来辅佐自己的儿子继续跟曹家拼。那是创业时的做法，不规范、不专业、不正大光明，纵然司马家族和"正大光明"这个词似乎离得很遥远，但从历史的发展规律来看，只要偷到了，时间一长，也就属于自己了。

司马昭必须确立世子，只有这样，这份来之不易的权柄才能在他死后顺畅且合法地传承下去。

司马昭共生有九个儿子，这里简略介绍。长子司马炎、次子司马攸，这两位后文将有大篇幅描写，这里不多说。其余七子分别是司马兆（十岁早夭）、司马定国（三岁早夭）、司马广德（两岁早夭）、司马鉴、司马机、司马永祚（早夭）、司马延祚（幼年便身患不治之症）。

从司马昭这几个儿子的悲剧来看，基本上可以归为家门不幸之列。在这里稍稍关注一下他几个儿子的名，当时双字的名很少见，可是司马昭居然给他四个儿子都取了双字名。从这些名中，可以清晰地理解什么叫"司马昭之心，路人皆知"，要知道，当司马昭生这几个儿子的时候，还没有晋爵为公，他就已经要"定国""永祚"（祚，乃是皇位、帝位之意）"延祚"了。他给儿子起的这些名，均代表他心中美好的愿望和理想，不幸的是，这些起了僭越之名的儿子，无一有好结果。司马兆这个名还算正常吧，怎么也十岁早夭？好吧，司马兆，字千秋（乃是千秋大业之意）。司马广德呢？连广德也要夭折吗？这就实在没什么可说的了。

当然，基于人道主义的立场，还是应该对司马昭的不幸致以同情。关于司马昭儿子名字的调侃，到此为止。事实上，他的长子司马炎字安世，次子司马攸字大猷（大谋划的意思），同样可以理解为有僭越的意思在。

到底立谁为世子？这是摆在司马昭面前的难题。他在司马炎和司马攸之间徘徊。不过，倘若仅仅是从自家长子和次子之间选择，事情没那么复杂。让司马昭备感纠结的是，次子司马攸早年已过继给亡兄司马师，从法律层面讲，一直以孝道、尊兄自诩的司马昭面临的问题就不单单是在他两个儿子中挑选继承人，而是在他和亡兄的儿子中挑选继承人。倘若仅是这样也不复杂，最复杂的是，司马昭真的是很尊重他的大哥司马师，也更爱他的次子——过继给司马师的司马攸。

"天下是景王（司马师）的天下……"司马昭常常这样感慨。我们相信，这话很大程度上是发自他的真心。正始年间，司马师暗养三千名死士，一朝云集，助父司马懿逼宫剿灭曹爽，这奠定了司马家族权势的根基。司马师在临死前，又将司马昭从洛阳召到自己身边，把大权交给了弟弟。

往事如烟，司马昭沉浸在对亡兄的怀念中，拍了拍自己的王座："这宝座……今后也该是桃符的……"桃符，正是他过继给司马师的次子司马攸的乳名。

司马攸不仅被司马昭宠爱，更深得祖父司马懿欢心。早在公元 251 年，司马懿率军讨伐王凌之役时，司马攸随军出征，战后因功被封侯。看到这里，细心的朋友可能会觉得是不是记载有误。没错，当时司马攸还是个三岁的孩子，怎么可能在战争中立功封侯？从这件事可以看出司马家族至高无上的权势，更可以看出司马攸在家族中的地位。可话说回来，很多人用了大半生的时间，以极高的代价甚至险些付出生命才被封侯，而司马攸边吃奶边得此殊荣，除了天生的优越感，真的就能享受到多少快乐吗？遥想当年毛皇后的哥哥毛曾，在酒席上忘乎所以地叫嚣："我也成侯爷啦！我也成侯爷啦！"那种兴奋恐怕是司马攸永远都体会不到的。司马攸自幼生在这种优越的环境中，却有很好的品行修养，再加上他聪明、有才气（司马攸的楷书笔法被奉为当世典范），因此博得了崇高的声望。但是，司马攸绝对和曹植、曹髦不一样，他懂得用礼法来约束自己的言行，约束自我，这正是身居高位者最可贵的品质。曹植、曹髦恰恰败在这方面。

司马昭毫不掩饰自己对司马攸的怜爱之情，这无疑会引起长子司马炎及其支持者的恐慌。有人说，支持司马炎的人都是像贾充这样的品行卑劣者，大部分贤臣都支持司马攸，这不准确。史书中记载支持司马炎的臣子有司徒何曾、中护军贾充、相国左长史山涛、尚书仆射裴秀、郎中羊琇。其他更多人，并不是说都支持司马攸，而是在立嗣问题上基本没有表态。究其原因，是司马炎和司马攸的竞争比起曹丕与曹植、孙和与孙霸要温和得多，公卿大臣确实没必要表明立场。

我们把司马炎和司马攸做一番比较就能得出结论。二人才略大致相似：司马炎是嫡长子，司马攸的名声则略胜一筹，虽过继给司马师，但依然被司马昭宠爱；两兄弟都是王元姬生的；司马炎的夫人杨艳虽出身名门弘农杨氏一族，但其家人均非重臣，司马攸尚未娶妻，也不牵扯任何姻亲派系。

众公卿综合考虑了这些纠缠在一起的问题，得出了一个结论：随便吧，爱立谁立谁，反正都差不多，犯不着去赌一个，得罪另一个。那些支持司马炎的臣子，除了司马炎的至交羊琇，其他人大概只是觉得废长立幼不好，没事别瞎折腾了。当然，也不排除有人真的在他们二人之间押宝，贾充很可能就属于这类人。

晋国继承人

公卿摆出一副事不关己高高挂起的姿态，但对司马炎来说，这毕竟是他人生中最重要的事，必须得争。可是，怎么争？他的声望比司马攸稍逊一筹。

"稚舒（羊琇字稚舒），你还记得咱们小时候的戏言吗？"司马炎握着挚友羊琇的手说道。前文提及，羊琇是辛宪英的儿子，也是司马师第三任夫人羊徽瑜以及政坛新锐羊祜的堂弟，曾随钟会远征巴蜀，立过功勋。

"怎会忘记呢？"羊琇笑嘻嘻地望着司马炎。

他们自幼交情甚笃。有一次，羊琇对司马炎说："假如有一天富贵了，我们就轮流做中领军和中护军，各做十年！"司马炎听罢，喜笑颜开。大概，这就是他们儿时认为最荣耀的官职了。

"稚舒，助我富贵，我不会忘记你的！"

羊琇点了点头，遂暗中为司马炎出谋划策。他揣度司马昭的心意，将所有可能被问到的问题和答案都写下来，让司马炎背诵。"如果晋王向你询问朝政得失、重臣的性格喜好、魏室境况……你就按此作答，到时候必能得晋王刮目相看。"得益于此，司马炎在司马昭心中的好感度飙升。羊琇的所作所为，与当年"四友"

帮曹丕、杨修帮曹植的手法，都是一个路数。

光有羊琇从旁协助还不够，司马炎也在寻找外援。

一天，他看四下无人，突然扯住裴秀的衣袖："裴君，您说，从人的相貌真能看出富贵贫贱吗？"

"当然能啊！"裴秀不假思索地回道，他不知道司马炎为什么问起这个。

"裴君，您看着……"说罢，司马炎把发髻散开，"看我的头发都长到脚跟啦！"他又伸了伸胳膊，"再看我的胳膊，都长到膝盖啦！您说这是不是富贵相？"

裴秀哂然，明白了司马炎的意思："殿下放心，我知道该怎么跟晋王说。"言罢，裴秀欲辞别离去。

"裴君请留步！"司马炎又喊道。

裴秀疑惑地转过身："殿下还有什么事？"

"裴君……我这富贵相，您能不能也跟何公他们讲讲？"何公指司徒何曾。

"好！好！包在我身上！"

这里介绍一下裴秀。裴秀祖籍河东，其家族被称为河东裴氏，这是一个相当著名的望族。裴秀的祖父裴茂在东汉官拜尚书令，率领关中诸将跟董卓余党打过仗。裴秀的父亲裴潜是魏国名臣，同样官拜尚书令。此时，裴秀官拜尚书仆射（尚书台二把手）。他刚刚向司马昭提议恢复周朝时代的五等爵位制度（公、侯、伯、子、男），得到司马昭的鼎力支持。五等爵恢复后，那些支持司马氏政权的重臣和伐蜀功臣，总计有六百多人因此受封爵位，可谓皆大欢喜。不言而喻，有多少豪门望族对裴秀感恩戴德。他绝对算是位炙手可热的政坛红人。

司马攸又是什么状况呢？在史书中完全找不到他企图争夺世子位的记载，他确实是一个善于约束自我的人，这基本上视同为主动放弃世子宝座了。

于是，在何曾、贾充、山涛、裴秀这帮人的谏言下，司马昭终于在世子人选问题上敲定司马炎。公元264年（刘禅来到洛阳的同年）9月，司马昭让司马炎担任副丞相。当初，曹操任丞相，曹丕任副丞相，如今，司马昭任丞相，司马炎任副丞相，其意不言自明。那么，为什么不直接立为世子呢？这源于深奥的政治智慧，司马昭是用这种办法试水，来观察众臣的反应。

群臣没有异议。这事基本上算定了。

10 月，司马炎官拜抚军将军，这是当年司马懿和司马师担任过的官位。

离目标越来越近。到次年 1 月，司马炎正式成为晋国世子，终于尘埃落定。

"稚舒，想想咱们小时候的戏言，哈哈！"司马炎握着羊琇的手，激动不已。

"给世子殿下道喜了！"羊琇欣慰地笑着。

后来到西晋时代，羊琇犯法，本应处以极刑，但被司马炎力保下来，仅被罢免官位了事。没过多久，他又以平民身份直升为中护军。

"没想到儿时戏言竟成真吧！"司马炎信守诺言，果真回报了他的朋友羊琇。

再后来，羊琇却因保护司马攸触怒司马炎被降职，忧愤发病，于四十六岁病亡。羊琇保护司马攸这件事，此处先一笔带过。从中可以发现，司马炎和司马攸的世子之争确实进行得平淡，不用说那些没表态的臣子，就连支持司马炎的羊琇，也依然和司马攸保持良好的关系。而司马炎登基后对司马攸还是很好的，很多年后才发生了些变故。

裴秀因为帮司马炎说了好话，往后自然是官运亨通。河东裴氏的地位也从裴秀这一代开始走向巅峰。

司马昭之心

公元 265 年 6 月，魏帝曹奂将吴国进贡的珍宝悉数赠予司马昭。司马昭没接受，他大概想：就先暂时放你那儿吧，反正将来都是我的。

曹奂送礼遭到拒绝，心里不太踏实，又下了一道诏书，赐予司马昭多项崇高荣誉，其中就包括八佾（yì）之舞。春秋时期，只有国君才有权力排演八佾之舞，可鲁国权臣季氏在自家排演八佾，这是超过其身份的僭越行为。孔子听到鲁国权臣季氏排八佾之舞，叹息道："他连这种事都能做，还有什么不忍心做的呢？"

司马昭确实没有什么不忍心的，或许，他是不屑于或来不及做吧。不知不觉间，他的胡子和头发都已经斑白了。

这天，司马昭握着司马炎的手，问道："你知不知道曹氏为什么会衰败？"

"因为皇室衰弱。"司马炎回答。

"那么，皇室为什么会衰弱呢？"

"因为……曹氏藩王衰弱，皇室没有藩王来支撑。"

"说得好，那我再问你，藩王又为什么衰弱呢？"司马昭继续追问。

"这……早在曹叡时，藩王便一蹶不振了。"

"曹丕！因为曹丕！"说到这个名字，司马昭突然激动地拍打着手边的案几。"我听你爷爷说，当初曹丕和他弟弟曹植争夺世子之位，被刺激成了神经病，他居然认为全天下最危险的人是自己的亲兄弟，他居然不信任自己的亲兄弟……哼！"司马昭说着，鼻腔里发出鄙斥的声音。

他缓缓说道："想当年，你爷爷和你叔爷，我和你大伯父，要不是有这份兄弟之间的信任，咱家怎能有今天？你记住，往后一定要善待司马家的兄弟，更要善待桃符（司马攸）。"

司马炎认真听着，不住地点着头。

深夜，司马昭躺在床上难以安睡，他想起往昔的一幕幕情景……他想起司马懿临死前紧握着司马师的手。当时，他曾幻想父亲握的是自己的手，他很想把手伸过去，但他没有，因为他明白，大哥实至名归，自己远不能及。他又想起司马师临死前紧握着自己的手，当时，他心里忐忑，根本不知道自己能否接得下这重担，但他还是鼓足勇气告诉司马师，也告诉自己——接得住，必须接得住。

这些往事让司马昭心潮澎湃，他辗转反侧，索性不再强迫自己入睡。他起身点上蜡烛，偷偷拿出一幅画卷，小心翼翼地展开。这是当年曹髦画的《盗跖图》。

就着摇曳的烛光，司马昭一边仔细端详，一边喃喃自语："都说画得像我……呵呵！岂不闻盗亦有道。从今往后，司马家族的权柄要正大光明地传承下去喽！"

窗外吹起一阵秋风，司马昭床边的蜡烛熄灭了，顷刻间，周遭一片漆黑。他激动的心情总算平复下来，随之，他感到一阵疲倦，顺手将《盗跖图》扔在一边，倒头睡去。

公元 265 年 9 月，魏国的权臣、弑君者、晋国的开创者司马昭病亡，享年五十五岁。他继承父兄留下的基业，最终创建晋国。从这一点来说，他的经历像极了吴国开国皇帝孙权。毋庸置疑，司马昭狡诈残酷，可这仅限于对待敌人，他对待自己的兄弟、家族子嗣、同僚、下属，则远比孙权有人情味。他敢冒天下之大不韪弑杀曹髦，却又在强大的舆论压力下保住贾充，而他对待钟会的态度更能彰显胸襟，虽然怀疑，却还是授以兵权，即使后来钟会谋反，他也遵守当初和钟毓的承诺，不仅没牵连钟毓的家人，甚至连钟毓过继给钟会的儿子都没怎么为难。这些难道还不能看出他冷酷外表下那颗宽容的心吗？纵观司马昭的一生，他从那个在高平陵政变前夜不安得无法入睡的年轻人，走向成熟和稳健，最终拥有了强大的自信，这种自信，从他对曹氏皇族的嚣张跋扈中得以充分体现。

"司马昭之心，路人皆知。"这句流传甚广的话带有明显的贬义，但在司马昭看来，纵然天下人都知道，又能奈我何？从某种方面说，他是一个豁达之人。

"晋王薨（hōng）！"臣子大声喊着。

"怎么是'薨'？应该称'崩'！"有人马上出言纠正。

古代重臣、藩王死称薨，皇帝死称崩。当然，司马昭并不是皇帝，但谁都明白，他的的确确是实际意义上的皇帝，而他要取得皇帝这一名分，简直易如反掌。司马昭身份的特殊性给那些为他安排后事的臣子出了个很大的难题，中护军贾充、侍中荀勖等人对葬礼诸多细节争论起来。这确实很让人苦恼，到底该用什么级别的仪式给司马昭下葬呢？

正当群臣争论不休的时候，一阵撕心裂肺的号哭声由远及近。少顷，扬州都督、征东将军石苞跌跌撞撞地扑倒在朝堂上，他刚从自己的驻地赶来奔丧。只见他仰天悲呼："基业都到了这个地步，岂能再以人臣的身份下葬啊！"

这个地步？什么地步？一语惊醒梦中人。众公卿瞪着石苞，恍然大悟，他们为自己刚刚的犹豫懊悔万分，差点错过一个向司马家族表忠心的绝好良机。于是，因为石苞这句话，司马昭的葬礼便一切皆按照皇帝的级别来办了。

"晋王驾崩！"这实在是滑稽的一幕。公卿争先恐后地喊出这句不合礼法和逻辑的话，若非脸上挂满泪痕，听上去仿佛欢快地争抢利益一般。

"司马昭驾崩啦……"魏帝曹奂躲在皇宫里小声地嘀咕了一句，他淡淡一笑，只期待能尽快结束这场闹剧，以获得解脱。

公元 265 年 10 月，魏国的晋王司马昭按照皇帝的规格葬在崇阳陵，谥号"文王"。到了晋朝开国，他被追尊为"文皇帝"，庙号"太祖"。

第三章　丰收季

魏国往事

司马炎继位晋王后，扬州都督石苞、荆州都督陈骞、豫州都督王沈，这三位当时实力最雄厚的藩镇重臣都没留在自己的驻地，全部来到京都洛阳，其中石苞和陈骞更是频繁游走于皇宫中。

这些天，二人隔三岔五就要面见一次曹奂。

"臣石苞觐见！"

"臣陈骞觐见！"

"二位爱卿平身。"

石苞、陈骞坐定，开始滔滔不绝地说出那番已重复过无数遍的话。

"昔日，太祖武皇帝拨乱反正，辅佐刘氏，后汉禅让给魏，真乃天下盛况啊！魏朝历经多代，其间几近倾覆，幸赖晋王匡扶。晋王对魏实有再造之恩哪……"

"陛下可知道古代尧禅位给舜，舜禅位给禹的典故？"

"你们的意思朕全明白。"这番话，曹奂听得耳朵起茧，核心意思不外乎劝曹奂禅位司马炎。近日来，想必公卿免不了对曹奂吹风，唯独石苞和陈骞的劝谏被载于史册。这意味着什么？二人身为魏国军事力量最强的藩镇重臣，分量自然比朝廷公卿要重，因此，由他们二人出面，基本上算作最后通牒。

与此同时，司马炎任命他的亲信羊祜（司马师夫人羊徽瑜的胞弟）担任中领军，统领左卫、右卫、前军、后军、左军、右军、骁骑七营禁卫军，全权负责皇宫内安全。又临时在京都洛阳增置了四个新的护军，负责统领驻扎在京畿一带的中央军诸营以备不测。京都局势紧张得让人喘不过气来，因为很快，这里将要发生一件惊天动地的大事。

果不其然，没过几天，曹奂颁布诏书："晋王祖孙三代辅佐皇室，德勋泽被四海，朕决意将皇位禅让给晋王……"

司马炎执意推辞。

紧接着，以何曾、王沈为首的公卿大臣反复恳求司马炎接受，从某种意义上来说，他们绝非虚情假意，因为倘若司马炎不答应，他们这辈子就真算白忙活了。

　　司马炎没让大家太多费心。公元 266 年初，他终于接受。这份诏命已经让司马家族三代人苦等了几十年。

　　洛阳城外南郊建起了一座高坛。公元 266 年 2 月 8 日，高坛下会集了数万朝廷官吏，高坛上，魏帝曹奂和晋王司马炎迎面站立，一如四十六年前的那个冬天，汉献帝刘协和魏王曹丕各自所处的位置。一切都结束了，解脱了，大魏国终成过眼云烟，埋没在记忆中。曹奂有些愧疚，但他也明白，这一切都是他无法阻挡的，而造成这一切的缘由，已不知道该追溯到哪一年、哪件事了。

　　"魏朝天禄永终，历数在晋！"伴随着钟鼓齐鸣和欢呼声，历经四十六年的魏国国祚终结，被晋取代。

　　有人把司马家族篡魏和曹氏篡汉相提并论，多少有些不妥，客观地讲，早在"党锢之祸"、黄巾党起义以及暴臣董卓秉政的时代，东汉王朝就已濒临崩塌、名存实亡。曹操是东汉末期的权臣，但若没有他，汉室会更早寿终正寝。司马家族夺权的时候，魏朝相当强大，更没有倾覆的危险。但不可否认的是，恰如蜀国的企业文化由刘备、诸葛亮建立一样，曹操也一手造就了魏国的企业文化——权臣篡国，正因为这种企业文化（或可被称为不健康的基因），司马家族才有了成功的土壤。可以这样概述，曹丕以九品中正制作为筹码，换来了皇位，司马家族则依靠九品中正制迅速做大，以利益驱使、控制士族，最终又将曹氏推向了覆灭。

　　不过，即便是司马炎称帝这种对司马家族百利而无一害的喜事，族人中竟也冒出了不和谐的声音。司马懿七弟司马通有个儿子名叫司马顺，他在禅让大典上发了一句牢骚："这和尧把帝位禅让给舜根本不是一码事，居然还敢大言不惭地称为禅让！"司马顺绝对算家里的异类，事后，他被罢黜官爵并流放。

　　司马炎称帝后，重新追谥司马懿为"宣皇帝"，庙号"高祖"；司马师为"景皇帝"，庙号"世宗"；司马昭为"文皇帝"，庙号"太祖"。

　　在这里，我们解释一下庙号。所谓庙号，是指帝王死后供奉于皇室宗庙中的牌位名号。庙号有"祖""宗"两种，大体上，开创基业称祖，守成明君称宗。司马懿毫无疑问是开创晋朝的"祖"，司马师是"宗"。而司马昭也称"祖"，是因为他被魏朝册封为晋王，也算开创基业。再补充一句，司马炎死后，庙号同样是"祖"，因为他是晋朝真正意义上的开国皇帝。

再说谥号。当初，曹操生前数度流露出想得到"文"这个谥号的意思，但死后被曹丕追尊为"武"皇帝，孙权在称帝后仅仅追尊亡兄孙策为王，而非皇帝。如今，司马炎追尊伯父司马师为皇帝，又把"文"这个谥号给了他父亲司马昭，他比起曹丕和孙权，有着更为宽广的胸襟。纵观整个中国历史，若论宽厚大度的帝王，司马炎绝对能拔得头筹。在后面的故事中，我们可以清楚地看到这一点。

魏国消亡后，曹奂被封为陈留王（为纪念当初曹操在陈留郡起兵创业），食邑一万户，并且，他和当年的曹芳一样，也被软禁在洛阳西北角的金墉城里。后来，在西晋时期的多起宫廷政变中，又有数名司马皇室成员被幽禁在此，金墉城遂成为专门安置失势皇族的地方。

人生如戏，戏如人生

就在曹奂离开皇宫，前往金墉城的路上，一个须发雪白的老臣突然扯住了他的衣服："陛下！陛下！"这老臣正是太傅司马孚，他哭得一把鼻涕一把泪，"臣到死的那天，也依然是大魏国的纯贞之臣啊！"

曹奂茫然地凝视着司马孚，他早就听说当年曹芳被废、曹髦被弑时，这位老臣也是像现在这般悲伤。他有点不知所措："司马公快快请起。"说着，他伸手将司马孚搀扶起来。这些年，他目睹司马孚为巩固司马家族权柄所做的努力，但除了哭，他从未见司马孚为曹氏社稷做过任何事。不过，曹奂的眼眶还是不禁湿润了，心头五味杂陈，涌现出异常复杂的情感。

不远处，司马炎望着司马孚的惺惺作态，不知道说什么才好，他心底嘀咕了一句："这位叔祖父，果真如父亲形容的那样，太入戏了。"

又过了段时间，曹奂迁居邺城，受到极高规格待遇，被获准仍以皇帝的方式生活，一切按照魏国的惯例来进行，他的宫室犹若一个仿生态的饲养笼。不过，曹奂并不介意，他今年二十岁，自他出生之日起，便一直如软禁般生活着（其实，他也的确一直被软禁着），一切都和往常一样，无任何不同。而后，曹奂再没有离开过邺城，活到五十八岁病逝。另外，那些被软禁在邺城的曹操的子孙后代，其爵位全部由王降为侯，他们也和曹奂一样，一如既往地生活着。

"曹丕居然认为全天下最危险的人是自己的亲兄弟，他居然不信任自己的亲兄弟……"司马炎没有忘记司马昭临终前对他的告诫。几天后，他开始对司马氏族人大肆封赏。他将司马氏的藩王定为三个级别：大国食邑两万户，统兵五千人；次国食邑一万户，统兵三千人；小国食邑五千户，统兵五百人。其中，司马幹（司马懿第三子，司马师、司马昭的同母弟）、司马亮（司马懿第四子）、司马伦（司马懿第九子）、司马攸（乳名桃符，司马炎同母弟）这四人按照第一等级封为大藩王，司马炎的其他几位叔伯、堂叔伯、弟弟、堂兄弟总计二十二人封为中藩王和小藩王。这些司马家族的藩王，因为留恋京都的繁华与权势，基本上都赖在京都不回自己藩国，很多人更直接参与政治，藩国对他们来说，仅仅是远方一个取之不尽的钱库。

这里回顾曹氏藩王遭受的苛刻待遇，与司马氏藩王做一番对比。燕王曹宇以五千五百户食邑位列诸曹氏藩王之冠，这还是因为儿子曹奂登上皇位，几十年中屡次增加食邑。曹氏藩王受到诸多束缚，譬如不准入京、不准参政、不准离开藩国和频繁更改封地、不准彼此沟通联系，更无兵权。而司马氏藩王全无这些限制。晋室和魏室对藩王的态度，简直是天壤之别。朝代的变革像跷跷板，左右起伏不定，其中不乏矫枉过正，而真正的平衡往往转瞬即逝。

以上提到二十六位司马氏藩王，不包括司马孚。这位大魏国的"纯贞"之臣得到怎样的待遇呢？他可以定义为超级大藩王，食邑是大藩王的两倍，高达四万户，官拜晋朝太宰（位阶最高）、持节、都督中外诸军事。每逢新年的朝会，司马孚乘坐车驾上殿，司马炎亲自走下台阶相迎，施以晚辈之礼。当时，司马孚的儿子司马望官拜司徒，父子并列为朝廷上公的情况，亘古未有。

晋朝开国第七年，公元 272 年，司马孚九十三岁，即将寿终正寝。临死前，他写下一封遗书："大魏国贞洁之士，河内温县司马孚，字叔达，不伊不周（不做伊尹、周公旦这样的首辅权臣），不夷不惠（不做伯夷、柳下惠这样的隐遁避世者，行事中庸），立身行道，终始若一，今素服简葬。"

想当初，司马孚最早被曹植选为幕僚，以忠言规劝曹植被人称道，可当曹丕成为世子后，他迅速转投曹丕门下，丝毫没有因为和曹植的瓜葛受到排挤。同样，在晋取代魏的道路上，司马孚也是扮演着类似的角色。他尽心尽力协助司马懿、司马师、司马昭父子，维护着家族的利益。可是，他用三次痛哭掩盖了所有的一切。第一次哭，是在曹芳被废时；第二次哭，是在曹髦被杀时；第三次哭，是在曹奂禅位时。有人说，或许司马孚真的没有参与司马懿、司马师、司马昭篡夺曹氏社稷的阴谋，可是，在当年的"司马八达"以及司马家族众多子侄辈中，唯有司马孚获得如此高的优待，这说明了什么？然而，这位既得利益者，在史书中的形象是温厚而忠贞的。

司马孚太入戏了，以毕生演绎了一个忠臣的角色。或许，他确实悟到了人生的真谛，因为人生本就是一出戏。

怎样扮演一个忠臣呢？我本来就是个忠臣啊……

成功者

那些曾经是魏国臣子，多年来辅佐司马家族，如今成为晋国开国元勋和佐命功臣的人，在司马炎称帝后均被加官晋爵，赚得盆满钵满。下面来看看晋朝开国时立于权势顶峰的重臣（基本上都是老面孔），顺便给这些跟对老板的成功者做个阶段性总结。他们大多数被授予最高等的公爵（五等爵制度依次是公、侯、伯、子、男），不再赘述，我们只看官位和权势。

以下排名按照官位从高到低为序。

太宰：司马孚。兼都督中外诸军事，绝对是一人之下、万人之上。七年后，司马孚裹着魏朝忠臣的外衣去世。

太傅：郑冲。前文三次讲到他。第一次，他联合司马昭、司马孚、高柔奏请郭太后，以王侯之礼安葬曹髦；第二次，他率群臣恳请司马昭晋爵；第三次，他逼迫阮籍撰写《劝进表》，助司马昭登上晋公之位。这位儒学巨匠在史书中留下不干涉政事的名声，实则为司马家族侵蚀魏室贡献出了巨大的力量，绝对是个演技派高手。郑冲于九年后去世。

太保：王祥。这位琅邪王氏成员，以孝道成就了坦荡的仕途，同样又以孝道化身为司马氏政权的道德楷模和精神领袖。当时王祥已年逾八十，很少出席朝会，且屡次上表请求逊位。有公卿认为王祥经常不参加朝会理应免去官位，司马炎回道："王公德行高筑，是朝廷兴隆教化的楷模，免王公官位这事以后谁都不准再提。"不过王祥还是坚持辞职。司马炎无奈，只好答应。王祥毕生清廉，连个宅邸都没有，他的政治谋略旨在经营自己崇高的名声以及为琅邪王氏家族构筑坚实的根基。三年后，王祥以八十九岁高龄逝世，被世人评价为"清澈达观"。

太宰、太傅、太保这三个官位最早出现在西周，从西汉、东汉再到魏朝只有寥寥数人担任，位次比三公还要高，称为"上公"。司马炎为了显示对功臣的尊重，所以把这三个古代"上公"尊位全搬了出来。继续往下看，在三位"上公"之后，是两个我们很熟悉的最高武官。

大司马：石苞。兼任扬州都督。他奔丧时说的那句话"基业都到了这个地步，岂能再以人臣的身份下葬"，真可谓一字千金。

大将军：陈骞。兼任荆州都督。这位以智谋著称于世的名臣，并没有辜负父亲陈矫临终前的期许，终于将家族发扬壮大。

以上两位凭借实力，成为晋吴边境两个重要战区的军事统帅，而且以劝曹奂禅位的功绩官拜最高武官。在大司马和大将军之下，是前面多次讲到的三公。

太尉：何曾。年轻时，他也做过傻事，曾向曹叡提议给远征辽东的司马懿安置监军，经此之后，他成熟了，帮助司马师废掉了皇帝曹芳。

司徒：司马望。他是司马孚次子，早先过继给司马朗当养子，蜀国灭亡前，他担任雍凉都督八年，在宗室中声望极高。补充一句，自西晋开始，各地中正官（品评士人的地方官）的选拔最终均要过司徒这一道手，无须多言，司马望肯定没少捞。司马望死后，人们发现他家里的金银堆得比山还高。

司空：荀颛。这位东汉名臣荀彧的儿子，而今已成为颍川荀氏中辈分和资历最高的宗族大佬，可他的道德操守和其亡父根本就是天差地别。

上公（太宰、太傅、太保），最高武官（大司马、大将军），三公（太尉、司徒、司空），这八个至高官位被称为西晋"八公"，全部位居一品。历朝历代几乎从未有如此多的显赫官位齐聚一堂。这是因为功臣实在太多，司马炎尊崇不过来。不过，纵然"八公"显贵，但仅算官位荣耀，除了手握兵权的司马孚、石苞、陈骞和负责中正官的司马望，其他人没实权。那么，西晋开国时的实权派又是谁呢？

司马氏和曹氏历经数十年的权力之争，京都禁军的兵权始终是争夺的焦点，鉴于此，先说说西晋开国初期执掌京都兵权的重臣，他们无疑最受司马炎信任。

骠骑将军：王沈。这位太原王氏族人，王昶之侄，统领着京都骠骑营兵，成为洛阳城外围的防御屏障，同时，他兼录尚书事（监管尚书台政务）。很多年前，曹髦亲切地称呼他"文籍先生"，如今，这个称呼早如过眼云烟，被人遗忘了。

车骑将军：贾充。统领京都车骑营兵，成为洛阳城外围第二道防御屏障。关于这位司马家族的亲信宠臣，后面还有很多故事。

中领军（晋朝时一度更名中军将军、北军中候，后又改回中领军，本书一直沿用中领军这一称呼）：羊祜。身为司马师的未亡人羊徽瑜的胞弟，且是名门羊氏的新锐代表，统领皇宫内七营禁军。不过，羊祜的人生远未达到巅峰，不久他将迈向中国历史重量级名臣之列。

中护军：王业。统领皇宫外围禁军。这位东汉群雄刘表的外孙，在曹髦发动兵变时，义无反顾地和王沈一起向司马昭告密。两年后，王业病死。司马炎不忘儿时戏言，又提拔挚友羊琇做了中护军。

以上五个人（算上继任的中护军羊琇），组成了护卫京都、朝廷以及皇宫的重要军事力量。

政权方面，沿袭汉魏时期的尚书台和中书省，依然是两个最主要的行政机构。

尚书台最高统领尚书令：裴秀。他推行五等爵，又帮司马炎争取到世子之位，因而由尚书台二把手升任一把手。当时盛传一句民谣："贾、裴、王，乱纪纲；贾、裴、王，济天下。"贾指贾充，王指王沈，裴指裴秀。这句话的意思是，三人祸乱了魏室，却成就了晋室。河东裴氏家族是中国历史上名声显赫的头等望族，到西晋初年，经由裴秀的努力，其家族势力达到前所未有的高度。后来，裴秀官拜司空，被世人誉为"当世名公"。裴秀对中国制图学的贡献颇值得一书，他著有《禹贡地域图》十八篇，被称为"中国科学制图学之父"。遗憾的是，裴秀也嗜好五石散（寒食散），服这种药后需要喝热酒化解，裴秀居然喝了冷酒，致暴毙，死时四十八岁。往后，河东裴氏家族的后代，包括裴秀的儿子，还会在故事中占据重要戏份。

中书省最高统领中书监：荀勖。颍川荀氏族人，算司空荀颙的族侄，叔侄二人均以品行卑劣著称。

中书省副统领中书令：庾纯。颍川庾氏族人。这个新面孔后文马上会讲到。

可是，仅靠尚书台和中书省彼此制约还不够，一个创新的构想在司马炎脑海中渐渐成形。他让侍中、散骑常侍组成了一个新的行政机构——门下省，以此和尚书台、中书省相互制约。侍中、散骑常侍相当于皇帝的顾问，不像尚书台、中书省直接负责政务，却因为是皇帝近臣，掌握着核心机要，拥有极大的隐性权力。

西晋初年的门下省要员，当时最具影响力的乃是以直臣之名著称的首席侍中任恺，下面即将讲到他的故事。除了任恺，司马炎也让包括"八公"在内的部分重臣兼任侍中、散骑常侍，成为门下省成员。其中，石苞、陈骞、荀颙兼任侍中，王沈、贾充、羊祜兼任散骑常侍。

从此，门下省、尚书台、中书省这三个行政机构分权而治，彼此制衡，史称"三省制"。

讲到这里，让我们再重新梳理一下汉朝到晋朝权力架构的变革。

西汉初期，丞相权过重，汉武帝刘彻将丞相一拆为三，权力架构向三公制过渡。光武帝刘秀任命近臣构建尚书台，进一步削弱三公的权力。魏朝时，曹丕又任命近臣构建中书省，以削弱尚书台的权力，三公至此完全沦为荣誉养老官。晋朝（西晋）时，司马炎起用近臣构建门下省，削弱中书省和尚书台的权力。东晋时期，皇帝诏书必须通过门下省方能颁布，也即是说，门下省拥有"封驳权（审核、推翻诏书的权力）"，往昔皇帝授意中书省直接颁布诏书的传统被打破了。门下省分割了尚书台和中书省的权力，也削弱了皇权，这大概是司马炎始料未及的。

从汉魏到晋这五百年政治演变的过程中，可以发现一个规律，皇帝委派那些跟自己一个鼻孔出气的近臣掌权，近臣掌了权，不可避免地跟皇帝越走越远，渐渐变成能跟皇权分庭抗礼的外臣。皇帝只好再派近臣组建新部门……如此周而复始。这就是人对权力追求的必然结果。每次政治架构的变革无一不是在执政者为给自己谋求更多利益的前提下发起，但结果往往令权力进一步分散乃至平衡。

司马炎构建门下省，创建"三省制"，导致权力分散，政治体系朝着良性方向发展。这一直延续到隋唐时期，最终演变成权力更加分散的"三省六部制"。权力的博弈，就是这样客观地推动着历史前进的步伐。

宽仁为本

想当初，魏国名臣陈群创立九品中正制，给士族带来数之不尽的利益。司马家族的崛起，很大程度上也因为有九品中正制的保障。不过眼下，司马炎坐上了皇帝宝座，不再需要依靠九品中正制来维护自家权益。可九品中正制的职能没有改变，它依旧是士族力量的源泉，依旧是皇权的最大威胁……

司马亮（司马昭的弟弟）、卫瓘等人上疏，认为应该废止九品中正制这项过时且充满弊端的制度。

对此，司马炎心里跟明镜似的，他能获得今天的地位，纯粹是仰赖士族鼎力支持，这项制度牵扯了太多人的利益，过河拆桥的事他不想干，也不敢干。于是，九品中正制只能继续沿用，一直到三百多年后的隋朝才被科举制度取代。

再回到一片喜气洋洋的晋朝。司马家族作为士族领袖，历经多年艰辛、隐忍，用尽权谋，终于创建了一个崭新的朝代。细数历朝历代的开国皇帝，均免不了屠戮功臣、兴文字狱、压迫前朝遗老遗少、搞政治镇压等。司马炎一样都没做。对功臣、士族、没落的前朝贵胄，司马炎都相当够意思。他集尊敬功臣、宽容大度于一身，单就这两点，实在是绝大多数老板都难以企及的优良美德。

公元 266 年 2 月，司马炎刚称帝没几天便下诏，让山阳公刘康（汉献帝刘协的长孙）、安乐公刘禅的子弟担任驸马都尉。此举表明晋室对东汉和蜀国这两个灭亡的皇族子嗣的优待。过了两个月，司马炎又宣布取消对魏国曹氏皇族的禁锢，也就是说，曹氏刚刚被司马氏推翻，依然可以在晋朝做官。如此宽容的政策，绝对在历朝历代都难得一见。

同年，司马炎追尊景帝司马师的首任夫人夏侯徽为景怀皇后。根据《晋书》记载，这件事是羊徽瑜（司马师后继夫人）帮忙促成的。盛传夏侯徽被司马师毒杀，那么，羊徽瑜究竟为什么要替夏侯徽出头？事实上，羊氏与夏侯氏两家来往甚密，羊徽瑜的弟弟羊祜娶了夏侯霸的女儿，堂妹也嫁给夏侯氏成员，既然那些令人尴尬的往事都过去了，羊徽瑜自然希望夏侯氏今后能重整旗鼓。

同是这一年，夏侯佐病死。这人乃魏朝元老、曹操的左膀右臂夏侯惇的嫡孙。夏侯惇当年受封高安乡侯，夏侯佐是这个爵位的唯一继承人。夏侯佐没有儿子，自夏侯惇传下来的高安乡侯面临断绝的危险。鉴于此，司马炎下诏："夏侯惇是魏朝元勋，功绩著乎竹帛。朕受禅于魏，不能忘记魏朝功臣。故，朕决定将高安乡侯之爵位特封给夏侯佐兄弟的儿子夏侯劭。"夏侯劭本属旁系，按法本不能继承夏侯惇的爵位。司马炎这么干，等于又卖了夏侯氏一个莫大的人情。

司马炎接连为夏侯氏做了两件好事，在曹魏刚刚被取而代之的敏感时期，这无疑有助于缓解夏侯氏族人的紧张情绪。

当初，夏侯尚这一支，因为其子夏侯玄被夷灭三族日渐没落。但魏国初代名将夏侯渊（夏侯惇的族弟）的后裔依旧繁盛，尤其是夏侯渊第四子夏侯威的子嗣频繁跟司马氏、羊氏联姻，相当显赫。夏侯威的孙女夏侯光姬后来嫁给司马懿的孙子——琅邪王司马觐，夏侯光姬的儿子在未来可是一位建立大成就且很有故事的人。总之，夏侯氏作为魏晋时期地位极微妙的一支豪族，跟司马氏之间充满了复杂的纠葛。

公元 268 年，由贾充、郑冲、荀颢、荀勖、羊祜、王业、杜预等十四人编纂的律法终于颁布天下。时值泰始年间，这部晋朝律法也就被称为"泰始律"。汉朝和魏朝的律法均以严苛烦琐闻名，《泰始律》则以宽简著称，因其编纂者俱是当世儒学名家，故此，律法与儒家礼教观契合甚密。该年年底，司马炎又颁布五条诏书："一正身，二勤百姓，三抚孤寡，四逐本舍末，五避免官僚派系斗争。"往后的很多年里，司马炎频施善政，并于洛阳东、西市分别修筑两座粮仓，名为"常平仓"，规定在丰年收购粮食，荒年出售粮食，稳定粮食价格，竭力避免谷贱伤农和谷贵伤民的情况发生。

这里要补充一句，司马炎的宽仁，很大程度上是受他母亲王元姬和姥爷王肃的影响，而王氏所追求的宽仁，早在王肃的父亲——魏国初代名臣王朗身上便有所体现。史书中记载了钟繇、王朗二人各有千秋的政治理念——钟繇务求明察，王朗则务求宽恕。史书还详细描写了二人针对肉刑（指割鼻、脸上刻字、断趾、砍足、宫刑等酷刑）展开的一场辩论。钟繇倡议恢复汉朝以前的肉刑，其目的是在保证人口繁衍的同时，增加刑罚的威慑力。王朗则不同意恢复肉刑，认为太残忍。当时参与辩论的公卿多站在王朗一边。毋庸置疑，王朗这种为政理念丝毫不差地传给了后代，并最终影响到司马炎。

从此，西晋王朝便在以宽仁为本的政治风气中迈开了步伐。

贾充的奋斗

在洛阳城的皇宫中，一个美艳绝伦的女人正紧紧搂着一个孩子，喃喃自语："衷儿，怪我把你生成这样，不过，我要把这世界上最好的都给你作为补偿。"这个女人正是司马炎的皇后杨艳，她怀里的孩子是她的亲生骨肉司马衷。

司马衷是杨艳次子，时年九岁，他完全没有理会母亲的话，只顾乐呵呵地傻笑。任何见过司马衷的人都很清楚，这是一个轻微智障患者。

倘若司马衷是个普通皇子，倒也无所谓，他这辈子可以安安心心做一个藩王。但很不幸，当杨皇后的长子两岁夭折后，次子司马衷也就成了年龄最大的嫡长子。于是，按照长幼顺序，太子之位理应落到司马衷头上。

杨艳不止一次劝说司马炎："古往今来，从来都是立嫡长子为太子。司马衷是嫡长子，陛下可千万别做出废长立幼的事来。"话虽如此，立长不立贤也只适用于正常情况，司马衷无论如何都不适合当太子，可杨艳因为内心愧疚，坚持让司马衷成为未来的皇帝。

司马炎明白杨艳的心思，他同样为这事纠结了很多年，如今，他必须做出这个艰难的决定。凡事皆有因，最终令司马炎下定决心的原因，除了杨艳的反复劝说，还有他早年的经历。他年轻时的名望和才略都比弟弟司马攸略逊一筹。这种身为哥哥却不如弟弟的苦衷，司马炎不想再让自己的儿子体会了。

公元 267 年 4 月，司马炎颁布诏令，正式册立九岁的司马衷为皇太子。

这事立刻引起朝野的忧虑，大批公卿对此提出质疑，甚至有人暗示应该让司马炎的弟弟——齐王司马攸继位。辅佐司马家族三代的谋略家贾充凭借其敏锐的政治嗅觉，果断将长女贾褒嫁给了司马攸。显然，他也认为司马衷不堪其位，等司马炎死后，司马攸的前途不可限量，甚至取代司马衷承袭帝位也未可知。

当时，贾充官任尚书令（前任尚书令裴秀刚刚晋升司空，贾充接替裴秀入主尚书台），兼任侍中（门下省要员）、车骑将军，一人横跨尚书台和门下省两大行政机构，再加上和皇室成员中最有前途的司马攸联姻，可谓权倾朝野。

不过，有人的地方就有江湖，有江湖的地方就有斗争。贾充势力再大也有政敌。他的政敌便是赫赫有名的门下省首席重臣——侍中任恺。尚书台和门下省本就处于相互制约的状态，再加之贾充性好阿谀奉承，任恺则以直率著称，这种性格差异也决定二人不会和睦相处。

贾充和任恺的派阀斗争牵扯官员极多。在朝廷里，贾充的支持者包括以太尉荀𫖮和中书监荀勖为首的颍川荀氏家族、左卫将军冯纨、河南尹王恂（王肃之子，皇太后王元姬的弟弟）等人。任恺的支持者，有中书令庾纯、散骑常侍裴楷（裴秀堂弟）、黄门侍郎张华（政坛后起之秀，后面还会有他的故事）、黄门侍郎向秀（"竹林七贤"之一）、黄门侍郎和峤（夏侯玄的外甥）等人。

将两派势力的架构做个简略概括，即是贾充率领的尚书台，与任恺率领的门下省全面开战，中书省则被正统领荀勖和副统领庾纯一拆为二，荀勖支持贾充，庾纯支持任恺。晋朝三省全部牵涉其中，热闹非凡。

那么，皇帝司马炎对此又持何种态度呢？一次，他劝贾充、任恺道："朝廷当万众一心，大臣也应该彼此和睦，两位还是安生些吧。"司马炎本就性格宽宏，这种轻描淡写的语气显然不会有任何作用。贾充和任恺见司马炎没过分苛责，在往后几年中反而斗得热火朝天。司马炎是否真想规劝二人？他和缓的态度，说是有鼓励的味道也无不可。一方面，臣子之间斗争有利于巩固皇权；另一方面，贾充自从和司马攸联姻，也确实引起了司马炎的忌惮。

一天，贾充对司马炎说："侍中任恺忠诚坚贞、气度纯正，乃是辅佐太子的最佳人选。"像贾充这样的老江湖，打击政敌都要把话说得足够漂亮。他对任恺这番称赞，真实目的是想把任恺从门下省调到太子东宫。

司马炎怎能不明白这层意思，笑笑道："贾公说得在理。"继而，他下诏让侍中任恺兼任太子太傅。请注意这个"兼任"，任恺担任太子太傅，同时仍保留门下省首席侍中一职。贾充偷鸡不成蚀把米，叫苦不迭。

司马炎一边装糊涂，一边抬任恺抑贾充。他这样做，完全是因为贾充把女儿嫁给了齐王司马攸。司马炎看似是在帮任恺压贾充，实则是为了儿子压弟弟。在这一回合的较量中，任恺幸运地处于有利位置，略胜贾充一筹。

贾充和任恺之间的角逐，终于因西部边境的一场叛乱达到了沸点。

公元 269 年，司马炎将雍州西部、凉州西部以及益州西北部拆分出来，重新合并为一个新的行政区域——秦州，并委派胡烈担任秦州刺史，牵弘担任凉州刺史。秦州和凉州是羌、氐、鲜卑等游牧部落的聚集地，此举是为方便管理部落。

陈骞劝道："胡烈、牵弘勇而无谋，并不懂得治理边境，他俩迟早会坏事。"

胡烈和牵弘都是伐蜀战役中的功臣，司马炎不以为意。果不其然，胡烈上任后采取高压政策，很快激起各部落的反抗。叛军总帅是一位颇具传奇色彩的人物——鲜卑秃发部首领树机能。这人很不简单，他迅速掀起巨大的风浪，这场叛乱将困扰晋室长达十年之久。

但在刚开始，谁都没把秃发树机能当回事，直到第二年，一封战报传到洛阳。

"启奏陛下，秦州刺史胡烈在万斛堆（宁夏与甘肃交界地）与叛贼激战，不幸身亡。"

战火愈烧愈烈，到公元 271 年已蔓延至凉州。5 月，洛阳再次收到战报："凉州刺史牵弘被叛军斩杀。"

当初，陈骞的预言全部应验。司马炎总算意识到西部叛乱的规模不可小觑，遂决定选拔一位重臣担任雍凉都督，以免战火继续向东蔓延到关中。

任恺和庾纯抓住机会，奏道："雍凉都督的人选必须谋略出众、资望深厚。列数朝中重臣，能堪此大任者首推贾公！况且，当年钟会谋反时，贾公曾担任过关中都督，对西部局势也相当熟悉。"二人以其人之道还治其人之身，明着是推崇贾充，实则想把贾充驱逐出朝廷。

司马炎仍在犹豫。

任恺紧跟着又说了一句："陛下，雍州囊括了最重要的地区关中，雍凉都督务必选择亲信重臣，贾公乃齐王（司马攸）岳丈，身为皇亲国戚，朝廷里没有比他更合适的人选了……"这句话起到了决定性作用。

司马炎会意，终于决定让贾充出任雍凉都督。

因为牵扯太子司马衷和弟弟司马攸，司马炎再次和任恺站到同一阵营。任恺不一定是支持司马衷的太子党，但身为司马攸岳父的贾充是实打实的齐王党。

太子妃

离远赴雍州的日期越来越近，贾充愁眉不展。原先，他认为自己把女儿嫁给司马攸算是做了笔一本万利的投资，结果还没等到司马攸让他回本，他就接二连三遭到皇帝打压。如今眼看要丢掉尚书台，即将被派往雍州那个鸟不拉屎的地方面对游牧部落，他不禁叫苦不迭。

贾充的铁杆盟友——中书监荀勖和左卫将军冯纨也将因此面临失势。二人明白，贾充被赶出朝廷，真正的原因乃是对方和司马攸的联姻……想到这里，二人心生一计。

翌日，荀勖和冯纨谏言司马炎。一阵寒暄之后，荀勖转到了正题："太子到了婚配年龄，太子妃却还没着落……"

这段时间，司马炎恰在物色太子妃的人选。他应道："说得是，我正打算纳卫瓘的女儿做太子妃。"

荀勖道："臣建议不妨考虑贾充的女儿，世人都说贾氏才貌绝世……"

"什么才貌绝世！"司马炎没好气地道，"卫瓘的女儿性格贤惠，肤白貌美，身材高挑；贾充的女儿嫉妒心强，又黑又丑，身材矮矬。你们以为我不知道吗？"贾充共有四个女儿，其中有两个尚未出嫁，但这两个女儿无论是外貌还是品行，绝对堪称世间"极品"。

冯纨道："贾氏的确才貌绝世，陛下若不信，可以问问太尉荀颛。"

司马炎听出冯纨话里有话，马上唤来荀颛询问。

荀颛侧目见连连朝自己使眼色的荀勖，遂坚定地回道："贾充之女姿德淑茂，实在是太子妃的最佳人选。"

回过头来说，被荀勖、荀颛、冯纨盛赞的贾充之女究竟如何呢？先从贾充的家庭讲起。

贾充的原配本是李丰之女李婉。李丰号称"玉山"，他正是与夏侯玄、张缉密谋刺杀司马师，后被司马师活活打死的魏国中书令。可想而知，在那段时期贾充处境有多尴尬。李婉被流放，贾充开始重新规划仕途。没过多久，他迎娶魏国名将郭淮的侄女郭槐为后妻，郭淮乃是亲司马懿的实力派将领，从这桩婚姻不难看出贾充表明其政治立场的姿态。根据《晋书·贾充传》的记载，贾充正是在这段时间成为司马师的幕僚，混入政治核心圈子的。可见，贾充和太原郭氏结亲成了他仕途的转折点。

贾充的后妻郭槐是个以强烈嫉妒心留名于史册的阴狠女人。司马炎对昔日政敌采取宽厚政策，他登基后，漂泊多年的李婉也被赦免。当时类似案例很多，譬如司马炎的舅舅王虔（王肃之子，王元姬胞弟）的前妻是毌丘俭的孙女。毌丘俭死后，孙女遭流放。晋朝建立后，毌丘氏被赦免，王虔果断接回了前妻。然而，李婉回到京都走投无路。原来，蛮横的郭槐居然不准贾充接纳李婉进门。

这事连司马炎都看不下去了。他劝道："贾卿，你们夫妻团聚是大喜事，赶快把李婉接回府吧！"

贾充一脸为难："这……臣家里实在不方便哪。"

司马炎对贾充后妻郭槐的嫉妒心早有耳闻，今天算是领教了。他不想让贾充难堪，又希望贾充夫妻团聚，遂提出一个办法："我特准你娶两位正室夫人，可好？"也就是说，李婉和郭槐没有妻妾之分，二人平级。

贾充回到家，战战兢兢地跟郭槐商量："陛下让我接回李婉，你们俩没有妻妾之分，她当右夫人，你当左夫人，好不好？"

郭槐听罢，撒泼打滚："皇帝管天管地，但管不着咱家事，贾家立下佐命大功，我也有份，李婉哪有资格跟我并列？"

贾充见郭槐撒泼，只好一个劲儿地赔罪。最后，他把李婉安顿在贾府外，迫于郭槐的淫威，从不敢去探望。

再说贾充嫁给齐王司马攸的贾褒，即是他与前妻李婉的女儿。贾褒思母心切，曾当着群臣的面，跪在贾充面前磕头，哀求把母亲接回家。在座同僚眼见齐王妃这副惨状，多有人上前求情，可贾充想起不好惹的郭槐，还是不敢答应。

后来，贾充的母亲病危，贾充哭问："您有什么遗言要嘱托给儿的吗？"

贾母埋怨道："你就连把李婉接回府都做不到，我还有什么事能托付给你？"

郭槐的嫉妒刻薄并不仅限于对李婉。有一次，她怀疑儿子的奶妈勾引贾充，竟将奶妈活活打死。贾充不敢顶撞，唯有忍气吞声。不幸的是，没两天，他三岁的儿子就因目睹这一幕惨剧惊吓过度而夭折了。

同样的惨剧接连发生，郭槐又打死了小儿子的奶妈，再次导致小儿子夭折。此后，她和贾充再没生下儿子。除了这两个早夭的男孩儿，郭槐还生了两个女孩儿，可想而知在母亲变态的性格熏染中能长成什么样子。

皇宫里，荀勖、荀颛、冯纨仍在喋喋不休，劝说司马炎让贾充之女当太子妃。

司马炎见荀颛都帮着贾充说话，不由得动了心思。只是，他想到别人对贾充女儿的评价，还是不甘："卫瓘的女儿才貌出众，这事……容朕再想想……"

恰在这时，一个娇媚的声音自外面传了进来："长得漂亮有什么用？"说话者，正是以绝世美貌著称的皇后杨艳。

话音未落，杨艳姗姗而至。"陛下，您只考虑卫瓘之女才貌出众，难道就不想想卫瓘和贾充谁实力更强？"当时，卫瓘官拜征北将军、幽州都督，因远在北方边疆，朝中势力远不及贾充。她接着说道："臣妾也认为，应该纳贾充之女为太子妃！"

杨艳这样说完全是爱子心切，寄希望于日后贾充能尽心辅佐儿子。她的话犹如当头棒喝，令司马炎不得不重新审视这个问题。他又看了看身旁的荀勖和荀颛，暗想：跟贾充结亲，意味着傻儿子能得到颍川荀氏和太原郭氏两大豪族的支持，这确实比娶一个美女重要得多。

最后，在这些人的劝说下，司马炎终于决定让儿子迎娶贾充之女为太子妃。

婚事尘埃落定，贾充从被司马炎忌惮的齐王（司马攸）党，摇身一变，成为司马炎仰仗的太子（司马衷）党。不出荀勖所料，司马炎为巩固太子党的实力，一改先前的诏命，再也没提让贾充前往雍州的事。贾充得以继续留任朝中。

婚　礼

贾充共有四个女儿，前妻李婉生的两个均已出嫁（长女贾褒嫁给齐王司马攸）。后妻郭槐生的，大的名叫贾南风，小的名叫贾午。贾充面临一个选择："贾南风和贾午，到底该把谁嫁给太子？"他盯着两个女儿，不禁有些犯难。

当时，贾南风十四岁，勉强到了出嫁年龄，贾午只有十一岁。可是，贾南风长得实在太丑了，就连贾充都觉得把她嫁给太子有点说不过去。虽然贾午容貌也不出众，但毕竟年纪小，看上去还不至于太招人讨厌。出于这样的考虑，贾充打算让幼女贾午嫁给司马衷。

公元 272 年初春，洛阳城洋溢着喜庆的气氛，太子司马衷要迎娶贾午了。而这时，贾府上下却是一片混乱。

"快点！快点！都什么时候了，怎么还在磨蹭？"贾充焦躁地催促。

几名婢女正手忙脚乱鼓捣着贾午的礼服，贾午笨拙地扭动身躯，矮小的身子完全被埋没在宽大的礼服中，根本走不动路。

怎么办？这样走出去岂不当众出丑？突然，贾充喊道："南风，你来试穿！"

贾南风比妹妹年长，身材也略高些，她迫不及待地穿上礼服，勉强合身。接着，她紧紧抱着身上的礼服，眼神流露着无限贪婪，再也不打算脱下来了。

这礼服将会改变我的一生。贾南风年纪虽小，但想得很明白。

郭槐没了主意："到底要嫁哪个女儿？"

"当然是南风！"贾充吼道。

众人愕然。起初选定贾午出嫁，临时改成贾南风，这难道不是欺君之罪吗？不过现在顾不上那么多了。

须臾，贾南风身穿婚服迈出贾府的大门，在迎亲队伍的簇拥下向皇宫而去。

由此，礼服引起的混乱竟演变成这样一个出人意料的结果，贾南风成为太子妃，这最终影响了西晋王朝未来数十年的国运，并导致无数人命丧黄泉。

实在太丑了……司马炎看着贾南风，阵阵作呕。可是，长得漂亮又有什么用？从今往后，傻儿子将赢得贾氏、荀氏两大豪族的支持。他只能这样宽慰自己。

直臣的结局

多年来，贾充和任恺之间进行着旷日持久的派系斗争，此前，因为贾充和司马攸结亲，司马炎两次力挺任恺。可自从贾充又把女儿嫁给太子司马衷后，局面就出现了逆转。不仅如此，贾充更赢得了以皇后杨艳为首的弘农杨氏外戚的支持。没过多久，贾充由车骑将军升任为司空（三公），仍兼任侍中（门下省要员）、尚书令（尚书台统领），权势如日中天。而他的政敌任恺则走向下坡路。

贾充向任恺反戈一击的时刻到了。他对司马炎谏言：“任恺忠勤职守，担任侍中岂非屈才？不如让他任吏部尚书。”吏部尚书归尚书台，正是贾充的直属下级。

司马炎自然明白贾充的鬼心眼，但是，既然贾充已成为儿子的保护伞，他也就犯不着再袒护任恺，当即答允下来。

任恺无奈离开门下省，进入尚书台，从此在贾充的压制下处处受刁难。

不久，贾充伙同荀颛、冯纨上疏弹劾：“任恺奢靡无度，居然私藏御用器皿，实乃大逆不道！”

任恺因此遭到罢免。他的确有御用器皿，但来路是名正言顺的。

任恺气得七窍生烟：“陛下真是糊涂啊！这些器皿都是臣的夫人齐长公主（曹叡之女）出嫁时的嫁妆！”齐长公主是魏明帝曹叡唯一健在的女儿，她在前夫李韬（李丰之子）被杀后改嫁任恺。

往后几年里，任恺数次被朝廷起用，又数次遭到罢免，仕途坎坷。他为发泄胸中抑郁，日耗万金，满足口腹之欲。在西晋时期，士大夫早已抛弃了东汉末年崇尚节俭的风尚，像任恺这样拥有贤臣美誉的正直之人，生活也奢靡无度。

眼看任恺落魄，他的支持者全都无能为力。

某日，黄门侍郎和峤途经洛阳城北的北夏门，刚过了门，忽听轰隆隆一声巨响，北夏门轰然坍塌。

和峤回头望去，叹了一口气：“唉，倒了，倒了！”

侍从听出和峤是在为任恺的事触景生情，忍不住说道：“任大人失势，您是不是该拉他一把？”

和峤摇了摇头："元褒（任恺字元褒）就跟这北夏门一样，不是一两根木头就能支起来的（拉自欲坏，非一木所能支）。"后来衍生出"独木难支"这一成语。

数年后，任恺担任太常闲职，最后郁郁而终。

酒后失言

任恺失势的这段时间，他的政治伙伴——中书令庾纯同样过得很不如意。

在一次宴会上，庾纯看着贾充趾高气扬的模样，胸口像堵了一块石头。随着几杯酒下肚，他越发感到憋屈。忽然，他把酒樽摔在地上，站起来指着贾充骂道："天下汹汹，都是因你贾充作恶！"

贾充脸色铁青："我辅佐二世（司马昭、司马炎），荡平巴蜀，有什么过错？"当年伐蜀之役，司马昭命贾充率军入驻汉中，以遏制谋反的钟会。

"你有什么过错？"庾纯已经气得失去了理智，遂借着酒劲，说出了一句谁都不敢提及的话，"高贵乡公现在在哪儿？"高贵乡公即是被弑的前朝皇帝曹髦。西晋初年虽然政治崇尚宽容，但底线还是有的。当时，只有两桩事属于谁都不能提及的超敏感话题，一桩是高平陵政变，另一桩就是曹髦被弑。

庾纯话音落定，举座震惊。

"放肆！放肆！将他拿下！"贾充麾下侍卫纷纷拔剑出鞘，将兵刃架在了庾纯的脖子上。

"贾公息怒！"羊琇（司马炎挚友）慌忙劝解。

"不可动武！"王济（王昶的孙子）也喝止冲动的士兵。

庾纯觉得脖子上冷飕飕的，霎时醉意全无，脑子只有一个念头：说错话了……事后，他连番上表谢罪，但还是被朝廷罢免。

贾充却对这一结果并不甘心，誓要置庾纯于死地。几天后，何曾和荀颛这两位对贾充趋炎附势的重臣，上表弹劾庾纯。按说庾纯都被罢免了，如今已是一介平民，还有什么可弹劾的呢？这里不得不说贾充一伙心狠手黑，他们弹劾庾纯的理由足够致命，乃是西晋时期最不容宽恕的罪名——不孝。

何曾、荀颛奏道："庾纯老父已八十一岁高龄，可庾纯根本不在家赡养父亲，依然热衷于仕途，要不是遭罢免，他根本就顾不上赡养老父！"这番指责不是凭空臆断，而是确有法律依据，只是这条法律被何曾等人曲解了。

齐王司马攸听出了其中的破绽，反驳说："法律规定，父母年过八十，如果家里只有一个儿子，这个儿子不能从政，需要在家赡养父母。庾纯老父八十一岁，但庾纯有兄弟六人，其中三人都在家赡养老父，所以庾纯不算违法。"按说贾充是司马攸的岳父，但性格耿直的司马攸不管这些，他要站出来说句公道话。

司马攸力保庾纯，打破了贾充等人一言堂的局面，群臣跟着展开激烈争论。

司马炎听了半天，也不想因为这点事就把庾纯搞死，遂下了定论："罢免庾纯，完全是因为他醉酒后胡言乱语。齐王说得在理，不要再弹劾庾纯了。再说……"他扫了一眼群臣，"父母年过八十没辞官回家的，也不单单是庾纯一人吧？"此言一出，众人纷纷垂下头，不敢再多废话。

过了些年，司马炎起用庾纯为国子祭酒，又晋升侍中。

后将军荀眅（颍川荀氏族人）再度把庾纯不孝的陈年往事扯了出来，打算阻止庾纯升迁。

侍中甄德（魏朝郭太后堂弟，重量级的前朝外戚）出面驳斥："先前陛下都说了，不再追究这事，荀眅这么没完没了，就是抗旨不遵！"

司马炎也不耐烦了，瞪了一眼贾充，心道：你都已经赢了，就适可而止，给人留条活路吧！最后，他直接将荀眅罢免，结束了这场贾庾私斗。

庾纯虽然得以重返政坛，不过像任恺一样，已完全没有和贾充抗衡的实力。

就这样，贾充彻底击败了他的政敌，成为西晋初年势力最大的权臣。

贾充把朝廷搞得乌烟瘴气，但坦白讲，他充其量只是努力经营自己的仕途，虽然他的女儿贾南风日后成为导致天下苍生涂炭的罪魁祸首，但至少到目前为止，他还没有做出什么伤天害理的事。晋国仍然在以宽仁为本的政治环境中稳健前进。

极具反差性的是，此时的吴国和晋国形成强烈对比，步入自汉朝以来最严酷的暴政时代。其惨烈程度史上罕有。

暴　君

时间回溯到司马昭死的前一年，公元 264 年秋，年仅三十岁的吴国皇帝孙休驾崩。他死后，丞相濮阳兴，朝臣万彧、张布、丁奉考虑孙休太子年纪尚幼，遂将二十三岁的乌程侯孙皓托上了皇位。

这位孙皓正是当年"南鲁党争"中被废的孙和之子。十几年前，权臣诸葛恪被杀，孙和受牵连被勒令自裁。当时，孙皓目睹了父亲被逼死的全过程。

朝臣拥立孙皓，一方面是为当年太子孙和横遭无妄之灾抱不平，另一方面也是因为孙皓已经成年，有利于吴国社稷稳定。然而，所有人都不知道，自从孙和被害后，孙皓的性格便发生了畸变。世事往往出人意料，朝臣拥立孙皓，结果给整个吴国带来了史无前例的劫难。

从孙皓坐上皇位的这一刻起，吴国群臣就算是一只脚跨进了鬼门关，他们将成为三国至西晋这百年来最悲惨的一批臣子。

孙皓登基三个月，开始露出残酷的本性。他突然以莫须有的罪名将濮阳兴和张布夷灭三族。这相当令人难以置信，孙皓年纪轻轻，又是通过非正常途径继承皇位，按理说，这样的皇帝会处于弱势，可孙皓能把拥立自己的重臣满门抄斩，其手段之狠辣，着实罕见。

孙皓杀了张布，居然还把张布的小女儿纳入后宫。

他挑衅地问张氏："你父亲去哪儿啦？"

"为奸贼所杀！"张氏悲愤地骂道。

孙皓当即命人把张氏活活打死，随后又把张布已出嫁的大女儿掳到后宫。

不久，万彧也被孙皓逼迫自杀。至此，当初拥立他的四位重臣，除了丁奉赶在他下手之前病逝，其余三位均惨遭毒手。

而后，孙皓越发肆无忌惮，他设置剥脸、挖眼等酷刑，随心所欲地诛杀臣子，杀人手法颇能体现病态心理。一次，孙皓将散骑常侍王蕃斩首后，命近侍扮作野兽，争相啃咬王蕃的头颅。中郎将陈声因秉公执法得罪嫔妃，被孙皓用烧红的锯生生锯断了脖子分尸。孙皓的嫔妃同样朝不保夕，稍有不如意即被处死。当时，居住在建业的百姓总能看到嫔妃的尸体顺着秦淮河漂出城外。并且，承袭吴国皇室自相残杀的传统，孙皓对同族更是一点都不手软。

他先是逼朱皇太后（孙休的皇后，朱据和孙鲁育之女）自杀，接着，将孙霸（孙权第四子）子嗣流放，将孙奋（孙权第五子）全族诛灭，将孙休（孙权第六子）两个儿子处死、另外两个流放，甚至连他同父异母的两个弟弟孙谦、孙俊也找碴儿杀了。至此，孙权的孙子除了先前死掉的，其余全部遭到孙皓迫害。

喜欢杀人的皇帝，一般都爱折腾，孙皓也不例外。他继位第二年就因为听了望气者（负责观测星象的朝臣）的一句话，将国都从建业迁到武昌。迁都是个大工程，朝廷为此征调大批民夫运送物资，以维持皇室的巨大开销。孙皓来到武昌，马上派人把当地古代名臣名家的坟全刨了个干净，以阻断煞气。

孙皓在武昌刚住了一年，又迁回建业。自然，官员和百姓少不了一通折腾，朝野怨声载道。

历朝历代相信谶纬术的国君不在少数，绝大部分都懂得低调审慎地看待这种事，但孙皓毫不掩饰自己对谶纬术的热衷。同时，孙皓保持着平均两年更改一次年号，几乎每年颁布一次大赦的频率，这绝对是要把吴国往死里折腾的节奏。

此时，吴国群臣终于看清了孙皓的真面目——一个荒淫残暴的疯子。

某日，孙皓问左丞相陆凯（陆逊的侄子）："你们陆氏有几人在朝中任官？"

陆凯回答："两位宰辅，五位侯爵，还有十几个将军。"在众多身居高位的陆氏成员中，除了陆凯，同等重量级的便是他的堂兄，时任南荆州都督的陆抗（陆逊之子）。当时，陆凯和陆抗作为吴国末期的柱石重臣，艰苦支撑着吴国社稷。

孙皓听了，浑身一颤，缓了半晌，悻悻地道："你们陆氏可真是强盛啊！"

不料，陆凯答道："君贤臣忠，国称之为盛；父慈子孝，家称之为盛。如今政荒民弊，臣哪有脸面自夸强盛？"

孙皓怒视陆凯，牙根咬得咯咯作响。他暗思：早晚我定要让你家破人亡！

两年后，陆凯病危。孙皓马上派出使臣去责难陆凯。

陆凯想起叔父陆逊当年也是这样遭到孙权的苛责，顿觉义愤填膺。使臣走后，他挣扎着从床上坐了起来，奋笔疾书，写下此生最后一篇奏表。在这篇奏表中，陆凯一口气列举了孙皓二十条罪状。随即，他唤来一名侍从。

"替我把这封奏表呈给陛下。"

侍从接过奏表，转身要走。

"你等等。"陆凯叫住侍从。他反复掂量：自己一了百了，可这封奏表若是呈给孙皓，会给家人带来怎样的后果？孙皓这么折腾，肯定会毁了吴国，而江东陆氏的繁盛必须延续……他思来想去，又把奏表拿了回来，塞到枕头下面。

孙皓每每想起陆凯生前数次触犯自己，就恨得咬牙切齿，很想搞垮陆凯的子嗣，只因对另一位陆氏重臣——南荆州最高统帅陆抗心有忌惮，只能暂时忍下。

从孙皓无数令人发指的疯狂行径来看，他的确是在加速吴国的灭亡。难道他是在对杀父仇人——以孙权为首的孙氏一族进行报复吗？或许他潜意识是如此。

总之，吴国的暴政与晋国的宽政可谓南北两重天。

下面，让我们把目光移向吴国与晋国的主战场荆州。

羊祜的理想

公元 269 年，京都洛阳的羊府。羊祜正陪侍在叔母辛宪英的床前，悉心照顾叔母。再过几天，他要离开洛阳赴任荆州都督。考虑到辛宪英已七十九岁高龄，此去一别，恐怕再难相见，羊祜内心无比伤感。

不经意间，羊祜注意到辛宪英的被褥是反过来盖的。这昂贵的蜀锦被褥是前不久羊祜孝敬辛宪英的礼物。难道叔母不喜欢？

羊祜不解，问道："您怎么把锦缎面反过来盖呀？"

"太华丽了，我不舍得糟蹋啊！"

羊祜忍不住眼圈发红："叔母，侄儿怕今后不能再照顾您了。"

辛宪英慈爱地笑望着侄子。这位颇富传奇色彩的女子，生于董卓火烧洛阳城的同年，在一生中见证了汉末乱世、三国兴起以及蜀国、魏国的灭亡。几十年来，她数度闪现出睿智的光芒，庇佑羊氏和辛氏的兴旺。如今，她的子侄辈中，羊琇、羊祜俱名重天下，再无须她操心了。

几天后，羊祜动身远赴荆州，同年，辛宪英安然辞世。

荆州，早在东汉末年，经过荆州牧刘表的善加经营，一度发展为全国学术文化中心。到了三国时期，荆州以长江为界被一分为二，北荆州归魏国所有，南荆州归吴国所有，其交界处成为两国的重要战场，兵祸不断。北荆州的首府是襄阳，距襄阳城南十里处有座山，当地人称为岘山。岘山东临汉江，与鹿门山隔江相望。

这年春暖花开，几个登山客正意兴盎然地向岘山顶峰攀登，其中走在最前面的人步履矫健，兴致最高。他不时驻足，手捋长髯，吟诗作赋，赞叹大自然的雄伟壮丽。仔细看去，他其实已年近半百了。这人正是新任荆州都督羊祜。他生性乐山好水，自来到荆州后，便为岘山的壮丽所折服。

就这样走走停停，羊祜一行人登上了岘山之巅。

在羊祜身边，有一位貌似向导的人正滔滔不绝地讲解。"刚刚咱们经过的地方，乃是汉末名将孙坚战死之处。看……"他指着南山脚下一处民居，"那就是诸葛亮恩师庞德公的故居。当年荆州牧刘表亲自到这里拜访，想请庞德公出仕，不料庞德公避世心切，并对刘表说：'世人追慕名利，只会留给子孙危险；而我却想让子孙安居乐业。'刘表只好悻悻离去。后来，庞德公渡过汉江去鹿门山采药，从此杳无音信。"

见众人听得入神，他继续讲解："离庞德公故居不远处有个鱼池，鱼池背靠岘山，面临汉江，池旁种松竹、芙蓉，景色优美，便是著名的'习家池'（几百年后，唐朝诗人李白、孟浩然等均有诗描写习家池的美景）。习氏乃荆州豪族，其女嫁给凤雏庞统的弟弟庞林为妻，庞林随刘备入蜀，妻子习氏留在荆州，夫妻二人从此天各一方。直到刘备在夷陵之战败给陆逊，庞林降魏，夫妻才终于团聚……南山脚下的湖常年碧绿，名叫洄湖，在湖的上游，是诸葛亮重要幕僚杨仪（魏延政敌）的故居。洄湖旁边有个蔡洲，则是汉末荆州豪族蔡瑁故居，蔡洲也正因此得名。魏武帝曹操年轻时就跟蔡瑁交情深厚，他平定荆州后，还曾造访蔡府……"

这向导名叫邹湛，他对这里的历史如数家珍，正因他是荆州本地人。现今，他在荆州都督羊祜麾下任职。众人听着邹湛声情并茂的描述，眼前不由得浮现出东汉末年荆州士人的风骨。

羊祜站在岘山之巅俯览群峰，又望着山下奔流不息的汉江，心中感慨万千。他悠然叹道："自开天辟地之日便有了这座山，古往今来，不知有多少贤人志士站在此地远眺，现在他们早已葬于黄土，真是令人伤感。若我死后有灵，魂魄必再登岘山！"

邹湛应道："羊公德冠四海，追慕先贤之道，将来必留名千古，与岘山一同传诵后世。"他不会想到，很多年后这番话竟真的应验了。

羊祜在历史上颇具名望，约在正始年间，羊祜迎娶夏侯霸之女为妻，再加上之前羊徽瑜嫁给司马师，泰山羊氏从此和魏国最强的司马氏、夏侯氏两大家族有了姻亲关系，声势如日中天。但是，羊祜从正始年一直隐遁避世十几年，多次拒绝曹爽、司马昭等人征聘。羊祜这种行为和当时众多有识之士类似，在司马氏侵蚀曹氏的过程中，一些士人选择回避。不过，当局势日趋明朗，司马氏取代曹氏已成定局之后，摆在这些士人面前的路也就只剩下一条了。

羊祜在曹髦时代出仕，刻意和曹氏皇帝保持距离，并迅速向司马氏靠拢。在西晋建国前后这段最敏感的时期，羊祜执掌皇宫禁军，成为守护司马家族的重要力量。必须说明的是，虽然羊祜以司马家族爪牙的身份呈现于人前，但因为他完美的道德修养和谨慎的性格，世人对他评价极高。

多年来，羊祜身为晋朝开国重臣，心里藏着数不清的国家机密，但他性格谨慎，那些存在自己手里的纸面资料，事后全被付之一炬。羊祜向朝廷举荐过无数人才，但他从不让被举荐者知道是自己从中出力。有人不以为然，觉得羊祜谨慎得过了头。羊祜回道："那些被举荐的人如果能封官授爵，是朝廷恩典；如果他们因此来谢我，就是本末倒置了。与其到那时候为难，不如索性别让他们知道。"

后来，羊祜受命开府。不过，他没像其他重臣那样忙着组建自己的幕府，反而表现得极尽谦卑，根本不去征召幕僚。

有人劝羊祜经营些产业，羊祜回道："背公谋私是臣子大忌，我以此为耻。"

此时，年近半百的羊祜坐镇荆州，一个能让他名垂青史的机会终于到来了。与历届军事统帅不同，羊祜极关注民生，相比之下，军事反倒成了副业。实际上，他非常清楚自己肩负的使命，把司马炎提倡的宽仁政风从京都带到荆州。

一年后，距离襄阳东南七百里的夏口（吴国境内）出现了一阵骚乱。

吴国皇帝孙皓的宠臣何定，以狩猎的名义率五千人来到夏口，意图拿下吴国夏口都督——身为孙氏皇族的孙秀。孙秀受孙皓忌惮不是一天两天了，他见何定来者不善，一不做，二不休，果断带着家人和数百名亲兵叛逃晋国。

孙秀归降后，羊祜顺势煽动驻守石城的吴军叛乱，吴国边境的防备再度被削弱。可他没有趁机发起攻势，反而将戍边守军减半，并让那些卸甲的士卒开垦出八百顷良田。羊祜初上任时，荆州仅有不到半年的存粮，经过三年妥善经营，荆州积攒了足够支撑十年的军粮。

羊祜的戍边策略，除了源于他个人的理念和性格，更重要的是他胸怀一个宏伟的目标——彻底平定吴国，而非争夺一城一地之功。为此，他需要足够的耐心和周密的筹备。

半个世纪的漫长岁月里，吴国屡次凭借长江阻挡北方进犯。蜀国灭亡后，三足鼎立的局面被打破，晋国将益州纳于掌中，如此也就掌握了长江上游的控制权。

羊祜意识到，荆州虽是两国相争的主战场，但位于长江上游的巴蜀才是能彻底平定吴国的关键。

巴蜀舰队

公元 272 年，也就是羊祜任荆州都督两年后，这天，一个花甲老人步出襄阳城的大门，紧了紧背上的行囊，然后朝旁边送行的羊祜深深一拜。

"羊公请留步吧！"这老人名叫王濬（jùn），已年近七十，一直充任羊祜僚属，仕途并不算亨通。不过，羊祜对王濬一再提携。今天，王濬即将离开荆州，赴任益州巴郡（今重庆市）太守。

王濬当上巴郡太守，也是羊祜向朝廷举荐的。不过，像其他那些被羊祜举荐过的人一样，王濬对此毫不知情。

羊祜嘱咐道："起初有人告诫我说你欲望太重又奢侈放纵，不能委以重任，不过，我觉得那些都是细枝末节，没必要放在心上。而且，我一直认为你有雄才大略，日后定能成就大功。幸蒙朝廷垂恩，让你当上巴郡太守，一定要好好把握。"

王濬听罢，既惭愧又颇受鼓舞。他不禁想起多年前的一件事。那年他修建宅邸，在门前开了一条极宽的路，邻居不解地问："王君，您门前这路修得太宽了。"

"你懂什么？这条路将来要能容得下一支长戟幡旗的仪仗队呢！"

邻居听王濬口出狂言，暗暗偷笑。几十年过去了，王濬家门口这条宽阔的道路始终没有仪仗队通过，而今，他已须发皆白。

"当年，我曾谓自己有鸿鹄之志，今天，我志向犹存！"

羊祜露出释然的笑容，相信自己没有看错人："往后好自为之吧！"

"在下这些年受羊公栽培，大恩没齿难忘。就此拜别！"王濬转身，往益州巴郡而去。

或许是多年来受到羊祜的感化，这位行为奢侈放纵、品行不甚好的老人来到巴郡后，也将晋国的宽仁善政带到了这里。巴郡东临吴国边境，当地百姓因为兵役太重，只要生下男孩儿基本都不愿抚养，任其自生自灭。王濬到任后放宽徭役，又对抚养孩子的百姓给予优待。这些政策保全了巴郡婴儿的性命。

几个月后，王濬因政绩出色，又在羊祜的举荐下一跃升任益州刺史。

公元 272 年，羊祜频频给司马炎写信："要想彻底平定吴国，不能再像以往那样只考虑从江北攻向江南，而应该充分发挥水军优势，从长江上游顺流而下，直插吴国腹地，这才是制胜关键。要实现这一战略，首先要在益州组建强大的舰队。"

司马炎采纳羊祜的建议，马上让益州刺史王濬征调本地屯田兵督造战船。

王濬接到诏书，心潮澎湃。但没多久，他的造船计划陷入困局。原来，益州的屯田兵只有几百人，根本没办法完成如此浩大的工程。而司马炎也没有授予王濬征募新兵的权力。

王濬一筹莫展之际，僚属何攀谏言："不如征调各郡士兵，凑足上万人，然后一齐开工，这样很快就能造完一整支舰队了。"

王濬犹豫道："这事得先跟朝廷请示才行。"

"朝廷肯定不会让咱们调兵。咱们索性来个先斩后奏，就算朝廷不同意，人只要到位，也就板上钉钉了。"

这是一着险棋，古往今来，地方统帅擅自调兵，基本视同谋反前兆，譬如魏朝时的"淮南三叛"王凌、毌丘俭、诸葛诞，谋反前无一不是如此。

王濬捋着自己雪白的胡须，陷入沉思。片刻后，他下定决心，为实现胸中的抱负，就算以身犯险，也要一试！

于是，他没有经过朝廷许可便向益州各郡派出使者，传达征兵的命令。

司马炎确实不是个喜欢猜忌臣子的皇帝。他获悉此事后并没有为难王濬，反而默许了王濬的造船计划。没过多久，司马炎又接受羊祜建议，提拔王濬担任益州都督，这下，王濬有了实打实的兵权。

不到一年，在王濬的努力下，数艘巨型战舰终于建造完成。战舰长约一百五十米，能承载两千人，船上有木墙箭楼，宽大的甲板可供战马往来疾驰，其规模之大，亘古未有。这一切都要仰赖羊祜。自然，羊祜绝无法预料到王濬日后取得的成就，但正所谓无心插柳柳成荫，更何况羊祜以如此开放的心态，耐心地栽培着他的树苗呢。

王濬在长江上游建造战船，大量木屑顺长江漂向下游，被吴国建平太守吾彦发现了。建平是吴国西部边境重镇，吾彦写了一封请求扩充军备的奏疏，连同木屑作为物证，一起呈给吴帝孙皓。可是，孙皓连理都没理。

吾彦不能招募军队，只好用铁索横跨江面，希望能阻挡晋国的战船。于是，在益州和荆州的交界处，江面上拦起无数根粗大的铁索，这构成了吴国的防线，而在益州腹地，一支庞大的水军舰队蓄势待发。

就在这时，荆州都督羊祜迎来一场突如其来的战事，这最终让他的伐吴大计搁浅。

西陵之战

公元 272 年，太子司马衷迎娶贾南风的同年，秋天，孙皓出乎意料地发出一封诏书，命西陵督步阐入朝。步阐是吴国重臣步骘（吴国第四任丞相、外戚）之子。

长江水在西陵峡一带急转向南，形成一个九十度的转角，在江的西南岸边矗立着一座巍峨的城池，这就是昔日步骘倾数年心血建造的西陵城。自步骘建城至今，步氏一族据守此地达近半个世纪。其间，步氏几乎从未踏足吴都建业，因此，步氏才躲过了一波又一波的政治动荡，在江东"吴郡四姓"（张、陆、顾、朱）接连被迫害，张昭、诸葛瑾、全琮的后代相继卷入灭族之祸，以及无数臣子惨遭孙皓屠戮的岁月里，步氏依旧显赫于世，成为西陵不折不扣的土皇帝。

可眼下，固守西陵的步氏意识到，自己的好运快走到头了。

步阐匍匐在地上。在他面前，一名朝廷使臣正朗声诵读着诏书："西陵督步阐久居边境，劳苦功高，朕甚是想念，故命步阐速速入京朝见……"

步阐听毕，噤若寒蝉。入京肯定凶多吉少！他虽然没见过孙皓，但对孙皓的暴行早有耳闻。在孙皓的酷政下，京都朝臣的脑袋随时都有可能搬家，而那些远离朝廷的藩镇重臣，全部列入孙皓猜忌的黑名单，他们入京基本等同受死。

"臣遵旨！"步阐颤声应道，缓缓站起身。他满面堆笑地看着朝廷使者，手暗暗摸到了腰间的佩剑。

突然，他猛地拔出佩剑，一道剑光划过，使者血溅当场。

与其束手待毙，不如反了！是夜，步阐率宗族子弟在西陵举起反旗归顺晋国。

10月，吴国南荆州最高统帅陆抗派遣吾彦等诸军赴西陵平定叛乱。晋国也获悉步阐归降的消息，急忙命巴蜀驻军支援西陵，并让羊祜攻打江陵，以牵制吴军。

吾彦等吴将抢先抵达西陵城下，并向陆抗请求准许攻城。陆抗判断西陵城不可能短期内攻破，如果晋军援军赶到，己方势必陷入腹背受敌的窘境。于是，他禁止诸将攻城，并在西陵城外修筑防御工事。显然，陆抗已做好打持久战的准备。

11月，北荆州都督羊祜率军攻向江陵（西陵以东），巴东监军徐胤率军攻向建平（西陵以西），两支晋军总计八万人，意图对西陵城下的吴军形成夹击之势。

吴军只有三万人。此时陆抗面临一个抉择，是去西边的西陵征讨步阐，还是去东边的江陵迎战羊祜。

吴国诸将认为当务之急是保住江陵。陆抗力排众议："江陵城防坚固，用不着担忧，但如果西陵沦陷，荆州南部蛮夷会蜂拥而起，后患无穷。"

陆抗决定去西陵，但江陵也不能不管。临行前，他给正攻向江陵的羊祜下了一着狠棋——摧毁江陵堤坝。

很多年前，吴国人在江陵城旁建造堤坝，迫使江水改道，绕过江陵城北，以形成天然屏障。这座堤坝捍卫了江陵几十年。但时过境迁，随着晋国水军日益强大，靠水势保护江陵的作用也就越来越小。而且，羊祜恰恰利用水运的便捷，从北荆州往江陵的前线源源不断地运送着军粮。

即便如此，这座堤坝仍承载着吴国人的感情，令他们难以割舍。陆抗不顾众将的反对，毅然决定将堤坝摧毁。

与此同时，羊祜果然心系堤坝的安危。晋军补给只有依靠水运才能保证速度，但水路的命脉江陵堤坝掌握在吴军手中。羊祜为保全堤坝，想出一个欲擒故纵的计策，故意放出假消息，声称晋军要摧毁堤坝，以发挥北方骑兵的优势。

然而，无论是羊祜的欲盖弥彰，还是吴国将士的强烈反对，都无法扰乱陆抗的判断。几天后，江陵大坝轰然崩塌，原本畅通的水道干涸，晋军运粮船半途搁浅，只能临时改由运粮车在泥泞中缓慢行进。由此，围攻江陵城的羊祜军队粮食吃紧，攻势渐渐疲软。

江陵城压力骤减，陆抗终于可以专心攻打西陵了。

12月，羊祜认为攻下江陵已彻底无望，遂派荆州刺史杨肇率偏军前往西陵，唯求能解救步阐，勉强弥补这场战争的损失。

杨肇来到西陵，与吴军陷入僵持。

战争中，两个吴国将领临阵叛变。这对吴军无异于雪上加霜，可陆抗被称为名将，正是因为他有一项远超过常人的能力，能将劣势转化为优势。陆抗判断叛将一定会把己方虚实告知对方，于是将大批精锐部队埋伏在吴军部署最薄弱区域。

翌日，杨肇果然依据叛将的情报，攻打吴军原本的防御漏洞。他万万没有料到，等待自己的是吴军精锐的猛烈反扑。

转年1月，杨肇军队彻底溃退，紧跟着，羊祜和徐胤也各自撤军。西陵城中的步阐绝望了，他只能独自面对吴军潮水般的强攻。

几天后，西陵陷落，步阐被夷灭三族。当年，贫困潦倒的步骘只身闯荡江东，和诸葛瑾一道成为吴国首屈一指的重臣。步氏，经历了半个多世纪的繁华显赫后就此泯没。

在这场西陵之战中，吴军统帅陆抗在诸多不利的局面下始终技压羊祜一筹，扭转乾坤。战后，晋军统帅羊祜遭到弹劾，官位由车骑将军贬为平南将军，不过职权仍为荆州都督。

羊祜在战术上逊色于陆抗。不过，羊祜有一个强项——建立在道德之上的谋略。西陵之战后，羊祜以出乎意料的方式展开了反击。

以德服人

羊祜常在边境一带狩猎，偶尔有身中吴国箭矢的猎物跑到晋国境内，羊祜会马上将猎物送还吴国人。有时荆州会爆发小规模战事，被晋军俘虏的吴国人在见识过北荆州国泰民安的景象后，无一例外被羊祜释放。类似的事接二连三发生。过了一阵子，每当羊祜出现在边境，居然会引得吴国军民向他挥手致意。

羊祜，这位晋国荆州都督，很少攻城略地，反而化身晋国形象大使，以宽厚仁德辐射着敌境。他有过败绩，却比任何一位常胜将军更能赢得敌人的尊敬。

就这样，司马炎提倡的宽仁政治在羊祜的努力下渗透到了吴国境内。在这种情况下，孙皓仍不知收敛地推行暴政，严防吴国人叛逃到晋国。可越是这样，叛逃者就越多，因为人心是无法被束缚的。

某次，陆抗生病，羊祜派人送来一服药。

陆抗的僚属担心是毒药。陆抗不以为意地摆手道："以羊公的德行，就算乐毅和诸葛亮都比不上，难道能做出下毒这种下三滥的事吗？"

羊祜的行迹，很容易让人联想到春秋时期以"仁"自居的宋襄公。宋襄公还是太子时，主动要求把太子之位让给庶兄，这让他赢得仁义的美誉。而后泓水之战中，宋襄公为了维护自己的仁义，一定要等到楚军列阵完毕再展开攻击，最终以惨败收场。

宋襄公靠仁义之名获利，又因过分迷信仁义失败。那么，羊祜是否像宋襄公一样呢？这问题暂时无法回答，但别着急，答案终能揭晓。

再说陆抗，他意识到羊祜刻意传播晋国善政给吴国带来的威胁，遂下令禁止边境驻军侵犯晋国百姓。陆抗看清了形势，无奈孙皓不给陆抗长脸，他居然怀疑陆抗通敌，直接派出使臣责问。

陆抗解释说："如果我不这样做，更会彰显羊祜美德，最终受损的只有我们。"

总之，这场没有硝烟的战争，吴国算是输得彻彻底底。

公元 274 年秋，吴国最后一位柱石重臣陆抗病逝。他临死前给孙皓上了最后一封奏疏："请陛下扩充西陵和建平（吴国西部防线，邻接益州）的军备，严防敌军顺长江而下，这样，臣也死得安心了。"

孙皓可不想让陆抗死得安心，他不仅没搭理陆抗的奏疏，反而趁陆抗离世，把陆凯（已故去五年）的儿子全部流放。这些年，他一直没忘记陆凯生前屡次惹毛自己的事，只由于忌惮陆抗，才忍着没敢对陆凯一家下手。

半个多世纪以来，孙氏皇族始终压迫着陆氏，到了孙皓时代，陆氏再次横遭祸害。不过，陆氏仍然稳居江东势力最大的豪族之列。或许正是陆氏这份地位，成了束缚他们的枷锁，令他们不敢放手一搏。史书描述"吴郡四姓"的家风：张文，朱武，陆忠，顾厚。陆氏对无数次政治迫害采取最大限度的隐忍。这艰难的隐忍，最后被包装成"忠"这个概念，留名于史册。

未竟的遗愿

前不久，晋朝重臣裴秀因服用寒食散暴毙。他死后，一封生前写完却没来得及上呈的奏疏被无意中翻了出来。这封奏疏的内容，是劝司马炎趁吴帝孙皓倒行逆施这个千载难逢的良机，尽快出兵讨伐吴国。

俗话说，人之将死，其言也善。裴秀的临终奏疏再次激起司马炎对统一天下的渴望。不过眼下，司马炎只能等，因为羊祜刚在西陵打了败仗，他必须给羊祜时间，让荆州军心重新振奋。

西陵之战转眼过去四年，司马炎早已恢复羊祜之前被贬的所有职权，而益州刺史王濬也晋升为益、梁二州都督（梁州是晋朝从原益州拆分出来的汉中），巴蜀水军舰队蓄势待发。羊祜见时机已然成熟，遂上奏朝廷，请求大举进攻吴国。这封奏疏，被后世称为"请伐吴疏"。

羊祜的请战得到司马炎的支持，却激起贾充、荀勖、冯紞等人强烈反对，他们的理由是，雍州、凉州、秦州一带战祸不断，实在不应该两线作战。这段时间，在晋国西部边境，秃发树机能率起义军数度击溃官军。

可羊祜认为，吴国内部已经腐朽不堪，在外力推动下很容易攻破。于是，他再度上疏："只要平定吴国，西部叛乱自可熄灭。"

但是，贾充、荀勖、冯纨等人又驳回羊祜的上疏。司马炎没办法了。

转眼到了公元 278 年，羊祜五十八岁了。这年初春的一天，羊祜换上一件轻便皮裘，带着几名贴身侍卫步出军营。

"走，去岘山！"羊祜来到荆州整整十个年头。这十年来，每逢春秋之季，他必定要登一次岘山。

往年登山，众人皆轻装前行，可这次，跟在羊祜身后的几名侍卫抬着一棵柏树幼苗。一行人来到岘山脚下，开始挖土，不一会儿就挖出个深坑，然后将树苗栽上。《舆地名胜志》记载，这棵羊祜亲手栽培的柏树，后来被称为"晋柏"。

羊祜在荆州苦心经营多年，为的就是看到吴国覆灭，可随着年纪越来越大，身体状况越来越差，他已经意识到，自己这个心愿恐怕在有生之年都无法实现了。想到此处，他轻抚着柏树苗，喃喃低语："只好让你来替我见证吴国的覆灭了。"接着，他重重地叹了一口气："天下不如意，恒十居七八。当断不断，当取不取，徒令后人增添遗憾！"

返回军营，羊祜给堂弟羊琇写了一封信："近来，我总想卸去戎装，头戴葛巾回归乡里，只要有块棺材那么大的容身之处，足矣。我本是一介平凡士人，却妄居高位，总担心别人会议论我贪图官位。其实，我仰慕的古代先贤唯有疏广啊！"疏广是西汉名臣，晚年主动辞去官位，回到故乡后将皇帝赐给他的黄金遍赠父老乡亲。羊祜的心境在这封信中表露出来。

不知不觉，夏去秋来，又到了登岘山的季节。

"羊公，咱们是不是该去登岘山啦？"侍卫询问。

羊祜沉默片刻，缓缓地摇了摇头："不去了……"

接着，他提笔给司马炎写了一封奏疏，请求卸去荆州都督之任，返回京都洛阳。几天后，司马炎恩准，羊祜随即起程，离开他守了十年的荆州。

羊祜一踏进洛阳城，一名朝廷使臣匆匆奔到面前拜倒禀报："羊公节哀，弘训太后崩！"弘训太后，正是司马师的夫人——羊祜的胞姐羊徽瑜。

"啊！"羊祜大张着嘴，顿时老泪纵横。他本来就在路上染病，这下哀伤过度，病情更严重了。

秋日，枯黄的树叶纷纷落下，羊祜疲惫地躺在床上，昏昏睡去。

偶尔，他感到精神稍好，便支撑起疲倦的身子走下床。当他推开窗户的时候，赫然发现外面已下起了鹅毛大雪。

外面响起一阵咯吱咯吱的踩雪声，一位客人正冒着漫天飞雪，穿过羊祜家的庭院，向他的寝室走来。吱扭一声，羊祜寝室的门被推开了。

羊祜揉了揉困倦的双眼，只觉得眼前这人似曾相识，却想不起来："你是……"

"羊公可好？在下张华……"这位张华，官任尚书，正是两年前羊祜上《请伐吴疏》时，朝中寥寥无几的伐吴支持者之一。他此番前来，一是受司马炎之命探望羊祜病情，二是向羊祜征询伐吴的建议。

"哦！快请坐。"羊祜热情地把张华请进坐下，随后，二人对伐吴一事谈了许久。羊祜有种预感，自己未竟的夙愿，终于可以经由张华实现了。

张华拜别羊祜，直奔皇宫面见司马炎。

"张卿，羊公说了些什么？"

"羊公说，吴国统治无道，可不战而克。若孙皓不幸死去，吴国另立新君，就算有百万雄师，也难以越过长江了！"

"嗯！"司马炎重重地点了点头，"羊公身体可好？能否亲征？"

"病情依旧没有好转，不过，羊公说并不需要他亲征。"

司马炎不禁黯然神伤："如果是这样，谁能接替羊公出任荆州都督？"

"羊公举荐尚书杜预！"

"杜预……"

公元 278 年底，羊祜在洛阳病逝。他出殡之日，天寒地冻，司马炎的泪水滴在胡须上，结成了根根冰柱。羊祜去世的消息传到荆州，整个荆州罢市，街头巷尾哭声不断。荆州人主动避羊祜的名讳，把房屋的"户"都改称为"门"，把"户曹"改称"辞曹"，并在岘山为羊祜立碑。半个月后，遵循羊祜遗愿，杜预出任荆州都督。他来到荆州后，但见观羊祜碑文者无不唏嘘流涕，遂将此碑命名为"堕泪碑"。羊祜去世的消息传到吴国，吴国军民也为这位敌国统帅的亡故悲伤不已。

羊祜的堂弟羊琇上疏："亡兄临终前多次叮嘱，希望薄葬在祖坟处。"

"羊公德高望重，怎能草草安葬？不准！"司马炎固执地决定在离京都十里远的皇陵旁安葬羊祜。

羊琇又上疏："亡兄多次叮嘱，不要把印绶放进灵柩。"印绶，代表过往的荣华，生不带来死不带去，羊祜走得很安心。

齐王司马攸也上疏："舅母（夏侯霸之女）一再重申，切勿以侯爵之礼安葬，请一切从简。"司马攸过继给司马师当养子，因此，羊祜乃是他的舅舅，夏侯氏则是他的舅母。

司马炎叹了一口气，只好勉强答应："成全羊公的遗愿吧。"

羊祜身为荆州都督，虽没有攻城略地，却主动承担起更宏远的目标。首先，他不仅把晋朝的宽仁政风从京城带到了荆州，更辐射到了吴国境内。其次，经他的举荐，王濬当上了益梁都督，杜预又继自己之后当上了荆州都督。这两个人，日后都成为晋国扫平吴国的决定性因素。羊祜高瞻远瞩，他的格局，也远远超越了一个地方军事统帅应有的范畴。

伐 吴

公元 278 年，杜预接替羊祜任荆州都督，成为晋国南战区军事统帅。

杜预曾在尚书台任度支尚书（负责军资调度）多年，有"杜武库"的美誉。他刚上任荆州，便以迅雷不及掩耳之势奇袭吴国名将——西陵督张政。在羊祜时代，晋国从不搞突然袭击，每次攻击前都要事先通报。如今，杜预打破以往惯例，吴军被打得落花流水。

张政担心受孙皓责罚，竟向朝廷隐瞒败绩。可他完全没有料到，杜预并不满足于在战场上占些小便宜，其真正目的乃是要进一步瓦解吴国君臣脆弱的关系。

几天后，杜预将缴获的俘虏和军资全部送到吴都建业。这招实在太狠了，孙皓大发雷霆，当即裁撤张政，这引发了吴国南荆州军界震荡。杜预虽为羊祜推崇，但他的行事风格跟羊祜截然不同。除了善用诡计，杜预也干过一些很不人道的事，日后，他攻破江陵，把城中对他不尊重的人全都杀了泄愤。

前文曾留下一个疑问，倘若羊祜伐吴，是否也会像宋襄公一样拘泥于"仁"的形式呢？这疑问本应随着羊祜的死埋没于黄土，再无从知晓，不料，杜预以他的实际行动给出了答案。显然，羊祜并不在意后继者的德行，他很清楚赢得最终胜利需要的是什么。而羊祜的仁，或可称为谋略，正是大战以前的铺垫。

公元 279 年，荆州都督杜预、益梁都督王濬，这两位曾被羊祜提携的人，接连上疏请求伐吴。

朝廷里，度支尚书张华力挺伐吴。贾充、荀勖、冯纨仍持反对态度。

这年年底，司马炎终于下定决心，正式颁布伐吴诏书。战役声势浩大，动员了晋国东、南、西各大战区所有实力派统帅。

接着，司马炎明确下达了各路统帅的战略目标。

东战线——徐州都督司马伷（司马懿第五子）攻向建业以北三十公里处的涂中，扬州都督王浑（魏朝名将王昶的儿子，太原王氏族人）攻向建业西南四十公里处的横江。这两路晋军，在长江以北对吴都建业形成夹击之势。

东南战线——豫州刺史王戎攻向武昌，江北都督胡奋（魏朝名将胡遵的儿子）攻向夏口。这两路晋军意图切断吴都建业和荆州之间的联系。

南战线——荆州都督杜预攻向江陵，这里是吴国南荆州的重要门户。

西战线——益梁都督王濬协同巴东都督唐彬（巴东隶属益州，但因为地理位置重要，故单独设置军事统帅）先攻克吴国西部边境重镇建平郡，然后继续顺江东下，直捣吴国腹地。这位唐彬，即是先前邓艾死后奉司马昭之命到雍州体察民情，对雍州政局做出准确判断之人。

以上共七位统帅，总计二十万大军。而负责各路军队后勤事宜的，即是伐吴的坚定支持者——度支尚书张华。

另外，司马炎又委派贾充任全军总帅，坐镇荆州襄阳郡。这位权贵外戚，身为伐吴的反对者，反而成了伐吴战役名义上的最高统帅。

司马炎坚信伐吴必胜，虽然贾充反对，但还是想让贾充在战胜后分一杯羹。毕竟，贾充是他儿子未来最强大的保护伞。可贾充看不透局势，硬是赖在京都不走，一门心思地上疏奏请终止伐吴计划。

这下，即便是宽容的司马炎也怒了："贾卿如果不领命，朕就挂帅亲征！"

话说到这份儿上，贾充不敢再违拗，只能硬着头皮前往襄阳督战。

就在伐吴诸将蓄势待发之际，司马炎接到一个喜讯——困扰晋国西部边境十多年的鲜卑首领秃发树机能被晋将马隆斩杀。

顺带讲一下马隆，他是个有故事的人。公元 251 年夏天，魏朝扬州都督王凌在船舱里服毒自尽，马隆为王凌的同谋、被暴尸弃市的令狐愚收尸，并为令狐愚服丧三年。他这样做究竟出于什么目的？可能很复杂，也可能很纯粹。义理，怜悯，或是借机扬名。此事过后，马隆没受到牵连，反而扬名立万，并从此步入仕途。

距司马炎伐吴一年前，马隆受到司马炎破格提拔，前往西部平定叛乱。次年，他参考诸葛亮《八阵图》中的描述，造出一种攻守兼备的战车，将之投入战场，然后，他又在战场周围掩埋磁铁，让己方士兵穿戴皮甲，干扰身披铁甲的敌军。凭借这些奇思妙想，马隆最终以三千名精锐攻破数万名叛军，斩杀了秃发树机能。

晋国西部边境战火熄灭，让司马炎伐吴的信念更加坚决了。

大舞台

公元 280 年 3 月初，晋军各路统帅依既定方略纷纷向目标挺进。

在这声势浩大的伐吴浪潮中，西线统帅王濬怀着建功立业的强烈渴望，率领当时最强大的水军舰队顺长江攻入吴国境内。

首先挡在他面前的是数根横跨长江的粗大铁索。

"往铁索上浇麻油，放火烧！"王濬下令。

铁索经过火烧逐渐变软，再经巨型战舰撞击，顷刻断裂。

王濬就这样轻易突破了荆州和益州之间的障碍。

随后，王濬接连击败吴国西境无数军队，舰队突破建平郡，向乐乡、江陵一带逼近。王濬傲然立在船头，任凭雪白的胡须迎风飘扬，只觉得胸中无比畅快。在他身后，是一座座攻陷的城池，而在舰船的甲板上，则堆着包括陆抗两个儿子——陆晏、陆景在内的两百多颗吴国将帅的头颅。

"这又是谁的首级？"王濬指着一颗新呈献上来的头颅问道。

"回禀将军，这好像是吴国乐乡督孙歆的首级……"在刚才的一场混战中，王濬前锋击败了孙歆部队。

"好！好！"王濬尽情享受着胜利的喜悦，他也没仔细查清楚，便挥毫落墨，赫然将吴国乐乡督孙歆的大名写在了呈给朝廷的战报中……

可是，这头颅并不是孙歆的。孙歆正战战兢兢地龟缩在乐乡城里，无暇顾及刚派出去迎击王濬的部队是胜是败（肯定是败了），因为他已自身难保。此时，乐乡城外的树林中插满晋军旗帜，不远处的山上也燃起了熊熊烽火。乍看之下，乐乡城外至少驻扎了几万晋军。孙歆怎么也想不明白，这几万晋军是如何在自己毫无察觉的情况下，神不知鬼不觉地渡过了长江。

他在给同僚的信中惊问："晋军难道是飞过长江的吗？"

几万人当然不可能隐身飞过长江。事实上，这支晋军只有八百人，不属于王濬，而是荆州都督杜预派出的奇兵。八百名奇兵埋伏在树林中虚张声势，迷惑孙歆。不一会儿，被王濬击溃的吴军仓皇逃回乐乡，杜预这支奇兵又趁乱冒充吴军涌进乐乡城，顺利活捉了乐乡督孙歆，吴国重镇乐乡沦陷。

几天后，司马炎同时接到了两份战果——王濬送来的"孙歆"首级和杜预送来的孙歆活人。满朝公卿不禁哄堂大笑。

说到底，王濬的疏忽除了博洛阳官员一笑，也没给他带来太恶劣的影响。不过，王濬对功名的渴求通过这件事表现得淋漓尽致。不久，他将为此惹上大麻烦。

乐乡督孙歆事件只是个小插曲。这个时候，杜预正率主力围攻他的首要战略目标——江陵。七十年来，这座坚城始终掌握在吴国手中，成为南荆州不可逾越的屏障，如今，随着吴国边境城池一个接一个土崩瓦解，江陵也不可避免地在杜预的围攻下沦陷。

前面讲过，晋国总共调动了七位颇具实力的军事统帅（司马伷、王浑、王戎、胡奋、杜预、王濬、唐彬）同时向吴国发起攻势。这七位统帅中，司马伷、王浑、王戎、胡奋、杜预均是由北向南攻打既定战略目标，王濬和唐彬却有些特殊，从巴蜀顺长江走水路，由西向东攻入吴国，而他们的战略目标可以这样形容——能打到哪儿就打到哪儿。

从这方面看，可供王濬发挥的空间极大，但是，在战役之初，也就是3月上旬，司马炎发出过一封诏书，内容为："王濬攻破建平（南荆州西境重镇）后接受杜预调度，接近吴都建业时接受王浑调度。"究其原因，还是司马炎不太放心王濬。

这也难怪，王濬大半生默默无闻，六十多岁才出任羊祜僚属，直到今天他连司马炎的面都没见过，信任的程度自然要大打折扣。

4月初，王濬走水路，和江陵的杜预顺利会师。不过，想必王濬对此并不期待，因为这意味着他将要划归杜预调度了。

不过，杜预把这事想得很通透，他认为：若王濬不能攻破吴国西境，那他根本没机会跟自己会师，谈不上受自己调度；倘若王濬攻破西境，则应顺流而下直捣吴国腹地，这样的丰功硕绩，更没有受制于自己的道理。说白了，王濬根本就不该归自己管，也不是自己能管得了的。于是，他差人给王濬送去一封书信。

王濬收到信。看毕，他本来紧皱的眉头瞬间舒展开，只见信中写道："您既然已攻破西境，就不要瞻前顾后，应直取吴都建业，立下旷世奇功！"杜预的信中只有鼓励，全无任何想束缚他手脚的意思。

之后，杜预遵循既定战略，果然不去抢王濬的风头。他一路南进，一直平定了大陆最南端的广州（今广西、广东地区）和交州（今越南）。至此，吴国长江上游的领土完全被晋朝攻陷。而王濬则心无旁骛地率领舰队顺长江一路向东扫荡。

此时，司马炎也意识到，这场战役的主角非王濬莫属，无论是杜预还是王浑，都不该再去约束他了。

4月4日，司马炎又下诏书，这封诏书完全推翻了先前的意思。他让杜预分出一万七千名兵给王濬。王濬继续东进，协助胡奋、王戎攻克夏口、武昌。然后，胡奋、王戎再分出一万三千名士兵给王濬，让王濬直取建业。那么，先前让王濬接近建业时受王浑调度的说法又如何解释呢？诏书上没有明说，大概是司马炎顾及王浑的情绪，觉得有点尴尬就没再提。另外，诏书又重申贾充最高统帅的地位，并让贾充从荆州襄阳转移到离建业更近的豫州项城督战。这意味着伐吴之役即将进入围攻建业的决战阶段。

远在洛阳的司马炎都能洞悉战局，可临近前线的贾充依旧在打退堂鼓，他上疏道："吴国仓促间难以平定，眼看快到夏天，南方湿气重，军中恐怕会蔓延疫病，请陛下火速召回诸军。考虑到此战损失重大，臣请腰斩张华告谢天下！"朝廷里，中书监荀勖跟贾充沆瀣一气，同样主张撤军。贾充和荀勖为何如此抵触伐吴？想必是因为他们在军事方面感觉过于迟钝，以及担心前线将领立下旷世战功影响自己在朝中的权势。

司马炎自然不糊涂，答复贾充说："张华的意思就是朕的意思。"言外之意，你还敢腰斩朕不成？

贾充无奈，只好老老实实移屯到项城。

司马炎又单独给王濬写了一封诏书："你顺流直取建业，不用顾及别的。"

总之，王濬经过羊祜多次举荐，又得到杜预和司马炎的鼎力支持，终于被推向了最耀眼的舞台。

4月中旬，王濬得到杜预一万七千名士兵增援后，越过江陵，继续顺长江向东，沿途联合王戎攻克武昌，随后又联合胡奋攻克夏口，并得到王戎和胡奋共一万三千名士兵的增援。最终，王濬率八万水军直逼吴都建业。

最后的丞相

益梁都督王濬打得顺风顺水。与此同时，在东战线，扬州都督王浑也进驻建业西南五十公里处的横江，把长江北岸的吴国势力扫荡一空。

建业城临江矗立，在建业城外的江面上，停驻着吴国丞相张悌率领的三万名吴军，他刚刚奉命要去迎战王浑。

张悌溯江行进四十多公里，已经能望见长江北岸的王浑大军了。丹杨太守沈莹言道："下臣听说王濬正率水军逼向建业，我们不如等在这里迎战王濬。如果我们渡江攻打王浑，就没人能守护建业了。"

张悌惆怅地叹了一口气："无论怎样做，吴国灭亡都无法避免。若等王濬逼近，我军恐怕连最后一战的勇气都会丧失殆尽，到时候陛下出城投降，君臣无一人为社稷殉死，这难道不是耻辱吗？"

"那您打算……"

"我打算渡过长江，和王浑决一死战。如果我临阵战死，全当报效社稷，无悔无憾！"

沈莹为张悌舍身赴死的精神深深感动："下臣誓死追随丞相左右。"

适逢初春，江面上吹起和煦的暖风，带走了去年冬天的寒气。这寒气不正像暴虐的孙皓，终会被春风吹散吗？然而，张悌固执地想要为这邪恶的王朝殉葬。

春风拂过张悌的脸颊，他最后一次回首，看了一眼建业。然后，他悲壮地下令："全军进驻江北！"

在今马鞍山市一带，长江向东北流，横江便在这一段流域的西北岸。很快，驻守在横江的晋军统帅王浑即将面临吴国最后也是最猛烈的抵抗。

张悌派沈莹为前锋，王浑则派豫州刺史周浚为前锋，两军展开激战。

沈莹一连发起三轮突击，都被周浚挡了回去，他自己终死于乱军之中。吴军士气土崩瓦解，纷纷掉头逃往长江方向，晋军紧追不舍。数万人都在狂奔，犹如洪水泄堤，不可阻挡。然而，有一个人伫立在战场上一动不动，静静地准备着拥抱死亡。

张悌将宝剑插在地上，抬头漠然望着前方，一拨又一拨的吴军从他身旁飞奔而过，距他前面百米，晋军凶神恶煞地冲杀过来。

吴国右将军诸葛靓拽着张悌的衣袖："巨先（张悌字巨先），存亡有天命，不是你能左右的。没必要轻生啊！"这位诸葛靓，正是当年诸葛诞在淮南发动叛乱前送往吴国做人质的幼子。

张悌摇了摇头，道："我年幼时就受过你家诸葛公的提携，我常担心自己辜负贤士知遇之恩。今天，我以身殉国，死得其所！"他所说的诸葛公，即是吴国名臣诸葛瑾，也就是诸葛靓的堂叔。

诸葛靓还是紧紧拽着张悌的衣袖不放，希望带张悌逃离战场。

张悌甩开袖子："仲思（诸葛靓字仲思），你本是魏国人，不该死在这里，你自己逃吧，以后还有机会重返故乡！"

诸葛靓无奈，只好独自逃命。他跑了百余步后回头望去，只见张悌已被晋军砍得血肉模糊。

这场战争致使两千名吴军横死。死，有轻如鸿毛，有重如泰山。按说守卫疆土应该是军人的本分，但吴国有这么一个混账皇帝祸害天下，而全天下都渴望统一，那么这些阵亡的吴国将士到底算不算死得其所呢？

总而言之，张悌，这位吴国最后的丞相终于得偿所愿，以死殉了社稷。

乱世终结

就在张悌和王浑展开决战的同时，东战线的另一位晋军统帅司马伷也进驻建业以北三十公里处的涂中，他隔着长江，紧盯吴都建业。更具威慑力的，则是顺长江而下，日益向建业逼近的王濬水军舰队。

孙皓派张象率一万水军溯江而上，迎击王濬。但当张象远远望见江面上的晋军旗帜后，果断倒戈，加入了晋军。

孙皓最后凑出两万人，将皇宫中零零散散的珍宝摊在众军士面前："击退晋军，这些珍宝都是你们的！"结果，这支临时拼凑的吴军当即发动哗变，抢走珍宝，又放火烧了孙皓的皇宫。

孙皓彻底绝望，吴国再没有任何力量能抵御晋军了。

现在，晋军各路统帅均已达成自己的战略目标，都在静候朝廷下一步部署，唯有益梁都督王濬仍风驰电掣般向建业挺进。他即将要路过王浑所在的横江。

王浑麾下何恽谏言："将军现在若不火速攻打建业，功劳恐将被王濬抢走。"

王浑回答："朝廷不准我冒进，若抗命，战胜不能免责，战败更是重罪。况且，此前诏书让王濬受我调度，到时候我与王濬合流，一起攻向建业岂不稳妥？"

"王濬气势如虹，岂能甘心听您的调遣？"

前文提到，司马炎在战役之初下了一道诏命，让王濬接近建业时归王浑调度，可随后，司马炎力挺王濬，就没有再提这回事。那么王濬、王浑究竟该如何处理？就全看个人理解了。

王浑对何恽的提醒不以为意，他给王濬写了一封信，邀请对方途经横江时上岸召开军事会议。需要特别注意的是，王浑以书信的形式"邀请"王濬上岸，这并非军令，也没有配兵符。王浑为何这么客气？究其原因，恐怕也是司马炎前后矛盾的诏书让他没有十足的底气。

4月30日，王濬舰队开到三山（今安徽省芜湖市三山区）时，收到王浑送来的书信。在他前方五十公里处的长江西北岸，就是王浑驻军的横江，越过横江再前进五十公里，则是此战的最终目的地——建业。

攻克建业，意味着终结近百年乱世。这诱惑力实在是太大了。

僚属提醒道："将军，再往前就到横江了，王浑请您上岸军议。"

王濬呆呆地望着建业方向出神，喃喃自语："功名……停不下来啊……"

"将军？您说什么？"

王濬一咬牙，一跺脚："就跟王浑说，风太大，船停不下来！"他距离横江尚有五十公里路程，如果想停，当然能停下来。然而，功名，散发着强烈的诱惑力，让他奋不顾身地奔向建业。王濬的心停不下来了。

与王濬同行的巴东都督唐彬将这一切看在眼里。他预感到王濬和王浑日后免不了争功，自己不想牵扯进这场复杂的争斗，便对王濬道："在下近来偶染风寒，想先停船休息几天再走。"

然后，唐彬果断命令自己的舰队停止前进，表示出不想跟同僚争功的姿态。

当夜，王浑收到了王濬的回信。他抬眼望去，只见王濬的舰队正从江面上径自飞驰而过。几天前，他还在为自己击溃了这场战役中吴国最强的军队而沾沾自喜。可现在，他内心只有愤怒和懊悔。

"混账东西！"王浑狠狠地将王濬的信踩在脚下，心急火燎地下令，"周浚，马上率前锋开拔！一定要赶在王濬之前攻入建业！"那么，周浚到底能否抢到王濬前面攻进建业呢？按照两军的正常速度，应该说绝无可能。然而，后面两天发生了一系列事件，竟导致局面出现了变化。

5月1日上午，王濬舰队开到建业城西的石头城。这座石头城距离建业仅几公里，是建业的卫星城，也是保护建业的最后一道屏障。石头城沦陷，意味着建业形同裸城。

此时，王濬收到孙皓送来的投降书。

"把降书送给王浑，让他来建业会师。"王濬吩咐道。事实上，孙皓的降书本就是一式三份，同时送给了王濬、王浑、司马伷三位晋军统帅。王濬主动将降书送给王浑，仅仅是卖个顺水人情，因为以目前的形势看，王浑是无论如何都不可能抢在自己前头了。

5月1日中午，王濬抵达建业城下，但他没有进城。不需要了。吴帝孙皓袒胸露背，自缚双手，带领二十一位宗室成员出建业城外，向王濬叩首跪拜，正式宣告国祚终结。王濬把孙皓搀扶起来，他向建业城内瞭望，只见浓烟滚滚，火光冲天，原来是孙皓的皇宫正在熊熊烈焰中燃烧……

自公元 229 年孙权称帝至公元 280 年孙皓投降，吴国历经五十一年后灭亡。但实际上，早在公元 196 年孙策割据江东时，吴国版图便已粗具雏形，算起来，吴国可以说有八十四年的历史了。近一个世纪中，孙氏一直把压制江东豪族作为对内的首要国策，而孙氏皇族内部自相残杀，大概要归因于孙权无意中给他后代树立的价值观。有人说，如果当年没有发生"南鲁党争"，太子孙和顺利继位，那么吴国或许就会健康地延续。也有人说，纵然如此，孙皓毕竟是孙和的儿子，孙和死后还是免不了轮到孙皓继位，吴国终无法逃脱这位混账皇帝的魔掌。但是，如果孙和没有被孙权、孙鲁班、孙亮、孙峻一帮所谓的亲人陷害，孙皓是否会拥有一个美好的童年，成为一个心理健全的人呢？

总之，吴国就这样在历史的长河中灰飞烟灭了。历时两个月的战役，终于结束了近百年的乱世。

争名夺利

5 月 1 日傍晚，王濬接到王浑发来的军令。他一边看，脸色一边变得阴沉。

军令中写道："为防孙皓逃跑，命王濬即刻围攻建业！"王浑担心王濬率先攻破建业，居然想用这种办法拖住王濬。

"战争都结束了，吴国没了，王浑还让我围攻建业，简直莫名其妙！"王濬悻悻地道。然而，王浑这回发来的不是简简单单的书信，而是搭配兵符的军令。王濬深知自己有抗命嫌疑，一直停留在建业城外，以免落下口实。接受孙皓投降已是头功，进不进建业已无所谓。

是夜，王濬得到一个更加令他震惊的消息：王浑恼恨自己独揽大功，打算在建业城下跟自己火并。

眼看要闹出大事了，僚属何攀（曾建议王濬征调益州驻军督造舰队）献策："赶紧把孙皓送给王浑，以免事态不可收拾！"

王濬不得不同意。一场危机暂时得以化解。顺便提一句，孙皓在王浑的军营没住几天，就又被王浑转赠给了司马伷，最后由司马伷送给了朝廷。这位亡国之君，作为危机公关的礼物，就这样被几位统帅送来送去。

与此同时，王浑麾下豫州刺史周浚终于抵达建业，并率先进入建业城中。可是，王浑、周浚相当憋屈，因为孙皓已向王濬投降，周浚入建业，性质并非攻破敌国首都，而是进入自国城池，还得感谢王濬等了他大半天，功劳自然大打折扣。

5月2日，王濬尾随周浚，也率军开进建业。

几天后，王浑、司马伷、杜预等人的军队也纷纷赶到，转眼间，建业会集了二十万晋军，在这闹哄哄的局面下，王浑和王濬的纠纷也正式拉开了序幕。

王浑先下手为强，上疏弹劾王濬贪功心切，抗旨不遵。此事在朝中激起轩然大波。本来这很容易裁定，可复杂的是，王浑和王濬之间并不是一场公平的较量。前文说过，王濬出身寒门，六十多岁才成为羊祜的僚属，年近七十才出任益州地方官，且从未涉足朝廷的政治核心。王浑则不然，其父王昶是司马懿亲手提拔的荆州都督，其妻钟琰之是魏国元勋钟毓的孙女，他的儿子王济又娶了司马炎的女儿常山公主为妻。王浑这个太原王氏家族，绝对算西晋一等一的世家豪门。

朝臣大多和王浑私交很好，纷纷上疏请求将王濬收押。

司马炎猜到其中原委，他有心挺王濬，同时还要避免驳王浑的面子，便压住群臣，只是责问王濬道："先前朝廷发出诏书，让你受王浑调度，王浑按甲休兵等你，你怎么不听王浑命令直抵建业？你纵然有功，也应尊崇军法，如此抗命，朕还怎么号令天下？"

王濬上疏辩解："臣在正月二十二日（3月10日）接到诏书，命臣顺流东下（这封诏书确实提到让王濬受王浑调度，被王濬省略），臣受诏出兵。后又接到诏书（4月4日诏书），命臣和司马伷、王浑、唐彬等人皆受贾充调度，并没有单独说让臣再受王浑调度（司马炎写这封诏书时已改变了初衷，不想再束缚王濬的手脚）。臣途经三山时，王浑给臣发来一封信，邀请臣上岸军议，也没有提到让臣受他调度的意思（王浑对王濬的'客气'成了把柄）。臣的舰队顺风疾行，根本停不下来，没办法掉转船头，回去和王浑会合（这有点胡扯）。不出一天，臣接到孙皓的降书，臣不敢耽搁，当即告知王浑。三月十五日（5月1日）傍晚，臣才见到王浑的兵符，命臣围攻建业。可当时孙皓已经出城归降。难道臣要发兵围攻自国城池吗？再者，书信传达需要时间，其间又变故频生。假使臣孤军深入打了败仗，给臣定罪还说得过去。但臣统领八万水军，令孙皓望风而降。王浑屯驻江北，不能洞悉战场虚实，看臣得了头功就眼红，希望陛下不要误听谗言。"

司马炎看毕，点头认可，他当然知道王濬钻了空子，但至少表面上说得在理。

王浑不罢休，授意豫州刺史周浚上疏，诬陷王濬的军队私藏吴国宝物，火烧建业皇宫。

周浚很不情愿，劝说王浑："当初您打败张悌后没抓住机遇，致使王濬抢了头功，现在又和王濬争功，这么干不太合适。"

王浑不听。周浚只好上疏弹劾王濬，这下把自己也搁了进去。

王濬不是个忍气吞声的人，再次上疏申辩："二月（4月上旬），孙皓把大批财物赏赐给下臣，那时皇宫中已没有什么宝物。三月（4月下旬），孙皓决定出降的时候，近侍又把剩下的宝物盗走，并放火烧了皇宫。臣派往皇宫的人是去救火，不是放火！而且，臣派往皇宫审查书籍典章的人还遭到周浚擅自扣押。周浚在十六日（5月2日）比臣早一步进入皇宫，就算有宝物，也是被周浚先到先得，臣无缘得之。另外，王浑比臣先一步登上孙皓的楼船，如果船上有宝物，那肯定是被王浑偷了。还有，周浚部下八百人在建业城中抢劫，臣缉捕其中二十余人遣送给周浚处置，周浚至今没给臣一个交代。再向陛下禀报一事，此前，王浑与张悌在横江一带战斗，吴军被斩两千人，而王浑、周浚谎称有八千七百人，以上这些，都希望陛下明察。"

王濬本为自辩，可他气不打一处来，变被动为主动，居然弹劾起王浑和周浚。

跟王浑关系好的朝臣纷纷进言："王濬在自辩书里根本没有写清楚他历次接到诏书的详细日期，钻了空子。再加上他违抗王浑军令，请押往廷尉治罪！"

司马炎说道："诏书在传递途中或有稽留延误，不能因此指责王濬抗命。王濬功大于过，瑕不掩瑜。"他为什么要这样袒护王濬呢？首先，必须说司马炎明白事理。其次，王浑一族也即是太原王氏，乃是齐王司马攸的坚定盟友，司马炎有心想压制齐王党势力。这和之前在贾充、任恺的派系斗争中，他袒护任恺是一样的道理。

亲近王浑的朝臣不依不饶，又进言道："王濬擅自烧毁吴国舰船一百三十五艘，应该让廷尉出面审理。"

司马炎不耐烦道："战场上，烧掉敌国舰船，何罪之有？你们别再为难他了！"

随后，他命廷尉刘颂考核王浑和王濬的功勋大小。他的本意，是希望刘颂能抬王濬，抑王浑。然而，刘颂裁定王浑的功劳高于王濬。

司马炎很不高兴，责备刘颂失之偏颇，将刘颂降职处分。继而，他亲自裁定，赏赐王浑食邑八千户，赏赐王濬则高达一万户，又特别授予王濬诸多超越其官位的特权。

伐吴这一年，王濬已七十四岁高龄，他终于在古稀之年凭借自己的努力官拜镇军大将军，赢得了至高无上的荣耀和地位。他家门前那条宽阔的大道，也终于迎来了长长的鼓吹仪仗队。可是，王濬过得并不舒心，他的政敌隔三岔五地弹劾他，他对王浑更要时刻保持强烈的戒备心。

有时，王浑因公事要和王濬会面，王濬便紧张兮兮地在周围部署好卫队才同意相见。他每次觐见司马炎，总是提起伐吴功劳，并满腹牢骚地讲述自己被王浑压抑的冤屈，最后连司马炎都听烦了。

王濬在荣耀、压抑、警惕中度过了生命中的最后六年，于八十岁高龄去世。

王浑战后入朝官任尚书左仆射，后拜司徒。他原本担任扬州都督时口碑不错，可自从当上司徒，声誉反不如前。想来，他度过了人生巅峰，没太大心气折腾了。

功臣们

讲完王濬和王浑，再说说伐吴战役中的其他功臣。

杜预受赐食邑九千六百户。他将自己的功绩篆刻在两块碑文上，一块立在万山脚下，另一块立在岘山之巅。"多年以后，高山变深谷，深谷变丘陵，到那时不知道世人还会不会记得我！"他是个执着于让自己留名千古的人。

早在正始年间，杜预的父亲杜恕得罪司马懿，被弹劾流放，途中忧愤而死。杜预的仕途也戛然而止。一直到司马师死后，司马昭让妹妹高陆公主嫁给杜预为妻，杜预才得以再度出仕。如今，他成为西晋统一天下的最大功臣之一。

战后，杜预继续留镇荆州，可他打算急流勇退，遂多次上疏："臣家累世文史，不擅武事，请求辞去荆州都督之职。"

司马炎没有同意。而后，杜预频频贿赂洛阳权贵。

有人不解，问道："杜公行贿，是打算求官职，还是求爵位？"

杜预回道："我但求那帮人别害我，哪敢奢求他们帮我！"

杜预晚年沉浸在对《春秋左氏传》的研究中，并著有《春秋左氏经传集解》《春秋左氏传音》《春秋左氏传评》《春秋释例》《春秋长历》等书。他经常向司马炎表明自己与世无争、潜心于学术的愿望，言道："王济有马癖，和峤有钱癖，臣有《左传》癖。"王济是王浑的儿子，和峤是夏侯玄的外甥、王浑的女婿。

五年后，杜预被征入朝，不幸在前往京都的路上病逝，终年六十三岁。

王濬麾下的巴东都督唐彬受赐食邑六千户。后来，他历任幽州都督、雍州刺史，颇有作为。十四年后善终。

负责攻打武昌的王戎、负责攻打夏口的胡奋也都加官晋爵。王戎三年后被征入朝廷任侍中。胡奋的女儿胡芳被选入司马炎后宫，胡奋成了著名的外戚。

胡芳是一个性格刚烈的女人，在此讲讲她的逸事。

有一次，司马炎和胡芳玩游戏的时候，手指被胡芳不小心抓破了。司马炎有些气恼地说："你可真是个将种！"

胡芳毫不示弱，答道："我爷爷（胡遵）北伐公孙渊，西抗诸葛亮，我父亲南讨吴国，我当然是将种了！"胡芳直率豪爽的性格让她备受司马炎宠爱。

胡奋的父亲胡遵自诸葛亮北伐时期就一直跟着司马懿混，胡氏一族始终坚定不移地支持司马家族。此后二百多年中，胡氏后代一直活跃于政坛，子孙位至公侯卿相者有几十人，还出过两位皇太后。这一家族在两晋南北朝盛极一时。

进逼建业的司马伷后来官拜大将军，两年后病逝。顺便提一句，这位司马伷的孙子即是东晋开国皇帝司马睿，他的后代，未来将成为故事里的重要角色。

除了以上几位身临战阵的将领，在朝廷负责后勤工作，同时也是伐吴坚定支持者的尚书张华受赐食邑一万户。可没过多久，张华在荀勖、冯统的谗言诬陷下，先是被赶出朝廷，后又一度被罢免。他之所以遭受这样的厄运，完全是因为他支持齐王司马攸。

另外，司马炎也没有忘记伐吴的"开山鼻祖"羊祜。他赐给羊祜的遗孀夏侯氏食邑五千户，以感念羊祜之功。当初，夏侯霸只身逃往蜀国，魏国的亲戚纷纷和他断绝关系，唯独女婿羊祜依然待夏侯氏如初。幸运的夏侯氏，因为嫁对了人，不知令多少女人羡慕。

讲完这几位功臣，也该讲讲此战名义上的最高统帅贾充了。基本上，他除了从头到尾打退堂鼓，就没干过正经事。

战后，贾充上表谢罪。司马炎没有责备贾充，反而赏赐他食邑八千户。不光如此，就连跟贾充沆瀣一气的荀勖也受到赏赐。究其原因，贾充和荀勖乃是支持太子司马衷的重要力量。甚至可以这样讲，在司马衷这个问题上，除了杨皇后一族，他们也是司马炎唯一能仰仗的豪族势力，为此，司马炎必须保住他们的地位。

也不是所有晋朝臣子都因平定吴国得到实惠，至少有一个例外——骠骑将军孙秀。十年前，孙秀官拜吴国夏口督，因受到孙皓的威胁不得不逃往晋国。这十年来，孙秀过得异常滋润，作为晋国对吴国进行政治宣传的活标本，官位甚至一度跃居贾充之上。不过，他的价值全因有吴国存在，而现在，吴国灭亡了。

孙秀悲哀地叹道："当年讨逆将军（孙权的哥哥孙策，官拜讨逆将军）以弱冠之年创业，没想到今天就这么被孙皓丢了，祖宗基业从此化为乌有。苍天哪！怎么会这样！"他是为孙皓感到惋惜吗？未必。早在十年前，他应该就割舍了吴国的一切。然而，他的悲伤是真实的，因为他知道自己失去了被利用的价值。

不久，孙秀由骠骑将军降为伏波将军。

亡国之君

吴国灭亡后第二个月，孙皓偕家眷来到京都洛阳。他清楚记得六年前听过的一则预言。卜者言："六年后您会驾临洛阳。"孙皓大喜过望，想当然地认为自己会一统天下。如今，他真的来到了洛阳，却不是以胜利者的姿态，而是以俘虏的身份拜见司马炎。

司马炎像对待刘禅一样赦免了孙皓，又授以爵位供其养老。而朝中那些重臣，均对孙皓昔日残暴的行为心怀不忿。

一次宴会中，贾充问孙皓："听说您喜欢剥人脸皮、凿人眼睛，不知道臣子得犯多大罪才会遭受这样的酷刑？"

孙皓瞥了一眼贾充，回答："企图弑君、心怀不忠的臣子，便要受此刑罚。"他讥讽贾充谋杀曹髦倒无可厚非，但他将那些惨死在自己屠刀下的无辜者都冠以不忠的罪名，实在是个彻头彻尾的浑蛋。

贾充听罢，羞愧得抬不起头。一方面，他被孙皓戳中了痛处；另一方面，想必是因为见识到孙皓这位厚颜无耻的教主，自愧弗如吧。

又有一次，司马炎和王济下棋，孙皓在旁观看。

王济一边下棋，一边随口问孙皓："您怎么能剥臣子的脸皮呢？"

西晋初年，君臣关系融洽，司马炎又是个性格随和之人，所以臣子在皇帝面前从不拘束，王济当时没有正襟危坐，把脚随意伸到案几下面。

孙皓见状，损道："臣子对君主无礼就要被剥脸皮。"

王济偷偷把脚缩了回来，司马炎微微一笑，也不说什么。

看得出来，晋国臣子对孙皓滥用酷刑着实无法理解，而孙皓既已成亡国之君，还这么盛气凌人，他的底气到底从何而来？

一次，庾峻（任恺政治盟友庾纯的哥哥）向孙皓故臣李仁问道："听说孙皓剥人脸皮、凿人眼睛，可有此事？"

李仁回答："孙皓身为一国之君，秉持生杀大权，对犯人施以刑罚，这有什么过错？臣下直视君主即是傲慢无礼，无礼即是不忠，不忠即是谋反，挖掉眼睛难道不应该吗？"他大言不惭地为孙皓辩护，大概是想博一个忠于故主的名声。有这种颠倒黑白、无视道义的走狗，难道不正是孙皓嚣张的根源吗？

移居洛阳的众多吴国旧臣中，有一人名叫薛莹，是吴国初代名臣薛综的儿子。

司马炎问他："你说说，孙皓为什么会亡国？"

薛莹据实回答："孙皓亲信小人，滥用酷刑，臣子心怀恐惧，所以败亡。"

后来有人问陆喜（陆逊侄子、陆抗堂弟）："薛莹能位列吴国第一等名士吧？"

陆喜答："在孙皓的无道统治下，第一等名士是那些隐居遁世之人；第二等名士主动避开权位，屈居卑位；第三等名士秉承正见，不惧强权；第四等名士揣度时局，偶尔能做出点善行；第五等名士温恭谨慎，不助纣为虐。所以吴国最贤明的士人都默默无闻，一般人根本不知道他们是谁。次一等的士人，有名声但离灾祸更近。薛莹在那个凶险的时代名声显赫，故应该介于第四、第五等之间吧。"

陆喜将遁世隐居者奉为第一等，而执正见、不畏强权者都排在其次，这似乎显得过于消极和不作为了。按照这个逻辑，他的同族兄弟陆凯、陆抗大概只能排在第三、第四等的位置。从这一点不难看出自陆凯、陆抗死后吴郡陆氏一族的心态。不过，陆喜的消极，也恰恰说明在那个极端邪恶的社会环境中，个人根本无力与强权抗争，或许最明智的选择真就只有超然世外，等待外力将之摧毁了。

孙皓投降后被封为归命侯，四年后死于洛阳。

烛　光

公元 280 年，这是值得牢记的一年，因为这年，持续近百年的乱世总算终结了。必须说，为我们带来无数故事的三国时代，无论后人看起来多么荡气回肠、激昂亢奋，但对于当时的人来说，唯有悲情。根据统计，东汉鼎盛时全国人口超过五千五百万人，经过汉末群雄一通乱打，到公元 208 年赤壁之战时，全国人口骤降到仅有一百四十万人。不排除有很多四处逃难的人无法统计，但这个数字依旧触目惊心，也就是说，超过百分之九十的人死于战乱。三国后期，全国人口渐渐恢复到七百六十万人。到天下一统的公元 280 年，全国人口上升到一千六百万人，仍远低于汉朝。那些让我们感怀仰慕的乱世"英雄"，谁都没少杀人。

这一天，无论是中原、巴蜀，还是江南，都是普天同庆，一派祥和，一千六百万人享受着来之不易的和平。

在京都洛阳，离皇城不远处有间宅子。这宅子极尽简朴，多年来的每个夜晚，宅子的书房中总是亮着暗淡的烛光，有时很晚才熄灭，更多的时候，烛光会一直持续到天蒙蒙亮。

书房里有两个人，主人正就着烛光伏案写作，旁边一个小书童边整理着书籍边劝说："大人，今晚您就别写了，早点休息吧。"书童虽这么说，但他知道，这话跟没说一样。

主人应道："是觉得有点累，可一下笔就停不下来。"又写了一会儿，他总算搁下笔，伸了个懒腰，又揉揉困倦的双眼，打算给自己争取一个短暂的放松。

书童见状，也放下手里的活儿，和主人聊闲天："大人，您别怪我多嘴，您从巴蜀来洛阳都这么多年了，以您的学识，现在只混个治书侍御史，着实有点屈才。"

主人不以为意，淡然一笑，道："说起来，就算这治书侍御史也得来不易啊！想当年，若非张华大人举荐，我恐怕要终老家中了。"

"您既然出仕，就该察言观色，谁不知道中书监荀勖权倾朝野，您不跟他搞好关系，怎么行？"

"荀勖嘛……哼！他想赶我出京。我偏不买他的账，这不，天无绝人之路，杜预大人又帮我说好话，把我留在了朝廷。"

"荀勖想赶您走，是因为他不喜欢您写的书。"

主人听到这话，板起脸："他不喜欢？我写的书不是他能说了算的！我写的是历史，写的是这百年来的历史！想他荀氏族人中，荀彧和荀攸两位大贤实乃左右历史的关键人物，让这二位留名青史当之无愧，可他荀勖算什么？一介佞臣！"

"还有啊，我听说丁氏也对您很不满意。"

"丁氏？哪个丁氏？"

"您怎么忘啦？就是前一阵子非要送您一千斛米的丁氏呀，他们想借机让您给他们的先人立传，您没答应。"

主人嗤之以鼻："他们那是痴心妄想！有资格在我这部书里立传的，都是名臣、重臣、诸侯、国君，还有贤人志士！丁氏先祖丁仪、丁廙兄弟？他们充其量只是曹植幕僚，因帮曹植争夺世子之位以惨败收场被曹丕处死。虽说可怜，但以那两个人的分量，要想立传，根本不够格嘛！"

"您知道他们在外头怎么说您？"

"怎么说我？"

"他们反咬您一口，说您找他们索要贿赂，就是那一千斛米，还说，因为他们不给您米，所以您才不给丁仪、丁廙立传。黑白颠倒啦！"

"他们当真这么说？"

"当真！"

主人突然开怀大笑起来："随他们说去吧！后人若是信了，我也无话可说。不过，肯定还是明白人居多。想来，我恩师真有先见之明，早就提醒过我。"

"您恩师怎么说？"

"他说我将来必定凭才学扬名天下，但也会遭到世人的诋毁非议！"

书童听罢，咧嘴一笑："大人，听您这么一说，我才觉得，您跟您恩师可真是一脉相承，他老人家也是受到世人不少非议呢！"

这家主人的恩师，正是当年劝刘禅投降的巴蜀名儒谯周。这家主人，姓陈名寿，乃是巴蜀名士，时年四十八岁。

"不聊了，我得继续写！若不是平定了吴国，我都不知道后面该怎么收笔。对我来说，伐吴最大的收获，莫过于能一览吴国史籍啊！"陈寿说着，又提起了笔。

书童知道这又将是个无眠之夜了。他闷着头，继续整理从吴国皇宫接收的史料，然后抱着一大摞书卷堆到陈寿面前："大人，您写的这部书想好书名了没？"

陈寿顿了顿，伸出三个指头，郑重其事地说道："我写的是三部书，记住，是三部！《魏志》《蜀志》《吴志》！"

这位陈寿，即是《三国志》的作者。一开始，书分为三部发行，直到北宋年间，三部书才合并为一部，命名为"三国志"。陈寿选取史料极其严谨，对于诸多不可信或存疑的事迹均废弃不用，以质朴、简约的文风记载了自东汉末年到西晋初年近百年的历史全貌。在二十四史中，《三国志》与《史记》《汉书》《后汉书》评价最高，被合称为"前四史"。固然，《三国志》受限于政治环境，以魏国为正统，且对司马氏不乏回护溢美，又因为文词简约，很多事写得过于粗略。但是，这些都不足以掩盖《三国志》的光辉。我们必须感谢陈寿，因为后世无数关于三国的小说、戏曲、电影电视乃至电子游戏等，都是从他这部书中衍生出来的。

另外，不得不说的是中国历代的历史编撰者。自春秋时代，孔子撰写《春秋》记述鲁国的编年史，再到西汉时代，司马迁完成旷世巨作《史记》，从五千年前的三皇五帝一直讲到了汉朝。自此之后，无论太平盛世还是兵荒马乱，总能在恰当的时机冒出一批人尽可能严谨地记述着历史的进程，得益于此，中国的史书再没有断裂过。诚然，有人批评中国的史书，尤其是正史，存在诸多个人倾向和感情因素，难以呈现完美的客观，但是，历史本就是由人创造的，史书又由人来撰写，如果没有人的感情掺杂其中，又何谈人的历史呢？而关于人的故事，又哪有绝对的客观呢？今天，我们探寻那些早已逝去的历史人物的是是非非，吸收前人积累的智慧和吸取教训，当然也从中获得了足够多的娱乐，这都要感谢那些默默奉献的史书作者。

就在陈寿写《魏志》的同时，夏侯湛（魏国初代名将夏侯渊曾孙）也以缅怀曹操为初衷编写了一部《魏书》，可当他看过《魏志》后，自知《魏书》无法望其项背，便一把火将《魏书》烧成了灰。西晋名臣张华看过陈寿的作品后，忍不住感慨："真想让陈寿再撰写晋朝的历史啊！"

另外，陈寿对诸葛亮推崇备至，竭尽所能地搜集诸葛亮的文章、书信、奏疏、兵法，编成了一部《诸葛亮集》。几百年后，因为《三国演义》这部小说的渲染，诸葛亮变成善用奇谋的神人，很多人本着"后入为主"的精神，反而认为陈寿对诸葛亮的客观评价"治戎为长，奇谋为短，理民之干，优于将略"有诋毁成分。殊不知，《三国志·诸葛亮传》和《诸葛亮集》中所记载的这位蜀国丞相，才是更加趋近于真实、丰满且有血有肉的人。

除了《三国志》和《诸葛亮集》，陈寿还著有《古国志》和《益部耆旧传》。

陈寿虽才华横溢，但仕途相当不顺。他在为父守丧期间，因生病让婢女伺候自己服药，被乡党非议。他遵行母亲临终前的遗愿，将母亲安葬在洛阳，而非巴蜀故乡，这事让他再次遭到同僚弹劾，并一度罢免了官位。

公元 297 年，朝廷起用陈寿任太子中庶子。可陈寿还没等正式上任就病逝了，享年六十五岁。他死后，《三国志》才被西晋朝廷正式收录为官方史籍。

昔日今朝

这天，司马炎坐在皇位上，不禁陶醉起来，全天下尽在他的掌握中。陡然间，他想起了一个人。不！不对！至少那个人是自己无法掌握的。可普天之下，莫非王土，他还能逃到哪里去呢？

吴国灭亡后，诸葛靓（诸葛诞的儿子）随大批吴国旧臣迁到洛阳。他从未想到自己有生之年还会踏足这片土地，此刻，他茫然若失地徘徊在洛阳街道上，放眼可及的一切都显得那么陌生。在他记忆里，洛阳仍停留在二十多年前的模样。那时候他尚年幼，每天都过得无忧无虑，还经常跑进大将军府玩，因为那里住着一个他青梅竹马的朋友。而后，他被送往吴国，魏国的一切都离他远去，再后来，就连魏国都不复存在了。

洛阳城早已物是人非，儿时的朋友也不再居住在大将军府，而是搬进了深邃的皇宫。诸葛靓幼年时的朋友，正是西晋开国皇帝司马炎。诸葛靓的杀父仇人，则是司马炎的父亲司马昭。

他不想见司马炎，可是司马炎偏偏想见他："诸葛靓现在在哪儿？"

"听说他躲在琅邪王府。"

"哦……想来也会是这样。"司马炎倒没觉得惊讶。

前文讲过，魏朝正始年间，诸葛诞与两位重臣联姻，长女嫁给王凌长子王广，次女嫁给司马懿第五子——琅邪王司马伷（司马炎的叔叔）。这位司马伷的夫人——琅邪王妃还有一个称呼叫诸葛太妃，她便是诸葛靓的姐姐。诸葛靓来到洛阳后即投奔到姐姐、姐夫家里。

"陛下要见诸葛靓？"侍臣问道。

"嗯，我想见见他……"

"臣即刻召他进宫。"

"他不会来的。"

"那臣带侍卫把他绑来。"

司马炎摇了摇头："不，还是我去见他吧！"

皇帝亲临琅邪王府，自然动静不小，全府上下皆叩拜相迎。司马炎扫视一圈，笑了笑，果然不出所料，人群中并没有诸葛靓的身影。他不再理会面前这些人，径自穿房过屋，四下寻觅。

"仲思（诸葛靓字仲思），别躲了！"你还能躲到哪里去呢？

总算，司马炎在琅邪王府的厕所里找到了正在躲藏的诸葛靓。

"仲思，快出来，这里气味可不好闻。"他边捏着鼻子边把诸葛靓拽了出来。

二人四目相对，沉默无语。

"仲思，你就没什么想说的吗？"

诸葛靓还是不说话。司马炎试图打破尴尬，故作轻松地问道："你记得咱们小时候经常一起玩吗？"

"有些事我不记得了，但有些事我永远忘不了。"诸葛靓闭起双眼，在一片漆黑中，浮现的不是童年的欢声笑语，却是亡父诸葛诞的音容笑貌。他的泪水冲破眼睑，浸湿了双颊，他哽咽道："今天，我只恨自己不能像豫让那样吞炭漆身……"吞炭漆身的典故来源于《史记·刺客列传》。义士豫让企图刺杀赵襄子，他为隐藏身份吞下火炭，又用漆涂满全身，销毁了一切能证明自己身份的证据。诸葛靓渴望做出豫让那样的壮举，但司马昭已死，父仇再不能报，如今又怎能和司马炎再续儿时的友谊呢？

良久，司马炎叹了一口气："既然如此，我也不便再勉强了，希望你日后多多保重吧。"他失落地离开了琅邪王府。

后来，朝廷打算征召诸葛靓入朝为官，诸葛靓拒不应召，毅然回到徐州琅邪的故乡。据说，他毕生或坐或卧，永远都背对着洛阳的方向。不过，仇恨不可能这样无休无止地传递，时间能改变一切。多年以后，诸葛靓的两个儿子俱出仕，次子诸葛恢更成为东晋中兴名臣，和荀闿（荀勖的孙子）、蔡谟合称"中兴三明"。而且，东晋开国皇帝司马睿身为琅邪王司马伷和诸葛太妃的孙子，对琅邪诸葛氏怀有极深的感情。因此，琅邪诸葛氏愈加繁盛。

狂欢夜

公元 280 年，西晋王朝沉浸在大一统的欢庆气氛里，无数人为这一天付出生命，如今全成了过眼云烟。这年 5 月，司马炎改年号太康。在太康年间，民生、经济、文化得以复苏。东晋文学家干宝在其著作《晋纪·总论》中用"天下无穷人"描绘太康年间欣欣向荣的景象。太康年号将持续整整十年（280—289 年），史称

"太康盛世"。

一个世纪以来，士大夫被宦官、外戚、豪族轮流欺压。虽然在魏朝时，大批士大夫都投靠了司马家族，但毕竟曹氏皇帝在那儿摆着，士大夫每天都过得谨小慎微。现在，代表士族利益又好说话的司马炎成了最高统治者，士大夫再无须把脑袋别在裤腰带上过日子。精神松懈，加上权力稳固，物欲像井喷一样爆发了。

前文提到很多西晋重臣，像何曾、和贾充敌对的直臣任恺、伐吴功臣王濬，无一不是日耗斗金以满足口腹之欲。

每次朝会，何曾从来不吃皇宫里的御膳，只因他觉得太难吃。司马炎只好特准他从自己家带饭菜。何曾自家的饭菜奢华到什么程度？史书记载，何曾每顿饭要花费一万钱，即便如此，他还总抱怨没东西可吃。直臣刘毅多次弹劾何曾奢侈无度，司马炎顾念他是开国元勋，不予追究。何曾的两个儿子有过之而无不及，长子何遵嚣张到私造皇室器具，这事又被刘毅弹劾，何遵遭到罢免。次子何劭在这方面不敢挑战皇帝，却敢挑战父亲，每顿饭上升到了两万钱的标准，足以令何曾汗颜。

关于西晋达官显贵的奢侈腐败，史书还有相当多的描述。

一次，司马炎收到国外进贡的礼物，当时极稀有、昂贵的火浣布。火浣布即石棉纤维，在一千七百年前的西晋，没人知道这玩意儿是致癌物，司马炎也不例外，他命人将火浣布裁剪成衣服，穿在身上，兴高采烈地来到散骑常侍石崇府邸做客。司马炎打算向石崇显摆自己的稀世服装，可当他来到石崇家门口时，只想找个地缝钻进去，原来石崇派来迎接他的五十名奴仆，个个都穿着火浣布衫。

这位财大气粗的石崇，乃是西晋重臣石苞的幼子。很多年前，石苞临终时给几个儿子分遗产，唯独没有石崇的份儿。

夫人看不下去，劝道："石崇最小，你多少也得给他留点儿。"

石苞回答："你可不如我了解这孩子。我就算什么都不给他留，他以后也能富可敌国。"

知子莫若父，石苞果然没看错，石崇日后真的成为天下首屈一指的巨富。

石崇和贵戚王恺（王元姬的弟弟，司马炎的舅舅）斗富的事迹也在史书中被多次提到。

据传说，王恺用饴糖水刷锅，石崇便用蜡烛当柴烧；王恺在家门口围起四十里长的紫绫帷幕，石崇便在家门口围起五十里的锦缎帷幕；王恺用赤石脂（一种红色天然矿物，有药用价值）刷墙，石崇便用香料刷墙。不用想也知道，这些记载有夸大成分，姑且不提糖水刷锅会不会串味，蜡烛能不能把饭煮熟，单说四五十里的帷幕就能围上洛阳城，二人这么干，与其说是炫富，不如说是搞公益活动。

在多次炫富竞赛中，王恺屡屡被石崇"技压一筹"。最后这事闹得连司马炎都知道了，他按捺不住，决定插一手。

"舅舅，我帮你扳回面子！"说着，司马炎把王恺拉到后宫，抬手一指，"你看！"王恺顿觉眼前一亮，一株高达二尺的珊瑚树赫然摆在一个极显眼的位置。不消说，这珊瑚树是皇宫中的至宝。

"你把这个搬回家，给石崇看看，让他开开眼。"

王恺感激涕零地把珊瑚树搬回了家。一切准备妥当，他盛邀石崇前来观赏。

"石君，见过这样的宝贝吗？"王恺得意地炫耀着。

石崇围着珊瑚树踱了两圈步，鼻腔中发出一声闷哼，突然，他抄起一件铁器向珊瑚树猛砸过去，眨眼间，稀世珍宝化为一地碎屑。

"你，你疯啦！这是陛下赐我的宝物！你就算妒忌，也不能这么干啊！"

"妒忌？哼！大不了赔你便是。"石崇对身旁的侍从吩咐道，"把家里那几株珊瑚树都搬过来给王大人瞧瞧。"

侍从转身离去。不消半个时辰，一队人抬着六七株珊瑚树摆到王恺的面前，石崇这几株珊瑚树的尺寸竟比司马炎送给王恺的那株还要高出一倍，其品相等级世所罕见。石崇抬手一指，满不在乎地说道："随便挑一株拿走！"

司马炎听说后，心里有些妒忌，不过也仅限于此，他对臣子骄奢淫逸的生活向来采取纵容态度。这是因为他能坐上皇位，完全仰赖士族的支持，而司马氏原本就是魏国最大的士族，他们彼此之间的交情已不知延续了几辈人。更何况，司马炎本身也不是一个心胸狭隘的人。

有些臣子的口味颇重，甚至连司马炎都消受不起。

某日，司马炎到王济家赴宴。席间，他对一盘蒸肉赞不绝口："味道真不错！

怎么做的？"

王济回答："肉里加了人奶。"

"呃……"司马炎只觉得一阵作呕。当即扔下筷子，退席而去。

王济是伐吴功臣王浑之子，爱马、善射，又挥金如土。当时京城地价奇高，王济斥巨资在洛阳买了一大片地用作骑马射场，用铜钱编成围栏，人称"金沟"。

再来说说司马炎的童年挚友、羊祜的堂兄羊琇，也是个生活奢靡的权贵。

羊琇温酒用的酒具非常独特，个个都是用炭粉制成的小兽形状，一度风靡于洛阳富豪之门。乍一看，这也没什么特别，何以令人趋之若鹜？《太平御览》和《晋书杂记》对羊琇的酒具做了更加细致的描绘。原来，当使用这容器温酒的时候，由于一些精巧的设计，小兽的嘴部竟能一张一合，向外吐出火苗，而小兽的眼睛也会变成火红色。确实是很有意思的玩意儿。

这一代士大夫，先辈多在东汉末年体验过食不果腹的窘困，自己又在曹魏时期险恶的政治环境中举步维艰。如今，他们幸运地遇上一位很好说话的皇帝，完全不用担忧"狡兔死，走狗烹"的厄运降临。他们尽情放纵，仿佛要把压抑了一个世纪之久的苦闷全部宣泄出来。

忙碌的皇帝

在这个追求享乐的时代，位居权力顶峰的司马炎又过得怎么样呢？他忙得不可开交。

吴国灭亡后，孙皓的五千嫔妃全部纳入他的后宫。从人道主义层面来讲，这五千嫔妃从此算是脱离了地狱般的生活，再不用担心脑袋搬家了。眼下，她们唯一需要操心的，就是如何赢得司马炎的宠幸。可是，加上司马炎原有的后宫，晋室嫔妃高达上万人，就算他每天临幸不同的女人，也要二十七年。这实在是一项浩大的工程。而更令他头疼的则是每天要从这上万嫔妃中做出选择。

司马炎患上了选择障碍症，最后，他把这项艰巨的任务交给羊来解决。退朝后，司马炎坐在羊车里，任由羊拉着自己随意停在某个嫔妃的门外。

可想而知，上万嫔妃的竞争是何等激烈。比起如何勾引司马炎更棘手的问题出现了，她们首先要吸引羊的注意。显然，羊和司马炎有着截然不同的审美情趣，于是，一些新奇的争宠手段应运而生。傍晚，嫔妃不只要在门口搔首弄姿，更纷纷在门前插竹枝、洒盐水来满足羊的嗅觉。中国和日本古代的妓院门口撒盐的传统，即是源于司马炎御羊随幸。

司马炎供养上万嫔妃伴随着巨额开销。为此，他想出一个生财之道——卖官。

在魏晋时期，九品中正制是官吏选拔的唯一途径。九品中正制的三项指标——家世、德行、才学中，家世这一项的重要度极高，这正是保障士族豪门垄断官位的合法手段，倘若司马炎开了卖官制度，岂不意味着那些有钱但社会地位低下的商人也能做官？然而，自打司马炎爷爷那辈，魏国的士族就大力支持司马氏，他才有了今天的皇位，司马炎就算穷疯了，也不会为了赚钱去损害士族的利益。换句话说，在西晋，士族的利益神圣不可侵犯。

既然官吏任命完全被九品中正制限定死，司马炎又能怎么卖官呢？

办法都是人想出来的。司马炎决定把"加官"卖给公卿。所谓加官，是指正职之外，额外赋予的荣誉性官位，补充一句，这并非爵位，爵位是靠立功赚来的，相当于国家的干股，是一张铁饭票。而加官，则仅限那些门下省官位，如侍中、散骑常侍、黄门侍郎等皇帝近臣。

根据史书记载，像王沈正职骠骑将军，加散骑常侍；荀𫖮正职司空，加侍中；荀勖正职中书监，加侍中；王浑正职尚书左仆射，加散骑常侍；王濬正职镇军大将军，加散骑常侍……这些财大气粗的豪族不胜枚举的"加官"，基本都是来路不正，半公开地给了皇帝一笔钱才买来的。

侍中、散骑常侍名额有很多，但也并非所有侍中和散骑常侍都靠买。譬如前面讲过的门下省首席侍中任恺，就是凭真本事挣来的正职，因此，同样加官侍中的贾充和荀勖在门下省的话语权要远逊于任恺。

于是，司马炎鼓励有钱的公卿斥巨资购买门下省加官，成为皇帝近臣，以此获得跟在自己身边的资格，俨然一位政坛巨星带着自己的"粉丝团"。按理说，伴君如伴虎，但在司马炎时代完全没有这方面顾虑，谁都想整天跟在皇帝身边，除了平时能聊天沟通感情，还能获取意想不到的政治利益，绝对是一本万利的投资。

口拙文景

虽然司马炎做过卖官鬻爵这样不靠谱的事，但总的来说，他在位期间频施善政，又统一天下，人品也还不错。他最大的特点，就是鼓励臣子直言进谏，无论臣子讲话多难听，他都不会发脾气。在《晋书》中，关于臣子当面挤对司马炎的事迹数不胜数。大概司马炎也是习惯了，偶尔有人拍马屁还真消受不起。

有次，右将军皇甫陶因为一件事跟司马炎争得脸红脖子粗，一点不给皇帝留面子，这让一旁的散骑常侍郑徽看不下去了。郑徽上表弹劾："皇甫陶对陛下无礼，应该判其不敬之罪。"司马炎很不高兴："朕正担心听不到忠言直谏，你竟敢越权胡乱弹劾！"最后，郑徽反被罢免。

还有一次，太医程据别出心裁，用鸟头做了一件衣服献给司马炎，以求博得龙颜大悦。结果只换来司马炎一顿臭骂："恶心！以后别再搞这些变态玩意儿。"

司马炎为政称得上明达，尤其是太康年间，百姓安居乐业，时人把他比作开创西汉"文景之治"的汉文帝。这天，司马炎心里美滋滋地向身旁的官员问了一句话："卿觉得朕能跟汉朝哪位皇帝相比？"司马炎自信满满，但他问错了人。

他问的这位公卿正是直臣刘毅。一个向皇帝溜须拍马的良机就这样摆在刘毅的面前，但刘毅的表情一如既往，冷冰冰的。他板着脸答道："陛下能跟东汉末年的桓帝、灵帝相提并论。"东汉正是自桓帝和灵帝时代急剧衰败的，刘毅拿这两个有名的亡国之君和司马炎比较，让在场所有人大惊失色。

历史上大多数君王，但凡碰上这种口无遮拦的主儿，基本是两种处理方式。第一种，当场发飙，直接干掉对方。第二种，当时不作声，日后找机会干掉对方。而司马炎实在太实诚了，居然刨根问底："朕一统天下，又勤于政事，爱卿将朕比作桓、灵，是不是贬得太过？"这话问得有点好笑，想来是因为平时臣子跟司马炎说话经常没大没小，司马炎也早就习惯，只不过这回他觉得刘毅说话太夸张了。

刘毅紧跟着回了一句话，差点没把司马炎噎死："桓、灵卖官的钱入了国库，陛下卖官的钱入了私囊。这么看，您还不如桓、灵呢！"

这戳中了司马炎的要害，他确实卖官，可严格意义上来讲，这话有点以偏概全。首先，桓、灵不管三公九卿，什么官都卖，曹操的父亲曹嵩就买了个太尉；司马炎卖的只是属于他自己的部门门下省的官位，说白了，公卿还得凭本事往上爬，花钱买个侍中、散骑常侍这样的兼职，只图跟皇帝聊天。其次，桓、灵时代民不聊生、国库空虚，只能靠卖官钱填补财政赤字。但在司马炎时代，国库充实，卖官的钱便用来养他庞大的后宫，从某种角度上来讲，大概算作他自己两个直属部门（后宫和门下省）之间的资源调配。

这是一句玩笑话。不管怎么说，卖官鬻爵都是不对的。司马炎没想到刘毅会这么说，唯有勉强挤出些笑容来掩饰尴尬。过了一会儿，他僵硬的笑容变得自然、自信，因为他终于想出该怎么反驳了："桓帝、灵帝时代听不到这种话，今天有您这样的直臣，证明朕与桓灵是不同的。"

善于辩论之人，一定会让对方不知不觉地跟着自己的思路走，司马炎显然不属于这类人。就好比两个人对骂，一个人指着另一个人说："你是猪！"而另一个人费了半天劲终于证明自己不是猪，而后还沾沾自喜。这样的对话发生在地位平等的人之间尚且可笑，更不用说发生在皇帝和臣子之间。然而，司马炎这种实诚性格，确实是他区别于或者说超越绝大多数古代帝王的可贵品质之一。

再来说刘毅，他是汉朝刘氏皇族后裔，在太康年前后总共做了六年司隶校尉，其间，他弹劾过皇帝、太子以及不计其数的达官显贵。之前提到，羊琇犯法险些被判处死刑，何曾父子奢侈无度，均是被刘毅弹劾。刘毅性格耿直，树敌太多，毕生没有机会受封爵位。他不止一次直言冒犯司马炎，但司马炎并不以为意，又感念他生活清贫，多次接济他钱粮。

不过，常言说得好，千万别触动龙的逆鳞。司马炎也有逆鳞。普天之下，能真正牵动司马炎神经的，也唯有他的傻儿子司马衷了。

东宫凶气

西晋王朝正处于健康良性的上升期，帝国的心脏洛阳皇宫中暗藏波澜，全然不似外界那般和谐。东宫实际上的主人——太子妃贾南风，已酿出多起命案。

几个太监架着一名侍妾站在贾南风面前。若仔细观察，可以看到侍妾腹部微微隆起，明显有孕在身。

"你好大的胆子……"贾南风冷冷地说道。

侍妾早就吓得魂不附体："臣妾知错了，臣妾再也不敢了。"她的错误便是怀上司马衷的孩子，可实际上，她身为司马衷的侍妾，这本该是件值得庆贺的事。

"谅你以后也不敢，而且，你也没机会了。"话音未落，贾南风抄起一柄画戟，猛地向侍妾腹部直刺过去……

贾南风十六岁册封太子妃，多年过去，类似的惨剧在东宫屡屡发生，所有怀上司马衷孩子的侍妾，不是流产就是暴毙。东宫名义上的主人司马衷本就是个傻子，在贾南风的淫威之下只有畏缩屈服的份儿，而这一切，司马炎全不知情。

这天深夜，在东宫的院落中，一个人影匍匐着藏在花丛中，偶尔，这人抬起头来，月光照在其脸上，原来是个面容娇艳的女人。她大气不敢出，趁着夜色的掩护躲过值班巡查的太监，蹑手蹑脚地向皇帝所在的寝宫潜行。

经过一条长长的走廊，七拐八拐，她终于跑到司马炎寝宫的门外。

长期恐惧和压抑的情绪得到释放，她一下子瘫倒在地，大声啼哭起来。

"陛下救我！陛下救我！"

司马炎听到哭声，从寝宫中走了出来，他身躯微向前倾，仔细观察才看清女子的模样。他不但认识，还很熟悉："谢玖！你怎么在这儿？"

这个名叫谢玖的女人，原本是司马炎的嫔妃。说起来令人咋舌，因为司马衷一直没有生下孩子（其实都被贾南风谋害了），司马炎怀疑自己的傻儿子缺乏性知识，遂委派谢玖担任司马衷的性启蒙教师。功夫不负有心人，司马衷很快上道，而可喜可贺的是，谢玖也在言传身教的过程中怀上了司马衷的孩子。

"陛下，臣妾的孩子怕是保不住了！"谢玖哭个不停。

司马炎眉头微皱，知道一定出事了："你先别哭，告诉我发生了什么。"

谢玖忍住抽泣，将她在东宫的所见所闻一一道出……

"若臣妾继续留在东宫，必遭贾南风毒手。"

"大逆不道！"司马炎听着谢玖的哭述，气得额头青筋暴出。他素以宽仁被人称颂，从未干过草菅人命的事，不承想就在他眼皮底下命案迭出。"我要下诏废掉贾南风，将她幽闭金墉城！"金墉城曾作为魏国两代皇帝曹芳和曹奂的软禁之所，这个时候恰逢扩建完毕，仿佛正是为贾南风准备的。

然而，司马炎这个决定没能付诸实施，他遇到了前所未有的巨大阻碍。

弘农杨氏

就在司马炎暴跳如雷的时刻，皇后杨芷按住了他的手臂："陛下别冲动！贾充为晋室立过殊勋，贾南风少不更事，纵然有罪，且看在她父亲的面上宽恕她吧！"

杨芷是司马炎的第二任皇后，也是第一任皇后杨艳的妹妹。到了这里，有必要将司马炎的两任皇后——杨艳和杨芷，以及弘农杨氏一族做一番介绍了。

几年前，皇后杨艳病危，临终前最牵挂的唯有司马衷，于是，她对司马炎说出此生最后一个心愿："我妹妹杨芷才貌兼备，请陛下纳她为妃。"杨艳乃是把儿子托付给妹妹照顾，为此，她必须扶妹妹上位。

司马炎和杨艳感情至深，自然心领神会。杨艳死后，司马炎信守承诺纳杨芷为妃，之后又册立杨芷为皇后。杨芷没有辜负姐姐托付，一心一意承担起保护司马衷的重任。

再来说说杨艳、杨芷所属的弘农杨氏，正是在东汉末年有"四世三公"之称，招来无数世人羡慕嫉妒恨的显赫家族。三国时期，弘农杨氏的大佬杨彪因为和袁绍关系密切遭到曹操打压，其子杨修（曹植幕僚）更被曹操处死。杨芷的父亲名叫杨骏，他并非杨彪、杨修这一脉，但也是同族，论辈分，他应该算杨修的族侄。杨骏素来平庸无能，凭借女儿的关系一步登天，越来越忘乎所以。

胡奋（伐吴战役的七路统帅之一）对杨骏说："纵观古今，女儿被册立为皇后的家族多遭不幸，你仗着女儿那么强横，难道是想让祸患来得更快吗？"

杨骏反驳："你女儿胡芳不也嫁给天子了吗？"

"我女儿是嫔妃，是给你女儿当婢女使唤的，这岂能同日而语。"

杨骏还有两个弟弟杨珧和杨济，二人颇具才略。不过这兄弟二人，尤其是杨珧，对大哥杨骏并不太看好。杨骏、杨珧、杨济被时人合称"三杨"，权倾朝野。

弘农杨氏继杨彪、杨修父子死后沉寂了半个多世纪，至此，凭着杨艳、杨芷相继被立为皇后，以及"三杨"上位再次扬眉吐气，成为当时声势最盛的外戚家族。自然，他们也是司马炎最仰仗的太子党。而杨珧尽管不看好大哥杨骏，但毕竟胳膊肘不能往外拐，为了自家权益还是坚定地站在太子党一边，而且，他多次成为打压齐王党的主谋，可说是太子党中最尽心尽力的一个人。

押　宝

权倾朝野的"三杨"堪称当时最强外戚，更具升值潜力的外戚则非贾充莫属。

此前，贾充以投机家的眼光买下两份期货——齐王司马攸和太子司马衷，他的两个女儿分别嫁给这两个人为妻。因此，相比"三杨"死抱司马衷，贾充的政治立场更加灵活，他在司马攸和司马衷之间左右摇摆，颇有脚踩两只船的架势。他的如意算盘，便是无论将来出现何种局面，凭借两个女婿都能立于不败之地。

然而，他这种优势状态没能持续多久。

某日，夏侯和（魏国初代名将夏侯渊第七子）对贾充言道："您的两个女婿论及亲疏，没什么不同，难道您不该支持有德者吗？"很长时间以来，公卿对司马衷能否胜任太子越来越质疑，而司马攸的呼声日渐高涨，甚至有人流露出将来让司马攸继承皇位的想法。夏侯和的意思自是劝贾充支持司马攸。

贾充保持缄默，没有明确表态。他心里反复掂量，到底是冒着忤犯皇帝的危险支持司马攸，还是和满朝公卿为敌支持司马衷？

很快，二人的对话传到司马炎耳中。司马炎一不做，二不休，当即夺去贾充车骑营的兵权，又贬了夏侯和的官。这下，贾充看清了形势，无论司马炎平时多好说话，一旦扯上司马衷，绝对是眼里不揉沙子。而且他又想起司马攸帮自己政敌庚纯说话的旧事，于是迅速表明立场，成为太子党的一员。其间，发生了一件事，可以看作贾充抛弃司马攸的证据。

司马师夫人羊徽瑜去世后，群臣针对司马攸该以什么样的礼制吊唁展开争论。

河南尹王恂（王元姬的弟弟）上奏："齐王应该以诸侯的身份为弘训太后（羊

徽瑜）吊唁，毕竟，文明皇太后（王元姬）才是齐王的生母啊！"

王恂这番话是什么意思呢？众所周知，司马攸过继给司马师做养子，在司马昭时代，这种身份颇具优势，司马昭也不得不承认"天下是景王（司马师）的天下"。但时过境迁，司马师在人们心里的形象早已模糊，如今还是做司马昭的儿子更具竞争力。如此，王恂的意思也就明白了，他在强调司马攸仍是司马昭和王元姬的亲儿子，这么一来，就为司马攸将来能顺利继承皇位打下了基础。王恂暗助司马攸，因为他是司马攸的舅舅。他当然希望司马炎死后由外甥继承皇位，而非跟自己关系疏远的司马衷。

贾充反驳："非也！齐王应行臣子之礼，为弘训太后服三年母丧。"这句话的重点，一是压低司马攸的身份，二是强调司马攸乃是司马师和羊徽瑜的儿子。

贾充的提案很快激起同僚的驳斥："贾充说得毫无道理，服母丧、行臣礼，自古闻所未闻。臣等皆认为应该依王恂之言，让齐王行诸侯之礼吊唁弘训太后。"

但是，司马炎最终违背众意，支持了贾充的观点。这很能说明司马炎的心态：既然司马攸已过继给司马师，那以后就别来自己家添乱了。

就这样，贾充抛弃了司马攸，把宝完全押在司马衷身上。

某日，司马炎问散骑常侍裴楷："你说说，我这些年都做过哪些好事，又做过哪些错事？"

裴楷回答说："陛下自是一代明君，但天下百姓还没把您跟尧、舜相提并论，完全是因为朝廷里有贾充这伙佞臣。您应招纳天下的贤才，弘扬正道，勿使天下人觉得您有私心。"

司马炎默然。他当然知道贾充是什么人。但他提拔贾充，不正是因为自己偏爱儿子的私心作祟吗？

非主流太子党

除了"三杨"和贾充这两大外戚家族，跟贾充关系铁瓷的中书监荀勖和侍中冯紞也支持太子司马衷。当时，荀氏家族中辈分最高的荀颧已死，荀勖便顺理成章接替堂叔成为荀氏宗主。

一次，中书令和峤对司马炎说："皇太子有淳古之风，而季世多伪，恐不了陛下家事。"这话说得很婉转，翻译成白话就是：太子呆傻，玩不转政治的。

司马炎很不高兴，什么都没说。

几天后，中书监荀勖、中书令和峤一起入宫觐见。

司马炎问荀勖："近来太子可有长进？"

荀勖谄媚地道："太子明识弘雅，比以前大有长进。"

"哼！"在一旁的和峤满脸不屑，"我觉得太子还跟从前一样，毫无长进！"

本来，司马炎听了荀勖的话心情还不错，这下又被和峤泼了一瓢冷水。

两位中书省大员辞别司马炎后，一起走出皇宫。一路上，和峤冷着脸，一句话都没跟荀勖说。到了皇宫门口，中书省的专用车驾早在恭候，源自魏朝惯例，中书监和中书令须同乘一辆车。荀勖像往常一样登上车，靠在左侧，把右侧空出来让给和峤坐。但和峤纹丝不动，根本没有上车的意思。

"和大人，您怎么还不上车？"荀勖等得有些不耐烦。

"我跟你同坐觉得可耻，从今天开始，我坐自己的专车！"

"这……岂有此理！"荀勖很是尴尬，驱车绝尘而去。

自这件事以后，中书监和中书令便分乘二车，成为东晋至南北朝的规矩。

"三杨"、贾充、荀勖、冯紞这几位重臣牢牢绑在一起，带领各自的家族，和满朝公卿为敌，成为拥护司马衷的政治势力。

除了以上这些人，素以智略见长的陈骞也值得一提。这位西晋元老重臣官拜大司马，自恃功勋卓著（曾和石苞一起劝曹奂禅位，又连续十几年担任豫州、扬州都督），平时跟司马炎说话都爱搭不理，唯独对司马衷毕恭毕敬，政治嗅觉可谓敏锐至极。

回到司马炎见到谢玖的那天深夜，这位皇帝的内心一边是谢玖的哭诉，一边是皇后杨芷的哀求。他心里纠结复杂。随后几天里，杨珧、荀勖、冯紞、赵粲（司马炎的嫔妃）等人纷纷出面帮贾南风求情，在这些人的背后，则是实力雄厚的弘农杨氏以及延续五百余年的颍川荀氏的鼎力支持。他们都明白贾充是这个政治联盟的核心，为此，不惜一切代价也要保住贾南风的地位。

渐渐地，司马炎冷静下来，他意识到，如果废掉贾南风，就意味着亲手摧毁太子党联盟，这么一来，司马衷的太子地位势必不保。

"这事……还是算了吧……"司马炎无奈地叹了一口气。

史书记载，司马炎子女众多，单是儿子，史上留名者就有二十六位，但他对最痴傻的司马衷付出了最多的爱。或许司马炎从未意识到，在他眼里，司马衷恰似一面镜子，映射出自己年轻时被司马攸超越的尴尬。身为哥哥，却不如弟弟……司马炎决定凭借手中的权力改变司马衷的命运，这其中也夹杂了他自己的悲哀，他为了让司马衷当上皇帝，必须做出妥协，必须忘记个人好恶，甚至必须放弃公理，最终，他不得不向贾南风低头。倘若司马炎是个普通人，这本无可厚非，但很遗憾，他是皇帝，于是，他的妥协便搭上了无数人的生命和帝国的未来。

"谢玖留在西宫好好生下孩子，不要再回东宫了。"

接着，司马炎转头叮嘱杨芷："你贵为皇后，以后要严加管教贾南风！"

半年后，谢玖在西宫平安生下一子，取名司马遹（yù）。司马衷则一直被蒙在鼓里，始终不知道自己有这么一个孩子。

皇后杨芷在挽救贾南风事件中起了巨大作用，但生性刻薄凶狠的贾南风根本没领皇后的情。而且，由于杨芷频频约束贾南风，更激起了贾南风的怨恨。

就这样，仇恨的火苗在贾南风心中逐渐滋生，而单纯的杨芷全然没有察觉。

齐　王

经过太子党诸人一番周旋，贾南风总算保住了太子妃的宝座，但司马衷这个太子仍坐得很不稳当，讽刺的是，包括司马炎、皇室成员以及满朝公卿在内的所有人都极度紧张地关注这个问题，而当事者司马衷是唯一满不在乎的人。太子的意义，实在是他难以理解的。

可以说，在司马炎时代，朝廷中最主要的矛盾都围绕司马衷产生。除了几个臭名昭著的太子党成员（以及其家族），普天之下，没人愿意让一个智障继承皇位。按理说，司马炎有二十几个儿子，虽然大多庸庸碌碌，但要从中选出个正常人绝非难事，公卿却全都一边倒地支持司马攸，根本没人提司马炎的其他儿子，这颇有和司马炎针尖对麦芒的意味。究其原因，也只能怪司马攸声望实在太高。

西晋初建的时候，司马攸受封齐王。而且，自叔祖司马孚死后，无论是食邑数量，还是权位，司马攸都稳居藩王之首。他和其他藩王一样没有远赴藩国，选择留在京都。很快，司马攸便凭借卓越的才华和人望，在他诸多平庸的亲戚中脱颖而出。有几件事很能说明问题。

第一件事，司马炎特许藩王自行选拔藩国内的官吏，这等于让藩王享有独立的人事任免权。然而，司马攸站在维护皇权的立场三次上疏反对，坚持通过朝廷任免自己藩国的官吏。

第二件事，司马炎规定藩王的日常开销由朝廷承担，司马攸又前后十几次上疏反对，表示不想给朝廷添麻烦。

第三件事，齐国但凡有官吏生老病死，司马攸总是自掏抚恤金。国内收成欠佳，他就开放粮仓赈济百姓，削减赋税。

第四件事，司马攸明明是贾充的女婿，却出于公理保护贾充的政敌庾纯，这让他失去了贾充这个靠山，但赢来更多公卿的青睐。

纵然司马炎优待亲戚，但藩王毕竟是个敏感职业，藩王的本职工作是安分守己地待在藩国享福，至于参政，基本可以归为不务正业之流。而且站在皇帝的角度上想，凡事以国家利益为先者，必是把自己当成国家的主人，但司马炎才是国家唯一的主人，未来的主人则是他的傻儿子司马衷，关弟弟司马攸什么事？很明显，司马攸通过大公无私博得好名声的同时，也表现出超越身份的政治企图。

司马炎一度打算压制司马攸的权势。司马攸担任骠骑将军时，司马炎下诏裁减骠骑营兵的人数。但裁军诏书下达后遭到了意想不到的阻力，几千名骠骑营士兵不肯退役，集体请愿希望继续跟着司马攸混，最后司马炎无奈妥协。

公元 275 年，一场罕见的瘟疫席卷洛阳，京都近半数人病死。司马炎也受到传染，险些丧命。

司马炎痊愈后，荀勖、冯紞、杨珧相约入宫觐见。三人都是太子党重臣，且跟司马攸水火不相容，是绑在一根绳上的蚂蚱。

"陛下，冯紞想跟您说件事……"荀勖一边说着，一边瞥向冯紞。

"何事？"司马炎瞅着冯纨。

几乎一瞬间，冯纨眼圈变红，泪水在眼眶里打转："前番，陛下那场病幸亏是痊愈了，倘若真有什么三长两短，皇太子怕是都难以保全啊！"他本来说话就带着哭腔，言讫，泪水夺眶而出。这几近真实的感情流露，令荀勖、杨珧暗自佩服。

司马炎不想深究冯纨的演技，单是皇太子难以保全这几个字，就足以吸引他的全部注意力："有话直说。"

"公卿拥戴齐王（司马攸）由来已久，就算齐王懂得谦让，难道您真能放心？"

"那你说该怎么办？"

冯纨道："最好的办法就是让他离开京都回藩国，只有这样才能保社稷安泰。"

"你以为朕不想让齐王走？可支持他的人太多，其中就属那些宗室藩王叫得最响，不是说赶走就能赶走的。"

杨珧道："既然陛下这么说，不妨先把其他藩王调回藩国。一来可以削弱齐王势力，二来也为将来赶走齐王做个铺垫。"杨珧一下把打击目标扩大到了所有的藩王，这是因为当时外戚杨氏与藩王已然形成分庭抗礼之势。总之，杨珧说完这番话，便成了整个司马家族的公敌。

荀勖又出了一个主意："直接让藩王回藩国，难免人心动荡，而藩王中那些实力强大的更须谨慎对待。依臣之见，不如让藩王管理各自藩国所在州的军务，任命他们为州都督。藩王手里有了兵权，也能安抚他们的情绪。"

"有道理。"

公元277年秋，司马炎下诏，命令十一位极具权势的藩王返回自己的藩国，同时兼任所在州的都督。

朝野一片哗然。此次事件虽然没有牵连齐王司马攸，但那些支持他的家族亲戚一下散去了大半。司马攸的势头被间接削弱。

张华出局

这天，司马炎问尚书张华："我百年之后，能把后事托付给谁呢？"

张华回答："齐王贤明厚德，又是皇室至亲，没有人比他更合适了。"他曾在平定吴国战役中立过大功，也是个齐王党死忠。

司马炎听了，闷闷不乐。没几天，他就在荀勖的建议下调张华出任幽州都督。

这里有必要解释一下，在三国时期，各州都督手握重兵，被司马氏和曹氏争相笼络。可到了西晋，随着国家日趋安定，藩镇重臣就不那么吃香了。大家都想留在朝廷，这样不仅可以安享京都的繁华舒适，也能避免被踢出权力核心。至于那些镇守外州的都督，被扔到鸟不拉屎的偏远地区，所掌控的兵力频繁削减，还要防备朝廷猜忌，过得着实辛苦。

由此，举荐政敌出任外州都督就成了朝廷内斗的主要手段。之前，任恺推举贾充出任雍凉都督，荀勖提议藩王出任各州都督，均属此例。当然，这种情况仅适用于极少数大牌重臣，对那些分量不够的臣子，别说是一州都督，就算是一郡太守，也得祖上坟头冒青烟才行。

不过，接下来发生的事谁都没有想到。金子放在哪儿都会发光，锥子藏在兜里也会锋芒毕露。张华来到幽州后恩威并施，让遍布在境外四千余里的二十几个游牧部落纷纷遣使朝贡。一时间，张华的威名响彻华夏，声望比之前更甚，太子党有种偷鸡不成蚀把米的感觉。

冯紞决定彻底整垮张华。

这天，他和司马炎聊起魏朝往事，冷不防说出这样一句话："臣觉得，钟会叛乱，应归咎于太祖（司马昭）。"

"你胡说什么！"司马炎皱起眉头喝道。

冯紞正了正衣冠，跪倒在地："容臣解释。钟会本来才智有限，但太祖褒奖太过，委以重任，因而助长了他嚣张跋扈的气焰，最终野心膨胀不可收拾。倘若太祖事先严加约束，也不至于酿成恶果。"

司马炎听毕，收起怒容，暗暗点头："有点道理。"

"陛下既然认同，就应谨记前车之鉴，避免再出现钟会这样的人倾覆社稷。"

司马炎听出冯紞话里有话，追问："当今太平盛世，难道还有钟会这样的人？"

"那些为平定天下立过大功、威名远播四海的藩镇重臣，皆有可能变成第二个钟会。"冯紞没把话挑明，但像他说的，为平定天下立过大功、威名远播四海的藩镇重臣，自然非张华莫属。

几天后，司马炎下诏，把张华从幽州召回京都任太常（九卿，主管祭祀宗庙礼仪的闲职）。又过了一阵，宗庙的房梁不知怎么就折断了，张华因为这点破事被罢免。从此，终司马炎一生，张华再无缘出仕。张华被太子党整得一蹶不振，关于他的故事暂且告一段落，司马炎死后，他才重新复出。

太子党危机

公元282年夏天，太子党又面临一场突如其来的巨大危机——贾充病危。

这个为司马家族立下丰功伟绩，又把朝廷搞得乌烟瘴气的权臣，此时虚弱地躺在病榻上，双手哆哆嗦嗦，轻拍着床沿，嘴半张半合，喉咙里发出呜咽声，似有话要说。

"贾公，您还有什么放不下的吗？"

"我……怕啊……"

"您怕什么？"

"我怕死后……公卿肯定会给我个恶谥……"

贾充的担忧不是没有来由，中国历史上那些处于权力顶峰的人，无论是重臣还是帝王，活着的时候呼风唤雨，死后功过是非任人评说。谥号，正是对他们毕生的总结。虽然不乏名不副实的谥号存在，但通常情况下，谥号尚算公正客观。不过在西晋，因为司马炎优待甚至纵容功臣，也的确导致很多谥号失之偏颇。譬如几年前，穷奢极欲的重臣何曾去世时，博士秦秀直言应追谥何曾为"缪丑侯"。司马炎驳回朝议，最后赐予何曾"孝侯"。尽管有此先例，贾充仍然忧心忡忡。

贾氏族人聚拢在贾充的床前，不知该怎么宽慰。这时，贾充的侄子贾模低声感叹："是非公道自在人心，又岂能掩盖得了？"这位贾模颇具才略，在贾氏一族中脱颖而出，深得贾充的喜爱。他这番直言不讳的话，大概是想劝贾充放下那些不必要的执念，洒脱地离去。然而，贾充终无法做到，以至于走得相当不安心。

贾充死后，博士秦秀又直言上疏，应追谥贾充为"荒侯"。

"不可！"司马炎摇了摇头，"贾公生前曾作为伐吴之役的主帅，虽偶有瑕疵，但功不可没，应谥号'武侯'。就这么定了！"

有司马炎撑腰，贾充的担忧算多余了。抛开皇帝这套名不副实的表面说辞，真正令贾充获得善谥的理由无非两个。其一，他率亲兵阻挡并弑杀了魏国第四任皇帝曹髦；其二，他生前在太子党成员中扮演核心角色，虽然死了，但包括太子妃贾南风在内的贾氏一族，仍是支持司马衷的中坚力量。诚然，这两个理由没一个能搬得上台面的。

毋庸置疑，太子党之所以能屡占上风，完全是因为有司马炎撑腰。但是，齐王党人数众多，大有前赴后继的架势。这不稀奇，自贾充死后，太子党实力骤减，而除了荀勖、冯紞、"三杨"，以及他们的后台司马炎，几乎全体公卿和皇室宗族都拥戴司马攸。眼看司马炎的身体一天不如一天，等他驾崩后，再没人能给太子党撑腰，那些被击垮的齐王党重臣也会东山再起。

对于太子党来说，把司马攸彻底赶出朝廷已势在必行。

正面交锋

荀勖、冯紞、杨珧等人经过一番筹划，终于决定和司马攸展开正面交锋。

这天，冯紞对司马炎进言："陛下让藩王返回藩国，不应该回避至亲藩王，而至亲者，莫如齐王。如此才能名正言顺，不落人口实。"

荀勖觉得冯紞这句话分量还不太够，又重重地加了一磅："公卿都希望让齐王继位，就算齐王自己懂得谦让之理，但在这种情况下，太子根本没办法稳坐社稷。不信，陛下可以试试让齐王回藩国，公卿一定出面阻挠，若如此，则证明臣所言不虚。"齐王党的强势反被荀勖利用，成为对司马攸最不利的证据。

"嗯……"司马炎认真地点了点头。

公元283年1月底，司马炎正式下诏，让司马攸出任青州都督，同时，又拜司马攸为大司马以示安抚。

朝廷顿时像炸开了锅，群情激奋。

河南尹向雄（曾为王经、钟会收尸的义士）劝谏："陛下子弟虽多，但谁的名望都赶不上齐王。让齐王留在京都，绝对大有裨益，望陛下深思！"

司马炎气不打一处来，他要赶司马攸走，正是忌惮司马攸名望太高，挡自己儿子的路，向雄居然还像煞有介事地拿名望说事："你给我闭嘴！"

向雄气得脸色铁青，也顾不得礼数，拂袖退出朝堂。

紧跟着，尚书左仆射王浑（伐吴战役的功臣）、侍中王济（王浑的儿子）、侍中甄德（魏朝郭太后堂弟）、中护军羊琇（司马炎的发小）、司隶校尉刘毅（著名直臣），还有以司马骏（司马懿第七子，司马炎的叔祖）为首的宗室藩王纷纷劝谏。

"陛下千万不能赶齐王走啊！"

"请陛下三思！"

"齐王是社稷擎天支柱！"

司马炎暗想：荀勖说得果然没错，整个朝廷都快成司马攸的了！公卿越是争，司马炎赶走司马攸的决心也就越坚定。

王济和甄德见局面僵住，决定改变策略。二人都是皇亲国戚，王济的妻子是司马炎的女儿常山公主，甄德的妻子是司马炎的姐姐长广公主，他们请自己的妻子出面，企图打亲情牌劝说司马炎。于是，常山公主和长广公主每天例行公事，在司马炎眼前哭天抹泪，翻来覆去就是一句话："不能赶司马攸走。"

连续几天下来，司马炎忍无可忍了："齐王是我弟弟，我让他回藩国，是我自家的事。王济和甄德派两个女人到我这里没完没了地撒泼打滚，成何体统！"亲情战术未奏效，王济和甄德俱受降职处分，常山公主和长广公主也不敢再搅和了。

随着司马攸被赶出京都已成定局，齐王党和太子党的冲突也日趋激化。在众多齐王党成员中，中护军羊琇的表现颇值得一提。

几十年前，羊琇帮司马炎坐上太子宝座，但这并不代表他和司马攸关系决裂。其实，羊琇和司马炎、司马攸兄弟二人感情都相当不错。另外，羊琇和司马攸之间还有一层关系，司马攸是司马师养子，羊琇是司马师的妻弟（羊徽瑜的堂弟），虽然没有直系血缘关系，但从法律层面讲，他是司马攸的舅舅。

所有这些因素，都在羊琇心中量化成精确的可用数字衡量的价值权重。下届皇帝，将在朋友的傻儿子和自己的外甥之间产生，不言而喻，羊琇义无反顾地支持外甥司马攸。如若司马攸失势，恐怕自己后半辈子都会被弘农杨氏、贾氏、荀氏欺压，到那时也没心气再玩什么小兽酒壶了。

羊琇气得将佩剑狠狠地插在地上，转头对同僚成粲言道："我誓要手刃了杨珧这贼子！"前文说过，因为杨珧一句话，诸多藩王被赶出了京都，而那些藩王大多是羊琇的座上客。

成粲点点头："算我一个！"

这话要从别人嘴里说出来，顶多是句气话。但话从羊琇嘴里说出，又入成粲的耳，就绝对不容忽视了。二人一个官拜中领军，一个官拜中护军，各自掌握着皇宫最强大的武装力量，想想都令人不寒而栗。

杨珧听到风声，吓得不敢迈出家门半步。羊琇表面上目标是杨珧，但杨珧的后台是司马炎，所以，这事往小了说是大臣私斗，往大了说和兵谏没什么区别。

荀勖的提醒萦绕在司马炎的耳畔，如果不赶快让司马攸离开京都，以后指不定还会闹出多大乱子。于是，他当即免除了羊琇中护军之职，降为太仆（九卿，闲职）。羊琇的计划最终搁浅。

火力全开

司马炎下诏赶弟弟离京是公元 283 年 1 月，可他盼星星盼月亮，转眼都过了一个月，司马攸硬是当没回事，每天按时来上朝，摆明一副忧国忧民不顾家的态度，公卿也还是吵吵闹闹，充当司马攸背后的坚实靠山。

连皇帝诏书都敢无视，司马炎忍不下去了。为了推动这件事的进程，他下诏让太常寺的博士商议，到底该以何种礼仪恭送司马攸离京。言外之意很清楚，现在要讨论的是让司马攸怎么走，而不是该不该走。

然而，这项议案到了太常寺又执行不下去了。博士们再度把话头引回问题的起点——根本就不该让司马攸离开京都。于是，太常寺的七位博士庾旉（fū）（贾充政敌庾纯的儿子）、刘暾（tūn）（直臣刘毅的儿子）、秦秀等人联名写就一篇奏疏驳斥司马炎。前文讲过，秦秀曾打算给何曾和贾充恶谥未果，伐吴战役中，他曾反对贾充担任总帅，伐吴结束后，他又挺身而出帮王濬鸣冤，到处得罪权贵。不过，倘若提及他的家世，一定会让所有人大跌眼镜，秦秀的父亲正是魏朝臭名昭著的佞臣秦朗（阿稣）。魏明帝曹叡临终前授予秦朗、曹宇、曹肇、曹爽、夏侯献托孤重任，没几天，秦朗便主动退居幕后，把权位拱手让出。不过，秦秀一改父亲的做派，成为西晋历史上赫赫有名的忠直正臣。

庾旉等人写毕，将奏疏提交给博士祭酒（太常寺次席）曹志审阅。

"曹君，你看这么写妥不妥当？"

曹志正是魏朝陈留王曹植的儿子。当年，曹植受曹丕迫害，胸有大志却无从施展，以致郁郁而终。晋朝建立后，曹志受到司马炎格外的礼遇。

曹志一边读，一边连连拍案叫绝："写得好！写得好！这样的贤才，这样的血亲，不让他匡扶社稷，却把他赶去海隅，晋室大概兴盛不了多久了！"这篇为司马攸鸣冤的奏疏，登时令曹志回想起亡父的音容笑貌。他向庾旉许诺："庾君放心！明日上朝，我必和诸君同心协力，劝陛下收回旨意！"

曹志不是随口敷衍，当天又以个人名义写了一篇奏疏力挺庾旉，希望能让司马攸留在朝廷。接着，他将自己写的奏疏拿给堂弟曹嘉观看。曹嘉乃是在"淮南三叛"王凌事件中被赐死的楚王曹彪的儿子。

曹嘉看毕，悠悠地说道："兄长的奏议情深意切、言辞诚恳，一定会留芳青史，但怕是要惹得陛下龙颜大怒啊！"

再说庾旉，他得到曹志的鼓励，又将奏疏递交给太常寺首席郑默审阅。郑默看完，同样点头称赞。

庾旉心里仍然没底，他知道自己这么做是对的，但也不免有点害怕。当夜，他将奏疏递到了父亲庾纯的面前。

"明日，我要上疏，恳请陛下准许齐王留在朝廷，您看奏疏这么写行不行？"

庾纯看毕，问道："郑太常和曹祭酒都看过啦？"

"看过了，他们都表示支持。"

"嗯……"庾纯有些踌躇。他昔日的政治盟友任恺早已故去，他自己这些年也是跌宕起伏。看着儿子的奏疏，他仿佛又找回多年前在酒宴中痛骂贾充那份畅快淋漓的心境，常年的压抑被释放出来。"上奏吧！"庾纯索性豁出去了。

翌日，司马炎听着七位博士的联名奏疏，脸色一阵青一阵白。好不容易忍到庾旉把奏疏读完，紧接着，曹志继续上奏，力挺庾旉。司马炎气得浑身发抖，他的忍耐已到极限，再也不想听了。猛然间，他厉声喝道："我让你们商量送齐王离京的仪仗队，可你们商量的是什么？答非所问！是何道理！"司马炎很少动怒，这次，他是真的怒了，而且，他眼神里明显露出杀意。

朝堂上顿时鸦雀无声，一些立场不坚定的公卿开始考虑重新站队。

廷尉刘颂奏道："庾旉等人藐视诏书，不答所问，答非所问，请押送廷尉受审。"

于是，太常寺七位博士全部被收监候审。

几天后，廷尉得出结论："按律当斩。"这非同小可，从晋朝开国至今，从未有过臣子因直言进谏被杀的案例。顿时，朝廷群情鼎沸。

尚书夏侯骏（夏侯霸的弟弟）愤然拍案："陛下难道要诛杀直臣吗？"他须发怒张，对另几位尚书台同僚道："尚书台八座尚书（尚书令、尚书左仆射、尚书右仆射加五位执行尚书）等的就是今天，诸位和我一同上奏，驳回廷尉的判决。"

可是，并非所有人都像夏侯骏这般硬骨头，尚书朱整和褚契表示支持廷尉。

"孬种！"夏侯骏暗暗骂道。旋即，他联合尚书左仆射魏舒、尚书右仆射司马晃（司马孚第五子）等人驳斥廷尉，力保太常寺的七位博士。这是一次士大夫为维护权力和公理的抗争。他们明白，倘若开了斩杀直臣的先河，以后士大夫就再别妄想有什么话语权了。

就在众人闹得不可开交的时候，庾纯迈着老态龙钟的步伐走上朝堂，扑通一声跪在大殿上："这篇奏疏，我那天也过目了，一时糊涂，没来得及阻拦，请廷尉连我一并治罪吧！"庾纯心里清楚，局面越来越没法收场，他若不服软，一定会落得家破人亡。

几天过去，司马炎逐渐冷静下来。他的心又软了，遂对刘颂说道："太常寺那几个博士，都赦免了吧。"

博士们得以保住性命，仅被罢黜官位了事。不过，即便司马炎信誓旦旦指着某位官员的鼻子说"永不录用"也无须在意，因为过不了多久，他们还会被起用，这事在西晋实属家常便饭，如任恺、杜预、羊琇、石苞等人都遭遇过这种事。太常寺的博士也不例外，一段时间后，他们又重返政坛。在这些人中，秦秀始终保持着疾恶如仇的本色，他因得罪太多权贵，做了二十多年博士，从未有机会获得升迁，最后在任上去世。

太常寺和尚书台的风波总算是过去了，司马炎落寞地回到后宫，看着一旁的侍中王戎，不禁叹了一口气："曹志尚且不理解我的苦衷，其他人就更不用提了！"

司马炎当然清楚曹志伙同七位博士公然跟自己对抗是出于怎样的心理。但正因为这样，他才觉得更憋屈，他自认没有像曹丕迫害曹植那样对待司马攸，反之，他给予司马攸的待遇，就连司马家族的叔伯都望尘莫及，他只想让司马攸回藩国去，别挡自己儿子的路。

桃符性急

十几年前，王元姬弥留之际，曾叮嘱司马炎说："桃符性子急躁，我最怕的就是以后你容不下他……"十几年过去了，司马炎没有忘记这句话，尽可能地关照弟弟，或者说，他努力装出关照弟弟的样子。但他意识到，除非他宣布下届皇帝是司马攸，否则公卿永远不会罢休。

司马炎对公卿干涉自己的家事越想越恨，不过，从另一个角度讲，由谁继承皇位牵扯无数人的利益和性命，司马炎的家事即是国事，被旁人干涉也理所应当。

独享至高无上权力的皇帝，去奢望旁人的理解和同情又有什么意义呢？

公元 283 年 3 月，司马炎将济南郡划入司马攸的齐国，又赐予司马攸私人卫队、鼓吹仪仗若干，封司马攸的儿子司马寔为北海王。在做好一系列安抚后，他命令司马攸即刻离开京都去齐国赴任。

可司马攸完全把诏命当成耳旁风，他在洛阳待得踏踏实实，丝毫没有挪窝的意思。最后，就连他的幕僚都坐立不安了。

幕僚提醒道："殿下，朝廷都催促过好几次了。"

"我不走！"司马攸犯起犟，"荀勖这伙佞臣，居然敢动到我头上！"长久以来，他对荀勖和冯紞的憎恨溢于言表。因此，让荀勖等人确信司马攸一旦得势，绝容不下自己，这才不惜撕破脸，誓要将他赶出朝廷。

幕僚苦劝："昔日姜太公被封为齐王，后世齐桓公九度联合诸侯，成为天下霸主。您德高望重，就算离开了京都，影响力也不容小觑。何必要在这里纠结，冒着抗旨的危险和陛下闹僵呢？"这番话很有见地，再怎么说，司马攸也算实力最雄厚的藩王，一旦司马炎驾崩，仍有机会重返朝廷辅政，继承皇位也无不可。

司马攸更生气了："我只恨自己不能匡扶社稷，你哪儿来这么多废话？"

几天后，司马攸居然气出了病。

"他是想拿装病来拖延行程吧？"司马炎嘀咕着，派出几名御医去给司马攸诊断病情。

御医们回来后，言之凿凿："齐王身体健康，没有任何病症。"

司马炎决定亲自去看看弟弟。

司马攸一向注重仪表，听说司马炎到访，穿戴整齐，强打起精神，不露出半分病态。

"你到底有没有病？"

"臣弟无大碍。劳烦皇兄惦记了。"

"既然没病，就赶快起程，回藩国赴任吧。"

"皇兄，我保证不再干预政事。我只想留在京都为母后守墓，行不行？"到了这步田地，恐怕连司马攸自己都忘记了初衷。或许他只为赌一口气，告诉别人自己没被荀勖整垮，或许是想通过时间证明自己真的没有觊觎社稷。但这些全无意义。任何人都明白，以司马攸的影响力，举手投足都能让朝廷摇三摇，说不涉政，岂非一句空话？

司马炎冷冷地回道："别说这些没用的了，还是尽快起程吧！"

公元 283 年 4 月，司马攸抱病辞行。没几天，他的病情恶化，最终呕血而死，年仅三十六岁。司马攸死后被追谥为"献王"，这和他的叔祖司马孚的谥号一样。而且，无论是司马攸生前的爵宠、在宗室中的分量，还是丧葬规格，也都和司马孚完全等同。然而，司马攸的结局和司马孚迥然不同，最重要的原因恐怕还是王元姬那句评语——"桃符性子急躁"吧。这位重量级的皇室成员，倘若健在，或许真能改变晋朝的国运也说不准。

此刻，司马炎这才明白，弟弟是真病，不是装病。他内心复杂，反复告诉自己，正是那几名御医害死了弟弟。于是，他将怨恨尽数发泄到那几名谎称弟弟装病的御医头上，将其全部处死。

可怜又讨厌的弟弟！司马炎哭个没完没了。

冯紞看得不耐烦了，拽了拽司马炎的袖子："陛下没必要难过，齐王名过其实，天下人都归心于他，今天他病死，是社稷的福气啊！"司马攸病死对于太子党来说，绝对是从天而降的惊喜，说实话，如果司马攸能听从幕僚的劝告去齐国赴任，并健健康康地活下来，等司马炎死后，荀勖、冯紞等人想必也奈何不了他。

冯紞说得对！无论司马攸是否觊觎社稷，都不重要，重要的是挡在太子面前的绊脚石终于消失了。

司马炎抹干眼泪，停止了哭泣。

齐王党瓦解

几十年前，两个少年天真地许下一个约定："假如有一天富贵了，我们就轮流做中领军和中护军，各做十年！"

几十年前，羊琇帮司马炎当上皇帝，司马炎则保住身犯重罪的羊琇一命，又让他从一介平民直升中护军。但是，这个关于友情的故事注定不会就此圆满收场。

泰山羊氏大佬羊琇在中护军这个位子上稳稳坐了十五年。荣耀已经成为习惯，显赫是理所应当的。如今，他因为密谋刺杀杨珧，惹恼了司马炎，被贬为太仆。

太仆，九卿之一，主管畜牧及皇宫车马。十五年的显赫，一朝尽失！羊琇的地位一落千丈，他不习惯。

咣当一声，羊琇把太仆印绶狠狠地摔在地上："明天我不上朝了，就说我病了！"这话如同谶言，没过几天，他竟真的病了。

羊琇身体状况越来越差，正式向朝廷请辞："臣宿疾复发，实在不堪重负，请求回家养老。"

司马炎望着羊琇，往昔的一幕幕在二人脑海中闪现。

"稚舒（羊琇字稚舒），助我富贵，我不会忘记你的！"

"没想到儿时戏言竟成真！"

往事如过眼云烟。司马炎不知道说什么才好，沉默了好一会儿才缓缓开口："稚舒……要不，你当个散骑常侍吧。"散骑常侍属于皇帝近侍，很多官员花重金买这个官位，获得待在皇帝身边的资格。司马炎只想今后还能经常见到羊琇。

谁稀罕！羊琇向司马炎拜了拜，头也不回地转身而去。

从今以后，我要被杨氏、贾氏、荀氏那伙人压得抬不起头！羊琇越想越觉得憋屈，一到家便倒在床上，再也没有起来。几天后，羊琇病亡。

除了羊琇，刘毅、司马骏等齐王党要员也在司马攸死后的一两年内郁郁而终。在司马懿的九个儿子中，司马骏是除了司马师、司马昭、司马伷外最有才干的人，他做过淮北都督、豫州都督、扬州都督、雍凉都督，几乎把几大军事重镇轮流蹚了个遍。虽然此时司马懿的儿子还没有死绝，但司马骏之死，实则标志着老一辈的时代已经过去了。

太原王氏的中流砥柱王济，让常山公主为司马攸求情后被降职。后来，他依法惩办王浑的下属，因为没照顾父亲的面子遭到弹劾。晋朝以孝治天下，王济的行为虽谈不上不孝，但也算对父亲不敬。他再次被弹劾贬官。王济记吃不记打，没多久，他又私自对某藩王的官吏施以鞭刑，以大不敬罪被废黜为平民。王济在政坛失势，但他洒脱张狂的性格没半点收敛。

《晋书》记载了他与姐夫和峤之间的一段逸事。和峤家有一株李子树，结的果实甘甜无比。司马炎听说后，让他送些尝尝。没想到，和峤抠抠搜搜，只拿出十来个相赠。司马炎哭笑不得。就在这时，王济带着一帮狐朋狗友来到和峤家，将李子吃了个精光，临走前一时兴起，还把李子树砍倒了。这则故事将司马炎、和峤、王济三人的性格特点刻画得入木三分。

还有一则关于王济和王恺的逸事，同样表现了王济的张狂。

一次，二人比赛射箭。王济出的赌注是一千万钱，王恺出的赌注是一头牛。这牛能日行八百里，取名"八百里驳"，深得王恺宠爱。

王济善射，一箭命中靶心，从王恺手中赢得了"八百里驳"。任谁都没想到，王济竟对侍从大喊："取牛心来！"

须臾，这头名为"八百里驳"的骏物便被开膛破肚了。

"真是暴殄天物啊！"王恺气得直跺脚。

司马炎打算灭灭王济的嚣张气焰，他对和峤说："我要把这小子骂个狗血喷头，你看他以后会不会收敛些？"

和峤心想：自己这位小舅子斗嘴从不输人，别说以后会不会收敛，恐怕当场就能把皇帝呛得下不来台。他劝道："王济个性刚强，料想不会为陛下所屈。"

司马炎不听，把王济叫来，劈头盖脸就是一顿臭骂："犯了那么多错，现在知道惭愧了吗？"

王济慢悠悠地说了一句话："遥想'尺布斗粟'之谣，臣正在为陛下感到惭愧。""尺布斗粟"出自《史记·淮南衡山列传》，原文是："一尺布，尚可缝；一斗粟，尚可舂。兄弟二人不相容。"此为隐喻西汉时期汉文帝容不下兄弟的故事。王济用这句话来讽刺司马炎容不下司马攸。

司马炎的脸色登时变得难看，可王济还嫌没过够嘴瘾，又跟着补了一句："您疏远了亲人，我也没能让亲人更亲（指自己不顾父亲情面处置父亲下属一事），还真是有愧于陛下呢！"这意思是，咱俩半斤八两，你还有脸管我吗？

司马炎很堵心，一句话都说不出来。

王济就这样一直保持着我行我素的做派，于四十六岁（公元291年）时病故。

太原王氏，自东汉刺杀董卓的名臣王允死后，在王昶、王浑、王济这祖孙三代时达到了巅峰。不料十几年后，西晋出了件惊天动地的大事，竟导致太原王氏家道中落，关于这其中的原委，在后文将会讲到。

傻子哲学

遥想三国时期，曹丕、孙和这些人在当太子时，整天过得谨小慎微，跟在刀口上舔血没两样，对他们而言，父亲这个角色可以算作他们最大的威胁。倘若他们知道还有司马衷这么当太子的，绝对会妒忌得昏死过去。此时，太子司马衷已二十多岁，整天除了浑浑噩噩地混日子，也没别的正经事。

这天，司马衷游览后宫花园，在一个池塘边忽然停住了脚步。

"等等！"司马衷的表情突然变得严肃起来，"你们听！"

太监们屏息静听，什么都没听到："殿下，您听到什么啦？"

"嘘……"司马衷用手指抵住嘴唇。池塘边除了青蛙呱呱的叫声，再无其他。

"还是听不到！"

"蠢货！听！呱……呱……是青蛙在叫呢！"

"是！是！殿下圣明，臣等愚昧！"

司马衷听了一会儿，若有所思道："我在想一个问题。"

这可是破天荒头一遭，所有人都认为司马衷根本没有思考的能力。

"敢问殿下在想什么？"

"你们说说，这青蛙拼命地叫，它们到底是为官家叫，还是为私家叫？"

众人满脸愕然，这充满了哲学意味的问题，没人能答得出来。

良久，一个太监开口道："在官家池塘的青蛙，是为官家叫；在私家池塘的青蛙，是为私家叫。"

"哦……原来如此。"司马衷苦思不得其解的问题终于有了答案，他兴高采烈地跑到司马炎跟前："父皇，父皇，儿臣今天明白了一个道理！"

"哦？你明白了什么？"司马炎满脸慈爱地笑问。

"我明白，青蛙在官家池塘是为官叫，在私家池塘是为私叫！"

司马炎叹了一口气："什么为官为私，你听好，青蛙叫，是为利，为生存……"

"啊……"司马衷又陷入呆滞状态，这答案太过深奥，超出了他能理解的范畴。

司马炎拉起儿子的手："来，我带你去见一个人。"随后，父子二人来到了嫔妃所在的西宫。

"咱们去哪儿？"

"别多问，跟我走就是。"

他们在一间寝宫前停住脚步，旋即推门而进。

"谢玖，好久不见了。"

"见过陛下，见过殿下。"谢玖跪拜在父子二人面前。

"啊，是谢玖！原来你在这儿，我还以为你没了！"

"臣妾一直都在呢！"谢玖一边回话，一边止不住地抽噎起来。

"你先别哭，今天朕来，是要完成一件重要的事。你把他带出来吧。"

谢玖闻言，转入后房。俄顷，她拉着一个七八岁的男孩儿走了出来。

"皇爷爷。"男孩儿乖巧地向司马炎行礼，然后疑惑地望着面前的司马衷。

司马衷同样满脸疑惑："父皇，他……他是谁啊？"

"他叫司马遹（yù）。"司马炎眼眶里充盈着泪水，"你好好看看他，像谁？"

"不、不知道……"

"他，就是你的儿子啊！"

这位司马遹，正是当年谢玖逃脱贾南风毒手，回到西宫生下的司马衷的儿子。有一种传闻说司马遹是司马炎的儿子，司马炎极宠爱司马遹，故假托是司马衷的儿子，以便司马衷死后能把皇位传给司马遹。这纯属无稽之谈。首先，司马炎的皇子多达二十六位，而他顶着巨大的压力坚持让司马衷当太子，足见他对司马衷的宠爱到了何种程度。其次，若假设为真，司马炎何不废掉司马衷，直接立司马遹为太子？这么做，肯定会赢得很多人支持，顺水推舟又没政治风险。

总之，关于司马遹是司马炎儿子的说法，全当是为增加娱乐效果的演绎。司马遹的的确确是司马衷的儿子。

这时，司马衷温柔地摸了摸司马遹的脑袋，喃喃低语："我的？儿子？"

司马炎已是老泪纵横："现在，朕是皇帝，你是皇太子。等以后，有那么一天，你是皇帝，他就是皇太子！"

"哦……"司马衷听得似懂非懂，上前紧紧搂住司马遹。

陵云台剧组

随着司马攸的死，齐王党也就不复存在了。可即便这样，公卿依然没有聚拢到太子身边，仍对太子满是排斥。司马炎决心扭转这种局面。

某日，司马炎在陵云台举办了一场盛大的酒宴，公卿大臣悉数到场。这场酒宴的意义非比寻常，因为司马炎即将在这里演一出戏，借此巩固司马衷的地位。

这段日子，太子太傅杨珧为美化司马衷形象，可谓呕心沥血，但他毕竟是铁杆太子党，从他嘴里说出称赞司马衷的话自然没多少可信度。司马炎寻思：倘若太子少傅（司马衷的次席教师）卫瓘也能帮司马衷说说好话，一定能更有效地带动舆论。司马炎有这种想法，除了因为卫瓘位高权重，还有一个重要的原因——卫瓘没在齐王党和太子党之间明确站队。当初，司马炎赶司马攸离京引发太常寺风波，尚书台分裂成两派，夏侯骏、司马晃、魏舒等人力保太常寺七博士，朱整、褚契却支持廷尉对七博士的判决，可就算局面恶化到这种地步，身为尚书令的卫瓘却始终没在这场风波中露脸。他这态度给了司马炎一个错觉——卫瓘是可以被拉到太子这边的。实际上，贾充死后，司马炎就一直不遗余力地笼络卫瓘，拜卫瓘为司徒，又让他兼任尚书令、侍中、太子少傅，还把女儿繁昌公主许配给卫瓘的儿子卫宣为妻。于是，这位伐蜀战役中的最大赢家成为皇亲国戚，一人横跨尚书台、门下省、太子东宫三个权力机构。

给了卫瓘这么多，他应该会帮太子说句好话吧。司马炎一边想，一边扫视人群，寻觅卫瓘的身影。

"卫公来了没？"他小声嘀咕着，直至望见卫瓘，悬着的心才算落了地。

然而，对卫瓘而言，司马衷简直可以说是他心里的一道疤。若当初卫瓘的女儿被册立为太子妃，或许他会因此转变政治立场，但最终贾南风成了太子妃，卫瓘至今耿耿于怀。只不过，卫瓘生性谨慎，一直没有在这件事上明确表态。

酒过三巡，司马炎目视卫瓘，言道："朕刚才给太子出了道题，一会儿太子把答案呈上来，请卫公指点指点。"

卫瓘端着酒樽，却喝不下去，他大概预料到会发生什么了。

就在距离一片欢歌笑语的陵云台不远处，太子东宫，这出戏的幕后导演贾南风正在安排亲信替司马衷作答："措辞别这么文绉绉！一看就不是太子写的，直白点儿，能把意思说明白就行了！"

看写得差不多了，她不耐烦地吩咐司马衷："赶快一字不差地抄下来！"

司马衷唯唯诺诺，低头抄写。

须臾，司马衷抄写的答案被递到司马炎手里。司马炎看了看，努力尝试着说服自己："这的的确确是儿子写的！用词和口吻很像……"倘若他客观一些，就会明白儿子绝写不出这样的文章。这篇文章，普天之下能欺瞒的只有皇帝一人。

司马炎将文章递给卫瓘："您看看，这是太子写的。"

卫瓘看毕，确信这一定是找人代笔。他抬眼望着司马炎，司马炎也正用恳求的眼神望着他。

你就当可怜可怜我，拉扯太子一把，说句好话吧！

"唉……"卫瓘叹了一口气，什么都不想说。几杯酒下肚，他心里越发不是滋味，过了一会儿，他借着醉意，晃晃悠悠地走到司马炎面前。

"陛下，臣有句话不知当讲不当讲……"

"请讲。"

卫瓘又是一阵踌躇。

"卫公请直言。"

"臣还是不知如何开口。"

"但说无妨。"

继而，卫瓘伸手抚摸起司马炎的御座，自顾自地叹道："这宝座可惜啦……"

司马炎一怔，脑海中响起司马昭生前说过的话："这宝座，今后也是桃符（司马攸）的……"瞬间，他的脸色阴沉下来。

可惜？让司马攸坐就不可惜了吗？司马攸死了！这宝座只能传给司马衷！

他冷冷地盯着卫瓘："卫公，您是喝醉了吧。"

"臣……醉了……真是醉了……"此后，卫瓘再也没有说什么。

重臣退隐

卫瓘委婉的态度总算没跟司马炎形成太尖锐的冲突，但是，这事很快传了出去，太子妃贾南风由此对卫瓘怀恨在心，而"三杨"之一杨骏，为了排除异己，也开始处心积虑地想要扳倒卫瓘。

以卫瓘的分量，要扳倒谈何容易？杨骏绞尽脑汁，最终从卫瓘的儿子卫宣身上找到了突破口。他唆使内宫近侍频频向司马炎吹风："卫宣整天就知道沉湎酒色，繁昌公主备受冷落，甚是可怜！"

司马炎听闻，勒令卫宣和繁昌公主离婚。这对卫瓘绝对算是危险的信号。于是，卫瓘主动请求逊位。司马炎秉承一贯尊崇功臣的态度，拜卫瓘为太保（上公），同时削除了卫瓘尚书令、侍中、太子少傅这些官职。

过了段时间，司马炎意识到自己被杨骏当枪使了，试图挽救跟卫瓘的关系，又提出让繁昌公主和卫宣复婚。没料到，卫宣已在离婚的打击下气愤而死了。

卫瓘卸任尚书令，这阴错阳差地影响到了荀勖。二十几年来，荀勖一直稳坐中书监这个位子，统领着中书省。现在，司马炎想借机让他挪挪窝了。

"你去接任尚书令吧。当年，你的先祖荀彧和荀攸都当过尚书令，希望你能再现昔日两位荀令君的美誉。"司马炎这句鼓励的话，等于把荀勖赶出了中书省。

荀勖只好辞去中书监，转任尚书令。公允地讲，尚书令和中书监都手握实权，基本算平级调动。但荀勖心里极不平衡。这是因为中书省位于皇宫内，中书监整天跟在皇帝身边做首席顾问，利用职务之便，凭三言两语便能左右朝政，这很合荀勖的胃口。尚书台却位于皇宫外，离皇帝远不说，还要处理大量繁杂政务。

荀勖怏怏地来到尚书台，只见同僚早已在门口恭迎自己："恭贺荀大人。"

荀勖憋了一肚子气，阴沉着脸，抱怨道："我丢了凤凰池，有什么可庆贺的！"中书省坐落于皇宫内的凤凰池旁，故有此称呼。随后，他以考核官员为名，将尚书台中的官员来了一次大清洗，全换成了自己人。

没过多久，到了公元289年，荀勖这位太子党中流砥柱，同样没有撑到司马炎托孤之日，一命呜呼。荀勖是西晋初期最著名的权臣、佞臣，品行卑劣、声名狼藉，但不可否认的是，他在艺术方面很有成就。前文讲过荀勖和钟会以书法和绘画功力斗法的故事。除此之外，他在音乐上也有极高造诣。早年间，荀勖主管宫廷音乐，研制出了笛律十二支，音律相当准确精妙，被后世定为标准。

也就在近段时间，另一位太子党重臣冯紞也死了。

讲到这里，我们大致回顾前面提过的西晋重臣。贾充死于公元283年，山涛死于公元283年，伐吴功臣杜预死于公元285年，王濬死于公元286年，胡奋（胡遵之子，胡嫔妃的父亲）死于公元288年，宗室藩王中的佼佼者司马伷（司马炎的叔叔，伐吴功臣）死于公元283年，司马攸死于公元284年，司马骏（司马炎的叔叔，历任几大军区都督）死于公元286年。还健在者，张华遭到罢免，卫瓘失势，王浑也在司马攸死后陷入沉寂，什么都不想管了。

重臣一个接一个地离去，朝廷的权力架构不知不觉发生了改变，原本和贾氏并驾齐驱的弘农杨氏如今呈现一家独大的势头，"三杨"的大哥杨骏只手遮天，"三杨"中最具忧患意识的老二杨珧愈加不安，越来越确信杨骏罩不住这种局面。

某日，右军督赵休提醒司马炎："杨氏三兄弟全都手握重权，这跟西汉篡国权臣王莽如出一辙，臣替陛下感到忧虑。"

此时，杨珧官拜卫将军，听到这话，吓得心惊胆战，马上提出辞官逊位。

"陛下，臣近日来身体不大好，想辞掉官位回家养老。"

此前，司马炎稀里糊涂地帮杨骏整垮了卫瓘，弘农杨氏眼下是太子司马衷的羽翼不假，但无论如何，他也不希望看到弘农杨氏在无人能制约的环境中无限膨胀。因此，对于杨珧主动请辞，司马炎顺水推舟接受了："准！"

"臣还有一件事想说。"

"你说吧。"

"自古以来，一族中走出两位皇后，没有不招致灭族之祸的。臣想将这话写成奏疏，收藏进宗庙，假若有一天真的应验了，臣恳请陛下赦免臣的身家性命。"杨珧所说的一族中走出两位皇后，指的自是他弘农杨氏一族的杨艳、杨芷两个侄女。他的说法并不算严谨，古往今来一族两后又不惹是非者大有人在，但他这话暗含的重点并非一族中出几位皇后，而是，如此树大招风的望族，杨骏根本罩不住，这才是问题的根源所在。杨珧不想拆自家后台，但也预感到未来可能出现的危险，便找了这么个说辞，希望能防患于未然。

司马炎听罢，笑了笑道："你想学钟毓吗？"当年，钟毓有先见之明，提醒司马昭不可信任弟弟钟会，才让他的子嗣免受牵连。

"臣既然想到了，自然不敢向陛下隐瞒！"

司马炎颔首答允。

杨珧将这话写成奏疏，小心翼翼地藏到皇室宗庙，这才放心。但人算不如天算，未来的事，他只猜对了一半。

杨珧走出皇宫，落寞地回到家中，吩咐仆役："收拾东西，准备搬家！"

说来也巧，杨珧的居处正是昔日曹爽故府，这是整个洛阳城里除了皇宫最豪华的一幢宅邸。

仆役满脸茫然："搬去哪儿？"

"我已经辞了官，咱们搬回自家老宅，不住这儿了。"

没一会儿，全府上下开始忙乱。杨珧呆立在厅堂中央，放眼四周，看着仆役忙忙碌碌地收拾行囊。说实话，他对这宅邸恋恋不舍，但很快又打消了这种不舍。

曹爽的故府，不吉利……不吉利……

"三杨"中的杨珧选择急流勇退，并为将来留好了后路，老三杨济虽然还在职，但同样对大哥杨骏抱持悲观态度，一副要步杨珧后尘的架势。

最后，朝廷里的实权派，真的就只剩下杨骏这位孤家寡人了。

身后事

这些年，朝廷越来越呈现出人才凋谢的萎靡局面。不知不觉间，司马炎老了，他知道是到考虑身后事的时候了。按理说，皇太子已三十一岁，他本该很放心地把社稷托付给新皇帝才对，可他没法这么干，他非但不能把社稷托付给司马衷，反而得把司马衷托付给值得信任的重臣，谁让儿子傻呢？

谁值得信任？谁堪当托孤重任？毫无疑问，杨骏是可以托付的。诚然，这只是司马炎一厢情愿的想法，或者说，仅仅是从权力和地位两方面做出的考量。不过，司马炎清楚，托孤重臣绝不能只有一个，谁来平衡杨骏的权力？

和外戚相互制约的最好是宗室成员。藩王中有实力者——弟弟司马攸、五叔司马伷、七叔司马骏如今都不在了。司马炎脑中费力地勾勒其他叔伯的音容笑貌。

首先，他的堂叔伯（司马懿兄弟的儿子）可以排除在外，毕竟血缘关系比较疏远。而亲叔叔（司马懿的儿子）尚有四位健在——三叔司马榦、四叔司马亮、八叔司马彤、九叔司马伦。

让我们跟着司马炎的思路，把这四位藩王逐个捋一遍。

首先说三叔司马榦，他在四位叔叔中年纪最大，和司马炎的关系也最近，因为他是司马师、司马昭唯一的同母弟，均是张春华所生。但同时，他也是四位叔叔中最提不起来的，理由很简单，司马榦脑子不太正常，他患有间歇性精神病，总是干出无法理喻的怪事。

譬如说，司马榦从来不管藩国事务，他的俸禄和藩国租税都因长久露天堆积而腐烂，他满不在乎。《晋书》形容他淡泊名利，毋宁说他是根本无法正确认知财富的价值。有时同僚登门拜访，他经常让对方在门外等很久，甚至过了一整天都不接见。原因很简单，不是他心高气傲，而是他缺乏人际交往的基本常识。

《晋书》中还讲到司马榦有个令人作呕的怪癖。他的宠妾死后，他隔三岔五偷偷打开棺椁奸淫尸体，直到尸体完全腐烂才罢手。

公元277年，司马炎根据荀勖等人的建议遣送多位藩王离京，司马榦因精神不正常被特准留在京都。千万别误以为他是明哲保身的智者，他这种非理性做派将贯穿其一生，他绝对是个彻头彻尾的精神病。

再来说八叔司马彤，史书中记载其才干平庸。晋朝初年，司马炎特准藩王自行招募藩国官吏。在这样的背景下，司马彤招到一个叫张蕃的人，殊不知，这个张蕃不仅是个招摇撞骗的骗子，早年还跟曹爽、何晏混过，有很大的黑背景。司马彤被这么一个骗子忽悠，实在给皇室脸上抹黑。事后，司马彤遭到削封的惩罚。

继续说九叔司马伦，他是司马懿最小的儿子，虽然在不久的将来他会把晋室搅得天翻地覆，但在此之前，他的事迹同样乏善可陈，一定要讲，那只能把他收买内臣企图盗窃皇宫宝物这桩事抖搂出来。

最后说说四叔司马亮。公元257年，他参加讨伐淮南诸葛诞的叛乱，因指挥失利被罢免。晋朝建立后，他被任命为雍凉都督，又在秃发树机能叛乱时屡战不利，战后，他为保护部下主动向朝廷请罪。司马炎考虑到司马亮在四位叔叔中为人最本分，便让司马亮做了司马氏一族的宗师（称号，非官位），负责训导教育宗室成员。

大体上，司马亮的事迹便是打过两场败仗，但至少懂得在打败仗后主动承担责任，仅仅这件事，就使他在仅存的几个兄弟中脱颖而出，司马亮还算个正常人。

司马炎也是这么想的，他发现，若要从他几个亲叔叔里挑一位托孤重臣，司马亮是唯一的人选。不过，我们完全没必要替司马炎感到遗憾，因为他根本也没指望挑出一个雄才大略的人托孤，他的标准很低，只要是个正常人就行。为什么这样说？看看司马炎曾属意的其他几个太子党重臣就能明白。

杨骏，庸才一个，人望极低，再看过世的贾充、荀勖、冯纨，虽有权谋，但名声都差得没边。按照司马炎的逻辑，儿子智商有问题，倘若辅佐的重臣太强，搞不好就会谋朝篡位，若要儿子江山坐得稳，就得让庸才辅佐。说白了，无论是司马亮还是杨骏，要让他们振臂一呼，推翻司马衷自己当皇帝是不可能的，第一没胆子，第二没能力，第三没号召力。

公元289年底，散骑常侍王佑（王济堂兄）谏言："陛下百年之后，怕是没人能制得住杨骏了。"

"依你之见呢？"

"不如派些皇子出任外州都督，他们毕竟是陛下的亲生骨肉，可以起到拱卫皇室的作用。"

司马炎觉得有道理。于是，他把自己三个比较有能力的儿子派往外州做了都督，同时，又册封了一堆宗族侄辈做了藩王。暂时没必要知道这些被司马炎派出去的司马族人姓甚名谁，只须记住这件事为不久的西晋乱局埋下了隐患。不过，在司马炎看来，他尽其所能地为儿子继位铺平了道路。司马炎的安排到底具不具备可行性？事实上，他把皇位传给一个傻子，无论做什么，都是白搭。

我把能做的都做了，社稷应该能稳固了吧。不！其实只要司马衷一生平安就够了。可是，要保护司马衷明明有更简单的办法，又何必非让他去当皇帝呢？社稷稳固和让司马衷当皇帝这两件事，本来就是自相矛盾的吧？司马炎越想越纠结，忽然间明白了什么。他头痛欲裂，事已至此，索性什么都不再想了。

老无所依

从公元189年东汉王朝濒临崩溃，经过三国、西晋、东晋、南北朝，截至公元589年隋朝统一天下，总共四百年。在这漫长的四百年中，真正能称得上和平年代的其实只有太康年间的十年，其余三百九十年全部乱得一塌糊涂，这来之不易的十年转瞬即逝。公元290年初，司马炎宣布改元，太康十年变更为太熙元年，颇负盛名的"太康盛世"宣告终结。从某种意义上来说，正如司马炎期望的那样，历史从此翻开了崭新的篇章，但情况反而没有之前好。

司马炎重病不起，神志变得模糊不清。杨骏寸步不离地服侍在他身边，趁机把皇宫近侍全换成了自己的亲信。连日来，杨骏一直琢磨一个问题，怎样才能把司马亮赶出京都，好让自己独揽托孤辅政重任。

这天，司马炎稍稍清醒，一抬眼就看到杨骏和皇后杨芷侍候在旁："杨骏，你一直都在啊……"

"陛下，臣一直在呢。"

"好……好……朕想让你……和汝南王（司马亮）一起辅佐太子。"

"臣定不负陛下重托！"杨骏说着说着，开始哭天抹泪。

司马炎听他哭了一会儿，听烦了，又昏昏沉沉地睡去了。

"陛下？陛下？您还醒着吗？"

"嗯……"

"臣觉得，汝南王才堪重任！"

这葫芦里到底卖的什么药？司马炎头脑很不清晰，只是随口应道："是啊。"

"倘若授予他大司马之位，让他出任豫州都督，就近驻扎在许昌，京都的安全也就有保障了。"

"嗯……"显然，司马炎根本没听明白杨骏的话，他刚刚还打算托孤给司马亮，没多会儿又同意让司马亮出任豫州都督了。

杨骏和杨芷暗暗对视一眼。杨芷点点头："陛下，臣妾这就去传达旨意。"

杨芷疾步走出寝宫，速召中书监华廙（yì）言道："陛下刚说了，拜汝南王司马亮为大司马，出任豫州都督，速速离京，不得逗留。"

中书省遂根据杨芷口述颁布诏书。

司马亮生性胆小怕事，原本就觉得托孤辅政这类事自己应付不来，而手握重权的杨骏更让他唯恐避之不及。本着多一事不如少一事的心态，他爽快应道："陛下让我出镇许昌？好！好！我这就起程。"

就在司马亮准备出发的当口，司马炎回光返照，醒了。他睁开双眼，顾盼四周，只见身边的侍从竟一个都不认识："杨骏……这是哪儿？"

"陛下，这是含章殿啊，您都昏睡好几天了。"

"这些近侍，我怎么一个都不认识？"

杨骏有些慌张，胸口怦怦直跳："这些，都是臣为陛下精挑细选的忠勇之士。"

瞬间，司马炎意识到杨骏公然在自己身边安插亲信："杨骏，你，你怎么能办出这种事？！司马亮人呢？他人在哪儿？"

"陛下，您、您前些天不是答应让汝南王出任豫州都督吗？"杨骏匍匐在地上，吓得汗流浃背。

"你说什么？！"司马炎的头脑虽然清醒了，但身体还是动弹不得，"宣中书监华廙来，我要下诏书！"

"臣这就去传中书监大人！"杨骏跌跌撞撞地逃出含章殿。

须臾，中书监华廙觐见。

"华廙！你听好了，诏书这样写，让汝南王司马亮留在京都，辅政！"华廙按照司马炎的意思又写了一封诏书。

接着，司马炎吩咐近侍："快去，把司马亮给我找来！"

近侍慌忙出了含章殿，却见到杨骏守在门口："陛下说什么啦？"

"陛下说要宣召汝南王。"近侍是杨骏的亲信。

"你就待在这儿，等会儿再进去，尽量拖延。"

近侍根本没去找司马亮，过了几个时辰，他回到含章殿向司马炎禀报："陛下，臣找不到汝南王。"

"混账！再去找！"

三番五次下来，近侍又糊弄说："汝南王正赶过来。"

"去催他快点！"司马炎不知道，派去找司马亮的近侍一直在含章殿门口晃悠着，打发时间。

等了许久，司马炎最终也没见着司马亮。他再也坚持不住了，又陷入昏迷。

杨骏偷偷朝含章殿内张望："陛下又睡着啦？"

近侍点点头。

事不宜迟。杨骏大步流星奔至中书省："华廙呢？"

"下臣在。"华廙赶忙出来迎接。

"诏书写好没有？"

"刚刚写完。"

"拿来我看！"

华廙战战兢兢地把诏书递给杨骏。杨骏看了半天，迟迟不还给华廙。最后，他竟把诏书揣进怀里："我拿回去仔细斟酌，然后向陛下确认。明天再给你。"

"这……不妥吧？"华廙冷汗直流。

"有什么不妥！"杨骏恶狠狠地瞪了华廙一眼，转身离去。

这天晚上，华廙紧张得一宿没睡。

翌日，他来到杨骏府上："杨大人，诏书可看完啦？"

"还没看完，你急什么！回去耐心等候便是！"

就这样，诏书被永久尘封在杨骏家里了。

穷途末路

司马炎在含章殿连续昏睡了两天。第三天，他总算醒了，可是，他一句话都说不出来了。他虚弱地四下张望，只见到杨芷和杨骏侍候在身旁。他什么都明白了，再没有任何反抗的余力。司马炎用哀求的眼神望着杨芷，心里默默地祈求："你们要什么都行……只求能保护好司马衷……"

杨芷仿佛看穿了司马炎的心思，向司马炎微微点了一下头，当即宣中书监华廙、中书令何劭（何曾次子）觐见。

二人匆忙赶到含章殿："陛下，有何旨意？"

司马炎全无回应，他已说不出话。

"陛下？陛下？"中书监华廙试图勾起司马炎的反应，心里还惦记着那封被杨骏抢走的诏书。

一旁何劭看清了形势。司马炎半死不活，杨芷和杨骏的话就是皇帝的话。他的目光投向杨芷："陛下病成这样，唯有请皇后下旨！"

华廙无奈，也只好望向杨芷。

杨芷言道："陛下让我转述二位，拜杨骏为太尉、太子太傅（太子东宫首席）、假节（有权不经司法处斩二千石以下官员）、都督中外诸军事（中央军最高统帅）、侍中（门下省首席）、录尚书事（监管尚书台政务）、前将军。统领步兵三千、骑兵一千，移驻前卫将军杨珧故府。"

基本上，杨芷把所有能给的职权一股脑给了杨骏。继而，她顿了顿，郑重宣布："授命杨骏辅政！"

华廙、何劭闻言，手写诏书，然后象征性地拿给司马炎看。

司马炎扫了一眼，无奈闭上双眼。这些事都跟我无关，只求保护好司马衷……

公元290年5月16日，司马炎在含章殿驾崩，谥号"武皇帝"，庙号"世祖"。

客观地说，司马炎算个很有成就的皇帝，他一统天下，结束了近百年的乱世，又开创了"太康盛世"。他最可贵的品质是宽仁为怀，尽管有时宽仁到近乎纵容。总之，他人品不错。但他因为溺爱司马衷犯了一个无法宽恕的错误。倘若他是普通人，这也无可厚非，可他毕竟是皇帝，这最终给天下苍生带来了毁灭性的灾难。

是月，司马衷总算如司马炎所愿坐上了皇位，成为晋朝第二代皇帝。司马衷目光呆滞，脑子里只有一个想法：父皇死了，我要做什么？我该怎么办？

一朝天子一朝臣。皇帝更迭，伴随而来的是大批官员职位调动。这天，尚书郎索靖参加了最后一次早朝，朝廷刚刚下诏让他赴任雁门太守。顺便提一句，索靖在中国书法史上地位颇高，和卫瓘一样擅写草书，并称"一台（尚书台）二妙"。

散朝后，同僚纷纷揖手告别。

"索大人一路保重！等再相见不知要到何年何月了。"

"保重！保重！"

索靖在同僚的送别中缓缓步出皇宫大门。走到宫门处时，他停住了脚步。

"索大人是对京都留恋不舍吧？"

"不舍啊……"索靖叹了一口气，然后摸了摸宫门旁的铜铸骆驼，仿佛是在跟铜骆驼说话，"下次再见，恐怕这里将要荆棘丛生了……"

"索大人，这是皇宫，哪儿来的荆棘杂草啊？"

"没事，没事，我乱讲的。"